华章经典 · 金融投资

漫步华尔街

|原书第12版|

A RANDOM WALK DOWN WALL STREET

The Time-Tested Strategy for Successful Investing
(12th Edition)

[美] 伯顿 · G. 马尔基尔 著　张伟 译
（Burton G. Malkiel）

机械工业出版社
China Machine Press

图书在版编目（CIP）数据

漫步华尔街：原书第 12 版/（美）伯顿·G. 马尔基尔（Burton G. Malkiel）著；张伟译 . -- 北京：机械工业出版社，2022.6

（华章经典·金融投资）

书名原文：A Random Walk Down Wall Street: The Time-Tested Strategy for Successful Investing (12th Edition)

ISBN 978-7-111-70902-2

I. ① 漫…　II. ① 伯… ② 张…　III. ① 股票投资 – 经验 – 美国　IV. ① F837.125

中国版本图书馆 CIP 数据核字（2022）第 105394 号

北京市版权局著作权合同登记　图字：01-2022-0838 号。

漫步华尔街（原书第 12 版）

出版发行：机械工业出版社（北京市西城区百万庄大街 22 号　邮政编码：100037）

责任编辑：杨熙越　　殷嘉男

责任校对：马荣敏

印　　刷：三河市宏达印刷有限公司

版　　次：2022 年 8 月第 1 版第 1 次印刷

开　　本：147mm×210mm　1/32

印　　张：14.75

书　　号：ISBN 978-7-111-70902-2

定　　价：99.00 元

客服电话：（010）88361066　88379833　68326294　　　投稿热线：（010）88379007

华章网站：www.hzbook.com　　　　　　　　　　　　　读者信箱：hzjg@hzbook.com

谨以此书献给南希

　　自从《漫步华尔街》第1版问世，到现在已经过去了四十多年。第1版要传递的主要观点很简单：倘若投资者买入并持有指数基金，而不是勉为其难地买卖个股或主动管理型基金，那么他们的财务境遇就会好得多。那时我就大胆提出，买入并持有股市某个大型平均指数的所有成分股，这样的投资业绩很可能会超过专业人士管理的基金，因为那些基金向投资者收取高昂费用，并在交易操作中产生大量交易成本，从而使投资者的回报大打折扣。

　　四十多年后的今天，我更加坚信先前的观点，之所以如此，不仅仅因为有一个六位数的投资回报支持我的看法。我可以极其简单地说明这一点。假设在1969年初，某位投资者将10 000美元投在一只标准普尔500指数基金上，并且此后将所有的股利再投资于这只指数基金，那么到2018年4月，这一投资组合的价值就会达到1 092 489美元。与此同时，另一位投资者用10 000美元购买投资业绩中等的主动管理型基金，那么这笔投资只会增值到817 741美元。两位投资者的回报差别巨大。截至2018年4月1日，购买指数基金的投资者要多赚274 748美元，这笔差额比购买主动管理型基金的投资者的资产总值高出25%以上。

那么，为何还要出版本书的第12版呢？如果说基本观点未变，又有什么变了呢？回答是：随着时间的推移，大众可以获得的金融工具发生了巨大的变化。一本旨在为个人投资者提供全面指导的投资理财书需要与时俱进、及时更新，涵盖人们可以利用的所有投资产品。再者，本书以每一位对投资感兴趣的人都能理解的包罗广泛的通俗文字，对学术界和市场专业人士提供的大量新资讯进行了批判性分析，也可以使投资者获益良多。关于股市的观点和主张一直以来众说纷纭，让人无所适从，拥有一本澄清是非、揭示真相的书可谓不二选择。

四十多年以来，我们已习惯于接受物质环境中迅速发生的技术变化。电子邮件、互联网、智能手机、个人数字助理、智能家用设备、平板电脑、电子书阅读器、视频会议、社交网站等创新不胜枚举，医学上也出现了从器官移植、激光手术到非外科治疗肾结石、动脉栓塞的一系列创新技术。这些技术变化对我们的生活方式产生了重大影响。在过去的四十多年里，金融领域的创新同样也发展迅速。1973年，本书第1版问世，那时我们还没有货币市场基金、自动取款机、指数基金、交易所交易基金、免税基金、新兴市场基金、目标日期基金、浮动利率债券、波动性衍生工具、通货膨胀保值债券、权益型房地产投资信托基金、资产支持证券、"聪明的β"投资策略、罗斯个人退休金账户、529大学教育储蓄计划、零息债券、金融和商品期货与期权，以及诸如"投资组合保险"和"高频交易"等新型交易技术。这些例子只是金融环境里出现的众多创新中的极小部分。本书新增了许多内容，以解释这些金融创新，并告诉你作为一名投资者应该如何从中获益。

本书还阐述了学术界在研究投资理论和投资实践方面获得的新进

展，内容清晰且易于理解。本书第10章描述了行为金融学这一令人兴奋的新领域，强调投资者应从行为金融学家的真知灼见中汲取哪些重要教训。第11章解答了"聪明的β"投资策略是否真正聪明，以及风险平价策略是否风险过大的问题。另外，本书还新添了一节内容，为已退休的投资者提供切合实际的投资策略。多年来，本书不断再版，新的内容不断添加进来，即便在大学时代或读商学院时看过本书以前版本的读者，也会发现最新版本值得一读。

最新版仔细地检视了以前各版一直持有的有关股市"随机漫步"的基本观点：股市对股票的定价非常有效，连被蒙住眼睛的猴子朝股票列表投掷飞镖，完全随机地选出投资组合，也能获得和专家管理的投资组合一样的业绩。经过了45年，这一观点一直颠扑不破。2/3以上的专业投资组合经理，其表现都比不上无人管理的以大型指数为标的的指数基金。然而，仍有学者和专业实操人士怀疑这一观点的有效性。1987年10月的股市崩盘，后来的互联网泡沫，以及2008～2009年的金融危机，都使人们对有些人大为推崇的市场有效性提出了进一步的质疑。最新版解释了新近出现的一些争议，并再次认真考察了可以"战胜市场"的主张。我得出结论认为，给有效市场假说出具死亡报告太言过其实了。不过，对于能够提高个人投资者胜算的众多选股技巧的证据，我还是要重新审视一番的。

对于个人投资者而言，最新版依然是一本可读性甚强的投资指南。长期以来，我一直为个人和家庭提供理财策略咨询，在此过程中，有一个感觉日渐清晰：一个人承受风险的能力，在很大程度上取决于其年龄以及挣得非投资性收入的能力。同时，还有一点也符合事实，即很多投资产品中所蕴含的风险，会随着投资产品持有期的时间延长而逐渐降低。由于存在这两个原因，最优投资策略必然与投资者的年龄有关。因此，题为"生命周期投资指南"的第14章，对处在各个年龄段的投资者来说，应该会大有帮助。仅此一章的价值，便抵得上与个人理财顾问进行一次收费高昂的会谈所付出的代价。

我对以前各版中曾致谢过的人，仍要表达我的感激之情。另外，在此向为第12版做出特别贡献的众多人士致以诚挚的谢意。特别要感谢伯格尔研究所的Michael Nolan，以及我的助手Benjamin Tso和Anne Daniecki。感谢先锋集团的Chris McIsaac、Alexandra Burton、Andrew Shuman，他们在数据方面提供了重要帮助。

同时感谢以下诸位的帮助：Daniel Campbell、Jakub Jurek、Steven Leuthold、Joyce Niesman、Kristen Perleberg、James Sarvis、Stacy Sarvis、Jeremy Schwartz、Jeremy Siegel、Larry Swedroe。我与W. W. 诺顿出版公司一直保持着极好的合作关系，感谢Drake McFeely和Nathaniel Dennett为使本书出版所给予的不可或缺的帮助。

我的妻子南希·韦斯·马尔基尔（Nancy Weiss Malkiel）对最近8个版本的成功完稿贡献最大。除了给予我最富爱意的鼓励和支持外，她还仔细阅读书稿的众多草稿，在文字的清晰和准确表达方面，提出了不可胜数的建议。她仍能找出从我和众多校对员、编辑眼下溜走的错误。最为重要的是，她给我的生活带来了难以置信的快乐。她最应得到本书的题献。

伯顿·G. 马尔基尔

2018年6月于普林斯顿大学

致　谢

  我对给本书以前各版提供过很多帮助的金融从业人员、金融机构和学术同行深怀感激之情。在此，我感谢曾提出过极有价值的建议和批评的众多人士。

  很多研究助手在本书的资料汇编中做出了重要贡献。感谢John Americus、Shane Antos、Costin Bontas、Jonathan Curran、Barry Feldman、David Hou、Derek Jun、Michael Lachanski、Paul Noh、Ethan Hugo、Amie Ko、Paul Messaris、Matthew Moore、Ker Moua、Christopher Philips、Ellen Renaldi、Cheryl Roberts、Saumitra Sahi、Barry Schwartz、Greg Smolarek、Ray Soldavin、Elizabeth Woods、Yexiao Xu、Basak Yeltikan。Karen Neukirchen、Sharon Hill、Helen Talar、Phyllis Fafalios、Lugene Whitley、Melissa Orlowski、Diana Prout和Ellen DiPippo不仅如实、准确地将几份手稿输入计算机，还提供了很有价值的研究协助。Elvira Giaimo在计算机编程方面提供了很大帮助。本书的很多支持性研究都是在普林斯顿大学Bendheim金融中心进行的。

  职业作家、编辑Patricia Taylor做出了至关重要的贡献，她通读了本书的所有草稿，并对付印前底稿的风格、结构和内容做出了极大的贡献。书中的文字清晰而准确，这在很大程度上应归功于她。

我特别感激W.W.诺顿出版公司及该公司提供了极有价值的帮助的Brendan Curry、Donald Lamm、Robert Kehoe、Ed Parsons、Jeff Shreve、Otto Sontag、Deborah Makay和Starling Lawrence。

Judith Malkiel做出了不可估量的贡献。她不辞辛苦地编辑了每一页书稿，在编辑本书的每一个阶段都提供了极大的帮助。在此无论对她如何表示感谢都不足以表达我心底的谢意。

最后，我想对为本书以前各版本出版做出重要贡献的以下人士表示深深的谢意：Yacine Aït-Sahalia、Peter Asch、Leo Bailey、Howard Baker、Jeffrey Balash、David Banyard、William Baumol、Clair Bien、G. Gordon Biggar Jr.、John Bogle、Lynne Brady、John Brennan、Markus Brunnermeier、Clair Cabelus、Lester Chandler、Andrew Clarke、Abby Joseph Cohen、Douglas Daniels、John Devereaux、Pia Ellen、Andrew Engel、Steve Feinstein、Barry Feldman、Roger Ford、Stephen Goldfeld、William Grant、Sarah Hammer、Leila Heckman、William Helman、Harrison Hong、Roger Ibbotson、Deborah Jenkins、Barbara Johnson、George S. Johnston、Kay Kerr、Francis Kinniry、Walter Lenhard、James Litvack、Ian MacKinnon、Barbara Mains、Jonathan Malkiel、Sol Malkiel、Whitney Malkiel、Edward Mathias、Jianping Mei、Melissa McGinnis、Will McIntosh、Kelley Mingone、William Minicozzi、Keith

Mullins、Gabrielle Napolitano、James Norris、Gail Paster、Emily Paster、H. Bradlee Perry、George Putnam、Donald Peters、Michelle Peterson、Richard Quandt、James Riepe、Michael Rothschild、Joan Ryan、Robert Salomon Jr.、George Sauter、Crystal Shannon、George Smith、Willy Spat、Shang Song、James Stetler、James Stoeffel、H. Barton Thomas、Mark Thompson、Ravi Tolani、Jim Troyer、David Twardock、Linda Wheeler、Frank Wisneski 和 Robert Zenowich。

目　录

第一部分

股票及其价值

A RANDOM
WALK DOWN
Wall Street

第 1 章

坚实基础与空中楼阁

何为见利忘义者？就是这样一种人：知道所有东西的价格，却不知道任何东西的价值。

——奥斯卡·王尔德（Oscar Wilde）

《温德米尔夫人的扇子》（*Lady Windermere's Fan*）

在本书中，我将带你漫步华尔街，领你游览纷繁复杂的金融世界，向你提供切实可行的关于投资机会和投资策略的建议。很多人说，如今面对华尔街专业人士，个人投资者几乎没有什么战而胜之的机会。持有这种观点的人特别指出，专业的投资策略会使用复杂的衍生工具和高频交易。他们会看到媒体报道会计欺诈、巨型收购以及财力雄厚的对冲基金如何兴风作浪之类的新闻。在他们看来，这种错综复杂的形势表明，在当今市场上，个人投资者再也没有容身之地。然而，事实胜于雄辩。你可以做得和专家一样好，或许还可以更加出色。2009 年 3 月，股市大崩盘时，稳健的个人投资者保持着清醒的头脑，他们随后看到自己所持有的股票终于收复失地，继而产生了不菲的回报。而许多专业人士因买入自己未能理解的衍生证券，在 2008

年都输得体无完肤；还有许多专业人士于 21 世纪初，在投资组合中过度持有价格过高的科技股，因而一败涂地。

本书是一部简明扼要的个人投资指南，涵盖了从保险到个人所得税的所有内容。本书会告诉你如何购买人寿保险，如何避免被银行和经纪人敲竹杠，甚至还会告诉你如何进行黄金和钻石投资。但是，本书谈论的主要还是股票投资。股票作为一种投资工具，不仅在过去提供了丰厚的长期回报，而且在今后的岁月里，仍可能是很好的投资选择。本书第四部分阐述的生命周期投资指南，为各个年龄段的投资者提供了不同的投资组合建议，这些建议既明确又符合理财目标，其中包括退休后要如何进行投资。

何为随机漫步

随机漫步（random walk）是指将来的步骤或方向无法根据历史进行预测。这一术语应用到股市，是指股票价格的短期波动无法预测。投资咨询服务、公司盈利预测、图表形态分析全无用处。在华尔街，"随机漫步"这个术语是一个令人厌恶的字眼，是学术界创造出来并用以高声谩骂那些专业预测分析师的。在逻辑上极而言之，这一术语意味着被蒙住眼睛的猴子向股票列表投掷飞镖，选出的投资组合也能与专家挑选的表现一样好。

当然，西装笔挺的金融分析师可不喜欢被比作光着屁股的猴子。他们反驳说，学术界人士沉迷于方程式和希腊字符（更甭提沉闷古板的学术文本），连牛和熊都分不清，即便它们跑进瓷器店里也辨不明。市场专业人士为了对抗学术界的猛烈抨击，在两种武器中挑一种来武装自己。这两种武器被称为基本面分析和技术分析，本书第二部分会进行详细论述。学术界为了抵御市场专业人士使用的这两种武器，便以弱式有效市场、半强式有效市场、强式有效市场这三种版本，将随机漫步理论模糊化，同时创立了他们自己的称为新投资技术的理论。这种新理论包括一个名为 β 的概念，"聪明的 β"就包含在其中，我对此有些不以为然，准备稍作一番批驳。到了 21 世纪初，甚至有些学术界人士也加入了市场专业人士的阵营中，认为股票市场至少在某种程度上是可预测的。时至今日，你也能看到规模盛大的战斗仍在进行。战斗双方打得你死我活，因为事关双方的切身利益，学术界人士为终身教职而战，市场专业人士为奖金红利而斗。所以我想，在华尔街随机漫步，你会感到很惬意。这里具有戏剧高潮的所有要素，包括巨额财富的创造和丧失，也包括这一切何以会发生的经典论点。

　　但是，在开始漫步之前，或许我应该做一番自我介绍，陈述一下我作为导游的资格。在撰写本书的过程中，我利用了自己三个方面的人生阅历，每种阅历都为了解股市提供了不同视角。

　　首先，讲一下我在投资分析和投资组合管理两个领域的专业经历。职业生涯开始的时候，我在华尔街一家顶级投资银行担任市场专员。后来，我在一家跨国保险公司担任投资委员会主席，也在一家全球最大的投资公司担任董事多年。这些经历所具有的视角，对我来说是不可或缺的。毕竟，生活中有些事情，涉世未深的人是无法充分领略或理解的。在股市上，可以说道理同样如此。

　　其次，我现在的职位是经济学家，同时也是数家公司的投资委员会主席。通过专门研究证券市场和投资行为，我已获得了完备的学术研究知识，取得了一些关于投资机会的新研究成果。

　　最后，同样重要的是，我一直是个投资者，并且是个成功的市场参与者。究竟有多成功，我是不会说的，因为学术界有一种奇特观念，就是认为教授不应该赚钱。教授可以继承很多钱、花掉很多钱或者和有钱人结婚，但万万不该挣很多钱，挣很多钱便与学术背离。无论如何，教师应当"有献身精神"，政客和行政官员经常这样说，尤其是要给学术界的低工资做出合理解释的时候，更是如此。他们说学者应当追求知识，而不应当追求金钱回报。因此，正是从学者应当追求知识这个意义上，我一定要向你讲述我在华尔街取得的胜利。

本书中包含大量的事实和数据，但你不必为此担心。本书专门为金融门外汉撰写，为其提供切实可行、经过检验的投资建议。阅读本书，你不必具备金融知识，你只要有让投资为你赚钱的兴趣和渴望就行了。

如今投资已成为一种生活方式

行文至此，最好先解释一下我所说的"投资"是什么意思，以及我如何区分这种活动与"投机活动"。我将投资视为一种购买资产的方式，其目的是获得可以合理预期的收入（股利、利息或租金），并且在较长时期里获得资产增值。投资与投机的区别，通常就在于对投资回报期的定义和投资回报的可预期性。投机者买入股票，希望在接下来的几天或几周内获得一笔短期收益；投资者买入股票，希望股票在未来会产生可靠的现金流回报，在几年或几十年里带来资本利得。

在此，我要郑重声明，本书并非为投机者而作，我不会向你承诺能一夜暴富，也不会向你承诺股市有奇迹。实际上，若给本书加上一个副标题，"稳步致富"可能会很贴切。请记住，仅仅为了保值，你的投资就得产生与通货膨胀率持平的回报率。

21 世纪初，美国和多数发达国家的通货膨胀率降到 2% 以下的水平。有些分析师认为，价格水平的相对稳定会无限期持续下去。他们表示：通货膨胀只是例外，而非普遍情况；历史上曾经出现过的技术迅速进步的时期以及和平经济时期，都是价格水平保持稳定，甚至持续下降的时期。21 世纪的前几十年，可能只会发生轻微的通货膨胀或根本不发生通货膨胀，但我认为，投资者不应拒绝考虑通货膨胀在未来某个时期会加速发展的可能性。尽管 20 世纪 90 年代和 21 世纪初生产率加速提高，但历史告诉我们，生产率提高的速度总是不平衡的。况且，在一些以服务为导向的经济活动中，生产率的提高更难以实现。在整个 21 世纪，要表演弦乐四重奏，照例需要四位音乐人参与；要做阑尾切除手术，照样需要一位外科医生操刀。倘若音乐人和外科医生的工资随着时间的推移而不断增长，人们在音乐会门票和阑尾切除手术上的支出也会随之增加。因此，不能忽视物价上行的压力。

即使通货膨胀率保持在 2% ~ 3% 的水平——远低于 20 世纪 70 年代和 80 年代初，这样的水平对于我们购买力的影响也是破坏性的。从表 1-1 中可以看出平均接近 4% 的通货膨胀率在 1962 ~ 2018 年造成了什么样的影响。我早晨读的报纸的价格已上涨了 59 倍，下午吃的好时巧克力棒的价格涨了 30 倍，而它的大小还不如 1962 年我读研究生的时候。如果通货膨胀率保持不变，到 2025 年买一份像今天这样的晨报，就要花费 5 美元以上。显而易见，即便为了对付温和的通货膨胀，我们也必须着手制定策略，以维持我们的实际购买力，否则，我们的生活水平注定要日益下降。

表 1-1　通货膨胀的啮噬

	1962 年平均值（美元）	2018 年平均值（美元）	增长百分比（%）	年复合通货膨胀率（%）
消费者价格指数	30.2	251	731.1	3.9
好时巧克力棒	0.05	1.59	3 080.0	6.4
《纽约时报》	0.05	3.00	5 900.0	7.6
1 类邮资	0.04	0.50	1 150.0	4.6
汽油（美加仑）	0.31	2.90	835.5	4.1
双层汉堡（麦当劳）	0.28[①]	4.79	1 610.7	5.2

（续）

	1962 年平均值 （美元）	2018 年平均值 （美元）	增长百分比 （%）	年复合通货膨 胀率（%）
雪佛兰轿车	2 529.00	26 000.00	928.1	4.2
带冷冻室的冰箱	470.00	1 397.00	197.2	2.0

① 1963 年的数据。

资料来源：For 1962 prices, *Forbes*, Nov.1, 1997 and various government and private sources for 2018 prices.

投资是需要付出努力的，这一点毋庸置疑。一些富有传奇色彩的小说充满了这样的故事：因为疏于管理钱财或欠缺管理钱财的知识，致使巨额家族财富化为乌有。谁能忘记在契诃夫的伟大剧作中，那满园的樱桃树被砍倒的声音？是自由企业制度，造成了拉内夫斯基家族的衰落——这个家族的人并未付出努力去保住自己的钱财。即使你将所有的资金托付给一家投资顾问公司或共同基金，你也得明白哪家顾问公司或共同基金最适合管理你的钱财。以本书所包含的信息来武装自己，你会发现做投资决策时就会容易些。

不过，最重要的事实是投资实际上非常有趣。与投资界的芸芸众生进行智慧较量，并因此获得资产增值的回报，岂不快哉？仔细打量自己的投资回报，看到回报以高于薪酬增长的速度不断积累，不亦乐乎？而且，了解关于产品和服务的新理念以及金融投资方面的创新，也是令人兴奋的。成功的投资者通常都是全面发展的个体，他们将天生的好奇心和对运用智慧的兴趣融入赚钱的努力之中。

投资理论

一切投资回报，无论来自股票还是稀有钻石，都不同程度地取决于未来事件。正是这一点造就了投资的魅力：投资就是一种冒险活动，是否成功取决于预测未来的能力。传统上，投资界的专业人士一直使用以下两种方法中的一种来给资产估值：坚实基础理论（firm-foundation theory）与空中楼阁理论（castle-in-the-air theory）。基于这两种理论，无数美元盈亏流转。有意思的是，这两种理论看起来相互排斥。如果你想做出明智的投资决策，了解这两种方法是必不可少的，同时，了解这两种方法也是避免铸成大错的前提条件。到 20 世纪末，名为新投资技术的第三种理论在学术界诞生，并在"街[⊖]上"流行起来。在本书后面的篇章中，我会阐述这一理论及其在投资分析中的应用。

坚实基础理论

坚实基础理论声称：每一个投资工具，无论它是一只股票还是一处房地产，都有一个被称为内在价值（intrinsic value）的坚实基础，通过细致分析这个投资工具的现状和前景，可以确定它的内在价值。当市场价格下跌而低于（上涨而高于）作为坚实基础的内在价值时，买入（卖出）的机会便出现了，因为按照该理论的说法，这种价格波动最终总会得以修正。照此看来，投资就变成了一件枯燥而简单的事情，不过是将某物的实际价格与其坚实基础价值进行比较。

在《投资价值理论》（*The Theory of Investment Value*）一书中，约翰·B. 威廉姆斯（John B. Williams）给出了一个确定股票内在价值的实用公式。他的计算方法以股利收入为基础。为了把事情弄复杂，他

　　⊖　这里的"街"是指华尔街，尤指证券界和金融投资界这种广泛意义上的华尔街。——译者注

刁钻地引入了"折现"这一概念。折现的含义根本上就是向后看收入。比方说，不要看下一年你有多少钱（例如，将 1 美元存入储蓄账户，利率为 5%，一年后就有 1.05 美元），而要看预期未来得到的钱比现在的价值少多少（因此，下一年的 1 美元在今天大约只值 95 美分，而今天的 95 美分以 5% 的回报率投资，一年后大约变成 1 美元）。

实际上，威廉姆斯对折现这一概念是很当真的。他声称股票的内在价值等于股票未来所有股利的现值（或称折现值），他建议投资者将以后收到的钱进行"折现"。因为当时没几个人明白，所以这个术语才逐渐变得时髦起来。现在，"折现"已被做投资的人广泛使用。在著名经济学家、投资者、耶鲁大学教授欧文·费雪（Irving Fisher）的支持下，它的地位得到了进一步加强。

坚实基础理论的逻辑颇令人称道，可以用股票作为例证来说明。该理论强调，股票的价值应建立在公司未来能以股利或股票回购形式分配的盈利流的基础之上。据此可以推出：目前的股利越多，股利增长率越高，股票的价值就越大，因而不同的股利增长率就成为股票估值中的一个较重要的因素。接下来，不易把握的未来预期因素也掺杂进来。证券分析师不仅必须估计股利长期增长率，还必须估计某种超常增长能维持多久。当市场对未来增长能持续多久过于热心时，华尔街上的人便普遍认为此时的股票不仅仅是在将未来进行折现，恐怕连来世也在折现。坚实基础理论依赖于对未来增长率和增长持续期进行棘手的预测，这正是问题的关键所在。因此，内在价值这一坚实基础可能没有该理论声称的那么可靠。

坚实基础理论并非只为经济学家所用。由于本杰明·格雷厄姆（Benjamin Graham）和戴维·多德（David Todd）合著的《证券分析》（*Security Analysis*）一书极富影响力，华尔街整整一代证券分析师都皈依于这一理论。奉行该理论的分析师学到的是，所谓健全的投资管理，就是证券价格暂时低于其内在价值时便买入，证券价格暂时高于其内在价值时便卖出，就这么简单。沃伦·巴菲特（Warren Buffett）可能是使用格雷厄姆和多德分析方法最为成功的信徒。他是美国中西部人，精明老到，人称"奥马哈圣人"。他创造了传奇性的投资纪录，据说就是因为遵循了坚实基础理论的分析方法。

空中楼阁理论

空中楼阁投资理论把注意力集中在心理价值上。1936年，著名经济学家、成功投资者约翰·梅纳德·凯恩斯（John Maynard Keynes）极为清晰地阐述了这一理论。在他看来，专业投资者不愿将精力用于估计内在价值，而宁愿分析投资大众将来会如何行动，分析他们在乐观时期如何将自己的希望建成空中楼阁。成功的投资者估计出什么样的投资形势最易被大众建成空中楼阁，然后在大众之前先行买入，从而努力占得市场先机。

凯恩斯认为，应用坚实基础理论涉及的工作量太大，该理论的价值也令人怀疑。他将自己宣扬的理念付诸投资实践。伦敦从事金融行业的人士总是在拥挤的办公室里长时间疲惫不堪地工作，而凯恩斯只是每天早晨坐在床上操盘半个小时。靠这种悠闲从容的投资方式，他为自己赚了好几百万英镑，同时也使自己任教的剑桥大学国王学院（King's College，Cambridge）的捐赠基金价值增长了10倍。

凯恩斯在大萧条的数年间声名鹊起，此时多数人所关注的主要是他刺激经济的思想。当时，无论谁要建立空中楼阁或是梦见他人将要建立空中楼阁，都是很难想象的事情。尽管如此，凯恩斯却在他的著作《就业、利息和货币通论》（*The General Theory of Employment, Interest and Money*）一书中，用一整章的篇幅论述股票市场，并论述投资者预期的重要性。

关于股票，凯恩斯指出，无人确切知道什么因素会影响公司的盈利前景和股利支付。所以，他说多数人"主要关心的事，并非对一项投资在其整个持续期能获得多少回报做出更准确的长期预测，而是能够稍稍先于一般大众，预测到普遍认可的估值基础会发生什么变化"。换言之，凯恩斯利用心理原则而非财务评估来研究股票市场。他写道："如果你相信一项投资按照其可能产生的回报应定价为 30 美元，也相信三个月后市场将其定价为 20 美元，那么你现在为这项投资支付 25 美元就不是明智之举。"

凯恩斯为了描述股票市场的玩法，用了一种他的英国同胞一看便能明白的说法：参与股票买卖，好比参加报纸举办的选美比赛。参赛者必须从 100 张照片中挑选 6 个最漂亮的面孔，谁的挑选最接近于作为一个整体的所有参赛者的选择，谁将获得比赛的奖赏。

聪明的参赛者意识到，在决定谁是比赛冠军的过程中，个人的审美标准无关紧要，较好的比赛策略是挑选其他参赛者可能喜欢的面孔。这种逻辑往往会产生滚雪球效应。毕竟，其他参赛者至少也会带着同样敏锐的意识参加角逐。因此，最优策略，并非选择参赛者个人所认为的最靓面孔，或者其他参赛者可能喜欢的面孔，而是预测全体参赛者普遍认为其他人可能形成什么样的普遍观点，或者还要沿着这一序列做出更进一步的预测。这就是英国的选美比赛。

报纸选美比赛这一类比，代表了价格决定的空中楼阁理论的极端形式。对买家来说，一项投资之所以值某一价钱，是因为他预期会以更高的价钱卖给别人。换句话说，投资是靠其自身来支撑的。新的买家同样又预期将来的买家愿意支付更高的价钱。

在这样的世界里，每时每刻都会诞生傻瓜——傻瓜之所以出现，就是要以高于你为投资所支付的价格，购买你手上的投资品。只要其他人可能愿意支付更高的价格，再高的价格也不算高。出现这样的情况别无他因，正是大众心理在起作用。聪明的投资者所要做的，只是未听见发令枪就起跑——一开始就占得先机。说得损点儿，这一理论不妨称为"博傻"理论（"greater fool" theory）。只要以后能找到什么人，他们天真地愿意以五倍于实际价格的价钱买入某物，那么你现在以三倍于实际价格的价钱买入，就完全没有问题。

无论在金融界还是在学术界，空中楼阁理论都有很多拥护者。诺贝尔奖得主罗伯特·希勒（Robert Shiller）在其畅销书《非理性繁荣》（*Irrational Exuberance*）中指出，20世纪90年代后期，人们对网络股和科技股的狂热，只能从大众心理的角度加以解释。强调群体心理的所谓行为学理论，21世纪初在大学里都受到了青睐。2002年，心理学家丹尼尔·卡尼曼（Daniel Kahneman）因在行为金融学领域做出影响深远的贡献，赢得了诺贝尔经济学奖。再早一点儿，奥斯卡·摩根斯坦（Oskar Morgenstern）是该领域的一个重要捍卫者，他认为寻找股票的内在价值无异于水中捞月、缘木求鱼。在交换经济中，任何资产的价值都取决于实际的或潜在的交易。他相信，每个投资者都应在自己的书桌上方贴上这样一条拉丁文箴言：

　　一物的价值仅等于他人愿意支付的价格。

　　（Res tantum valet quantum vendi potest.）

随机漫步如何进行

介绍了参加这次旅程应知道的基本内容，现在就请跟我一道随机漫步穿越投资丛林，最后沿着华尔街逛逛。我的任务，首先是让你熟悉历史上的定价模式，以及这些模式与两种投资定价理论之间的关系。桑塔亚纳[⊖]（Santayana）曾告诫我们：不吸取过去的教训，注定会犯同样的错误。因此，我马上就会向你描述一些蔚为大观的投机狂潮——既有历史久远的，又有新近发生的。有些读者可能对 17 世纪荷兰大众疯狂抢购郁金香球茎的行为嗤之以鼻，对 18 世纪英国的南海泡沫不以为然。但是，谁也不能不理会 20 世纪 70 年代"漂亮 50"热，不理会日本房地产和股市令人难以置信的暴涨及其 90 年代初同样令人难以置信的暴跌，不理会 1999 年和 2000 年年初的"网络股狂潮"，还有 2006 ～ 2007 年的美国房地产泡沫。这些都在不断地向人们发出警示：无论个人投资者还是专业人士，对过去的错误仍然不具备免疫力。

　　⊖　桑塔亚纳（1863—1952），20 世纪著名哲学家。——译者注

第 2 章

大众疯狂

> 10 月，是投机做股票特别危险的一个月份，其他特别危险的月份是 7 月、1 月、9 月、4 月、11 月、5 月、3 月、6 月、12 月、8 月和 2 月。
>
> ——马克·吐温（Mark Twain）
>
> 《傻瓜威尔逊》（*Pudd'nhead Wilson*）

在历史上，每出现一次壮观的经济热潮，一个最显著的特征便是贪婪的欲望一时间会恣意泛滥。在疯狂追逐金钱的过程中，市场参与者将价值的坚实基础抛诸脑后，转而沉迷于靠不住却又令人兴奋不已的臆想——以为自己也能建成空中楼阁，从而在短时间内大发横财。这种想法在历史上曾风靡一些国家。

投机心理好比上演荒诞剧的剧场，本章将为你呈现曾经演出过的几场大戏。演出当中，一些空中楼阁分别在以下几个基础上建立起来：荷兰郁金香球茎、英国南海公司等新股发行泡沫、美国老牌绩优蓝筹股。在每一次狂潮中，都有一些人在一些时间里赚了钱，但最终只有寥寥可数的少数人毫发未损地全身而退。

在这种情形下，历史确实给我们上了一课：尽管空中楼阁理论能很好地解释这样的投机狂欢，但要猜透变化无常的大众的反应，却是极其危险的游戏。古斯塔夫·勒庞（Gustave Le Bon）1895 年写了一部论述大众心理的经典著作，他在书中指出："在群体中，积聚的是愚蠢，而不是让人明智的常识。"看来读过这本书的人并不多。纯粹依靠心理支持而火箭般蹿升的市场行情，都已不可避免地屈服于金融万有引力定律。高不可攀的价格可能会维持数年之久，但最终总会掉头向下。价格反转下跌如地震般突如其来，而且狂欢暴饮愈烈，宿醉愈深、愈沉。不顾后果建造空中楼阁的人很少能机智灵活，足以预计到行情会突然反转，并能在一切轰然坍塌之时脱身而逃。

郁金香球茎热

郁金香球茎热是历史上最为壮观的快速致富狂欢之一。想到这种狂热发生在 17 世纪初古老而宁静的荷兰，你的脑海中会浮现出更加生动的极度疯狂的画面。1593 年，一位新获任命的植物学教授将一些原产于土耳其的稀有植物从维也纳带到莱登（Leyden），由此引发了导致这场投机狂潮的几件事。荷兰人对花园里的这种新品花卉甚为着迷，但对教授开出的价钱可不感兴趣（教授原本希望卖掉这些球茎，好好赚它一笔）。一天夜里，有个窃贼闯入教授家中，盗走了这些球茎。随后，窃贼以更低的价格把球茎卖掉，不过他的赚头却更大。

在此后 10 年左右的时间里，郁金香成了荷兰花园里一种广受欢迎但价格昂贵的花卉。许多郁金香花朵感染了一种叫作花叶病的非致命病毒，正是这种病毒触发了疯狂的郁金香球茎投机热潮。花叶病致使郁金香花瓣上长出对比强烈的彩色条纹或者说"烈焰"。荷兰人大为欣赏受到感染的球茎，称之为奇异球。在很短的时间内，大众的欣赏口味趋于一致，因此球茎越奇异，拥有球茎的代价便越大。

渐渐地，郁金香球茎热开始了。起先，球茎商只是尽量预测来年最受欢迎的杂色款式，就像服装生产商预测大众对衣料、色彩、裙摆长短的口味一样。后来，他们囤积大量存货以期望价格上涨。郁金香球茎的价格开始疯涨，球茎越昂贵，视之为明智投资的人便越多。查尔斯·麦基（Charles Makay）在其著作《非同寻常的大众幻想与群体性癫狂》（*Extraordinary Popular Delusions and the Madness of Crowds*）中，按时间顺序描述了这一热潮的发展过程，并指出荷兰的一般行业因人们投机郁金香球茎而被弃置一旁，"贵族、市民、农夫、机工、海员、男仆、女佣，甚至烟囱清扫工和老年女裁缝都不亦乐乎地涉猎其中"。每个人都想象着人们对郁金香的激情会永远持续下去。

说价格不可能再涨的人看到亲戚朋友大发其财，便在一旁大为懊恼。加入暴富行列的诱惑实在难以抗拒。自 1634 年至 1637 年年初，也就是在郁金香热的最后几年，人们开始以物易物，拿土地、珠宝、家具之类个人财产换取郁金香球茎，因为球茎会使自己变得更加富有。球茎价格变成了天文数字。

金融市场具有一种超强禀赋，当增加投机机会的方法存在真实需求时，市场必定会提供这种方法。能使郁金香投机者的金钱发挥最大效用的金融工具是"要求选择权"（call options），这种选择权类似于今天股票市场上流行的"看涨期权"。

要求选择权赋予持有人在某一确定时间以某一固定价格（通常接近于当前市价）购买郁金香球茎（要求交割）的权利。选择权持有人在订立合同时支付一笔选择权费，这笔费用大概相当于当前市价的 15%～20%。例如，一只郁金香球茎的当前市价为 100 荷兰盾，购买一份一只球茎的要求选择权时，购买者只需支付 20 荷兰盾。如果球茎价格涨到 200 荷兰盾，选择权持有人就会执行选择权：以 100 荷兰盾的价格买入球茎，同时以涨价后的市价 200 荷兰盾卖出。行权后，他便获得 80 荷兰盾的利润（100 荷兰盾的升值减去他为选择权支付的 20 荷兰盾），也就是说，他的资金增值了四倍。若直接在市场上买卖球茎，他只能让资金增值一倍。使用要求选择权让人们能以少得多的本钱参与市场买卖，同时从投入的本钱中获取更大回报。要求选择权提供了一种杠杆投资方法，可以放大投资的潜在回报，同时也会放大投资的潜在风险。这种金融工具有助于确保市场的广泛参与性，今天也是如此。

这段历史充满了亦悲亦喜的剧情，其中就发生过以下这样的事情。一名返航归来的水手告诉一位富商一船新货到岸的消息。为了酬谢水手，富商请他吃一顿上等红鲱鱼早餐。水手看到商人的柜台上放着他自以为洋葱的东西，多半是觉得洋葱放在丝绸和天鹅绒之间极不协调，居然拿来当作吃红鲱鱼的佐料给吃了。他做梦也想不到，这只"洋葱"本可以养活整整一船的船员一年，因为它实际上是一只价格昂贵的郁金香球茎，芳名叫作"永远的奥古斯都"（Semper Augustus）。水手为这款开胃品付出了惨重代价——东道主翻脸不认人，以重罪起诉，让他在牢里待了好几个月。

历史学家经常重新诠释过去。有些金融史学家就重新审视了多次金融泡沫中的事实，认为泡沫时期的定价可能也存在相当大的合理性。彼得·加伯（Peter Garber）是这些历史学家中的一位，他认为 17 世纪荷兰郁金香球茎的定价比现在普遍认为的要合理得多。

加伯提供了一些很好的事实资料，而我也不打算说郁金香球茎热时期球茎的价格结构没有任何合理性。例如，据加伯揭示，"永远的奥古斯都"郁金香球茎是一种特别稀有的、美丽的球茎，即便在郁金香狂热发生之前数年，价格就已经很高了。而且，加伯的研究还表明，即使在球茎价格全面崩溃之后，个别稀有的球茎依然价格不菲，虽然价格只是顶峰时期的一小部分。但是，加伯未能合理解释这样的现象：1637 年 1 月，郁金香球茎价格以 20 倍的速度上涨，而在 2 月，价格下降的速度却更快。显然，正如一切投机狂潮中都会发生的那样，价格最终升至如此之高，以至有人认定应该谨慎从事，于是便卖出自己的球茎。很快，其他人也跟着卖出球茎。像雪球滚下山坡一样，球茎贬值的速度越来越快，刹那间，恐慌攫取了所有人的心。

政府部长纷纷发表官方声明，说郁金香球茎价格毫无下跌的理由，但是，没有人听得进去。交易商破产倒闭，拒绝履行购买郁金香球茎的承诺。政府出台一个计划，准备以 10% 的合同面值解决所有的合同执行问题，而当球茎价格跌破这一标准时，计划也落空了。价格继续下跌，一跌再跌，直至多数球茎变得几乎一文不值，其卖价还不如普通洋葱。

南海泡沫

假设你的经纪人给你打了电话，推荐你投资一家新公司，这家公司既无销售额又无盈利，只是有着了不起的前景。"经营什么业务？"你问道。"抱歉，"经纪人解释说，"无人知道是什么业务，但我能保证你赚大钱。"骗人的把戏！你说。对，你说得没错。然而，在 300 年前的英国，这可是当时最热门的一次新股发行。正如你所猜想的那样，投资者的损失极其惨重。这一故事说明欺诈如何能使贪婪的人们更为急切地舍弃自己的金钱。

在南海泡沫发生的时代，英国人已具备了抛却钱财的条件。国家经济的长期繁荣已造成储蓄很多而投资出路很少的局面。当时，人们认为拥有股票犹如拥有一种特权。例如，直到 1693 年，只有 499 人因拥有东印度公司的股份而受益。他们获得回报的方式有多种，尤其是股利免税。这些人当中也有女士，股票是当时英国女士能够以自己的名义拥有的数种财产形式之一。为了恢复大众对政府有能力履行偿债义务的信任，南海公司（South Sea Company）于 1711 年宣告成立，同时这也满足了大众对投资工具的热切需求。该公司承担近 1000 万英镑的政府借据债务（government IOU[⊖]），作为酬报，该公司被授予和南美洲地区通商的垄断权。大众相信南海公司会在这种贸易中赚取巨额财富，因而对该公司的股票情有独钟。

从一开始，南海公司就以牺牲他人为代价来获取利益。只要持有由南海公司承接的政府借据，无论是谁都可以直接将借据兑换成南海公司的股票。事先知道这一计划的人悄悄地、尽可能多地快速吃进每份卖价低至 55 英镑的政府借据，然后在南海公司注册成立时交给南海公司，按借据面额换成价值 100 英镑的南海公司股票。在南海公司董事中，没有任何人拥有任何从事南美洲贸易的经验，不过，这并未妨碍他们迅速装备好贩运非洲奴隶的船只（贩卖奴隶是南美洲贸易中最有利可图的生意之一）。但事实表明，即便这样的生意也没带来利润，因为船上的奴隶死亡率非常高。

然而，南海公司的董事深谙在公众面前树立形象的艺术。他们在伦敦租下一座令人赞叹的豪华房子，在董事会会议室里摆上 30 把黑色的西班牙加套座椅，山毛榉材质的骨架和镀金铆钉使座椅看上去端庄气派，不过坐上去可不舒服。与此同时，墨西哥韦拉克鲁斯（Vera Cruz）急需的一船羊毛却被送到西班牙的卡塔赫纳（Cartagena），因乏人问津都烂在码头上。此后数年里，虽然作为"红利"而发放的股票股利带来了股票稀释的影响，并且英国与西班牙的交战导致了贸易机会暂时减少，但南海公司的股价仍能维持不跌，甚至还温和上涨。约翰·卡斯维尔（John Carswell）写过一本精彩史书——《南海泡沫》(The South Sea Bubble)，他在书中对南海公司的一位董事和主要发起人约

⊖ IOU 是一种书面债务凭证，上面载明何时偿还所借具体款项，并常注明 IOU 三个字母，意思是"I owe you"（我欠你的）。——译者注

翰·布伦特（John Blunt）做了描述："他继续过着这样的生活，左手拿着招股说明书，右手捧着祈祷书，从不让右手知道左手的所作所为。"

在英吉利海峡对岸，一位名叫约翰·劳（John Law）的英国流亡人士组织成立另一家股份公司。此人的宏大人生目标是用国家支持、地区代理机构网控制的流通全国的纸质货币取代金属货币，并创造更多的流动性。（比特币发起人正沿袭着历史悠久的传统。）为了推动目标实现，他收购一家名叫密西西比公司（Mississippi Company）的濒临破产企业，接着又将密西西比公司建成一家集团企业（conglomerate），该集团企业是有史以来规模最大的股份公司之一。

密西西比公司吸引了整个欧洲大陆的投机者，也引来了他们的资金。"百万富翁"一词正是此时被创造出来的，这也难怪，因为密西西比公司的股价仅仅两年之内便从100法郎涨到2000法郎（虽然股价如此疯涨并没有任何合理的原因）。曾经有一个时期，这家法国密西西比公司的股价膨胀到总市值超过全国金银价值总和的80倍。

与此同时，在英吉利海峡的这一边，沙文主义开始在英国的某些豪宅名邸之中潜滋暗长。为什么所有的钱就该源源不断地流向法国的密西西比公司？英格兰应拿什么予以反击？答案便是南海公司。该公司的前景正开始显得稍有好转，尤其是1719年12月传来了一个好消息。该消息称与西班牙的战事行将结束，因而往来南美洲的贸易通道终将畅通无阻。据说，墨西哥人正在等待机会开挖自己的金矿，以换取充足的英国棉花和羊毛制品。这正是自由企业制度的最佳表现时机。

1720年，南海公司那帮贪得无厌的董事决定充分利用自己的声誉，主动提出为金额达3100万英镑的全部政府债务提供融资。这实在是大胆之举，不过公众喜欢。与此有关的一项议案正式提交议会讨论时，南海公司的股票立即从130英镑涨到300英镑。

作为酬谢，形形色色促成议案通过的朋友和支持者都免费获得一定数量的股票奖励，当股价上涨时，股票可"回售"给公司，个人便能将利润收入囊中。在获得奖励的人当中，就有乔治一世的情妇，以及该情妇的个个都与国王长相惊人相似的"侄女"。

1720 年 4 月 12 日，即议案立法通过五天后，南海公司以每股 300 英镑的价格发行新股。新股认购可以采用分期付款的方式：首付 60 英镑，余下部分 8 次付清，非常轻松。即使国王本人也无法抗拒诱惑，认购了总价达 10 万英镑的股票。其他投资者蜂拥而至抢购股票，甚至有人为此大打出手。为了缓解大众对股票的渴求，南海公司董事会宣布增发新股，这次发行价是每股 400 英镑。但是，大众饥饿难耐，贪得无厌。不出一个月，股价涨到 550 英镑，而且仍在上涨。6 月 15 日，又一次增发新股的方案出台了，这次付款方式更加轻松：首付 10%，并且一年之内不用另行支付。股价直抵 800 英镑。上议院半数议员和下议院过半数议员签署通过该方案。最后，股价飙升至 1000 英镑，投机热潮达到巅峰。

即便是南海公司也不能满足所有那些想把他们的钱花掉的傻瓜的需求。投资者寻找其他新的风险项目，希望一开始便能参与其中。正如今天的投机者寻找下一个谷歌一样，18 世纪初的英格兰投机者寻找的是下一个南海公司。公司发起人顺势而为，组织并向市场推出大量的新股发行，满足大众贪得无厌的投机渴望。

日子一天天过去，新的融资计划不断提出——从大量进口西班牙公驴（虽然英国已有充足的供给）到变咸水为淡水，新颖独特的、荒诞不经的融资计划应有尽有。同时，募集资金的用途也日益含有某种欺诈成分，譬如用锯屑制造板材。近 100 个不同的融资项目推向市场，一个比一个铺张浪费，一个比一个具有欺骗性，但每一个又都给人可获得巨大收益的希望。很快，这些新发项目便赢得了"泡沫"之名，一个人们能想出的再恰当不过的别名。

公众似乎照单全收，发行什么新股便买什么新股。这一时期，新设公司募集资金的用途可谓五花八门：建造抵御海盗的船舶，促进英国马匹繁殖，从事人类毛发交易，为私生子建立医院，从铅中提取银，从黄瓜中提取阳光，甚至还生产永动机。

然而，最佳创意奖最应授予一位佚名人士。此人发起设立了一家公司，"该公司从事一项极具优势的事业，但无人知道是什么事业"。招股说明书承诺的回报闻所未闻。早晨9点钟，认购股票的名册一打开，一群群来自社会各行业各阶层的人们争相抢购股票，差点儿挤破了大门。不到5个小时，就有1000位投资者掏钱认购了该公司的股票。这位发起人还算不贪，立即关门大吉，动身前往欧洲大陆。从此，他人间蒸发，杳无音信。

这些泡沫公司的投资者并非都相信自己所认购公司的发行方案切实可行。人们"心知肚明"，不至于那么轻信。然而，他们信奉"博傻"理论——相信价格总会上涨，买家总会找到，自己总会赚钱。因此，多数投资者认为自己的行为最理性，他们期待着"在上市交易后"，也就是在股票首次发行后的交易市场上卖出股票，获利了结。

老天爷要毁灭谁，必先将其嘲弄一番。"南海"扑克牌的发行，表明投机热潮已趋近尾声。每张牌上都印有一家泡沫公司的讽刺漫画，画下还有一段贴切的韵文。其中一张牌上画的是帕克机器公司。据说，这家公司生产的机器既能发射圆形和方形加农炮弹，又能发射子弹。帕克公司声称它制造的机器将为战争艺术带来革命性变化。黑桃8上的文字这样描述了帕克机器公司：

> 稀世发明所要毁灭的人群，
> 乃同胞愚人，非异国敌人。
> 无惧可恶机器，吾之友朋，
> 谁若遭殃，唯因持其股份。

　　很多泡沫一个个被刺破时，并未挫伤人们的投机热情，然而，随着南海公司在 8 月被刺破一个不可修复的小孔，滔天洪水也就滚滚而来。这个小孔是由南海公司的董事和高管亲手刺破的。他们意识到市场上的股价与公司的实际前景之间已无任何关联，便在当年夏天将手中的股票抛售一空。

　　消息泄露之后，股价应声下挫。很快，股价便如开闸之水，激流直下，恐慌占据了市场。图 2-1 显示了南海公司股价蔚为壮观的涨跌景象。政府官员徒劳地做着恢复市场信心的努力，大众信心全面崩溃的局面几乎无可挽回。与此情形相似的是，当大众认识到纸币过量发行不会创造实际财富而只会造成通货膨胀之时，密西西比公司的股价也跌得只剩下可怜的一点点。在南海泡沫中损失惨重的人包括艾萨克·牛顿（Isaac Newton），他惊呼道："我可以计算天体的运动，却算不出人们的疯狂程度。"这就是空中楼阁。

图 2-1　英国南海公司股票价格（1717 ～ 1722 年）

资料来源：Larry Neal, *The Rise of Financial Capitalism* (Cambridge University Press, 1990).

为了保护公众将来免受伤害，英国国会通过《泡沫法案》，禁止公司发行任何股票凭证。在此后长达一个多世纪的时间里，一直到1825年该法案废除，英国市场上的股票凭证相对较少。

华尔街溃败

不可否认，荷兰郁金香球茎热和英国南海公司等泡沫已消散于久远的历史云烟之中。在更成熟发达的现代，同类事情是否可能发生呢？让我们将目光转向时间较近的事件。20世纪20年代，美国这个机会之乡也掀起了投机的狂潮。在重视自由和增长的环境中，美国制造了世界文明史上最为壮观的经济繁荣和最为严重的经济崩溃。

当时的社会经济条件对投机狂潮的横空出世再有利不过了。整个国家一直在经历着无与伦比的繁荣发展。人们无法不信赖美国的工商业。卡尔文·柯立芝[⊖]（Calvin Coolidge）说："美国的事业就是工商业。"资本家和商人被喻为传教士，几乎被奉若神明。人们甚至做出了反向类比，纽约一家广告代理公司BBDO（Batten, Barton, Durstine & Osborn）的布鲁斯·巴顿（Bruce Barton），曾在《无人相识的人》（*The Man Nobody Knows*）中写到，耶稣是"第一商人"，他的道德说教故事是"有史以来最强有力的广告"。

1928年，投机股市变成了一项全民消遣。从1928年3月初到1929年9月初，股市达到的涨幅竟与1923至1928年年初相等。大型工业公司的股价有时每天会上涨10%或15%。表2-1显示了其中一些股票的上涨幅度。

⊖ 卡尔文·柯立芝（1872—1933），美国第30任总统。他信奉"无为而治"的政治哲学，认为"少管闲事的政府是最好的政府"。——译者注

表 2-1　一些大型工业公司的股价涨幅

股票名称	1928 年 3 月 3 日开盘价（美元）	1929 年 9 月 3 日最高价（美元）①	18 个月最高价涨幅（%）
美国电话电报公司	179.5	335.625	87.0
伯利恒钢铁公司	56.875	140.375	146.8
通用电气公司	128.75	396.25	207.8
蒙哥马利沃德公司	132.75	466.5	251.4
全美现金出纳机公司	50.75	127.5	151.2
美国无线电公司	94.5	505	434.5

① 所列数值已按 1928 年 3 月 3 日后股票分割和所收股权价值做出调整。

　　并非"每个人"都在股市中投机。融资买入股票（保证金交易）的融资额，确实由 1921 年的 10 亿美元增加到了 1929 年的近 90 亿美元。不过，1929 年，大约仅有 100 万人通过保证金交易持有股票。然而，投机精神至少像前面描述的几次热潮发生时一样广泛存在，其深入人心的程度毫无疑问是有过之而无不及。更为重要的是，股市投机成了文化中心。约翰·布鲁克斯（John Brooks）在《戈尔康达[⊖]之行》（*Once in Golconda*）一书中记述了一位英国记者刚到纽约时做出的评论："人们可能会谈论禁酒、谈论海明威、谈论空调、谈论音乐、谈论赛马，但无论怎样，最后总得谈到股市，而人们一谈到这个话题，就立刻严肃正经起来。"

　　不幸的是，股市中有数百个操盘手正带着微笑，很乐意为大众建造空中楼阁助上一臂之力。股票交易的操纵行为越来越恶劣，不断刷新着寡廉鲜耻的纪录，最能说明这一点的便是联手坐庄。有庄家曾操纵美国无线电公司的股价，短短 4 天之内便将股价拉升了 61%。

　⊖　戈尔康达现在已是一片废墟，曾是印度的一座城市。据传说，每一个穿过戈尔康达城的人都成了富人。

联手坐庄一方面要求参与者密切配合，另一方面要求完全漠视投资大众。一般说来，当若干个交易者为操纵某只股票而串通一气时，运作便启动了。他们选定一个庄主（大家一致认为此人的操盘能力高超，仿佛一个艺术大家），并相互承诺不得通过私下操作来出卖其他成员。

庄主在几周的时间里不显山不露水地买入股票，逐渐积累大量筹码。若有可能，庄主还会购买一份期权，以便后来可以按当前市价买入大量股票。接下来，庄主会尽力拉拢这只股票的做市商作为盟友。

联手坐庄的成员有了做市商的支持，便可以了解股票行情的实时变动。股票交易所里的做市商是经纪人的经纪人。如果一只股票的现时成交价是每股 50 美元，你向自己的经纪人发出每股 45 美元买入的限价指令，那么一般情况下，你的经纪人会将这一指令传给做市商。一旦股票跌至 45 美元，做市商便执行限价指令。所有买入价低于市场价或卖出价高于市场价的限价指令，都会被做市商记录在据说很私密的"本子"上。这样你就明白了做市商对庄主来说为何能有那么大的利用价值。本子上的信息提供了买入价低于市场价或卖出价高于市场价的所有限价指令。尽可能多地了解大众玩牌者手中的牌总是有帮助的。现在，真正有趣的情节马上就要出现了。

一般情况下，此时庄主会让团伙成员进行对敲操作。比如，哈斯卡以每股 40 美元的价格卖出 200 股给西德尼，西德尼再以 40.125 美元的价格卖回给哈斯卡。接下来重复同样的过程，对敲的股数变成 400 股，对敲价变成 40.25 美元和 40.5 美元。再接下来对敲股数是 1000 股，对敲价是 40.625 美元和 40.75 美元。所有这些交易都记录在遍布全国的自动报价机的纸带上，交投活跃的假象就传递给了成千上万涌入全国各地证券营业部的盯纸带者。这种由所谓的虚卖（wash sales）所营造的交投活跃的气氛，给人以重大利好即将出现的印象。

此时，杜撰投资小贴士的写手和股市评论员会在庄主的指使之下，谈论上市公司可能会迎来哪些振奋人心的发展。庄主还会尽力确保公司管理层对外公布的信息越来越利好。倘若这一切都进行得顺风顺水，加上 1928～1929 年几乎无处不在的投机氛围，那么纸带显示的交投活跃假象与操控的消息面两相配合，必然会引来大众入场。

大众一入场，混战便开始，这正是"拔掉浴缸塞子，悄然放水"的时候。一边是大众买入股票，另一边是庄家卖出股票。庄家把股票回吐给市场，起先派发得很慢，然后不等大众回过神来越抛越多。坐完过山车，联手坐庄的一干人等将丰厚的利润收入囊中，留下大众手握一把骤然缩水的股票徒唤奈何。

然而，要欺骗大众，也未必非得拉帮结伙联手坐庄不可。很多个人，尤其是公司高管和董事，靠一己之力也干得很不错。就拿艾伯特·威金（Albert Wiggin）来说吧，他是美国当时第二大银行大通银行的头儿。1929 年 7 月，看到股市已攀升到令人眩晕的高度，威金先生忧心忡忡，对投机做多不再感到安稳。（据传言，他与人联手炒作本银行的股票，已赚了几百万美元。）由于认为本银行股票的前景尤为暗淡，他卖空了 42 000 余股大通股票。卖空（selling short）是一种若股价下跌便能赚钱的交易方式。操作时需卖出当前非你所有的股票，并期望以后以更低的价格将其购回。卖空时也希望"低买高卖"，只是操作顺序正好相反。

威金对时间的把握恰到好处。在他卖空大通股票之后，大通的股价立即开始下跌。秋季股市崩盘的时候，大通股票更是直线下挫。11 月平仓时，威金从这次操作中净赚数百万美元。显而易见，利益冲突并未给他带来什么麻烦。说句公道话，应当指出在此期间他在大通股票上一直保持着净多头寸[○]，仍是银行的股东。不过，倘若依据今天的证券法规，可就不允许公司内幕信息的知情人交易本公司的股票，从中牟取短期波动的利润了。

1929年9月3日，股市平均指数达到顶峰，这一高点在此后的25年里一直未被突破。"无穷无尽的繁荣链条"不久就会断裂，一般的工商业活动数月前已开始滑坡。第二天，股市横盘整理。又过一天，9月5日，股市急剧下跌，人称"巴布森崩盘"（Babson Break）。

"巴布森崩盘"之所以得名，是为了纪念罗杰·巴布森（Roger Babson）。他是一名财务顾问，来自马萨诸塞州的维尔斯利，身体瘦弱，蓄着一撮山羊胡子，长着一副小鬼般的面孔。9月5日这天，巴布森在一个金融午餐会上说："我要重申去年和前年的此时此刻我曾说过的话，就是崩盘迟早会来临。"对这位著名的"维尔斯利圣人"所做的最新声明，华尔街专业人士报以惯有的嘲笑。

巴布森的声明意味着几年来他一直在预言崩盘将至，而事实还未证明他是正确的。不过，当天下午2点，当巴布森的话被引用在"包罗广泛的"纸带（道琼斯金融新闻纸带是当时全国每家证券经纪公司必备的设施）上时，市场开始大幅跳水。在最后一小时的交易时段里，人们发疯似的交易，美国电话电报公司下跌6个点，西屋电气下跌7个点，美国钢铁下跌9个点。这是预言应验的时刻。在"巴布森崩盘"发生后，一个月前还让人完全难以想象的股市崩盘，突然间成了人们讨论的共同话题。

股市的信心动摇了。9月里，股市上不好的日子要比好日子多得多。有时候市场会急剧下挫。银行家和政府官员向国人保证没有任何

○ 净多头寸是指投资者名下持有的股票股数大于融券借来的股票股数，反之则为净空头寸。——译者注

担忧的理由。内在价值理论的先驱者之一、耶鲁大学的欧文·费雪教授亮出了即将成为不朽的观点，他说股市已达到一个看似"永不跌落的高位平台"。

到了星期一，即 10 月 21 日，上演经典的股市崩盘的舞台业已搭就。股价下跌已导致证券经纪公司要求保证金客户追加更多的保证金。这些客户要么没有资金追加，要么不愿意追加，都被迫平仓卖出股票。这又进一步打压了股价，导致更多的保证金追加要求，最后导致股市呈现恶性循环的抛压之势。

10 月 21 日，交易量陡增至 600 万余股。自动报价机远远来不及传输股市行情，在全国各地的证券营业部里，无数人看着纸带滴答滴答地流泻着，个个诚惶诚恐，无不灰心丧气。股市收盘后过了近 1 小时 40 分钟，自动报价机才记录完最后一笔交易。

费雪教授坚强不屈，拒绝承认股市下跌，认为这只是"对那些试图靠保证金投机的极端狂热分子的一次冲击"。他进而宣称经济繁荣时期的股票价格尚未赶上股票的真实价值，因此还要走高。他相信，别的且不论，单单禁酒制度带来的好处就尚未在股市中反映出来，这种制度已使美国工人的生产效率更高，更值得信赖。

10 月 24 日即后来所谓的"黑色星期四"，市场成交量接近 1300 万股。有时每笔交易会使价格下跌 5 美元、10 美元。很多股票在几小时之内猛跌 40 个点、50 个点。次日，赫伯特·胡佛（Herbert Hoover）总统做出他的著名论断："美国的一般工商业……处在健康而繁荣的基础之上。"

1929 年 10 月 29 日，星期二，是纽约证券交易所（NYSE）历史上最具灾难性的一天。交易所内的恐慌程度只有 1987 年 10 月 19 日和 20 日可与之相比。当天的成交量达 1640 万股（1929 年 1600 万股的日成交量，相当于 2018 年数十亿股的日成交量，因为现在纽约证券交易所的上市股票更多了）。股价几乎直线下跌，且跌势不止，表 2-2 显示了 1929 年秋天及其后数年间股价下跌的幅度。到 1932 年股市触底时，除了"没有风险"的美国电话电报公司只损失了 75% 的市值之外，大多数蓝筹股都跌去 95% 以上。

表 2-2　几家大型工业公司股价跌幅

股票名称	1929 年 9 月 3 日 最高价（美元）①	1929 年 11 月 13 日 最低价（美元）	1932 年最低价 （美元）
美国电话电报公司	304	197.25	70.25
伯利恒钢铁公司	140.375	78.25	7.25
通用电气公司	396.25	168.125	8.5
蒙哥马利沃德公司	137.875	49.25	3.5
全美现金出纳机公司	127.5	59	6.25
美国无线电公司	101	28	2.5

① 所列数值已按 1929 年 9 月 3 日后股票分割和除权价值做出调整。

对这次灾难性崩盘做出最佳概括的，或许是娱乐周刊《形形色色》（*Variety*），它以"华尔街溃败"为题做了大量报道。投机狂潮已然死寂，数十亿美元的股票市值，连同数百万人的梦想一起灰飞烟灭。股市崩盘之后，历史上最具灾难性的经济大萧条便接踵而至。

这次又有历史学家指出，20 世纪 20 年代末股市疯狂飙升，看起来非常怪异，但自有其合理之处。例如，小哈罗德·比尔曼（Harold Bierman, Jr.）在《1929 年的伟大神话》（*The Great Myths of 1929*）一书中表示：如果没有极好的预见能力，显然看不出 1929 年的股票已定价过高。毕竟，一些心智很高的人，如欧文·费雪和约翰·梅纳德·凯恩斯都认为股票定价合理。比尔曼进而提出，倘若不出台不合时宜的货币政策，当时支撑股市的极度乐观情绪，甚至可以说是很有道理的。在他看来，美国联邦储备委员会为教训投机者而提高利率的政策引发了崩盘。比尔曼的论述中至少有些真理的成分，而且，今天的经济学家也常将 20 世纪 30 年代经济萧条之所以如此严重的责任归咎于美联储的货币政策，认为这一政策使得货币供应量急剧下降。尽管如此，历史教导我们股价急剧上涨之后，很少会出现股价逐步回归相对稳定状态的情形。即便经济繁荣持续到 20 世纪 30 年代，20 年代末的股价上涨也绝对难以为继。

此外，封闭式基金份额（第 15 章将涉及有关内容）的反常表现提供了确凿证据，证明 20 世纪 20 年代股市广泛存在着非理性行为。封闭式基金的"基本"价值取决于基金所持证券的市值。自 1930 年至今的大部分时间里，这类基金都按其资产价值 10% ～ 20% 的折扣进行交易。然而，从 1929 年 1 月到 8 月，一般的封闭式基金都按 50% 的溢价交易。而且，一些最知名基金的溢价更是高得离谱。高盛交易公司（Goldman Sachs Trading Corporation）的交易价是其资产净值的 2 倍，三角大陆公司（Tri-Continental Corporation）的交易价是其资产净值的 256%。这就意味着你可以去找经纪人以当前市价替你购买股票，比如美国电话电报公司的股票，你也可以通过基金以 2.5 倍于股票市值的价钱，购买美国电话电报公司的股票。正是非理性的投机热情驱使这些基金的交易价远远超过了基金所持证券的市场价值。

小　　结

为何记忆如此短暂？为何这样的投机狂潮看起来与历史的教训如此隔绝？我给不出确切的解答，但我确信伯纳德·巴鲁克[⊖]（Bernard

---

⊖　伯纳德·巴鲁克（1870—1965），华尔街著名投资大师，在第一次世界大战期间及第二次世界大战前后曾任五位美国总统经济顾问。《在股市大崩溃前抛出的人：巴鲁克自传》已由机械工业出版社翻译出版。——译者注

Baruch）言之有理，他说研究这些事件可以帮助投资者为其将来在市场上生存下来做好必要的准备。根据我的个人经验，在市场上不断输钱的人，正是那些未能抵制郁金香球茎热一类事件且被其冲昏头脑的人。其实，要在股市中赚钱也并不难。真正难以避免的，是人们受到诱惑时，情不自禁地将自己的资金投向短期快速致富的投机狂欢之中。这一教训如此显而易见，却又常常为人所忽视。

第 3 章

20 世纪 60 ～ 90 年代的投机泡沫

一切皆有寓意，但愿你能发现。

——刘易斯·卡罗尔（Lewis Carroll）

《爱丽丝漫游奇境记》

大众疯狂的情形，有时确能让人叹为观止。前文所述的例子加上其他大量例子，已说服越来越多的人将资金交给专业投资组合经理去打理，这些专业人士管理着大型养老基金、退休基金、共同基金和投资顾问公司。大众可能发疯发狂，但专业机构绝不会如此。那好，就让我们看看专业机构是否心智健全。

机构心智健全

时至 20 世纪 90 年代，在纽约证券交易所，机构交易量已占到所有交易量的 90% 以上。人们恐怕会以为专业人士思考问题时，既讲究实际又精于计算，他们的存在会保证不再出现历史上曾有过的过度狂热。然而，20 世纪 60 ～ 90 年代，专业投资者却参与了好几场明显的投机运动。在每一场运动中，专业机构都积极竞购股票，之所以如此，并非因为它们觉得根据坚实基础理论所购股票的价值被低估了，而是因为它们预计会有更傻的傻瓜以更高的价格从它们手中接过股票。这些投机运动与现今股市直接相关，所以我想，你会发现这次机构之行尤为有用。

20 世纪 60 年代狂飙突进

新"新时代"：增长型股票热及新股发行热

1959 年，我刚刚进入华尔街踏上职业生涯，我们就从这一年开始机构之行吧。在那个时候，"增长"是个有魔力的字眼，呈现出近乎神秘的意义。增长型公司，如 IBM 和德州仪器，市盈率都在 80 倍以上（一年以后，它们的市盈率分别变成 20 多倍和 30 多倍）。

当时，谁若质疑如此高的估值不合理，差不多要被视为异端。虽然根据坚实基础理论对这样的股价无法做出合理解释，但投资者相信，买家仍然会热切地支付更高的价钱。对此，凯恩斯勋爵一定会在经济学家死后都必去的地方，静静地颔首微笑着。

我回想起一件事，情景仿佛就在眼前。我们公司的一位高级合伙人一边摇着头一边说：在他认识的人中，凡是记得 1929 ～ 1932 年股市崩盘往事的人，都不愿去买入、持有这些高价成长股。但在市场上，那些雄心勃勃、不守常规的年轻人却有着巨大的影响力。《新闻周刊》引用一位经纪人的话说："投机者以为无论自己买入什么股票，都会在一夜之间翻倍。可怕的是，这种事居然真的发生了。"

更糟糕的事还在后面。在这狂飙突进的 20 世纪 60 年代，投资者对所谓太空时代的时髦股票贪得无厌，公司发起人便热切地满足着投资者的渴求，大量发行新股。1959 ～ 1962 年，新股发行量比历史上任何时期都要多。新股发行热在程度上可与南海泡沫时期相匹敌，遗憾的是已揭露的欺诈性做法也不亚于南海泡沫时期。

这一时期的新股发行热被称为"电子热"（tronics boom），因为即使公司的业务与电子行业毫无关联，新股名称也常常含糊其词地将"电子"（electronics）这个词包含进来。认购新股的人并不真正在意公司到底是制造什么产品的，只要公司名称听起来与电子有关、带点儿只有内行才懂的暗示就够了。比如，美国音乐协会公司（American Music Guild），其业务只是挨家挨户上门推销唱片和留声机，却在"上市"之前把名称改成了"太空音色"，公司股票以每股 2 美元向公众发行，股价几周之内便蹿升至 14 美元。

德雷福斯公司（Dreyfus and Company）的杰克·德雷福斯（Jack Dreyfus）对新股发行热做过如下评论。

举个例子来说吧。有一家很不错的小公司，40 年来一直生产鞋带，股票价格不失体面，是每股盈利的 6 倍。现在公司名称由"鞋带股份有限公司"变更为"电子硅片 Furth-Burners 股份有限公司"。在今天的市场上，"电子"和"硅片"这几个字就值 15 倍市盈率。不过，真正好玩儿的是"Furth-Burners"这个词，谁也不明白它是什么意思。但一个无人理解的词，却能让你将整个市盈率翻一番。这样一来，鞋带业务有 6 倍市盈率，"电子"和"硅片"有 15 倍市盈率，加在一起总共就有 21 倍市盈率。再加上"Furth-Burners"，乘以 2 以后，整个新公司的市盈率便达到了 42 倍。

还是让表 3-1 中的数字来说话吧。即使认购像"妈妈做的小甜饼"（Mother's Cookie）这样的公司，也可指望获得相当大的收益。

设想一下，倘若将公司名称定为 Mothertron's Cookitronics，那该何其荣耀！ 10 年后，多数此类公司的股票都跌得几乎一文不值，而今天，这些公司全都销声匿迹了。

表 3-1   几只代表性新股上市后的表现

股票名称	发行日	发行价	首个交易日报买价（美元）	1961 年最高报买价（美元）	1962 年最低报买价（美元）
博登电子	1961 年 3 月 6 日	5.5[①]	12.25[①]	24.5[①]	1.625[①]
美国地球物理	1960 年 12 月 8 日	14	27	58	9
太空水力发电技术	1960 年 7 月 19 日	3	7	7	1
妈妈做的小甜饼	1961 年 3 月 8 日	15	23	25	7

① 每股附加一份认股权证。

那么，这一时期证券交易委员会（SEC）在干什么？难道新股发行人在发行新股时不得按规定向证券交易委员会申请注册吗？难道不能对发行人（及其承销商）因其虚假、误导性陈述进行处罚吗？答案都是肯定的。证券交易委员会也在其位谋其政，但是根据法律法规，它只能默默地袖手旁观。只要公司准备好（并向投资者提供）符合要求的招股说明书，证券交易委员会就无力阻止投资者自尝苦果。例如，这一时期很多招股说明书的封面上都用粗体字印有如下类型的警示。

风险提示：本公司无任何资产，无任何盈利，在可预见的将来也不能支付股利。本公司股票具有高度风险性。

但是，正如香烟盒上的警告阻止不了很多人吸烟一样，"投资可能危及你的财富"之类的风险提示也无法阻止投机者大把掏钱去认购新股。证券交易委员会可以警告傻瓜，但不能禁止傻瓜舍弃自己的金钱。而且，新股认购者如此深信股价会上涨，以至承销商面临的问题不是如何将新股发售出去，而是如何在疯狂的申购者中配售新股。

涉及欺诈和市场操纵，则是另一回事。对此，证券交易委员会可予以打击，并且已采取强有力的措施。众多没什么名气的、尚未完全过上体面日子的证券经纪公司负责了大部分新股销售，它们在销售过程中操纵价格，因此被证券交易委员会以各种侵占托管财产的罪名勒令暂停营业。

1962 年，电子热烟消云散。昨日的热门新股在今日成了无人问津的冷饭残羹。很多专业人士拒绝承认自己不计后果盲目投机的事实；少数专业人士辩称，回望过去说股价何时已过高或过低总是很容易的；还有更少的人说看来谁也不知道在任何给定的时点，一只股票的合理价格应该是多少。

集团企业浪潮：协同效应产生巨大能量

金融市场具有一种天才禀赋：如果人们对某种产品存在需求，市场就会创造出这种产品。所有投资者都渴望的产品，就是每股盈利的预期增长。如果在公司的名称中无法觅得增长的影子，那么几乎可以肯定，会有人另想办法将增长创造出来。到 20 世纪 60 年代中期，富有创造力的企业家的做法表明，增长可以通过协同效应（synergism）创造出来。

协同效应的特质就是让 2 加 2 等于 5。因此，盈利能力同为 200 万美元的两家独立公司，合并后便可能产生 500 万美元的合并盈利。这种神奇的、必定带来盈利增长的新发明叫作集团企业。

虽然那时的反垄断法禁止大型公司收购业内企业，但收购其他行业的公司还是可行的，不会遭到司法部的干预。公司合并都以产生协同效应的名义予以实施。从表面上看，合并之后，集团企业实现的销售收入和盈利增长会高于单个独立实体可能实现的增长。

事实上，20世纪60年代集团企业浪潮更重要的推动因素，是收购公司的过程本身就能制造每股盈利的增长。本来，集团企业的管理人员拥有的往往是资本运作方面的专长，欠缺的是提高被收购公司盈利能力所需要的经营才干。他们不费什么力气，稍稍施展一下障眼法，便能将根本就没有合并潜力的一群公司凑合在一起，制造出稳定增长的每股盈利。下面这个例子展示了这种骗人的把戏是如何得逞的。

假设有两家公司——艾博电路公司（以下简称艾博）和贝克尔糖果公司（以下简称贝克尔），前者是一家电子企业，后者生产巧克力棒。现在是1965年，两家公司发行在外的股票都是20万股，每年盈利都是100万美元，也就是说每股盈利为5美元。再假定两家公司的业务都不再增长，且无论有无合并两家公司的盈利都将保持现有水平。

不过，两家公司的股价却不同。因为艾博身处电子行业，市场便赋予它20倍的市盈率，20倍市盈率乘以每股盈利5美元，股价就是100美元。贝克尔从事的行业不那么有吸引力，市盈率只有10倍，结果每股5美元的盈利只能要求股票定价为50美元。

现在，艾博的管理层想让公司变成集团企业。他们提出以2∶3的换股比例吸收合并贝克尔。这样，贝克尔的股东便可以用每3股总市价150美元的贝克尔的股票，换得总市价为200美元的2股艾博的股票。显而易见，贝克尔的股东会乐意接受艾博的合并提议。

如此一来，便有了一家集团企业开始崭露头角，新企业的名称为协同股份有限公司（以下简称协同公司），它目前的基本情况是：发行在外股票 333 333 股，总盈利 200 万美元，也就是说每股盈利为 6 美元。这样，到 1966 年合并完成时，我们发现每股盈利已从 5 美元增长到 6 美元，增长了 20%，这一增长似乎表明艾博先前 20 倍的市盈率是合理的。于是，协同公司（"合并前"原名为艾博）的股价便从 100 美元涨到 120 美元，每个人都赚了钱，高高兴兴地回到家中。此外，被收购公司贝克尔的股东在卖出合并后新公司的股票之前，不必就其所得支付任何税收。表 3-2 的上面三行说明了这宗交易的情况。

表 3-2　艾博的购并效应

	公司名称	盈利水平（万美元）	已发行股票（股）	每股盈利（美元）	市盈率（倍）	股价（美元）
1965 年合并前	艾博	100	200 000	5.00	20	100
	贝克尔	100	200 000	5.00	10	50
1966 年第一次合并后	协同（艾博与贝克尔合并）	200	333 333①	6.00	20	120
	查理	100	100 000	10.00	10	100
1967 年第二次合并后	协同（艾博、贝克尔和查理合并）	300	433 333②	6.92	20	138.4

① 艾博原有发行在外股票 200 000 股，加上根据合并条款用以交换 200 000 股贝克尔股票的 133 333 股新印制的艾博股票。

② 333 333 股协同公司股票，加上用以交换查理公司股票的 100 000 股新印制的协同公司股票。

一年之后，协同公司发现了查理公司，这家公司的盈利达 100 万美元，发行在外的股票为 10 万股，也就是说每股盈利 10 美元。查理公司从事风险相对较高的军事装备行业，所以股票只能要求 10 倍市盈率，从而股价为 100 美元。协同公司提出以 1 : 1 的换股比例收购查理公司。查理公司的股东非常乐意用自己每股价值 100 美元的股票换取这家集团企业每股价值 120 美元的股票。到 1967 年年底，合并后的公司有 300 万美元的盈利，发行在外的股票达 433 333 股，每股盈利 6.92 美元。

从这个案例中，我们可以看出集团企业的确制造出了增长。实际上，三家公司中没有任何一家的盈利实现了增长。然而，仅仅是因为有了合并交易，这家集团企业便获得了如表 3-3 中所示的盈利增长。协同公司的股票是一只增长型股票，看来超凡出众的业绩记录使它赢得了一个很高的市盈率，甚至还可能不断提高。

表 3-3　集团企业每股盈利　　　　（单位：美元）

	1965 年	1966 年	1967 年
协同公司	5.00	6.00	6.92

这种把戏之所以奏效，其诀窍在于这家电子公司能够以其市盈率倍数较高的股票，去换取另一家公司市盈率倍数较低的股票。糖果公司只能以 10 倍的价钱"出售"其盈利，但是，其盈利"出售"给电子公司，算出平均值之后，电子公司的总盈利（包括销售巧克力棒所获得的盈利）却可以卖到 20 倍的价钱。协同公司收购的公司越多，每股盈利增长的速度就会越快，股票也因此看起来更有吸引力，从而证明了高倍市盈率适得其所。

整个情形宛如一封连锁信——只要收购公司的数目保持指数增长，就不会有人受到伤害。虽然这个过程不可能长期持续下去，但对于一开始便介入其中的投资者来说，可能获得的收益却好得令人难以想象。我们似乎很难相信，华尔街的专业投资者会上集团企业骗局的当，他们却还承认被骗了数年之久。或许作为空中楼阁理论的支持者，他们只相信其他人也会上这种骗局的当。

自动喷洒器公司（Automatic Sprinkler Corporation）也是一个真实的例子，说明了制造盈利增长的把戏是如何得逞的。该公司后来更名为 A-T-O 公司，再后来，在谦虚的首席执行官菲吉先生的敦促之下，又更名为菲吉国际（Figgie International）。1963 ～ 1968 年，自动喷洒器公司的销售额增长了 14 倍多，之所以有这样的惊人业绩，只是因为公司进行了并购运作。1967 年年中，在短短 25 天的时间里公司完成了 4 次并购。这几家新收购公司的市盈率都相对较低，因而有助于自动喷洒器公司制造每股盈利的大幅增长。市场对这种"增长"做出了强烈反应，人们踊跃购买股票，致使公司 1967 年的市盈率达到 50 多倍，股价由 1963 年的 8 美元左右，涨到 1967 年的 73.625 美元。

　　为了帮助华尔街建造空中楼阁，自动喷洒器公司总裁菲吉先生展开了必要的公关活动。他在各种谈话场合"自动喷洒着"自我保护的措辞，谈论呈现自由形态的本公司如何能量充沛，以及如何应对变化和技术带来的挑战。他还小心翼翼地特别指出，每收购一家公司，他都会先考察二三十家公司才做最后定夺。华尔街对他嘴巴里喷出的每个字都喜爱有加。

　　菲吉先生并非唯一欺骗华尔街的人。其他集团企业的管理人在迷惑投资界的过程中，几乎创造了一种全新的语言。他们谈论市场矩阵、核心技术支点、模块化构成要素、核子增长理论。虽然华尔街专业人士谁也没有真正弄懂这些话的意思，但身处技术主流之中的他们感到既惬意又温暖。

　　集团企业管理人还发现了一种新方法，用以描述他们所收购的企业。他们收购的造船厂变成了"船舶系统"、锌矿采掘场变成了"太空矿物分部"、钢铁制造厂变成了"材料技术分部"、照明设备公司或制锁公司变成了"防护性服务分部"的一部分。若有哪位"不识相"的证券分析师（通常毕业于纽约城市学院一类学校，而非哈佛商学院之类的名校）胆敢放肆，问及如何让铸造厂或肉类加工厂实现

15% ~ 20% 的年增长，集团企业管理人一般都会告诉他说，效率专家已剥离数百万美元的额外成本，市场调研已发现好些杳无人迹的新市场，利润率在两年之内可以轻而易举地翻个两番。集团企业的股票市盈率并未随着并购交易的活跃而下降，反而在一段时间里随之升高了。表 3-4 列示了 1967 年几家集团企业的股价和市盈率。

表 3-4   几家集团企业的股价和市盈率

股票名称	1967 年最高价（美元）	1967 年市盈率（倍）	1969 年最低价（美元）	1969 年市盈率（倍）
自动喷洒器公司（A-T-O 公司）	73.625	51.0	10.875	13.4
利顿工业公司	120.5	44.1	55	14.4
特利达因公司	71.5 ①	55.8	28.25	14.2

① 已根据之后发生的股票分割做出调整。

1968 年 1 月 19 日，集团企业演奏的欢快乐章突然间放缓了节奏。这一天，集团企业的祖师爷利顿工业公司（Litton Industries）对外宣布，本年第二季度盈利将显著低于预测。近 10 年来，这家集团企业的盈利每年都以 20% 的速度增长。市场对该公司制造增长的炼金术已深信不疑，以致消息一出，人们报之以怀疑和震惊。抛售狂潮随之而来，集团企业板块股票急挫近 40% 之后，才无力地小幅反弹。

更糟糕的事还在后头。1968 年 7 月，联邦贸易委员会宣布将深入调查集团企业的并购活动，集团企业板块股票再次应声急跌。证券交易委员会和会计界也终于采取行动，开始努力澄清关于公司并购交易的信息报告技术，卖盘如洪水般汹涌而至。此后不久，证券交易委员会和负责反垄断的首席检察官助理表示强烈关切日益加速的公司并购活动。

在集团企业风潮这一投机阶段过后，暴露出两个令人不安的因素。首先，集团企业并非总能控制自己疆域辽阔的帝国。的确，投资者对集团企业创造的数学新法则，已不再执迷不悟，他们知道 2 加 2 当然不等于 5，甚至有些投资者还怀疑 2 加 2 能否等于 4。其次，政府和会计界对日益加快的并购步伐和可能存在的违规行为表示担忧。这两方面的担忧促使投资者抛售股票，从而降低了（在多数个股上消除了）只是因预计收购过程本身会产生盈利而付出的高倍市盈率。如此一来，盈利增长的炼金术便几乎不可能施展，因为要使骗人的阴谋得逞，收购方公司的市盈率必须高于被收购方公司的市盈率。

对于这段历史，还有一个有趣的脚注。在 21 世纪最初十几年间，"去集团化"（deconglomeration）开始流行起来。将子公司剥离出去，使之成为独立公司，一般情况下，股价都获得了上涨的嘉奖。两个不同公司的合并市值，通常会高于最初的集团企业市值。

业绩为王：概念股泡沫

随着集团企业的幻梦在身边纷纷破灭，投资基金的经理们发现了另一个充满魔力的字眼——"业绩"。很显然，如果一家共同基金投资组合中的股票比其竞争对手投资组合中的股票增值得更快，那么其基金份额就更容易出售。

的确，有些基金业绩优异，至少在短时间内表现很突出。弗雷德·卡尔（Fred Carr）领导的开创基金（Enterprise Fund）在竞争中广受关注，1967 年斩获了 117% 的总回报率（包括股利和资本利得），1968 年又实现了 44% 的回报率。同期标准普尔 500 指数的收益率则分别是 25% 和 11%。优异的业绩为开创基金带来了大量新资金。大众发现把赌注押在赛马骑师身上，而不是在赛马身上，才是时尚的做法。

开创基金的骑师是如何施展身手的呢？他们在投资组合里集中持

有充满活力的股票，这些股票可以道出娓娓动听的故事，而一旦发现更加动听的故事初露端倪，他们便迅速出手，调仓换股。这种投资策略一时间颇为奏效，引来其他很多基金纷纷效尤。很快，这些追随者就赢得了冒险投资基金（go-go fund）的荣誉称号，基金经理也常常被称为"年轻的熟练枪手"。大众用来投资的钱纷纷流入风险最大的"业绩基金"手中。

于是，20世纪60年代末，业绩为王的投资理念风靡华尔街。由于眼前的业绩尤为重要（此时，投资服务机构已开始公布共同基金每月业绩排名），基金的最佳策略便是买入这样的股票：具有激动人心的概念；能讲出令人信服的好故事；市场现在就能领略到这些特点，而不是要等到很远的将来。因此，所谓的概念股便应运而生了。

但是，即便故事并非完全可信，只要基金经理确信人们将普遍认为其他人会相信这个故事就行了，仅此而已，无须其他条件。财经书籍作者马丁·迈耶（Martin Mayer）曾引用一位基金经理的话说："既然我们先听到这个故事，我们便可以认为在接下来的几天里有足够多的人也会听到，从而推动股价上涨，即使这个故事被证明是子虚乌有，又有何妨。"很多华尔街人把这种做法视为一种非同凡响的新投资策略，其实，约翰·梅纳德·凯恩斯早在1936年就发现了它的所有奥妙。

我们来看看柯迪斯·W.雷德尔（Cortes W. Randell）的故事。此人抛出的概念是打造一家富有青春活力的公司，以开发年轻人市场。他成了全美学生营销公司（National Student Marketing，NSM）的创始人、总裁和大股东。首先，他推销了一种自我形象——富有而且成功。他拥有一架名为史努比的白色Learjet喷气式私人飞机，在纽约华尔道夫大厦（Waldorf Towers）有一套公寓，在弗吉尼亚州有一座带有模拟地牢的城堡，还有一艘能睡12个人的游艇。为了强化自我形象，他还在

办公室的房门边立着一套昂贵的高尔夫球杆。看上去，只有在夜间当
办公室清洁工沿着地毯清除一沓沓废纸时，这套球杆才会派上用场。
雷德尔将大部分时间都用来与机构投资者的基金经理打交道，或者亲
自走访他们，或者在 Learjet 私人飞机上给他们打空中电话，按照南
海泡沫时期发起人的传统，兜售自己的全美学生营销这一概念。"巡
回布道"是雷德尔真正与生俱来的得心应手的本领。华尔街从雷德尔
处购来的概念，便是单单一家公司就能专门做到满足年轻人的需要。
就像 20 世纪 60 年代一般的集团企业所做的那样，全美学生营销公
司早期的盈利增长是通过并购的途径获得的。不同之处在于雷德尔所
并购的每一家公司与大学适龄青年市场或多或少都有些联系，比如海
报、唱片、长袖运动衫、提供暑期工作的工商企业名录等。对于"年
轻的熟练枪手"来说，还有什么比开发和利用年轻人亚文化、为年轻
人提供全方位服务、以年轻人为导向的概念股更有迷人的魅力呢？

表 3-5 清楚地说明机构投资者在建造空中楼阁方面至少不输给一
般大众，也是行家里手。

表 3-5   机构投资者参与建造空中楼阁

股票名称	1968 ~ 1969 年最高价（美元）	最高市盈 率（倍）	1969 年年末机构 持有者数目（家）	1970 年最 低价（美元）	下跌幅 度（%）
全美学生营销	35.25①	117	31	0.875	98
业绩系统	23	∞	13	0.125	99

① 已根据之后发生的股票分割做出调整。

我最喜欢讲的例子与曼尼皮尔公司（Minnie Pearl）有关。曼尼
皮尔是一家出售快餐特许经营权的公司。为了取悦金融界，曼尼皮
尔快餐连锁店摇身一变成了"业绩系统"（Performance System）。毕
竟在以业绩为导向的投资者眼里，还有什么更好的名称可选吗？在

华尔街,一枝玫瑰叫什么名字都比不上叫"业绩系统"来得芳香甜美。在表 3-5 "最高市盈率"一列中,该公司的数据是 ∞,即无穷大。1968 年公司股价达到最高点时,公司根本就没有任何盈利可以作为股价的除数。如表 3-5 所示,两家公司都失败了,而且败得极为惨烈。

这些股票的表现为何如此之差?一个原因在于它们的市盈率已膨胀到了不合理的高度。如果一只股票的市盈率由 100 倍降到更为正常的 20 倍,那么你在这只股票上的投资就损失了 80%。另外,当时多数概念股公司在经营上都遭遇了严重困难,其原因各种各样,如扩张过速、负债过多、管理失控等,不一而足。这些公司的高管主要都是公司的发起人,他们都不是精打细算会经营的经理。欺诈性做法也很常见,例如,全美学生营销公司的柯迪斯·雷德尔承认犯有会计欺诈罪,因而锒铛入狱。

20 世纪 70 年代"漂亮 50"

20 世纪 70 年代,华尔街专业人士立誓要回归"明智合理的投资原则"。于是,概念股不时兴了,蓝筹股成了时尚。他们认为蓝筹公司绝不会像 60 年代最受青睐的投机性公司那样轰然倒台。最谨慎的做法莫过于买入蓝筹公司的股票,然后在高尔夫球场休闲放松。

当时,这种优质增长股只有 50 只左右。对于它们的名字,我们都耳熟能详,如 IBM、施乐、雅芳、柯达、麦当劳、宝丽莱、华特迪士尼等,它们被统称为"漂亮 50"(Nifty Fifty)。这些股票都是"大盘股",市值很大,这意味着一家机构投资者可以重仓买入股票,同时又不会使股价产生大幅波动。再者,多数专业人士认识到,选定恰当时机买入股票虽然不是不可能,但也并非易事,所以这些股票在他们看来显得就很有意义。因此买入时的价格暂时过高,又有什么关系?事实已证明这些股票都是成长股,现在支付的过高价格迟早会证明是合理的。此外,这些股票好比传家宝,永远不会被卖掉,因而也被称为"一次性抉择股"。你只需做一次买入的抉择,从此,你的投资组合管理问题就一劳永逸地解决了。

这些股票还以另一种方式为机构投资者提供了安全保障。它们都是非常好的优质股。你的同事绝不可能质疑你投资 IBM 是不够谨慎的决定。当然,如果 IBM 倒闭了,你肯定会血本无归,但这样赔了钱是不会被看作不慎重的。如同赛狗在比赛中追赶机器兔一样,大型养老基金、保险公司和银行信托基金都拼命地买入"漂亮 50"一次性抉择成长股。尽管让人难以置信,但机构投资者确实开始投机蓝筹股了。我们从表 3-6 中可以看出这一点。机构投资经理全然漠视了一个事实:任何规模可观的公司都不可能保持足够的增长速度来支撑 80 倍或 90 倍的市盈率。这些投资经理的所作所为再次验证了一句格言:包装精美的愚蠢可以听起来像智慧。

表 3-6 "漂亮 50"不再漂亮

股票名称	1972 年市盈率(倍)	1980 年市盈率(倍)
索尼	92	17
宝丽莱	90	16
麦当劳	83	9
国际香料	81	12
华特迪士尼	76	11
惠普	65	18

"漂亮 50"热潮像其他一切投机狂潮一样终结了。正是那些对"漂亮 50"顶礼膜拜的机构投资经理认清这些股票已然定价过高,所

以又一次做出了抉择——卖出股票。在接下来的股市崩盘中，这些极品成长股完全失去了往日的荣宠。

20 世纪 80 年代喧嚣扰攘

新股发行热再度甚嚣尘上

1983 年上半年的高科技新股发行热几乎是 20 世纪 60 年代新股发行热的完美翻版，只是新股名称稍稍有些改变，包括了生物技术和微电子这两个新兴领域。另外，1983 年新股发行热又使 60 年代的公司发起人自愧不如，1983 年全年新股发行融资额超过了此前 10 年间所有新股发行的累计总额。

举例子来说吧。有一家公司"计划"批量生产名叫安德鲁机器人（Androbot）的家用机器人，新泽西州一家叫作"让你吃饱喝足"（Stuff Your Face, Inc.）的公司只有三处连锁餐馆，诸如此类的公司都在积极准备发行新股，可见当时新股发行热何其高涨。的确，新股发行热延伸到了"优质公司"的股票发行，如艺术品收购公司（Fine Art Acquisitions Ltd.）。这不是什么俗气的沿街叫卖折扣服装的小贩，或生产计算机硬件的企业，而是一家真正具有审美能力的艺术型公司。该公司的招股书告诉人们，公司业务是收购和出售精美印刷品，以及装饰派艺术风格的雕塑复制品。公司的一项重要资产是波姬·小丝（Brooke Shields）的一组裸体照片，这组照片大约拍摄于她坐在婴儿车里与进入普林斯顿大学读书之间的中间阶段。这些照片最初为一名男子所有，他叫加里·格罗斯（Garry Gross）——这绝对是实情。虽然艺术品收购公司不觉得使用波姬·小丝 11 岁还未进入青春期的照片有什么不妥，但她的母亲可不这么认为。这事争执到最后，结局对波姬·小丝来说是很愉快的：照片返还给了格罗斯，再也未被艺术品收购公司拿出去销售。这种结局对于艺术品收购公司来说却没那么让人开心，对于新股发行热期间其他多数引领而来的新股而言，也不是什么好消息。艺术品收购公司更名为 Dyansen 公司，在富丽堂皇的特朗普大厦（Trump Tower）里设有画廊，最后于 1993 年在克莱斯勒信贷公司所做的一宗贷款上违了约，未能偿还债务。

很可能是穆罕默德·阿里国际游乐中心公司（Muhammad Ali Arcades International）股票的首次公开发行（IPO）弄破了这场新股发行泡沫。该公司股票与同一时期其他垃圾新股相比，并没有什么特别引人注目之处。不过，这次发行之所以别具一格，是因为这次发行表明一分钱仍能买到很多东西。公司提交的发行方案是以区区一美分的价格发行复合股权凭证，每单位复合股权凭证由一股股票与两股认购权证构成。当然，这还是内部人士最近认购价的 333 倍价钱，不过这也谈不上有什么不正常，而当人们发现连拳王本人都抵制诱惑，一股也不认购以自己名字命名的公司的股票时，投资者便开始审视自己的处境了。审视一番之后，多数投资者都厌恶自己所看清的一切。结果，小盘股板块整体出现大幅下跌，其中首次公开发行的小盘股价格跌得尤其惨重。在一年的时间里，许多投资者损失了多达 90% 的资金。

在穆罕默德·阿里国际游乐中心公司招股说明书的封面上，呈现的画面是前拳王阿里挺立在被击倒的对手身旁。阿里刚出道时常常声称他可以"像蝴蝶飞舞一样飘然滑步，如蜜蜂蜇人一般迅即出拳"。后来的结局是阿里游乐中心的股票根本就没得到"飘然滑步"⊖的机会（安德鲁机器人公司也一样，本来它的股票发行时间定在 1983 年 7

⊖　在本段的英文原文中，作者一语双关，用到了 float 一词的两个语义：飘然、优雅地移动；使证券首次公开发行。——译者注

月）。不过，其他许多公司都得以发行上市，特别是那些有潜在问题的前沿技术公司。正如过去一次又一次发生过的那样，这次被蜇伤的又是投资者。

极致泡沫之 ZZZZ Best 公司

　　ZZZZ Best 公司的传奇好比霍雷肖·阿尔杰$^{\ominus}$（Horatio Alger）笔下一个令人难以置信的故事，曾俘获了投资者的心。在还没学会刮胡子就已快速发财致富的创业家之中，巴里·明克（Barry Minkow）是 20 世纪 80 年代一位真正的传奇人物。明克的创业家生涯始于 9 岁那年。家里没钱为他请保姆，他便经常到妈妈经营的地毯清洗店里干活。在店里，他开始打电话招揽生意。到 10 岁时，他已动手清洗地毯了。在接下来的 4 年时间里，他利用晚上和暑假的时间在店里打工，攒下了 6000 美元。到 15 岁时，他买了一些蒸汽清洁设备，在自家的车库里办起了自己的地毯清洁公司，公司的名称叫 ZZZZ Best。因为还在读高中，又没到法定开车年龄，明克便雇了一帮人上门取地毯和清洗地毯，自己则坐在课堂上愁着怎么给工人发放每周的薪水。他把日程安排得很紧，整天忙碌，公司的生意渐渐火了起来。他还聘请父母来公司里工作，对此他感到非常自豪。18 岁时，明克成了百万富翁。

　　明克对工作永不餍足的胃口，也使他做起了自我推销。他开一辆红色法拉利跑车，住在一座豪宅里，宅里有个大泳池，池子的底部漆着一个大大的"Z"字。他写了一本书，名为《在美国发财致富》（*Making It in America*），他在书中声称，当今十几岁的人都不够勤奋刻苦。他向慈善机构慷慨捐款，在抵制毒品的电视公益广告中亮相，

　　$\ominus$　霍雷肖·阿尔杰（1832—1899），美国著名作家，其小说主角通常是出身贫寒、诚实守信的青少年，他们通过不懈努力，克服重重困难获得商业上的成功。该作家也写过几部令人称道的关于白手起家的政治领袖的传记。——译者注

广告的口号是："我行为清白，你呢？"那时，ZZZZ Best 公司已有雇员 1300 人，营业场所遍及加利福尼亚州，在亚利桑那州和内华达州也有营业场所。

对于一家再普通不过的地毯清洁公司来说，100 多倍的市盈率是否过高呢？当然不高，因为掌管这家公司的是一个光彩照人的成功企业家，而且此人还展现了强硬作风。明克最爱对雇员说的一句"台词"是："要么听我的，要么你走人。"有一次，他还扬言说，即使自己的老妈不遵守公司规定，也照样让她走人。当明克告诉华尔街自己的公司经营得比 IBM 还好，且注定要成为"地毯清洁行业的通用汽车"时，投资者都全神贯注地洗耳恭听。有位证券分析师这样对我说："这家公司肯定错不了！"

1987 年，明克的泡沫突然爆裂了，让人震惊不已。原来，ZZZZ Best 公司不仅洗地毯，还洗钱。公司被控为有组织的犯罪人物提供掩护，这些人常用"脏钱"为公司购买设备，然后从公司合法的地毯清洁业务收入中抽取"干净钱"，换回在设备上的投资。公司盈利的强劲增长主要是通过假合同、虚造的信用卡收费以及其他欺骗手段制造出来的。整个操作过程就是一个巨大的庞氏骗局：左手从一批投资者手中骗取资金，右手又将资金转付给另一批投资者，如此循环不已。此外，明克还被指控将公司账上的数百万美元资金挪作私用。明克以及 ZZZZ Best 公司所有的投资者都陷入了困境。

明克的故事下一节发生在 1989 年。这年，明克 23 岁，被判 57 项欺诈罪名成立，入狱服刑 25 年，归还其盗用的公司财产 2600 万美元。明克请求从宽处理，美国地区法院的法官驳回请求，对他说："你是个危险分子，因为你有三寸不烂之舌，有善于沟通的能力。"法官又补充说："你没有良心。"

但是，故事并未就此结束。在隆波克联邦监狱 54 个月的铁窗洗礼中，明克重生为一名基督信徒，并从杰里·福尔韦尔（Jerry Falwell）创立的自由大学（Liberty University）获得函授学士和硕士学位。1994年12月，他获释出狱，成了加利福尼亚州社区圣经教堂的高级牧师，以其狂热宣讲的一贯风格，吸引着教友凝神谛听。他写了好几本书，其中包括《洗心革面，但并未出局》（*Cleaning Up and Down, But Not Out*）。他还受聘为联邦调查局的特别顾问，提供如何发现欺诈行为的咨询。2006年，当年控告明克的詹姆斯·阿斯伯格（James Asperger）撰文写道："巴里·明克已获新生，他的个人生活发生了彻底改变，协助破获的欺诈罪案也比他本人以前犯下的要多。"2010年，电影《明克》（*Minkow*）发行上映。根据宣传，影片"讲述了一个赎罪和启迪人心的美好故事"。遗憾的是，电影故事纯属虚构，影片因而取消发行。2011年，因为参与一桩证券欺诈案，明克再次被判入狱服刑5年；2014年，他当庭认罪，承认在圣地亚哥社区圣经教堂做牧师时贪污了300万美元。明克从未改过自新。但是，这部电影最终于2018年3月发行上映，只是片名改成了《骗子》（*Con Man*）。

历史的教训

股市历史给我们的教训是显而易见的。在对股票进行定价时，投资者中流行的证券评估风格和流行趋势可能而且经常起到关键性的作用。有时候，股市的运行就很符合空中楼阁理论所做的阐述。正因为如此，投资游戏有时可能会极其危险。

另一个值得高度重视的教训是，如今在购买"热门新股"时投资者应多加小心。多数 IPO 新股的表现不如市场整体表现。而且，如果你在新股上市交易之后购买，通常都会支付较高的价格，那你就更可能遭受损失。

毫无疑问，过去的投资者利用 IPO 建造了很多空中楼阁。请记住，IPO 新股的主要抛售者正是公司的管理层。他们力图把握时机，或随着公司发展达到高峰，或当投资者热情高涨地追逐某个流行热点时，抛售自己持有的本公司股票。在这样的情况下，对投资者来说，哪怕是追逐高增长行业的股票，追赶潮流的冲动只会带来无利可图的忙忙碌碌。

日本房地产泡沫和股市泡沫

行文至此，我在本章谈的都是发生在美国的投机泡沫。必须指出，美国并非个例。的确，在 20 世纪后期，日本的房地产和股票市场就出现过一场最大的泡沫并最终爆裂。1955 ～ 1990 年，日本的房地产价格上涨了 75 倍以上。据估计，截至 1990 年，日本所有房地产的总值接近 20 万亿美元，相当于全球财富的 20% 以上，或相当于全球股市总市值的 2 倍。若以实际土地面积衡量，美国比日本大 25 倍，而在 1990 年，日本的房地产价值估计有美国的 5 倍之多。理论上，日本人靠卖掉国际大都市东京，就能用所得资金买下美国的所有房地产；倘若按估价卖掉日本皇宫及其所占土地，就能筹集足够的资金买下整个加利福尼亚州。

日本股票价格就像无风天气里的氢气球一样不断攀升。从 1955 到 1990 年，股价上涨了 100 倍。1989 年 12 月，日本股市攀上顶峰，总市值达到 4 万亿美元，几乎相当于美国所有股票价值的 1.5 倍，接近全球股市总市值的 45%。遵循坚实基础理论的投资者都惊得目瞪口呆，日本股票的市盈率竟高达 60 多倍，股价几乎是账面价值的 5 倍、股利的 200 多倍。相比之下，美国股票的市盈率大约为 15 倍，英国伦敦股票市场的市盈率为 12 倍。日本的电话业巨头 NTT 公司，其股票市值超过了美国电话电报公司、IBM、埃克森、通用电气和通用汽车的市值总和。

对于所有能提出的合理的反对意见，支持股市上涨的人都水来土掩，应付裕如。市盈率是不是高到九霄云外了？"不，"株投町

（Kabuto-cho，日本的"华尔街"）的证券营销人员说，"日本的市盈率相对于美国还是被低估了，因为日本公司计提的折旧费过高，而且在日本公司的盈利中并未计入拥有部分股权的联营公司的盈利。"如果把这两个因素造成的影响考虑进来，调整后的市盈率就会低得多。股利收益率远远低于1%，是否低得不合情理？答曰：这正反映了此时日本的低利率状况。股价达到了资产价值的5倍，是不是很危险？一点儿也不危险。资产的账面价值并未反映日本公司所拥有土地的大幅升值。对于日本土地的超高价格水平，他们则从两个方面进行"解释"：一来日本人口密度大，二来各种监管规定和税收法规限制了可居住土地的使用。

事实上，为房地产和股票价格飞涨给出的"解释"都站不住脚。即便将公司盈利做出调整，市盈率仍然远远高于其他国家的水平，与其本国的历史相比，也膨胀得惊人。而且，日本公司的盈利能力一直在下降，日元坚挺必定会使日本公司的产品出口更加困难。尽管土地在日本是稀缺资源，但日本的制造业公司，比如汽车制造商，在海外找到了充足且价格有吸引力的新工厂用地。租金收入的上涨幅度一直远低于土地价值的上涨幅度，这表明房地产的收益率在下滑。最后，一直在支撑市场上涨的低利率，也于1989年开始上升了。

有些投机者曾得出结论认为金融万有引力定律这一基本规律不适用于日本。然而，令他们备感痛苦的是，1990年，艾萨克·牛顿还是驾临日本了。有意思的是，让那只苹果坠落下来的正是日本政府。日本银行（日本的中央银行）发现，在为土地和股票价格暴涨提供资金支持的贷款狂热和流动性繁荣的大背景之下，通货膨胀这个丑恶的幽灵正在搬弄是非，搅得人心浮动。于是，日本银行开始限制信贷规模，并上调利率，以期遏制房地产价格的进一步上涨，并使股票市场实现平稳降温。

股市并未实现软着陆，而是彻底崩盘了。股市下跌的幅度几乎与美国1929年年末至1932年中期发生的股市大崩盘一样大。20世纪80年

代的最后一个交易日，日本股市指数（日经指数）达到近 40 000 点的高
度。1992 年 8 月中旬，该指数已跌至 14 309 点，跌幅约达 64%。图 3-1
非常戏剧性地表明 20 世纪 80 年代中后期的股价上涨反映了估值关系
所发生的变化。从 1990 年开始的股价下跌，正反映了股票价格重新呈
现 20 世纪 80 年代初典型的股价与账面价值比率这一估值关系。日本
股市在接下来数十年间持续低迷。2018 年 3 月，日经指数为 21 000 点。

　　20 世纪 90 年代初，房地产市场的泡沫也吹爆了。对土地价格和
房产价值的各种测算表明，房地产市场下跌的严重程度与股票市场大
致相当。金融万有引力定律可不认什么地理疆界。

图 3-1　日本股市泡沫：股价与股票账面价值的比率（1980 ～ 2000 年）

资料来源：Morgan Stanley Research and author's estimates.

第 4 章

21 世纪初的超级泡沫

如果举世失控，唯你能保持清醒……

大地及其上之一切皆为你所有……

——拉迪亚德·吉卜林（Rudyard Kipling）

《如果》（*If—*）

虽然 20 世纪下半叶的几场泡沫造成了大量金融财富的毁灭，但那些泡沫无法与 21 世纪头 10 年的两场泡沫相提并论。当互联网泡沫在 21 世纪初晴天霹雳般爆裂之时，约 8 万亿美元的市值蒸发一空，仿佛德国、法国、英国、意大利、西班牙、荷兰以及俄罗斯等数国一年的经济总量突然间消失了。当美国房地产泡沫爆裂，以及与之相关的抵押贷款支持证券的价值暴跌之际，整个世界的经济几乎都随之崩溃，此后便是旷日持久的世界经济衰退。21 世纪 10 年代后期，我们在比特币价格上经历了一场巨大的泡沫。毫无疑问，把这些泡沫中的任何一场比作郁金香球茎热，对郁金香花朵都有失公允。

互联网泡沫

多数泡沫的发生，要么与某种新技术相关联（如电子热），要么牵涉某种新的商业机会（如有利可图的贸易新机遇的出现酿成了南海泡沫）。对于互联网泡沫的生成，这两种原因兼而有之：一方面互联网代表了一种新技术；另一方面互联网提供了新的商业机会，使我们有望变革信息的获取途径以及商品和服务的购买方式。这种技术和商业前景，引发了有史以来规模最大的财富创造，也造成了规模最大的财富毁灭。

罗伯特·希勒在《非理性繁荣》（*Irrational Exuberance*）一书中，将泡沫描述成"正反馈环"（positive feedback loop）。当任何一批股票（此处指的是与互联网热相关的一批股票）的价格开始上涨时，泡沫便开始出现了。这股"吹入炉火的上升气流"鼓动着更多的人买入股票，更多的人买入股票又致使更多的电视和平面媒体进行相关报道，而媒体的报道又导致更多的人买入股票，于是早期就持有互联网公司股票的人便赚了大钱。这些大有斩获的投资者会告诉你发财致富真是太容易了，这又使股价进一步上涨，股价的持续上涨使越来越多的投资者一批一批地被吸引进来。但是，整个循环机制如同庞氏骗局，在这种骗局中，必须找到越来越多易于轻信的投资者，让他们从先前已买入股票的投资者手中买入股票。最终，"博傻"骗局再也找不到更傻的傻瓜参与进来。

即便是华尔街深受尊敬的公司，也加入了互联网这个热闹非凡的节日彩车大巡游。历史悠久的投资银行高盛 2000 年中期在研究报告里声称，网络公司的烧钱行为主要是"投资者感情用事"的问题，而对互联网这个板块来说，或者对人们常说的这个"space"⊖来说，并

⊖　space，20 世纪 90 年代开始兴起的一个时髦词语，意思是领域、行业。
　　——译者注

不是"一个长期风险"。几个月之后，数百家网络公司破产倒闭，这证明高盛发布的报告不期而然地也有正确之处。网络公司快速烧钱不是长期风险，而是短期风险。

在网络泡沫爆裂之前，无论谁嘲讽"新经济"的潜力，都是无可救药的抵制使用新技术的勒德分子（Luddite）。如图 4-1 所示，基本上可以代表高科技新经济公司的纳斯达克指数，从 1998 年后期到 2000 年 3 月上涨了 2 倍有余。该指数中有盈利的成分股的市盈率飙升到了 100 多倍。

图 4-1　纳斯达克综合指数（1998 年 7 月～ 2002 年 7 月）

高科技股泡沫规模盛大

2000 年年初，对投资者所做的调查揭示，人们预期未来股票每年回报率在 15% ～ 25% 之间，有的预期甚至还要高。对于以制造"互联网支柱"产品而广为人知的公司（如思科和捷迪讯），每年带来 15% 的回报率简直被视为小菜一碟。然而，思科的市盈率已高达三位数，市值已接近 6000 亿美元。倘若思科每年盈利增长 15%，那么 10 年之后，它的市盈率仍将远远高于市场平均水平。倘若在此后 25 年里，思科每年产生 15% 的回报率，又倘若同期美国经济继续以每年 5% 的增长率发展，那么思科的市值届时将会超过整个国家的经济规模。股市的估值与任何对未来增长的合理预期已经完全脱节了。当高科技股泡沫爆裂时，即便是蓝筹股思科，也跌去了 90% 以上的市值。至于捷迪讯公司，图 4-2 标示出了 1997 年年中至 2002 年年中其股价与纳斯达克指数之间的对比。相比之下，整体指数的泡沫几乎注意不到。

图 4-2　捷迪讯公司股票（JDSU）与纳斯达克综合指数的对比（1997 年 7 月～ 2002 年 7 月）

　　在电子热期间的更名游戏中，形形色色的公司为了增加自身的吸引力，都在公司的名称中加上后缀"tronics"；同样，在互联网热潮中，各种各样的公司也如法炮制。很多公司，即使与互联网不怎么沾边或毫无瓜葛，也纷纷变更名称，加上与互联网有关的标志，诸如 dot.com、dotnet 或 Internet 之类。变更名称的公司，即便核心业务与互联网根本毫无关系，其股价在更名后 10 天期间的涨幅也比同类公

司的股价高出 125%。在后来发生的市场下跌行情中，这些公司的股
票都变得一文不值。如表 4-1 所示，即便是互联网行业的头部公司，
亦让投资者遭受了惨重损失。

表 4-1   即便是新经济领头羊股票，亦致投资者遭受毁灭性重创

股票名称	2000 年最高价 （美元）	2001 ～ 2002 年最 低价（美元）	下跌幅度（%）
亚马逊	75.25	5.51	92.7
思科	82.00	11.04	86.5
康宁	113.33	2.80	97.5
捷迪讯	297.34	2.24	99.2
朗讯科技	74.93	1.36	98.2
北电网络	143.62	0.76	99.5
价格在线	165.00	1.80	98.9
雅虎	238.00	8.02	96.6

掌上电脑公司（PalmPilot）是个人数字助理（Personal Digital
Assistants，PDA）制造商。它典型地说明了市场狂热得荒唐透顶——
远远超过了"非理性繁荣"。掌上电脑公司原是 3Com 公司的全资子
公司，3Com 公司决定将其分拆给自己的股东。由于 PDA 被吹捧为数
字革命的一个必要条件，人们便以为掌上电脑公司的股票将是一只特
别激动人心的股票。

2000 年年初，3Com 公司将掌上电脑公司 5% 的股份售出，让掌
上电脑公司 IPO，同时 3Com 公司还宣布，打算把剩余的 95% 的股份
也分拆给自己的股东。掌上电脑公司的股价一飞冲天，市值很快便达
到 3Com 公司市值的 2 倍。掌上电脑公司 95% 的股票市值比 3Com 公
司的总市值还高出近 250 亿美元。这就好像 3Com 公司其他所有资产
的价值为 –250 亿美元一样。如果你想买入掌上电脑公司的股票，你

本可以买入 3Com 公司的股票，同时还以每股 –61 美元的价钱拥有 3Com 公司其他业务的所有权。在对财富的无脑追逐中，市场制造了诸多反常现象。

又一场新股发行热

2000 年第一季度，916 家风险投资公司向 1009 家初创互联网公司投入了 157 亿美元的资金。整个股市仿佛服用了类固醇激素，亢奋不已。就像在南海泡沫中曾发生过的那样，很多得到融资的公司都荒诞不经。后来的事实表明，那些几乎都是互联网公司，它们对介入其中的投资者造成了灾难性的损失。我们来看看以下几个处于初创阶段的互联网公司的例子：

- 数字香味公司（Digiscents）提供一种可接入计算机的外围设备，这种设备会让你进入的网站和计算机游戏散发出气味。在开发这种产品的过程中，数字香味公司很快就烧完了数百万美元。

- Flooz 公司提供一种替代货币——Flooz，这种货币可以通过电子邮件发送给朋友和家人。为了推动自身的发展，Flooz 公司应用了一条流传已久的商学院格言："任何白痴都能把 1 美元的纸币卖到 80 美分的价钱。"公司推出了一项优惠措施，允许美国运通公司的白金卡客户只用 800 美元便可购买面值 1000 美元的 Flooz 货币。在宣布破产之前不久，Flooz 公司卷入了一宗诈骗案，菲律宾和俄罗斯的一些黑帮利用盗来的信用卡号码购买了 30 万美元的 Flooz 货币。

- 网上宠物公司（Pets.com）。公司的吉祥物是一个短袜式木偶，它在公司做的电视广告中饰演主角，还在梅西百货（Macy's）

的感恩节游行演唱会上亮过相。公司吉祥物虽深受欢迎，但并不能改变一个严酷的现实：单凭提供一袋袋重 25 磅、利润微薄的干狗粮是难以获得盈利的。

很多互联网风险项目和公司，单是看到它们的名称就让人不敢相信，例如，拇囊炎（Bunions.com）、小龙虾（Crayfish）、快速击毁（Zap.com）、该死（Gadzooks）、雾虹（Fogdog）、肥脑（FatBrain）、丛林（Jungle.com）、突然跑开（Scoot.com）、唯我是从者（mylackey.com）。有一家叫 ezboard.com 的网络公司，制作了一种被称为"卫生纸"的网页，帮助网民在虚拟社区里"擦大便"。这些项目和公司谈不上有什么商业模式，只是商业失败的典范。

环球网络公司

关于这场互联网 IPO 热潮，我记得最清楚的事发生在 1998 年 11 月的一个早晨，当时我正在一个电视节目中做访谈嘉宾。我西装革履地坐在后台休息室里等待节目开始，身边坐着两个年轻人，他们都身着牛仔服，虽然已 20 岁出头，可看起来却像十几岁，我心想与他们比肩而坐实在很不协调。我压根儿没意识到，他们是互联网热中最早的超级明星，也是本次节目要专门介绍的人物，是节目的吸引力所在。这两位就是斯蒂芬·帕特诺特（Stephan Paternot）和托德·克里兹曼（Todd Krizelman），他们在后者康奈尔大学的寝室里创办了一家名为环球网络（TheGlobe.com）的公司。该公司运营一个在线留言板系统，希望通过销售网页横幅广告获得大量营业收入。以前，谁要是想通过 IPO 上市，得有实实在在的收入和盈利，但环球网络公司一样也没有。尽管如此，其股票承销商瑞士信贷第一波士顿银行（Credit Suisse First Boston）却以每股 9 美元的价钱，帮它实现了 IPO。股票一上市，每股价格立即飞涨到 97 美元，这在当时创下有史以来股票上市首个交易日最大涨幅的纪录，公司的市值接近 10 亿美元，两位公司创始人也都立即成了身价不菲的新贵。正是这一天，我们终于见识了，对于若是在 5 年之前连尽职调查门槛也跨不过的公司，投资者居然会乐意往里扔钱。

环球网络公司的 IPO 是引发互联网泡沫进入病态阶段的导火线。利润与股价之间的关系已被切断。至于帕特诺特，1999 年美国有线电视新闻网（CNN）的一个节目片段曾播出他身穿闪闪发亮的黑色塑料裤，与年轻漂亮的模特女友一起，在纽约一家夜总会的台子上大跳劲舞。观众从镜头里听到他说："有了姑娘，有了金钱，现在我准备过令人作呕的轻佻生活了。"帕特诺特和克里兹曼被认为是全球互联网泛滥的典型代表。环球网络公司于 2001 年关闭了自己的网站。虽然帕特诺特可能不再过着"令人作呕"的生活，但 2010 年，他却在电影《低俗电影》(Down and Dirty Pictures) 里担任了执行制片人。

2000 年年初，互联网狂欢依然如火如荼地进行着。出类拔萃的凯鹏华盈公司（KPCB）的著名风投资本家约翰·多尔（John Doerr）将与互联网有关的股票价格上涨称作"这个星球上最伟大的合法财富创造"。2002 年，他忘了说，这也是这个星球上最惨烈的合法财富湮灭。

证券分析师大放厥词

华尔街上一些出镜率很高的证券分析师摇旗呐喊，为互联网泡沫的膨胀推波助澜。摩根士丹利的玛丽·米克（Mary Meeker）、美林证券的亨利·布洛杰特（Henry Blodgett）和所罗门美邦的杰克·格鲁布曼（Jack Grubman）都成了家喻户晓的人物，被人们赋予超级明星的身份地位。米克被《巴伦周刊》(Barron's) 杂志诙谐地称为"网络女王"。布洛杰特以"亨利王"而闻名，格鲁布曼则获得了"电信股大师"的绰号。像体育巨星一样，当时这些分析师每人的薪资都达到了数千万美元。然而，他们的收入并非建立在分析质量之上，而是建立在能否为公司引来利润丰厚的投资银行业务之上。他们会含蓄地向投资银行业务客户许诺，持续进行的有利研究将为IPO新股上市后的市场表现提供持续的支持。

按照传统，"内部信息隔离墙"应当将华尔街券商的研究功能与盈利丰厚的投资银行功能隔离开来；券商的研究功能应为投资者的利益着想，而其投资银行功能则为公司类客户服务。但在互联网泡沫期间，这堵墙却变得更像瑞士干酪⊖了。

证券分析师正是这场互联网热潮的公开支持者。布洛杰特断然声称，传统的估值标准不适用于"行业大爆炸式的发展阶段"。米克1999年在《纽约客》发表了一篇充满溢美之词的文章，文中指出，现在是可以理性鲁莽的时期。他们对个股的公开评论使股价迅速蹿升。他们用棒球场上强力得分的术语来描述其推荐给大众的股票：有望翻两番的股票是"全垒打"（Four Bagger），更刺激的股票可能就是"两个全垒打加上一个双杀"（Ten Bagger）。

证券分析师总会找到做多的理由。传统上，在10只股票中，他们会给其中的9只评为"买入"级，1只评为"卖出"级。但在互联网泡沫时期，股票买入与卖出的评级比率接近100∶1。泡沫破裂的时候，这些名人分析师都面临了死亡恐吓和法律诉讼，其所在公司也遭到了证券交易委员会的调查和罚款。《纽约邮报》给布洛杰特取了个新名，称他为互联网泡沫的"小丑王子"。格鲁布曼因不断吹捧世通公司（WorldCom）的股票，在国会一个委员会的听证会上遭到奚落，也因改变股票评级以帮助公司获取投资银行业务而遭到了调查。

⊖ 瑞士干酪最显著的特点是干酪上有孔眼，且孔眼越大品质越好。这里是比喻信息隔离墙已完全不能起到隔离信息的作用。——译者注

布洛杰特和格鲁布曼都离开了各自的公司。《财富》杂志对这一切做了概括，在一期封面上刊登了玛丽·米克的照片，配以标题"我们还能再信任华尔街吗？"

创设新的估值标准

与互联网有关的公司股价越来越高，为了对此做出合理解释，证券分析师开始使用各种可用于股票估值的"新标准"。毕竟，新经济股票是完全不同的新生事物，当然不应恪守如市盈率之类老派过时的标准对其进行估值，那些标准是用来评估旧经济公司的。

不知何故，在无所畏惧的新兴互联网世界，销售额、营业收入和利润都成了不相干的东西。为了给互联网公司进行估值，证券分析师把目光转向了"眼球"，也就是浏览某网页或"访问"某网站的人数，其中特别重要的是"有购买意向的顾客"人数，证券分析师给这类顾客下的定义是在某网站至少逗留 3 分钟的人。玛丽·米克口若悬河地称赞网上药店公司（Drugstore.com），因为浏览该网站的 48% 的"眼球"都是"有购买意向的顾客"。没人关心有购买意向的顾客是否会掏出绿花花的美元买点儿什么。销售额太过时了。在 2000 年互联网泡沫顶峰时，网上药店公司的股价一度达到 67.5 美元。一年后，"眼球"又开始看向利润，该公司的股票变成了"仙股"（penny stock）[⊖]。

"顾客心理份额"是另一个很流行的非财务估值标准，它的出现使我确信投资者已全体心理失常。例如，在线住宅销售商 Homestore. com 公司，于 2000 年 10 月受到摩根士丹利的强烈推荐，因为在互联

⊖ penny stock 是投资术语。这类股票价格极低、市值极小，因缺乏流动性、买卖报价差极大、分析师跟踪极少、信息披露极少而风险极大、投机性极强，通常在柜台市场交易，相当于我国香港股市所谓的"仙股"，价格可能低至几分钱一股。——译者注

网用户花在各个房地产网站的时间中，有 72% 用于浏览 Homestore.com 公司所列的房地产商品。然而，"顾客心理份额"并未引导互联网用户打定主意购买所列的商品，也未能阻止 Homestore.com 公司股价 2001 年从最高点暴跌了 99%。

对于电信类公司，证券分析师创设了特别的估值标准。他们匍匐着爬进管道，丈量地下光缆的英里数，而不去查看声音、图像等数据的传输情况。每个电信类公司都毫无节制地大量告贷，铺设的光缆足以环绕地球 1500 圈。电信和互联网服务提供商 PSI Net 公司（现已破产）为了留下时代印迹，将自己的名称刷在巴尔的摩乌鸦队（Baltimore Ravens）的橄榄球场上。随着电信股价格持续大幅上涨，远远超过任何正常的估值标准，证券分析师像自己常常会做的那样——只是跟着降低自己的估值标准。

电信公司可以毫不费力地从华尔街融资，这让市场出现了过度供给的局面——长途光缆太多，计算机太多，电信公司太多。2002 年，行业巨头世通公司宣布破产。朗讯科技和北电网络之类的大型电信设备供应商因参与有风险的卖方融资交易，遭受了令人惊愕的巨额损失。在这场泡沫中，大约 1 万亿美元的资金被扔进了电信投资中，其中大部分都蒸发掉了。2001 年，有个互联网上流传的笑话是这样说的：

本周小贴士

如果你一年前购买了价值 1000 美元的北电网络股票，那么现在它价值 49 美元。

如果你一年前购买了价值 1000 美元的百威（是百威啤酒，不是百威股票），把啤酒都喝光，同时把啤酒罐拿去卖掉，几毛钱几毛钱地攒下来，那么你现在就有了 79 美元。

所以，我给你的建议是：现在就开怀畅饮吧。

　　到 2002 年秋天，当初投入北电网络股票的 1000 美元，仅值区区 3 美元。

媒体推波助澜

　　各类媒体也参与了协助和教唆，把互联网泡沫越吹越大，从而使美国变成了一个全民炒股的国家。与股票市场一样，新闻业也受供求规律的制约和影响。由于投资者想得到更多信息，了解有关互联网的投资机会，杂志的供给量便随之增加，以满足投资者的需求。同时，由于读者对消极的、持怀疑论调的股市分析不感兴趣，他们便对许诺轻易致富的出版物趋之若鹜。投资类杂志用专题描述的都是"网络股未来数月可能翻番"之类的故事。对此，简·布莱恩特·奎恩[○]（Jane Bryant Quinn）评论道：这是"色情投资杂志"——"隐晦而不淫秽，但仍然关乎色情"。

　　为了满足大众对更多信息永不餍足的需求，涌现出了大量致力于报道互联网的商业杂志和技术杂志。《连线》（Wired）自诩为数字革命的先锋，《行业标准》（Industry Standard）发布的 IPO 追踪指数在硅谷是最受广泛关注的指数，《商务 2.0》（Business 2.0）则以"新经济的预言者"而自傲。出版物激增是投机性泡沫出现的一个典型标志。历史学家爱德华·钱塞勒（Edward Chancellor）曾指出，在 19 世纪 40 年代出现了 14 种新周刊和 2 种新日报，用以报道当时新兴的铁路行业；而在 1847 年的金融危机期间，很多有关铁路行业的出版物都销声匿迹了。《行业标准》2001 年停刊时，《纽约时报》发表社论说："它散布的小道消息杜绝之日，很可能就是它销声匿迹之时。"

　　在给互联网热潮推波助澜的过程中，网上经纪券商也是一个至关

　　○　简·布莱恩特·奎恩，美国著名新闻编辑、主持人、财经专栏作者。——译者注

重要的因素。在线交易费用低廉，至少从收取的佣金角度看非常便宜（实际上，在线交易的成本比多数网上经纪券商在广告里标榜的要高，因为相当一部分成本被做市商的"报买价"即客户可以卖出的价格与做市商的"报卖价"即客户可以买入的价格之间的差额给隐藏了）。折扣经纪券商大量投放广告，让投资者觉得战胜市场似乎轻而易举。有家经纪券商让一位客户在广告中吹嘘说，她不仅仅要打败市场，还要"把它皮包骨的小身板勒倒在地，要它告饶"。在另一个很受欢迎的电视广告中，邮局办公室里的计算机菜鸟斯图尔特带着规劝和激励的口吻说"就买这只股票吧"，怂恿守旧的老板在线购买第一笔股票。老板反对说自己对这只股票一无所知，斯图尔特就说："我们来研究呀。"老板在计算机键盘上敲击了一下，自觉聪明了许多，买进了第一笔 100 股的股票。

如美国消费者新闻与商业频道（CNBC）和彭博财经新闻（Bloomberg）之类的有线新闻网成了传播股市文化的现象级平台。在世界各地，健身俱乐部、机场、酒吧和餐馆都将电视画面锁定在CNBC。在电视节目中，股市被当作体育赛事一样对待，有赛前表演（开盘前的分析预测）、比赛进行当中的逐局直播解说（交易时段中的实时解盘）和赛后表演（回顾当天的交易情况，并为投资者提供次日操作指导）。CNBC 暗示说，收看它的节目将使观众提前知晓"棒球被投手投出后曲线球的飞行轨迹"。节目中的多数嘉宾均持有看多做多的观点。CNBC 主持人无须提醒也会知道，整天绷着脸的怀疑论者就像咬伤婴儿的家犬很可能待不久一样，是不会提升收视率的。股市的话题比性话题更为热门。即便是霍华德·斯特恩⊖（Howard Stern），

⊖ 霍华德·斯特恩，美国晨间广播主持人，因热衷于讲黄段子、爱显摆低俗幽默，于 20 世纪 90 年代使其节目在全美大受欢迎。——译者注

也会突然中断关于著名色情女星和身体部位的惯常议论，转而沉思股市行情，继而开口大肆吹捧某些互联网股票。

股票换手率和交易量达到了空前未有的水平。而且，市场上有1000万个专门做网络股的"超短线交易者"（day trader），他们当中许多人放弃了工作，专门来走这条致富的捷径。对于超短线交易者来说，"长线"的意思无非就是"当天上午晚些时候"，真是疯了。有些人仅仅买一件价值50美元的厨房用具，都会就买与不买的利弊考量几个小时，但他们却会根据网上聊天室里所谓的投资建议，拿数万美元的钱去冒险。特伦斯·奥迪恩（Terrance Odean）是一位研究投资者行为的金融学教授，他和同事们发现多数买卖网络股的股民即便在泡沫膨胀期间，实际上也赔了钱，并且他们还发现这些股民买进卖出越频繁，收益表现就越差。平均而言，超短线交易者在股市的存活期大约只有6个月。

欺诈蛇行潜入，扼杀股市

互联网泡沫之类的投机狂潮会，将我们体系中最丑恶的一些方面暴露出来。完全可以肯定，正是非同寻常的新经济热潮催生了一系列工商企业丑闻，这些丑闻从根本上动摇了资本主义体系。一个备受瞩目的例子便是规模曾位居全美第七的安然公司的崛起与破产。随着安然的轰然垮台，650余亿美元的市值灰飞烟灭。安然的倒闭只有放在股市新经济板块产生巨大泡沫的背景下，才能真正加以理解。安然被视为新经济股票的完美代表，不仅可以统治能源市场，而且可以在宽带通信、广泛的电子交易、贸易三个领域居于支配地位。

安然无疑是华尔街分析师的最爱。《财富》杂志上的一篇文章将传统的公用事业公司和能源公司比作"一帮老顽固和各自的婆娘，随着盖伊·隆巴尔多乐队（Guy Lombardo）的歌声，拖曳着步子转圈跳舞"；把安然比作年轻的埃尔维斯·普雷斯利（Elvis Presley），身穿缀着金丝银线的紧身衣裤，"撞碎天窗而出"。不过，文章的作者遗漏了一个事实：埃尔维斯暴饮暴食，最后把自己吃死了。安然确立了"跳出圈外"思考事物的标准，成了一家典型的杀手应用程序式的、不断变换经营模式的公司。遗憾的是，安然同时也为如何营造经营迷宫和如何欺诈行骗确立了新标准。

在安然管理层实施的欺诈手法中，有一种是设立众多关系错综复杂的合伙企业，这样一来，就能让公司的真实财务状况看起来云山雾罩、捉摸不透，同时也能夸大公司的经营成果。下面举一个比较简单的欺诈例子，看看这种骗人的手法是如何行之有效的。安然与Blockbuster公司成立一个合资企业，经营的业务是在线出租电影。几个月后，合资企业以失败告终。但是，在合资企业成立之后，安然偷偷地与加拿大一家银行成立了一个合伙企业，这家银行实质上借给安然1.15亿美元的贷款，以交换合资企业的未来利润。当然，合资企业没赚到一分钱，但安然却将1.15亿美元的借款记为"利润"。华尔街分析师鼓掌叫好，称安然的董事长肯·雷（Ken Lay）是"年度策划大师"，安达信会计公司（Arthur Andersen）也出具审计报告称，安然的财务报表"公允地反映了"公司的财务状况。华尔街在这些富有创造性的合伙企业设立时，欣然收取了不菲的费用。

欺骗仿佛是安然的生存方式。《华尔街日报》报道，在安然员工称为"骗中骗"的一个时期，公司高管肯·雷和杰夫·斯基林（Jeff Skilling）亲自参与建立了一间虚假交易室，目的就是给华尔街的证券分析师留下深刻的印象。他们为交易室购置了最好的设备，给雇员分配角色，令其假模假样地进行交易，他们甚至将电话线漆成黑色，使交易操作显得尤为流畅。这一切都是精心策划的，同时又是心照不宣的伪装。2006年，肯·雷和杰夫·斯基林被判犯有共谋罪和欺诈罪。

同年晚些时候，肯·雷带着一颗破碎的心离开了人世。

安然倒闭进入破产程序时，有位既丢了工作又丢了退休储蓄金的雇员在网上销售印有"I GOT LAY'D BY ENRON"（我被安然糟践了）字样的 T 恤衫。

但是，将会计欺诈施加于毫无戒心的投资者身上，此类事件为数繁多，安然事件只是其中之一。各种电信公司以过高的价格交换光缆的承载量，从而夸大了各自的收入。世通公司承认虚增利润和现金流量 70 亿美元，操作手法是将本应从盈利中扣除的经常性费用记为不进入利润表的资本投资。在数不胜数的案例中，公司首席执行官的所作所为，更像是"首席贪污官"；有些财务总监被称为"公司欺诈总监"可能更加名副其实。当分析师把安然和世通之类的股票捧上天时，一些公司的高管却在把息税折旧摊销前盈利（EBITDA）的意思转变成了"我欺骗愚蠢的审计师前的盈利"（earnings before I tricked the dumb auditor）。

我们本应对危险有所提防

欺诈的问题且不说，我们本应更有头脑、更明事理。我们本应知道，历史的事实已证明投资于正在给社会带来重大转变的技术，对投资者来说常常并不会产生什么回报。19 世纪 50 年代，人们普遍认为铁路将极大地提高交通和商业效率。事实也的确如此，但这不能证明铁路股理应具有超高价格。铁路股的价格在 1857 年 8 月崩盘前，涨到了骇人的投机高度。一个世纪之后，航空公司和电视机制造商给美国带来了重大变化，但多数早期投资者都血本无归。投资的关键不在于某个行业会给社会带来多大影响，甚至也不在于该行业本身会有多大增长，而在于该行业是否能够创造利润并维持盈利。历史告诉我们，所有过度繁荣的市场终将屈服于万有引力定律。据我个人的经验，在市场上一贯输钱的人，正是那些未能抵制被郁金香球茎热一类事件冲昏头脑的人。其实，要在股市赚钱并不难。我们在后面的内容中会看到，投资者只要购买并持有涵盖范围广泛的股票组合，就能获得相当丰厚的长期回报。真正难以避免的，是受到诱惑时情不自禁将自己的资金投向短期快速致富的投机盛宴之中。

在本章所讲的道德故事中有很多恶人：一些心心念念只想着承销费的券商，本应明白不能兜售那些被他们推向市场的垃圾股票；有些研究部门分析师成了券商投资银行部的拉拉队长，同时又热切推荐网络股，而患佣金饥渴症的经纪商会怂恿客户购买那些网络股；很多公司的高管利用"寻机性会计处理方法"虚增利润。然而，泡沫得以膨胀的原因还是在于个人投资者既易受传染性贪婪的驱使，又易受快速致富骗局的不利影响。

不过，这样的案例比比皆是。我有个朋友，他投资于债券、房地产基金和广泛选取蓝筹公司的股票基金，构建一个多样化的投资组合，将当初不算大的投资变成了一大笔钱。但是，他不满足。在鸡尾酒会上，他不断邂逅一些人，这些人不是夸夸其谈说什么自己买的某只网络股已大涨 3 倍，就是大肆吹嘘自己买的某只电信股已翻了两番。他也想来点儿刺激。正巧，出现了一只叫 Boo.com 的网络股。这家互联网零售商的商业计划，是不打折扣地销售"时髦雅致的都市服装——那些如此之酷但尚未酷起来的服装"。换言之，Boo.com 公司打算全价销售目前还没有人穿的衣服。但是，我的朋友此前曾看过《时代》杂志封面上有这样的大字标题："吻别购物商场——在线购物更便捷、更便宜、更优质"。享有盛名的券商摩根士丹利已向这家公司投入了几百万美元，《财富》杂志把它誉为"1999 年最酷的公司"之一。

朋友的魂儿被勾住了，他思忖着："Boo.com 公司的故事会让所有看盘的人垂涎欲滴，令他们的脑海中浮现出一幅幅空中楼阁的景象。出手迟了，就会弄巧成拙。"所以，他得在更傻的傻瓜进场之前冲进去。

这家公司在破产之前的 2 年内，共烧掉了 1.35 亿美元的资金。共同创始人在回应公司开支过度奢侈的指责时，解释道："我只坐过 3 次协和式飞机，而且全是特价。"当然，我的朋友正是在泡沫高点时买进了股票，当公司宣布破产时，他投入的资金全打了水漂。能够避免这种可怕的错误，很可能是我们保有资本并使资本得以增值的最重要的因素。这一教训如此显而易见，却又如此易被忽视。

21 世纪初美国住房市场泡沫及其破裂

网络股泡沫可能是美国有史以来最大的股市泡沫，但 21 世纪最初几年膨胀的独栋住房（single-family home）价格泡沫无疑是美国空前未有的最大房地产泡沫。而且，对于一般美国人来说，房市暴涨及其后的崩盘相较于股市的任何波动，意义都要大得多。在多数普通投资者的投资组合中，住房是价值最大的资产，因此，房价下跌会立即对家庭财富和幸福感造成冲击。房市泡沫的破裂几乎让美国金融系统陷入瘫痪（国际金融系统亦是如此），同时引领全球经济进入一轮令人痛苦的深度衰退。为了搞清楚这次房市泡沫背后的金融因素，及其所带来的影响深远的次生损害，我们需要了解银行业和金融系统中所发生的一些根本性变化。

我喜欢讲一个中年妇女的故事。她突发心脏病，非常严重，躺在急救室里时，有了一次一只脚踏入了死亡门槛的经历。她来到上帝的面前，"这就死了吗？"她问道，"我就要死了吗？"上帝对她保证说她会活下来，而且能再活 30 年。果然，她活了下来，心脏血管中植入支架，疏通了堵塞的动脉，而且感觉从未如此好过。然后，她心里想道："如果还能活 30 年，那我可要充分利用这 30 年了。"既然已住在医院里，她便决定来一次整容，我们不妨无恶意地称之为"全面装饰性外科手术"。现在，她看上去很棒，自我感觉也很棒，轻松愉快地一抬脚，她便蹦蹦跳跳出了医院，结果却被一辆快速驶来的救护车撞倒，立刻就丢了性命。她走到天国之门，又遇见了上帝，"怎么回事呀？"她问道，"我以为还能活 30 年呢。""非常抱歉，女士，"上帝回答说，"我没认出你。"

银行业的新制度

倘若在 21 世纪初，一位金融家从一场历时 30 年的小睡中醒来，恐怕也不认识金融系统了。旧有的金融系统可以称为"发放并持有贷款"（originate and hold）的体系，在这种体系中，银行发放抵押贷款（以及工商贷款和消费贷款），然后将贷款作为银行资产持有至贷款偿还。在这样的金融环境中，银行对于发放贷款会非常小心。毕竟，如果一笔抵押贷款出现违约，会有人来追查当初发放贷款的人，质疑其最初对借款人的信用品质所做的判断。在这种环境中，为了核实借款人的偿债能力，不仅要求首付款达到相当大的数额，还要求出具证明文件。

21 世纪初，这种体系发生了根本性变化，可以说变成了"发放并分销贷款"（originate and distribute）的银行业模式。银行仍然会发放抵押贷款（大型专业抵押贷款公司也发放此类贷款），但发放贷款的机构只将贷款持有几天，便很快卖给投资银行。投资银行收集这些打包抵押贷款，向投资者发行抵押贷款支持证券——由抵押贷款"证券化"而来的衍生性债券。这些受到担保的证券，依赖抵押贷款支付的利息和本金，为已发行的新抵押贷款支持债券支付利息。

针对已打包的抵押贷款，还不只发行一只债券，如此一来，情况就变得更加复杂了。抵押贷款支持证券被切分成不同的"组别"（tranches），对于来自抵押贷款的本金和利息支付，每个组别拥有不同的索取优先权，因此每个组别便有不同的债券评级。这就是所谓的"金融工程"。即便债券背后的抵押贷款品质低劣，债券评级机构也乐于将 AAA 的评级授予对抵押贷款本息支付拥有最先索取权的债券组别。更准确地说，这种体系应该称为"金融炼金术"体系。而且，这样的炼金术不但用于抵押贷款，还用于其他各种金融工具，如信用卡贷款和汽车贷款等。这些衍生证券便又被卖向了世界各地。

　　情况甚至可能更加复杂、难解。针对衍生性的抵押贷款支持证券，又有二级衍生品出售。为了给抵押贷款支持证券提供保险，信用违约互换便作为保单发行出来。简而言之，互换市场使两方（通常称为交易对家）得以就抵押贷款支持证券表现的好坏，或其他任何发行人的债券表现的好坏进行押注。举例来说，假设我持有通用电气发行的债券，又开始担忧该公司的偿债能力。我可以从美国国际集团（AIG，规模最大的信用违约互换发行人）之类的公司那里购买一份保险，如果通用电气出现债券违约，这类公司便能向我支付债券本息。互换市场的问题在于，倘若有了麻烦，像美国国际集团这样的保险发行人实际上并没有足够多的储备资金用来支付理赔。而且，来自任何国家的任何人都能购买这种保险，哪怕他并不拥有相关的债券。最终，由于世界各地机构需求的推动而迅猛增长，信用违约互换在市场上的交易规模竟高达相关债券价值的 10 倍之多。衍生品市场增长至相关基础市场的很多倍，这种变化正是新的金融体系一个至关重要的特征。这一变化使得全球金融体系相互间的联系紧密得多，风险也大得多。

信贷标准更加宽松

　　为了将这种危险的局面推向极致，金融家们还创造出了结构性投资工具（structured investment vehicle，SIV）。这类工具将衍生证券放在其资产负债表之外，这样一来，银行业监管部门便无从看到衍生证券。抵押贷款支持证券的结构性投资工具会通过借款来购买需要的衍生证券，因此在投资银行的资产负债表上只会记录对该结构性投资工具所做的数额很小的股权投资。要是在过去，银行业监管部门会非常重视过大的杠杆率及其所携带的风险，但在新的金融体系中，这都被忽略了。

这种新体系导致银行和抵押贷款公司设立的信贷标准越来越宽松。如果贷款人放出抵押贷款所承担的风险，只是抵押贷款还没来得及卖给投资银行的几天里出现违约的风险，那么贷款人就没有必要对借款人的信用可靠性特别在意。于是，发放抵押贷款的标准也就急剧下降了。我第一次申请抵押贷款时，贷款人坚持要求我至少首付30%的购房款。但在新的体系中，贷款人发放贷款时根本不需要什么首付，他们抱着房价会永远上涨的希望。再者，所谓的三无贷款（NINJA loan）甚为常见，这些贷款的发放对象既无收入，又无工作或资产。贷款人甚至越来越懒得要求核实关于借款人偿还能力的证明文件。人们称这样的贷款为无证明文件（NO-DOC）贷款。住房贷款可以无拘无束地获得，房价也就随之迅速攀升。

在吹胀房市泡沫方面，美国政府也扮演了积极角色。由于国会施加压力，要求抵押贷款易于获得，联邦住房管理局只好为低收入借款人的抵押贷款提供担保。的确，截至2010年年初，在金融系统的不良抵押贷款中，接近2/3的贷款由政府代理机构买下。政府不仅作为金融机构的监管者失职了，而且由于政府实行了一些政策，也促成了房市泡沫的形成。我们若确切了解这场房市泡沫的历史，就不能不承认抵押贷款之所以能贷给那些根本没有偿还能力的人，其原因不仅在于"巧取豪夺的贷款人"，也在于美国政府。

住房市场泡沫

政府实行积极的房市政策，银行业的信贷规则发生变化，在这两个因素的共同作用之下，人们对房屋的需求便出现巨大增长。由于贷款极易获得，房价便火上浇油，开始迅速上涨，最初的房价上涨促使更多的人购买房屋。房价看上去在持续不断地上涨，因此购买房产看上去也就毫无风险可言。而且，有些购房者做出购买的决定，其并非为了得到居住之所，而是为了以更高的价格快速出手，卖给（倒给）将来的某个购买者。

在图 4-3 中，我们可以看到房市泡沫的规模。图中数据来自 Case-Shiller 房价指数委员会发布的经过通货膨胀调整的房价指数。调整是这样进行的：假如物价普遍上涨 5%，此时房价也上涨 5%，则通货膨胀调整后房价没有上涨，但是，如果此时房价上涨 10%，那么经过通货膨胀调整后的房价记录为上涨 5%。

图 4-3　经通货膨胀调整的房价

资料来源：Case-Shiller.

图 4-3 显示，在 1890 ～ 2010 年这 100 多年中，经通货膨胀调整后的房价比较稳定，房价也有上涨，但涨幅只是与一般物价水平的涨

幅大致相当。在 20 世纪 30 年代大萧条期间,房价确有下降,但 20 世纪结束时,房价又回升至最初开始下跌时的水平。21 世纪初,房价指数翻了一番,该指数是美国 20 个城市的房价综合指数。在某些城市,房价涨幅要比全美平均水平高得多。

我们知道,无论什么样的泡沫,最终都免不了爆裂的结局。图 4-4 描绘了 21 世纪初这场房市泡沫爆裂后造成的危害。房价普遍下跌,而且下跌的破坏力极大。很多房屋拥有者发现,自己的抵押贷款远远超过了房屋价值。越来越多的人出现了还款违约,将房屋钥匙还给贷款人。金融界有个令人悚然的幽默说法,即银行工作人员提及这种做法时,称为"叮当作响的邮件"(jingle mail)。

图 4-4   房市泡沫爆裂

① 该指数按季调整。

资料来源:Standard and Poor's.

房市泡沫的爆裂对经济造成了极大的破坏性影响。随着房屋价值暴跌，消费者紧缩开支，开始"罢买"。有些消费者以前可以用房屋作为抵押获得第二笔贷款或一笔房屋净值贷款，现在却再也不能通过这样的方式为自己的消费提供融资了。

房价的下跌，毁掉了抵押贷款支持证券的价值，也毁掉了一些进行杠杆操作的金融机构，这类机构自食其果，用借来的钱持有抵押贷款支持证券这种有毒资产。一些引人注目的大型破产事件随之发生，一些规模很大的金融机构不得不倒在政府的怀里，接受政府的救助。信贷机构 180° 大转弯，不再向小型企业和消费者提供贷款。随后美国出现了痛苦而漫长的经济衰退，衰退的强度仅次于 20 世纪 30 年代的大萧条时期。

泡沫与经济活动

对历史上发生过的一些重大泡沫进行一番审视之后，我们已清楚地看到，随着泡沫的爆裂，实体经济活动无一例外地遭到了严重破坏。资产价格泡沫的破灭所造成的附带影响并不仅仅局限于投机者身上。如果泡沫与信贷繁荣相关，与消费者和金融机构普遍使用杠杆相关，那么泡沫的危害性尤为巨大。

21 世纪初美国的经历给我们提供了一个印象深刻的例证。房屋需求的不断增长推动着房价上涨，房价的上涨反过来又激励着抵押贷款有增无减，而抵押贷款的不断增加又导致房价持续上涨，从而形成持续不断的正反馈环。杠杆的不断增加，涉及不断放松信贷标准，甚至涉及不断提高杠杆率。结果，在此过程中，个人和机构最终都变得非常脆弱，非常危险。

当泡沫爆裂时，反馈环还会发生逆转。随着价格出现下跌，个人会发现不但自己的财富缩了水，而且在很多个案中，自己的抵押贷款额竟超过了房屋价值。于是，贷款便开始出问题，消费者也随之削减自己的消费。杠杆程度过高的金融机构开始进入卸载杠杆的过程之中。由此而产生的信贷紧缩进一步削弱了实体经济活动，因而负反馈环的结果便是经济出现严重衰退。夹杂了信贷繁荣的泡沫会对实体经济构成极为严重的威胁。

这是否意味着市场并非有效

本章回顾了互联网泡沫和房市泡沫，我们从中似乎看到实际情形与股市和房市理性而有效的观点不相一致。然而，应从本章汲取的教训并非在于市场有时可能会不理性，因而应摒弃金融资产定价的坚实基础理论。相反，结论已很清楚：在每次泡沫发生的过程中，市场的确做到了自我修正。市场最终会矫正一切非理性行为，尽管其会以自己的方式，缓慢而势所必然地加以矫正。异常情形可能会突然冒出来，市场可能会变得非理性地乐观，没有戒心的投资者会被吸引进来。但是最终市场总会认清真实价值之所在，这才是投资者必须予以重视的主要教训。

《证券分析》一书的作者本杰明·格雷厄姆的智慧令我信服，他在书中写道：归根结底，股票市场不是投票机，而是称重机。估值标准并未改变，最终，任何股票的价值只能等于该公司的现金流现值。归根结底，真实价值终会胜出。

市场即便会犯错，也可以做到高度有效。有些错误非常离奇，简直让人匪夷所思，譬如，21世纪初的网络股，价格看上去不但透支了未来，而且还透支了"来世"。预测会无一例外地不正确。再者，投资风险从来就无法清晰地感知，所以未来盈利应以什么样的折现率进行折现，也永远是无法确定的。因此，市场价格必然总是错误。但是，在任何一个具体时点，谁也不能完全看清楚市场价格是过高还是过低。我在后面的章节中所呈现的证据会表明：专业投资者无法做到在调整投资组合时，只持有"价值被低估"的股票，而避开"价值被高估"的股票。在华尔街，即便是最优秀、最聪明的人，也不能始终如一地区分正确的估值与错误的估值。没有任何证据证明，谁能通过持之以恒地下对赌注以战胜市场的集体智慧而获得超额收益。市场并非总是正确，甚或通常都不正确。但是，**没有任何个人或机构能始终如一地比市场整体知道得更多**。

21 世纪最初 10 年房市所发生的史无前例的泡沫和崩盘也没有真正动摇有效市场假说。如果个人得到机会可以不用支付首付款便能购买房屋，那么愿意按已膨胀的房价付款，就可能是最理性的行为。如果房屋价值持续上涨，购买者便能获得利润。如果泡沫破裂，房价下跌，购买者便一走了之，留下贷款人承担损失（或许最终由政府承担损失）。是的，这种购买房屋的激励是不正常的。而且，回首过去，我们也看到监管非常松懈，政府实行的某些政策也考虑不周。但这场房市泡沫和崩盘，及其随后造成的经济衰退，绝不是由于盲目地相信有效市场而造成的。

加密货币泡沫

21 世纪初的最后一场泡沫涉及加密货币（cryptocurrency）。相对于其他资产市场以及世界经济活动，整个加密货币市场规模甚小，就此而言，这场泡沫的意义远非那么重大。但是，比特币和其他很多加密货币价格的上涨，甚至比荷兰郁金香球茎价格的上涨更为剧烈。而且，价格上涨引发大众想入非非的那种氛围，以及对其他市场的溢出效应，与伴随网络股泡沫的那种疯狂有着诡异的相似之处。

比特币与区块链

人们给比特币这种世界范围内存在的加密货币贴上不同的标签，或曰"未来货币"，或曰"一文不值的诈骗货币"。比特币的增长看上去很像金字塔式的庞氏骗局，可能最终将成为有史以来最大的金融泡沫之一。比特币价格发生过剧烈振荡，由每枚数字代币几美分涨到2017年年底的近2万美元。数天之内，比特币价格波动率接近50%，涨跌达数千美元。

比特币由一名或多名匿名人士创造，其所用网络笔名为"中本聪"（Satoshi Nakamoto）。创造比特币的目标，根据创造者于2008年所发表的白皮书上的说法，是要创造一种"纯粹的点对点式电子现金系统"。中本聪神出鬼没，难以捉摸，仅通过电子邮件和社交媒体与人交流沟通。尽管已有数人被指认为中本聪，但比特币创始人的真实身份从未得到确认。中本聪于2009年制定最初的比特币网络规则，并发布比特币交易软件，两年之后便销声匿迹。据报道，中本聪拥有一百万枚代币（token），这些代币2018年年初价值数十亿美元，可使中本聪成为世界上最富有的人之一。

比特币网络系统通过一种称为区块链（blockchain）的安全公开账本来运行，使用受保护的密码（匿名）登录编号账本以记录比特币的所有权归属。区块链提供证据证明何人在任一时点持有其中的数字代币，也提供交易流转中每一枚比特币的支付历史。比特币网络由世界各地的独立计算机进行维护，维护这些计算机和处理新交易的款项支付以比特币为货币单位，在一种称为"比特币挖矿"（bitcoin mining）的过程中进行。所有存在的数字代币均由这一过程创造。流通中的比特币极限值为2100万枚数字代币。[⊖]

　　⊖　当达到极限值时，将需要新的支付方法来维护比特币网络，比如分摊交易费用。

这种区块链是持续增长的记录比特币交易的公开账本，公开账本称为"区块"，与先前的区块相连接，并在比特币网络上记载比特币交易。交易记录副本散布于各个计算机或称比特币网络节点之间，如此一来，若出现任何异常情形，任何人均能进行查看。这一点使比特币网络能够保持诚实。倘若帮助维护数据库的某一方试图更改自己的交易记录副本，以将资金添加到自己的账户中，其他计算机会识别出差异所在。冲突通过共识加以解决，并且，迄今为止强力加密系统已使比特币网络非常安全。

时至 2018 年，比特币网络已有数百万个单独用户，无论合法还是非法的交易均通过比特币协议完成。比特币兑换率水平并不重要，不论比特币价值 1 美元还是 2 万美元，交易都能完成。人们可以购买这种加密货币，并同时将其发送到某个比特币收银系统，该系统能立即将其转换成美元。只要在交易发生的短暂期间比特币价值不出现波动，美元价值便无关紧要。对于这种与比特币相关的颠覆性技术，支持性论点认为该技术可以实现无缝且匿名的交易，无须走银行系统，也无须使用法定货币。

比特币是否真实货币

从事传统金融业的专业人士一直对加密货币现象深感怀疑。摩根大通银行首席执行官杰米·戴蒙（Jamie Dimon），起初便将比特币称为一种"一文不值的诈骗货币"，并表示将解雇任何涉足比特币的行内员工。传奇投资人，譬如霍华德·马克斯（Howard Marks）和沃伦·巴菲特，表示加密货币并非真实货币，没有任何价值。但是，同样的说法亦适用于任何国家货币。一张美元钞票，其本身并没有任何内在价值。所有纸币都会遭受各种程度的怀疑，尽管纸币通常并不被人贬低为一种庞氏骗局。因此，我们来检视一番，看看比特币以及其他数字货币是否应被视为货币。

货币的定义为何？这可能看起来是一个怪异的问题，但事实上，这一提问会引起一些与比特币相关的微妙问题。在经济学家看来，货币即是货币之所为。货币在经济中履行三种功能。首先，货币是一种交换媒介。我们之所以看重货币，是因为货币能让我们购买商品和服务。我们在钱包里存放现金，为的是能买来三明治当午餐，口渴时能买上一罐汽水。其次，货币是一种计价单位，是现在和将来呈现价格、记录负债所需要的价值尺度。《纽约时报》2018年售价一份3美元。如果我申请到一笔到期前仅付利息的10万美元抵押贷款，利息为5%，那么我每年将付息5000美元，贷款到期时我还欠10万美元。最后，货币是一种价值贮藏手段。一个卖家之所以接受货币而出售某一商品或服务，是因为卖家能使用货币在将来购买某物或某服务。虽然卖家可能持有另一种资产，比如股票，以贮藏价值，货币却是可以使用的最具流动性的资产。若在不远的将来可能需要做出购买行为，那么货币便是人们偏爱持有的资产。

比特币在多大程度上满足了一种资产被视为货币的传统要求？在某种程度上，比特币看上去满足第一项要求。比特币在世界范围内为人所接受而用于很多类型的交易。虽然证明为真的过程非常烦琐，但比特币可能有潜力降低通过国际银行系统而进行的某些类型的国际商业交易的交易成本。对于近乎非法的交易，比特币也会提供交易参与者看重的匿名特性，这种匿名性质无疑会使比特币成为受人偏爱的支付工具。而且，比特币可给予持有者以更多的保证，使其相信比特币在产权脆弱的国家会更难以被某个权威部门没收充公。难怪加密货币早期交易多数出现在对没收充公最为恐惧的亚洲国家。

比特币的价值具有极高波动性，正是这一点使得比特币无法满足第二和第三项关于货币的常见要求。一种资产，若每天增益或丧失很大一部分的初始价值，将既不能充当有用的计价单位，也不能充当可靠的价值贮藏手段。比特币的危险性，正是存在于此种波动之中。就加密货币而言，并不存在任何天然的价值之锚。对于力图避免承担比特币市场中高波动性的人们，需要进行进一步的交易，即将比特币换成价值更为稳定的资产或法定货币。至少就美元和世界上其他主要货币来说，还有中央银行在发挥作用，因为其管理目标包括维持本币价值的稳定。

比特币的情形令我想起那个沙丁鱼交易商的经典故事。此人有一个装满了一罐罐沙丁鱼的仓库。有一天，一个饥肠辘辘的工人打开其中一罐，希望美美地吃一顿午餐，却发现罐中满是沙子。面对交易商时，工人被告知这一罐罐沙丁鱼都是用来交易的，而非拿来吃的。看起来，这个故事也适用于比特币。

对于比特币和其他加密货币的大多数交易者，所玩的游戏就是进行投机性押注，赌价格将持续飙升。对于早早介入游戏者，回报已然巨大。还记得奥运赛艇双胞胎兄弟卡梅伦·文克莱沃斯（Cameron Winklevoss）和泰勒·文克莱沃斯（Tyler Winklevoss）吗？他们曾指控在哈佛大学读书时，马克·扎克伯格（Mark Zuckerberg）剽窃了他们的创意而创立了脸书（Facebook）。这对双胞胎的官司以获得 6500 万美元的赔偿达成和解，而扎克伯格因持有脸书股票而成了亿万富翁。别太为两兄弟感到难受，当时他们也认为自己应得到更多赔偿。他们拿出和解协议中的 1100 万美元，以每枚代币 120 美元的价格投资比特币。到 2017 年，两兄弟成了比特币亿万富翁。

比特币现象应否称作泡沫

行文至此，我们得出了什么结论呢？我们正在见证一种大有前途的新技术发出曙光，而这种新技术将大大改进国际支付机制吗？抑或说，这只是又一场泡沫，它将会引领众多参与者走向财务危机？或许，两个问题的答案都是肯定的。比特币现象背后的区块链技术是真实存在的，改进后的版本可能会分布得更广。无论如何，国际支付机制将因技术而发生深刻变化。

区块链技术以及类似的"分布式账本"技术有望获得成功的前景在于，这些技术可用于其他用途，比如记载和存储医疗记录、车辆维修史。特拉华州以吸纳来自世界各地的公司为一项要务，目前正致力于运用区块链技术保存公司法人的各种记录。迪拜宣布，要让所有政府文件于 2020 年之前在区块链得到妥善存储。在比特币获得成功之后，其他加密货币大量涌现，它们有着相似的去中心化记录存储方法。

技术的确具有减少交易成本、提升交易速度的潜力。数字货币因没有金融机构和政府机构介入其中，可促进卖家和买家之间达成安全交易。但是，一种潜在的现象是"真实的"，并不意味着此种现象不易于导致"泡沫"定价。20 世纪 90 年代后期，互联网的前景是真实的，但这并未阻止像思科那样的公司在泡沫爆裂之时，丧失了 90% 的市值，思科使交换机和路由器成了"互联网支柱"。已有指标显示，比特币以及其他数字货币的价格上涨代表着一场经典泡沫。

投机性泡沫的一个指标，是泡沫生成对象的价格上涨到何种程度。在很短的时期内，一枚比特币的价格从几美分曾上涨至近 2 万美元。2010 年，一枚比特币能以不足 1 美分的价格购得。同年最高价升至 39 美分。2011 年，比特币交易价曾高达每枚 31 美元，结果到年底跌至 2 美元。大幅的急涨急跌是接下来数年间比特币交易的典型特征，不过总的趋势显然是上升的。2017 年 1 月初，一枚比特币的售价为 750 美元。同年短时攀升至近 2 万美元之后，年末收盘价大约为1.4 万美元。比特币一直波动性极高，在短短 24 小时内，涨跌幅度就可以高达 1/3。其他加密货币的价格也呈现相似的表现模式。比特币价格的上涨远超 17 世纪荷兰郁金香球茎的价格上涨，本书先前描述的数场泡沫无一能望比特币价格膨胀之项背。价格上涨的幅度及其波动性表明，比特币泡沫乃是有史以来最大的泡沫之一。

泡沫会通过富有吸引力的故事得到宣传，这些故事成了流行文化的一部分。比特币的故事是一个理想范例，可以说明模仿传递行为如何在千禧一代中激发了别样的热情。报刊、电视和电影越来越多地提及比特币。有关加密货币的故事，一直以来并不局限于财经出版物，这类故事也俘获了主流媒体。2017 年，在谷歌搜索趋势数据中，比特币及其他加密货币乃是第二大热搜新闻点（仅次于飓风厄玛）。世界知名说唱歌手皮普保罗（Pitpull）加入长长的接受比特币的名人行列。凯蒂·佩里（Katy Perry）这样的超级明星，以及帕丽斯·希尔顿（Paris Hilton）之类的风云人物，都在其社交媒体账号上引出比特币话题。拳击明星弗洛伊德·梅威瑟（Floyd Mayweather）和足球传奇人物利昂内尔·梅西（Lionel Messi）也为比特币"加盖了批准印章"。

数百万电视观众通过电视剧《实习医生格蕾》（Grey's Anatomy）和《生活大爆炸》(The Big Bang Theory)，首次接触到加密货币的世界。电视剧《傲骨贤妻》(The Good Wife) 中有整整一集是在讲述"比特币先生"的。在综艺节目《危险边缘》（Jeopardy）中，出了很多涉及比特币的问答题。纪录片《比特币银行业》（Banking on Bitcoin）将比特币描述为"一场货币革命"以及"自互联网诞生以来最具颠覆性的创新"。动画情景剧《辛普森一家》(The Simpsons) 数次提及这种数字货币，致使一个小男孩问其父母是否能有比特币零花钱。

回想一下，在世纪之交的网络股泡沫期间，众多公司在其名称上添加后缀".com"或".net"，以期为其股票添光加彩。历史近乎完全重演。长岛冰茶（Long Island Iced Tea Corp.）是一家不赚钱的公司，在变更名称为长岛区块链（Long Blockchain Corp.）之后，股价飞涨了289%。该公司宣布将寻求与开发去中心化账本的公司合作或投资这类公司，但是该公司既没有达成任何协议，亦不能给予即将达成任何协议的保证。籍籍无名的小市值公司为充分利用加密货币热潮的某个方面而变更名称，是一个近乎每日可见的现象。结果，这些公司的股价迅速飞升，有时高达十倍以上。这一现象并不局限于美国。英国一家名为在线公共有限公司（Online PLC）的公司一直投资于互联网许可证，2017年年底创下了有史以来的最佳交易日。该公司宣布将变更名称为在线区块链公共有限公司（Online Blockchain PLC），随后股价上涨了394%。

2018年，更多此类案例接踵而至。偶像级公司柯达（Eastman Kodak）因错失数字影像领域革命而于2012年申请破产保护。虽然柯达公司次年走出破产保护，并希望通过专注于数字打印、数字包装以及遗留的胶卷业务再铸生意辉煌，但无一获得成功。然而，柯达作为一家加密货币公司获得了新的生机。公司宣布开发柯达币（Kodakcoin），这是一种新型数字货币，将用于购买和出售数字内容。为了确保公司不错失任何从加密货币风潮中获益的机会，公司还承诺踏足比特币挖矿业务。公司股票应声即从每股2.5美元上涨至10美元以上。

我最喜欢的时代潮流公司是初创企业瞬付宝（Glance Technologies），该公司试图实现三合一混搭，将比特币、金融科技和某种植物提取物业务结合起来。公司同意一家以该种植物提取物制品命名的大数据控股公司获得使用其移动支付平台的许可。此项计划的目的在于允许零售商使用加密货币购买该种植物提取物制品，如此便可凭借三项新业务从投资者的极大热情中牟取利益。一如比特币热潮期间人们所料，该公司的股价急剧上涨。

什么因素能使比特币泡沫萎缩

使用比特币作为交易货币和价值贮藏手段，其较大优点或许在于比特币具有匿名性质。为了绕过政府对交易的监管，数字货币有助于交易的达成；将比特币作为一种价值贮藏手段加以持有，会提供更大的安全性，确保政府更加难以没收持有人的财富。比特币价格的急剧上涨，常常伴随着国际局势更为紧张的情形，而比特币持有人常常居住于法律规则脆弱、财产权薄弱的国度。

非法交易经常通过使用比特币来完成。倘若你生活在南美某个国家或者你是一名毒贩，比特币便是首选的货币，而不是美元。为了避开国际经济制裁，比特币交易也被加以利用。比特币交易的增长已被称为一种"洗钱指数"。

在某些情况下，将比特币用于非法交易会对所用代币造成危险。人们可以预期，政府会严厉打击将比特币和其他加密货币用于非法交易的行为。政府可能发出威胁，要让使用比特币的个人锒铛入狱，从而可能使比特币进入黑市交易。1933 年，美国总统富兰克林·罗斯福（Franklin D. Roosevelt）宣布美国人持有黄金为非法行为。所有政府一直都明确主张其发行和控制货币的独享权，并念兹在兹，甚为谨慎，这也是理所当然的事情。

此外，政府还可以关闭加密货币的交易平台。既然比特币挖矿操作要使用相当多的计算机处理能力，是能源密集型业务，那么对操作处于交易网络中心的分布式公开账本的计算机，便可强行予以限制。单单创造一枚数字代币，其所需电力便相当于一般美国家庭两年的用电量。组成比特币网络的所有计算机，其每年消耗的电力能源与一些中等规模国家不相上下。

比特币发烧友常常加以辩解，振振有词地强调，代币市场总规模的上限为 2100 万枚代币。但是，这种说辞有缺陷。相互竞争的加密货币大量涌现，其数量并没有上限。支持以太坊（Ethereum）及其以太币的人，恐怕会争辩说以太币优于比特币。以太坊协议的设计，旨在提供更多的灵活性和更强的功能。瑞波平台（Ripple）及称为瑞波币（XRP）的所用币种，其创设目的在于减少成本、加快交易次数，以此来专门改善国际交易。2017 年，又出现 700 余种加密货币，其中有些是诈骗性加密货币。目前市场上所有加密货币的总规模是没有限制的。

荷兰郁金香球茎泡沫爆裂之时，正是"投资者"和投机者最终决定让利润落袋为安之际。持有大量比特币者被称为"鲸鱼"，他们出售哪怕很少一部分所持比特币，便能让比特币价格一落千丈。据信，2018 年，所有已存在的比特币，近半数握在不足 50 名持有者的手中。这些持有者也可能形成团伙，操纵市场。大量握有比特币的人相互讨论交易策略未必不合法度。由于比特币是一种货币，所以相对于在高度监管市场上交易的股票，比特币市场对于个体小投资者尤其不可信赖。

最后，如果一夜之间有人破坏比特币协议的底层加密系统，那么比特币市场可能会崩溃，陷入一片混乱。届时，恐怕没有时间更新比特币系统的协议，让每个人的资金得以保持安全。

技术最终将大大改善国际支付系统。持有一种匿名且可以没有实物踪迹地转移的资产，总会具有一些优势。但是，历史的教训不可磨灭。投机性泡沫会持续存在，但它们终将引领多数参与者达至毁灭之境。即便是真正的技术革命，亦不保证给投资者带来利益。

第二部分

专业人士如何参与城里这种最大的游戏

A RANDOM
WALK DOWN
Wall Street

第5章

技术分析与基本面分析

百闻不如一见。

——中国谚语

最了不起的天赋莫过于能估测事物的真实价值。

——拉·罗什富科 (La Rochefoucauld)

《道德箴言录》

通常，在纽约证券交易所、纳斯达克市场以及各种相互交叉的电子网络交易市场，每个交易日都有总市值达数千亿美元的股票被人们交易着。加上期货、期权和互换市场，每天会产生数万亿美元的交易量。专业投资分析师和投资顾问就参与在这种游戏之中，这一直被称为"城里最大的游戏"。

如果赌注大，回报也会大。华尔街年景不错的时候，刚接受工作培训的哈佛商学院毕业生通常每年就能拿到 20 万美元的薪水。处于薪酬等级最顶端的是引人注目的投资经理 (money manager)，这些人或者管理着大型共同基金、养老基金，或者掌控着规模数万亿美元的对冲基金和私募股权资产。亚当·史密斯[⊖]在写完《金钱游戏》（*The Money Game*）一书之后，曾向人夸耀可以从这本畅销书中赚得 25 万美元。他在华尔街工作的朋友却讥诮他说："你能赚到的钱也就与二流的机构客户销售员差不多。"说句公道话，涉及巨额资金管理的行当虽然历史并非最悠久，但无疑是获得回报最丰厚的行当之一。

　　本书第二部分将集中阐述专业的投资组合经理会使用怎样的投资分析方法，还将阐述学术界如何分析这些经理所获得的投资成果，以及如何得出结论认为这些专业人士的价值并没有你支付给他们的报酬那样高。第二部分接下来还将介绍有效市场假说（EMH）及其实际意义。用一句话概括，其实际意义就是：如果股票投资者只是购买并持有一只指数基金，而这只基金拥有的投资组合包括市场上所有的股票，那么股票投资者的投资业绩便能做到最好，除此之外，无法做到更好。

技术分析与基本面分析的本质区别

　　准确预测股价的未来走势，并以此确定买卖股票的合适时机，肯定是投资者坚持不懈要努力做到的事情之一。这种寻觅"金蛋"的努力带来了各种各样的预测方法，既有科学合理的，也有神乎其神的。时至今日，还有人测算太阳黑子、观察月相变化或测算圣安德烈亚斯断层的震动，以期预测股票的未来价格。不过，多数人还是选择使用技术分析或基本面分析。

　　专业投资者使用的方法与本书第一部分所阐述的两种股票定价理

　　⊖　乔治·古德曼（George J.W. Goodman）以西方经济学的主要奠基人之一、《国富论》作者亚当·斯密（Adam Smith）的名字为笔名，著有《金钱游戏》《超级金钱》《纸质金钱》等书，为区分两位作者，国内出版物中通常将古德曼的笔名翻译为亚当·史密斯。——译者注

论相关。技术分析是预测股票买卖适当时机所使用的方法，信奉股票定价空中楼阁理论的人会使用这种方法。基本面分析则用坚实基础理论的信条来挑选个股。

就本质而言，技术分析就是绘制并解读股票图表。因此，将这种分析法付诸实践的人便被称为图表分析师（chartist）或技术分析师（technician）。这群人虽为数不多，但异常执着。他们既研究股票价格的过去运行轨迹，也研究成交量，目的是预测股价的未来变动方向。很多图表分析师认为，股票市场只有10%可以从逻辑的角度思考，剩下的90%应从心理方面去分析。一般来说，他们赞成空中楼阁理论的思考方式，将投资视为一种心理博弈，揣摩其他参与者将来如何行动，并对此做好应对准备。当然，图表只会说明其他参与者一直以来所做的交易情况。不过，图表分析师希望通过研究其他参与者的当前行为可以获得一些信息，从而了解全体参与者将来可能的行动方向。

基本面分析师则持相反的观点，认为股票市场90%可以从逻辑的角度进行解释，只有10%可以从心理层面加以分析。他们对股价过去走势的具体图形不甚关心，总是力图确定股票的适当价值。这里所说的价值与一家公司的资产、盈利和股利的预期增长率、市场利率水平以及风险有关。通过研究这些因素，基本面分析师估测出某只股票的内在价值或者说坚实基础价值。如果这一价值高于股票的市场价格，那么就建议投资者买入这只股票。基本面分析师认为市场终会准确反映股票的真正价值。大约有90%的华尔街证券分析师认为自己是基本面分析师。很多华尔街分析师会认为做个图表分析师有失尊严，也缺乏专业水准。

图表能告诉我们什么

技术分析的第一原则是：与一家公司盈利、股利和未来业绩有关的所有信息，均已自动反映在公司股票的以往价格之中。显示股票以往价格和成交量的图表，已包括证券分析师可能希望知道的所有或好或坏的基本面信息。第二原则是：股价倾向于沿着趋势运动，也就是说，价格正在上涨的股票往往会继续上涨，而横盘整理的股票往往继续盘整。

真正的图表分析师只要有图表可供研究，甚至都懒得去了解公司经营什么业务或处于什么行业。在图表分析师的眼里，图表中呈现的"倒碗"形或"三角旗"形，对微软的意义与对可口可乐的意义完全一样。关于盈利和股利的基本面信息，往好里说是毫无用处，往坏里说则肯定是让人分心的东西。这些基本面信息，要么对股票定价无关紧要，要么即使重要，也在信息公开之前的几天、几周甚至几个月的交易中，已经在股价上反映出来。正因为如此，很多图表分析师甚至都懒得看报，也不愿意查看金融网站。

约翰·迈吉（John Magee）是一名早期图表分析师，在马萨诸塞州斯布林菲尔德的一间小办公室里工作。为了防止外界事物干扰自己做分析，他甚至用木板把窗户封得严严实实。有人曾引用迈吉的话说："当我进入办公室的时候，我就把整个世界都关在了外面，一心一意研究我的图表。无论是风雪肆虐的严冬，还是明月高悬的 6 月夏夜，这间屋子里发生的一切都别无二致。在这里，我不可能只是因为外面阳光明媚，就说'买进'，也不可能因为外面下着雨，就说'卖出'。否则，我会对自己和客户都造成伤害。"

从图 5-1 中我们可以看出，要绘制一张图表实在是再容易不过了。你画一条垂线，垂线的底端代表当天股票的最低价，顶端代表最高价。再画一条与垂线相交的短横线，表示当天的收盘价。每个交易日都可以重复这样的绘图过程。这种绘图过程既适用于个股，也适用于某个股票指数。

图 5-1   如何绘制股价图

图表分析师还常常在图表的底部用另一条垂线表示当天的股票成交量。渐渐地，在所关注的某只股票的图表上，随着诸多股价最高点和最低点上上下下移动，便足以形成股价的运行模式。对图表分析师来说，股价的这些运行模式所具有的意义，就好比 X 光片对外科医生所具有的意义一样。

趋势是图表分析师首先要寻觅的东西之一。图 5-1 显示了一个趋势正在形成之中。这一趋势记录了若干交易日里股价的变动情况——显而易见，股价正处于上升途中。图表分析师用一条线把所有最高点连接起来，再用另一条线把所有最低点连接起来，这样就创建了一条描述上升趋势的"通道"。因为首先有一个股价势头会倾向于延续自身的假定，所以股价可望继续上涨。迈吉在"图表分析圣经"《股市趋势技术分析》（*Technical Analysis of Stock Trends*）一书中写道："股票价格沿着趋势运行，而趋势倾向于延续下去，直到发生什么事改变了股票的供求平衡，趋势方告结束。"

　　然而，假设股价大约升到 24 美元时便陷入困境，未能获得进一步向上的动力，那么这种情形就叫作出现了"阻力位"。股价可能会在此处小幅震荡，然后掉头向下。据图表分析师声称，有一个股价运行模式发出清晰的信号说明股价已经触顶不再继续上涨，这个模式叫作头肩顶形态（head-and-shoulders），如图 5-2 所示。

图 5-2　头肩顶形态

　　股价先是上扬，继而小幅下挫，形成一个半圆状的肩形。接着，股价再次上涨，到稍高于前面肩形的最高点之后，再次渐渐回抽，形成一个头形。最后，右肩也形成了，此时，图表分析师屏住呼吸，等待卖出信号的出现。股价一旦"刺穿颈线"，便清脆而响亮地发出卖出信号。图表分析师带着德拉库拉伯爵[⊖]（Count Dracula）审视其受害

　　⊖　德拉库拉伯爵是布拉姆·斯托克（Bram Stoker，1847—1912）的小说《德拉库拉》中的主角，是一位灵魂黑暗而邪恶的吸血鬼。——译者注

者的得意之情，卖出股票，迅速离场，同时期待着股价像图表分析师
所声称的以前曾发生过的那样，接下来会形成长时间的下跌趋势。当
然，有时市场也会让图表分析师感到意外。例如，就在空头信号出现
之后，股价可能会一路上涨到 30 美元方告结束，图 5-3 显示的就是
这种情形。这种情形被称为"空头陷阱"，或者在图表分析师看来，
出现了规律之外的特殊情况。

图 5-3　出乎图表分析师意料的空头陷阱

　　我们从技术分析的实际操作中可以看出，图表分析师是短线交易
者，而非长线投资者。当征兆显示有利时，图表分析师就买进股票；
当凶兆出现时，图表分析师便卖出股票。他们对待股票的轻率态度，
就好像某些人和异性打情骂俏，因而他们所取得的成绩也只是成功地
买进和卖出的交易，并不给人以幸福和满足的长相厮守。的确，精
神病学家唐・杰克逊（Don D. Jackson）和小阿尔伯特・哈斯（Albert
Hass, Jr.）在合著的《牛市、熊市与弗洛伊德博士》（*Bulls, Bears and*

Dr. Freud）一书中含蓄地说道，这样的人或许是在玩有明显的性暗示的游戏。

当图表分析师选择一只股票作为潜在投资对象时，通常在投入之前会用一段时间来观察和"调情"，因为对他而言，好比要在谈情说爱中实现性征服一样，选择时机是绝对重要的。随着股价穿过底部形态，涨得越来越高，图表分析师也越来越兴奋。最后，若"风流韵事"进展顺利，便会出现心想事成的一刻——盈利在握，如释重负，继而回味余韵。在图表分析师所用的词汇中，充满了这样的特色术语：双底、突破、背离底部、稳步盘升、展开大行情、屡创新高、买入高潮。这一切都发生于带有强烈的性象征意味的信号即看多做多之下。

图表法的基本依据

或许最难回答的问题是：为什么图表法会奏效？很多图表分析师坦率地承认自己也不知道图表法为什么会行之有效，历史就是有自我重复的习惯吧。

在我看来，下面三个有关技术分析的解释似乎是最有道理的。

第一，有人认为，大众心理中的从众本能使趋势得以自我延续。当投资者看到某只投机性热门股的价格越涨越高时，他们也想赶浪头分上一杯羹。的确，股价的上升有助于给群体的热情火上浇油，其本身就是一个自我实现的预言。股价每一次上涨，都会激起投资者参与的欲望，并使投资者期待着股价进一步攀升。

第二，关于一家公司的基本面信息，可能存在着不平等的获取途径。当某个利好消息出现时，比如勘探到一座储量丰富的矿藏，应该说内部人士会最先了解这一信息，他们采取行动买入股票，会造成股价上涨。此后，内部人士把这一利好消息告诉自己的亲戚朋友，亲戚朋友便又买入股票。然后，专业人士掌握了这一消息，大型机构便重仓买进股票，纳入自己的投资组合。最后，像你我这样可怜的懒虫也会得到信息进而买入股票，从而推动股价继续攀高。当消息利好时，这一过程应该会导致股价逐渐上涨；当消息利空时，这一过程应该会导致股价逐渐下跌。

第三，对于新信息，投资者最初常常反应不足。有一些证据表明，当公布的盈利超过（或少于）华尔街所做的预测时（也就是出现正面或负面的"意外盈利"时），股票价格会做出积极（或消极）反应，但是，最初的调整是不完全的。因此，股票市场对于有关盈利的信息，常常只会逐渐地做出调整，从而导致股价势头会保持一段时间。

图表分析师还相信人们都有一个不良习惯——总是记着以前购入股票时的买价，或对希望当时能付出而没付出的价格耿耿于怀。比如，假设某只股票在每股 50 美元左右盘桓了很长一段时间，并且其间有很多投资者买入该股。再假设股价跌到 40 美元。

图表分析师声称，当股价涨回至大众购买时支付的价格时，他们会急不可耐地要抛空手中的股票，如此一来，在这只股票上的交易便是不赔不赚。结果，当初的成交价 50 美元便成了一个"阻力区"（resistance area）。每当股价触及阻力区而掉头向下，阻力位就变得更加难以逾越，因为更多的投资者会以为股票不可能涨得更高了。

在"支撑位"（support level）概念的背后，也有一个相似的逻辑思路。图表分析师说，有些投资者在市场围绕某一相对较低的价位波动时，未能买入股票，如果看到股价后来上涨，这些投资者会觉得自己已坐失良机。当股价又跌回当初的低价位时，这些投资者很可能就会迫不及待地抓住这个买入机会。根据图表法理论，能连续抵制股价下调的支撑区（support area）会变得越来越夯实。所以，如果某只股票下跌到某一支撑区，然后又开始上涨，短线交易者会急忙买入，以为这只股票正在发出多头信号。当某只股票终于突破阻力区的时候，另一个多头信号也就闪现了。用图表分析师的行话来说，先前的阻力区现在变成了支撑区，股价获得进一步上涨的空间，应该不会有任何麻烦了。

为何图表法可能并不管用

有很多合乎逻辑的理由可以驳斥图表法。首先，图表分析师只是在股价趋势已确立之后才买进股票，在既有股价趋势已被打破之后才卖出股票。市场的剧烈反转可能会突然发生，因此，图表分析师经常会错失良机。某一上升趋势的信号发出之时，上升趋势可能已经形成了。其次，图表分析师的这些分析方法最终必定弄巧成拙，得到的结果必定会适得其反。无论什么技术，随着使用的人越来越多，其价值必定越来越小。倘若每个人都在看到信号之后同时采取行动，任何买入或卖出的信号都毫无价值。此外，交易者往往会预测技术信号何时出现，并提前做出应对。他们预测得越早，就越不能确信信号会出现，越不能确定能够赚到钱。

或许驳斥技术分析法最有力的论据在于投资者利润最大化行为的内在逻辑。举例说明一下。假设 Universal Polymers 公司的股价是 20 美元左右，正巧此时公司的首席化学研究员山姆发现了一种新的生产工艺，这种新工艺有望使公司的盈利和股价翻一番。山姆确信发现新工艺的消息传出去之后，Universal Polymers 公司的股价会达到 40 美元。因为买入股票的价格只要低于 40 美元就能迅速获利，所以他和亲戚朋友很可能会持续买入股票，直到股价达到 40 美元。这个过程也许不消几分钟便告结束。市场很可能就是一种非常有效的机制。如果有人知道明天股价会上涨到 40 美元，那么今天股价就会涨到 40 美元。

从图表分析师到技术分析师

计算机问世以前，把市场运行轨迹制成图表的繁重工作是靠手工完成的。那时，图表分析师常被视为行为怪异的一类人，他们戴着绿色遮光眼罩，静静地蜷身于办公室后部的小密室里操弄着图表。如今，图表分析师享受着计算机为其提供的服务，计算机与各种各样的数据网络相连，配有大屏幕显示终端，手指轻轻一敲，终端便可以显示出任何想象得出的图表。图表分析师（现在被称为技术分析师）可以带着孩童摆弄新的电动火车玩具一般的满足和兴奋，制作出一张全面反映某只股票过去市场表现的图表，包括成交量、200 日移动均线（每天重新计算前 200 天股价的平均值）、相对于大盘的走势强弱、相对于所在行业其他股票的走势强弱，毫不夸张地说，还可以包括数百个诸如其他均线、比率、波动率等之类的指标。而且，个人可以通过互联网站点轻而易举地获得不同时期的各种图表。

基本面分析技法

小弗雷德·施韦德（Fred Schwed Jr.）在其充满魅力和机智的著作《客户的游艇在哪里》（*Where Are the Customers' Yachts?*）中，揭露了 20 世纪 30 年代金融圈的种种行为。书中讲述了一个得克萨斯州经纪人的故事，这位经纪人以每股 760 美元的价格把某只股票卖给一位客户，而在他卖出的时候，客户以 730 美元的价格本来也能买到。客户了解真相之后，大为震怒，满腔愤慨地抱怨经纪人。"嘘！"这位得克萨斯人没等客户说完，就用浑厚的声音打断他说："你们这些人都不明白咱们公司政策的好处，咱们公司为客户选择投资对象时，依据的不是价格，而是价值！"

从某种意义上说，这个故事说明了技术分析师与基本面分析师之间的区别。技术分析师只对过去的股价感兴趣，而基本面分析师关注的主要是某只股票究竟价值几何。比较而言，基本面分析师力图不受群体的乐观情绪和悲观情绪的不良影响，并且认为某只股票的当前市价与其价值不能等而视之，应严格区分开来。

在估测某只股票的坚实基础价值时，基本面分析师最重要的工作是要估计出公司未来的盈利流和股利流。分析师认为股票的价值就是预计投资者未来从该股票中获得的所有现金流的现值或折现值。分析师必须估计出公司的销售水平、运营成本、所得税率、会计折旧，以及公司经营和发展所需资本的来源和成本。

从根本上说，证券分析师必须是没有神灵给予启示的预言家。没有神灵的启示，分析师要发表自己的预言，只好求助于研究公司的历史记录，评判公司的利润表、资产负债表和投资计划，另外，还得实地走访公司的管理团队，并对他们做出评价。然后，分析师必须梳理所获得的事实，将重要的和不重要的区分开来。正如本杰明·格雷厄姆在《聪明的投资者》（*The Intelligent Investor*）一书中所言："有时分析师会让我们隐约想起《彭赞斯的海盗》中那位博学多才的少将，当他说到直角三角形斜边的平方时，会讲出那么多令人开心的相关故事。"

因为一家公司的总体前景深受所处行业经济状况的影响，所以分析师的研究起点应该是该公司所处行业的前景。的确，证券分析师通常专门研究某些特定的行业。基本面分析师希望，通过对行业状况进行全面细致的研究，可以获得关于某些影响因素的有价值的见解，而这些影响因素目前尚未在股价中得到反映。

有四个基本决定因素可以帮助基本面分析师估测任何股票的恰当价值。

决定因素 1：预期增长率

多数人都没有认清复合增长（compound growth）对于投资理财决策的重大意义。阿尔伯特·爱因斯坦曾将复利描述成"有史以来最伟大的数学发现"。人们常说，那个在 1626 年以 24 美元的价格，把曼哈顿岛卖掉的美洲土著印第安人上了白人的当。实际上，他可能是个头脑极为敏锐的推销员。倘若他把这 24 美元以利率 6%、半年复利一次的条件存起来，那么这笔小钱现在就会价值 1000 亿美元以上，他的后代可以用这笔钱买回这块现已改善土地的相当大一部分。这正是复合增长的魔力所在！

复合增长的过程是让 10 加 10 等于 21，而不是等于 20。假设你今年和明年将 100 美元投资出去，投资会产生 10% 的年回报率。那么，到第二年年底，你会赚多少钱？如果你回答赚了 21%，那么你应该得到嘉奖。

这里应用的代数知识很简单。到第一年年底时，你投入的 100 美元会增长至 110 美元。第二年，你在年初拥有的这 110 美元上，仍然可获得 10% 的年收益率，所以第二年年底时，你会拥有 121 美元。如此一来，两年期间的总回报率便是 21%。之所以如此，是因为你最初投资所获得的收益本身也会获得收益。如果连续投资三年，那么你就会拥有 133.1 美元。复合增长的确很强大。

有一个有用的法则，叫"72 法则"，可以使你很快算出要让钱翻一番需要多长时间。将你获得的利率除 72 这个数字，便可以得到让你的钱翻一番的年数。例如，假使利率是 15%，你可以在不到 5 年

（72÷15=4.8 年）的时间里，使自己的钱翻一番。不同的股利增长率对未来股利规模的意义，可以从表 5-1 中看出来。

表 5-1　不同股利增长率的意义

股利增长率 （%）	目前股利 （美元）	5 年后股利 （美元）	10 年后股利 （美元）	25 年后股利 （美元）
5	1.00	1.28	1.63	3.39
15	1.00	2.01	4.05	32.92
25	1.00	3.05	9.31	264.70

这里的问题在于股利增长不会永远持续下去，原因很简单，与多数生物一样，公司都有生命周期。想想 100 年前美国的知名公司。像东方马车公司、拉克罗斯和明尼苏达蒸汽邮轮公司、萨瓦那和圣保罗汽船公司、哈热德火药公司这些在当时已发展成熟的公司，若持续经营到现在，会在《财富》500 强里名列前茅。而今天，它们实际上均已消亡。

纵然正常的生命周期不会困扰一家公司，但有个事实总是存在的，即公司要保持同样的增长率会越来越困难。一家目前盈利为 100 万美元的公司，只需使盈利增长 10 万美元，便可达成 10% 的增长率，而一家盈利基数为 1000 万美元的公司，需要增加 100 万美元的盈利，才能实现与前一家公司相同的增长率。

相信增长率可以长期保持较高水平是非常荒谬的，这一点可通过计算美国的人口预测数据很好地加以说明。如果全美人口和加利福尼亚州人口都以各自近期的增长率继续增长，那么到 2045 年，就会有 120% 的全美人口居住在加利福尼亚州！

尽管预测可能会有风险，但若要让市场估值有意义，股价必须反映不同的增长率前景。另外，增长阶段可能持续的时间长度也非常重要。如果一家公司预期在未来 10 年里保持 20% 的高速增长，而另一家增长型公司预期只在 5 年内保持相同增长率，那么在其他条件相同的情况下，对投资者来说，前一家公司比后一家公司更有价值。因此，我们便有了基本面分析师评估股票的第一条规则。

规则 1：一只股票的股利增长率和盈利增长率越高，理性投资者应愿意为其支付越高的价格。

由此，我们得出一条重要推论。

规则 1 推论：一只股票的超常增长率预期持续时间越长，理性投资者应愿意为其支付越高的价格。

这一规则与实际情况契合吗？我们先用市盈率代替股价来重新表述这个问题。这会提供一个很好的标准，可以对价格和盈利不同的股票做出比较。一只股价为 100 美元、每股盈利为 10 美元的股票与一只股价为 40 美元、每股盈利为 4 美元的股票具有相同的市盈率。正是市盈率而非股价道出了市场如何对股票进行估值。

现在，我们重新表述的问题是：预计增长率较高的股票，其实际市盈率是否也较高？收集所需的股价和盈利数据非常容易。预期长期增长率数据得自机构经纪人估测信源（IBES）。图 5-4 涉及一些有代表性的股票，证明规则 1 真实有效。较高的市盈率与较高的预期增长率密切相关。

除了说明市场如何对增长率不同的股票进行估值之外，图 5-4 也可用作实际投资中的操作指南。假设你正考虑买入一只预期增长率为 5% 的股票，并假设你知道如默克制药之类增长率为 5% 的股票平均而言市盈率为 13 倍。如果你正考虑买入的股票市盈率是 20 倍，你可能会打消买入的念头，转而买入根据目前市场标准定价更加合理的股票。

图 5-4 预期增长率与实际市盈率之间的关系

决定因素 2：预期股利支付率

与股利增长率相比，将你收到的股利金额作为决定股价的一个重要因素，你一看就能明白。在其他条件相同的情况下，股利支付的金额越高，股票便越有价值。这里的问题在于"在其他条件相同的情况下"这一措辞。倘若增长前景不甚乐观，那么将很高比例的盈利作为股利支付给股东的股票，就可能是糟糕的投资对象。与此相反，很多处于强劲增长阶段的公司，常常不支付任何股利。有些公司往往会回购公司股票，而不增加股利。对于预期增长率相同的两只股票来说，持有股利支付率高的股票，较之股利支付率低的股票，会使你的财务状况更好。

规则 2：在其他条件相同的情况下，一家公司发放的现金股利占其盈利的比例越高，理性投资者应愿意为其股票支付越高的价格。

决定因素 3：风险程度

风险在股票市场会发挥重要作用，这是股市如此富有魅力的原因所在。风险还会对股票的估值产生影响，甚至有人认为风险是考察股票时唯一需要考虑的因素。

一只股票越有价值，也就是说它的风险越低，那么它的品质就越好。比如，所谓的蓝筹公司的股票，据说就理应赢得优质溢价（quality premium）（为何优质股票被冠以源自牌桌的称号[⊖]，个中原因只有华尔街才知道）。多数投资者偏爱风险较低的股票，所以这些股票较之风险高、品质差的同行业股票，可以要求得到更高的市盈率。

尽管人们普遍认为较高的风险必须以较高的未来回报作为补偿（因而当前价格也应该较低），但要测算风险，几乎不可能办到。不过，这并未让经济研究者知难而退，他们将大量时间和精力都投入到风险测算之中。

有一个著名理论认为，若一家公司的股价（或者说包括股利的年度总回报）相对于股市整体的波动性越大，那么这家公司股票的风险也就越大。例如，波动性极小的强生公司股票，就被《好管家》（*Good Housekeeping*）杂志封为适合鳏寡孤独者投资的股票。这是因为：在经济衰退时期，强生公司的盈利也相对稳定，公司的股利很有保障。因此，当大盘下跌 20% 时，强生股票通常也会随之下跌，但可能只跌去 10%。强生因而有资格被视为风险低于市场平均水平的股票。与强生股票不同，Salesforce.com 公司股票的历史波动性就非常大，当大盘下跌 20% 时，它通常会下挫 30% 以上。持有这样的股票，

⊖ 在西方赌场中，有三种颜色的筹码，其中蓝色筹码最为值钱，因此蓝筹股这一称号来自牌桌。——译者注

对投资者来说无异于参与赌博，尤其是对于那些在行情不好时被迫抛售的投资者，更是如此。

然而，当经济景气、大盘持续攀升时，Salesforce.com 公司可能会把强生远远甩在身后。不过，如果你对待股市投资与多数投资者一样，那么你还是会看重稳定的回报，而不会抱有投机性的希望；在乎不必对投资组合忧心忡忡，而不愿在夜里辗转反侧难以成眠；宁愿承担有限的投资损失，也不愿面对过山车飞驰向下般的股价骤跌。由此，我们得出股票估值的第三条规则。

规则 3：在其他条件相同的情况下，一家公司的股票风险越低，理性投资者（以及厌恶风险的投资者）应愿意为其股票支付越高的价格。

提请读者注意，对"相对波动性"的测算，可能并不足以充分揭示与一家公司相关的所有风险。第 9 章将全面探讨在股票估值中非常重要的风险因素。

决定因素 4：市场利率水平

股票市场并非一个独立存在的世界。除了股市之外，投资者还应考虑通过别的途径能获得多少回报。市场利率若足够高，便可以提供一个稳定获利的备选投资渠道。试想在 20 世纪 80 年代初这样的时期，优质公司债券的收益率飙升到了接近 15% 的水平。当时股票的预期回报率难以与这些债券的利率相匹敌，因而资金大量流向债市，股市大幅下跌。最后，股市下跌到相当低的水平，才有足够多的投资者被吸引过来，止住了进一步的下跌。1987 年，同样的情形再次发生，利率大幅上升，此后 10 月 19 日便出现了股市大崩盘。对此，我们可以换一种说法，也就是为了将投资者从收益率高的债

券上吸引过来，股票必须像商场地下室的打折商品一样提供低廉的价格。[⊖]

另外，如果市场利率很低，固定收益证券的竞争力便很难与股票相比，此时的股价往往相对较高。这为基本面分析法最后一条基本规则提供了存在的理由。

规则 4：在其他条件相同的情况下，市场利率越低，理性投资者应愿意为股票支付越高的价格。

三条重要警示

股票的四条估值规则表明：公司的增长率越高，增长持续期越长，其股票的坚实基础价值（及市盈率）便越高；公司的股利支付越多，其股票的坚实基础价值（及市盈率）便越高；公司股票的风险越低，其股票的坚实基础价值（及市盈率）便越高；一般利率水平越低，公司股票的坚实基础价值（及市盈率）便越高。

原则上，这样的规则都非常有用，因为它们说明股价的高低有其合理的基础，同时也为投资者提供了某种价值判断标准。不过，

⊖ 这一点可以换一种方式来表达。因为较高的利率使我们现在可以获利更多，所以对任何延期收入打的"折扣"应该更大。因此，若当前市场利率相对较高，任何未来股利收益流的现值必然较低。不过，市场利率与股票价格之间的关系，比我们此处讨论所揭示的更加复杂一些。假定投资者预期通货膨胀率将从 5% 上升到 10%。这样的预期很可能驱使利率大约上浮 5 个百分点，如此一来，便消除了投资者持有固定收益债券因通货膨胀率上升而对其购买力造成的不利影响。如果其他条件相同，这种情形应该会导致股价下跌。但是，如果预期通货膨胀率较高，投资者可能就有理由预计公司的盈利和股利也会以较高的比率增长，从而造成股价上涨。第 13 章将更全面地阐述通货膨胀、利率和股价之间的关系。

即便在考虑使用这些规则之前，我们也必须将以下三条警示牢记在心。

警示 1：对将来的预期目前无法加以证明

预测未来盈利和股利是一个风险非常大的差事。要做到客观冷静极其困难，因为狂热的乐观和极端的悲观总是不断地争着占据人们的头脑。2008 年，经济因严重衰退和全球性的信贷危机而饱受折磨，这一年，投资者预测，多数公司的增长率最好也不过平平而已。而在 20 世纪 90 年代后期和 2000 年年初的互联网泡沫期间，投资者却又深信，迎接高速增长和无限繁荣的新时代已是铁板钉钉的事情。

需要记住的一点是，无论你使用什么准则以预测未来，预测总是部分地建立在无法确定的前提之上。塞缪尔·高德温（Samuel Goldwyn）过去常说："预测是很难做的，尤其是关于未来的预测。"

警示 2：运用不确定的信息进行估值不可能得到精确值

如果使用不确定的参数，那你显然不可能得到精确的数值。然而，为了获得渴望得到的结果，投资者和分析师却始终在这样做。

我们以一家公司为例。假设你听到关于这家公司的很多利好信息，对公司的前景展开一番研究之后，你得出结论认为它能够长期保持高增长。"长期"是多长呢？ 10 年怎么样？嗯，就 10 年。

于是，你便根据当前的股利支付情况、预期未来增长率以及一般利率水平，或许还会考虑股票的风险大小，计算这家公司的股票应该"值"多少钱。算出的结果令你大为懊恼：这只股票"物有所值"的价钱，居然比目前的市价还低那么一点点。

这时，你有两个选择。要么你可能认为这只股票市场定价过高，从而放弃买入；要么你可能暗自嘀咕："或许这只股票能维持高增长达 11 年之久，而不是 10 年。毕竟，开始算的时候，10 年也只是个猜测。那么，为什么不是 11 年呢？"于是乎，你回到计算机前接着算。瞧！这次算出的股票价值比当前的市价高了。

这种游戏之所以能玩下去，是因为人们预测的超常增长期限越长，未来的股利流便会越大。由此可以看出，一只股票的现值完全可以随计算者的意愿而改变，以计算者的意志为转移。倘若 11 年也不能达到期望的效果，那么 12 年或 13 年很可能就够了。任何特定的"价值"，总可以通过增长率和增长期限的某个组合计算得到。从这个意义上来说，要算出一只股票的内在价值，根本就不可能办到。我相信，即使从原则上来看，也根本无法确定股票的价值。万能的上帝也不知道，对于一只股票，市盈率该达到多少倍才是适当的。

警示 3：对雌鹅来说是增长，对雄鹅来说并非总是增长

对于特定的基本面因素，市场究竟会赋予多高价值，也是使用基本面分析法遇到的难题所在。毫无疑问，市场会看重增长，较高的增长率会催生较高的市盈率。但关键问题是：对于较高的增长率，究竟应该多支付多高价格？

这一问题并没有一成不变的答案。在某些时期，如 20 世纪 60 年代初和 70 年代，人们认为增长尤其吸引人，市场愿为展示出高增长率的股票付出极高的价钱。在另外一些时候，如 20 世纪 80 年代后期和 90 年代早期，高增长型股票的市盈率较之一般股票的市盈率，却只是稍高一点。到 2000 年年初的时候，构成纳斯达克 100 指数（NASDAQ 100 Index）的增长型股票，其市盈率又达到了三位数。增长有时会像郁金香球茎那样风靡一时，投资增长型股票的投资者曾痛苦地认识到了这一点。

从实际操作的角度看，市场估值有时会发生迅速变化的事实表

明，将任何一年的估值关系当作市场常态的指标来使用都是极其危险的。不过，通过比较增长型股票当前和历史上的估值情况，投资者应至少可以杜绝类似郁金香球茎热所带来的沉重打击。

为何基本面分析可能不管用

尽管基本面分析看起来非常合理，有着科学的外衣，但这种分析方法有三个潜在缺陷：第一，分析师获得的信息和所做的分析可能不正确。第二，分析师对"内在价值"的估计值可能不正确。第三，股票价格可能不会向内在价值的估计值收敛。

分析师对于每一家上市公司，不但研究其自身，也咨询有关行业专家，在此过程中会搜集到大量基本面信息。有些评论家指出，总体看来，这些信息都毫无价值。投资者靠有效信息（假定这些信息尚未被市场认知）挣到的钱，会因利用了错误信息而化为乌有。再者，分析师在收集信息过程中还耗费了相当多的时间和精力，投资者也由于依据这些信息进行交易而支付了交易费用。分析师可能也没有能力将正确的信息转化为对未来盈利的准确估计。对有效信息的错误分析，可能会使盈利和股利增长率的估计值远远偏离实际值。这是第一个问题。

第二个问题在于，即便信息正确，即便信息对未来增长的意义也得到了恰当的评估，分析师也可能做出错误的内在价值估计。要把具体的增长估计转化成一个确定的内在价值估计值，实际上是不可能做到的。的确，勉为其难地试图计量内在价值，也许是缘木求鱼，吃力不讨好。分析师能获得的所有信息，可能已在市场上准确反映出来了。股票的市场价格与内在价值之间存在的任何差异，可能只是由内在价值的估计值不正确造成的。

第三个问题是，即便信息正确，即便估计的内在价值也正确，你买入的股票仍然可能下跌。例如，假设生物降解瓶公司目前的市盈率为 30 倍，并假设分析师估计该公司能够长期维持 25% 的增长率。如果平均而言，预期增长率为 25% 的股票，其市盈率是 40 倍，那么，基本面分析师便可能得出结论认为生物降解瓶公司的股票"便宜"，并推荐投资者买入。

但是，假设几个月后，增长率为 25% 的股票在市场上的市盈率仅为 20 倍。即使分析师当初估计对了增长率，他的客户也可能要赔钱，因为市场对增长型股票的价值重新做出了自己的估计。市场或许会采取让所有股票下调的方式来矫正自身的"错误"，而不是抬高生物降解瓶公司的股价。

股票估值发生这样的变化并没有什么了不得，这是市场情绪惯常应有的波动，我们以往就曾经历过。不仅股票整体的平均市盈率可能会迅速变动，赋予"增长性"的溢价也可能会迅速变化。因此，很清楚，我们不应想当然地以为基本面分析必然会成功。

综合使用基本面分析和技术分析

很多分析师综合使用分析方法，以判断个股是否有吸引力，是否值得买入。一个最合理、明智的综合使用两种分析方法的做法，可以简单地归纳为以下三条规则。有毅力、有耐心的读者会看出，这些规则是建立在前面阐述的股票定价原则之上的。

规则 1：只买入盈利增长预期能连续五年以上超过平均水平的公司。

上市公司超乎寻常的长期盈利增长率，是促成多数股票投资获得成功的唯一最重要的因素。谷歌、网飞，以及其他所有历史上表现真正杰出的股票均属增长型股票之列。虽然选中盈利增长的股票可能非常不易，但这却是投资要获得成功最需做到的事情。上市公司持续不断的增长，不仅会提高其盈利和股利，也可能使市场愿意为这样的盈利付出较高的市盈率。因此，买入盈利开始快速增长的股票，投资者便有机会赢得潜在的双重好处——盈利和市盈率都可能提高。

规则 2：千万不能为一只股票付出超过其坚实基础价值的价格。

尽管我已论证过（希望我的论证有说服力），你永远无法判断出一只股票的内在价值的精确值，但很多分析师觉得你可以大致地判断出一只股票何时看起来已达到了合理定价。一般来说，把市场整体的市盈率作为一个衡量标准会有助于你做出判断。增长型股票，其市盈率若与这一标准持平或并未高出很多，那么常常是很值得持有的。

以相当合理的市盈率水平买入增长型股票，会拥有很大的优势。如果你预测的增长数据最终证明是正确的，那你就可能获得与规则 1 有关的双重益处：仅仅因为盈利增长了，股价往往就会上扬，而且，当已实现的增长率得到认同的时候，市盈率也可能上升。例如，假设你买入一只股票，每股盈利为 1 美元，市价为 7.5 美元。如果盈利增长到每股 2 美元，如果市盈率也由 7.5 倍上升到 15 倍（因为该公司被市场认同，其股票现在可看作增长型股票），那么你不只是让投入的钱增值 1 倍，而是增值 3 倍。这是因为你当初每股 7.5 美元买入的股票，现在已每股价值 30 美元（15 倍的市盈率乘以 2 美元的每股盈利）了。

现在我们来考虑一下事情的另一面。如果市场已经认识到股票的增长性，并将其市盈率哄抬到远高于一般股票的高度，那么购买这样的"增长型股票"就会有特殊风险。这里的问题在于，很高的市盈率可能已充分反映了预期增长，倘若增长不能兑现，并且盈利实际上还下降了（或者实际增长只是比预期的慢），你肯定会赔钱。此时，低市盈率股票盈利增长可能带来的双重好处，就可能变成高市盈率股票盈利下滑带来的双重打击。

有鉴于此，我们可以提出一个投资策略，就是买入尚未被市场认同的、市盈率并未高出市场平均水平的增长型股票。即便股票的增长性没有实现，盈利反而还下降了，如果一开始市盈率较低，那么你受到的打击很可能只是单一的；如果公司后来的盈利情况果真如你所料，那么好处却可能是双重的。这个策略是一条使你的赢面较大的投资佳径。

彼得·林奇（Peter Lynch）曾是麦哲伦基金非常成功的经理，现在已经退休。他在该基金运营初期的数年中运用了上述投资策略，使这种投资方法的有利之处得到充分展示。对于每只可能要买入的股票，林奇会计算其市盈率与增长率之比，他只将这一比值相对较小的股票纳入自己管理的投资组合。这并非购买低市盈率股票的投资策略，因为在林奇看来，一只增长率为50%、市盈率为25倍的股票（市盈率与增长率之比为1∶2），比一只增长率为20%、市盈率为20倍的股票（市盈率与增长率之比为1∶1）要好得多。谁像林奇一度做到的那样，能够正确地预测增长率，谁就会赢得优异的回报。

我们可以把以上讨论做个总结，将前两个规则重申如下：

> 寻觅低市盈率的增长型股票。如果增长性变成现实，常常会带来双重好处——盈利和市盈率均会上升，从而使投资者获得不菲的投资收益。同时，要小心那些市盈率很高的股票，因其未来增长性已被折现。如果增长性未变成现实，这会带来双重的重大损失——盈利和市盈率均会下降。

规则3： 寻找投资者可在其预期增长故事之上建立空中楼阁的股票。

我已强调过心理因素在股票定价中的重要性。个人投资者和机构投资者并不是计算机，能计算出合理的市盈率，然后打印出或买或卖的投资决策。投资者都是感情动物，在做股市决策时，会受到贪婪、赌性、希冀和恐惧的驱使。这正是成功的投资需兼备敏锐的智力和心理的原因。

在投资者心中产生"良好情感"的股票，即使增长率只属于一般水平，也可能在长时间内保持较高的市盈率；而"福气没那么好"的股票，即使增长率高于平均水平，它的市盈率也可能长期在低位徘徊。不可否认，如果某公司的增长性看来已然确立，那么其股票几乎必定会吸引一批追随者。市场并非不理性，但是，股票就像人类一样，某人的表现可以让甲兴奋不已，却可能提不起乙的兴趣，而且，如果盈利增长的故事总是受不到欢迎，那么市盈率的提高可能就幅度较小，速度也较慢。

所以，规则 3 说的是，你要扪心自问，你手里的股票，其故事是否能引起大众的喜爱。能从故事中生发出富有感染力的梦想吗？投资者能在故事之上建立真正坐落在某个坚实基础之上的空中楼阁吗？

要遵循规则 3，你不必非得是个技术分析师。可能你只需凭借直觉或投机感便可以判断，自己手里股票的"故事"是否可能引起大众的喜爱，尤其是能否引起机构投资者的注意。然而，技术分析师恐怕要找到确凿的证据，才敢确信这个投资故事是否正在赢得大众的垂青。当然，所谓找到确凿的证据，无非就是发现一个上升趋势已经开始，或者发现一个预示上升趋势的技术信号已经出现。

虽然我在此给出的几个规则看起来非常合理，但重要的问题是，这些规则能否真正发挥作用。毕竟，还有很多其他人也在玩这个游戏，而且绝不可以说谁能自始至终都是游戏的赢家。

在接下来的两章里，将考察技术分析和基本面分析的实际业绩记录。第 6 章思考这样一个问题：技术分析能奏效吗？第 7 章看一看基本面分析师的业绩记录。这两章的内容应该会有助于我们评价专业投资人士的投资建议，想想应该对之给予多少信任。

第 6 章

技术分析与随机漫步理论

事物的本质很少呈现于表象之上，

脱了脂的牛奶也可以假充护肤霜。

——吉尔伯特（Gilbert）与沙利文（Sullivan）

《皇家海军围裙号》（*H.M.S. Pinafore*）

无论盈利、股利和风险如何，也无论高利率的阴霾如何笼罩在市场的上空，都不会让技术分析师放弃本职工作：潜心研究股票的价格变动。他们凭着对数字如此忠贞不贰的投入，创造了最丰富多彩的分析理论，同时也使华尔街有了这样的行话："持涨杀跌""转持强势股""卖掉这只股票，它的表现弱于大盘""不可逆势而为"。这些都是技术分析师开出的通行"药方"。他们将投资策略建立在空中楼阁的梦想之上，并期待分析工具会告诉自己哪座空中楼阁正在建造之中，又如何"进入底层"占得先手之利。但问题是：技术分析管用吗？

鞋上有破洞，预测有朦胧

　　有时，大学教授会被学生问道："如果您果真那么厉害，为什么不富有呢？"这个问题通常会令教授耿耿于怀，因为在他们看来，自己之所以放弃挣得世俗财富的机会，是为了投身于对社会显然有益的教育事业。若拿同样的问题去问技术分析师，可能会更加合适。既然技术分析完全是为了赚钱，人们就有理由相信，鼓吹技术分析的人将其理论付诸实践应该能获得成功。

　　走近技术分析师，仔细一看，常会看到他们的鞋子上有破洞，衬衫的领口也磨损了。我个人从不认识什么成功的技术分析师，倒是见过好几个不成功的折戟沉沙，惨败不堪。然而，令人称奇的是，破落的技术分析师从来没有一丝歉疚。如果你犯了社交礼仪上的错误，冒昧地问他为何如此穷困潦倒，他会坦率地说之所以如此落魄，是因为犯下了是人都会犯的错误：没有相信自己的图表。有一次，与一位技术分析师朋友共进晚餐，席间他就说过这样的话，我当场被食物噎着，弄得自己尴尬不已。此后，我就立下个规矩，永远不和技术分析师一起吃饭。这不利于消化。

　　尽管根据自己给投资者的建议来操作，技术分析师可能不会富起来，但他们的语言储备却弥足珍贵。想想下面这条某技术分析服务机构给出的投资建议吧：

　　　经过一段时间的能量重新积聚之后，大盘开始上扬，发出多头信号。尽管如此，支撑区特征尚未明显出现，且目前道指[○]上方40点处存在一阻力区，因而，就此断言大盘将进一步展开多头行情，显然为时尚早。如果未来数周内底部支撑得到确认，且大盘

　　○　指道琼斯工业平均指数（DJI），本书简称为道指。——译者注

突破旗形形态，则表明大盘将进一步上扬。万一底部被有效击穿，则中期下降趋势将会延续。就目前形势来看，投资者很可能持观望态度，等待趋势进一步明朗，同时，大盘很可能窄幅波动。

如果你问我这些话是什么意思，我也无可奉告。但我想，给出建议的技术分析师心里想的很可能是："如果大盘既不上涨，也不下跌，那将保持不变。"连天气预报员都能做得比这更好。

看得出，我对技术分析师有偏见。不仅在个人情感上不接受他们，在专业上也看不上他们。技术分析是遭学术界很多人诅咒的一个职业。我们就是爱挑技术分析的刺儿。之所以这样，原因主要有两个：① 对投资者来说，在支付交易成本和税款之后，技术分析法并不比"买入持有"的投资策略更胜一筹；② 技术分析法本身就容易让人挑刺儿。虽然这看起来可能有点儿不公道，但请你记住，我们努力想做到的，正是节省你的金钱。

尽管计算机可能一度提升了技术分析师的地位，而且现在互联网上也可以广泛获取图表分析服务，但事实证明恰恰是技术的发展使技术分析师遭受了学术界抨击的厄运。就在技术分析师们快速绘制出图表，以表明市场正在向何处去之时，学者们也同样快速地忙着创立图表，以揭示技术分析师的足迹到过何处。在计算机上很容易对所有的技术交易策略进行检验，于是，检验这些策略是否真正奏效，便成了学者们最喜欢的一项消遣。

股市存在趋势吗

技术分析师认为，了解一只股票过去的运行情况，能够帮助预测这只股票未来可能会如何运行。换言之，就任何一天来说，此前一连串的股价变动情况对于预测这一天的股价变化非常重要。这不妨称作"墙纸原理"（wallpaper principle）。技术分析师试图依据过去的股价来预测未来的股价，就像我们可能会预测镜子后面的墙纸图案与镜子上方的完全相同。技术分析的基本前提就是空间和时间里存在着可以重复的模式。

技术分析师认为股票市场存在趋势。据称，一直在上涨的股票将继续上涨，而开始下跌的股票将继续下跌。因此，投资者应买入开始上涨的股票，继续持有手中的强势股；若股票开始下跌，则应卖出。

有学者利用一直追溯至 20 世纪初的股价数据，对这些技术分析的操作规则进行了彻底检验。检验结果表明，过去的股价变动并不能作为预测未来股价变动的可靠依据。如果说股票市场有记忆的话，也是微乎其微。虽然市场的确会呈现出一定的趋势，但这种趋势的发生并不可靠，而且还频繁地存在趋势崩溃。股价趋势的持续性也不够长，不足以让跟踪趋势的交易策略总能获利。尽管股市中会存在某种短期趋势（对此，第 11 章将更为充分地加以描述），但任何投资者只要在交易时必须支付交易费用和税款，都不可能因利用短期趋势而获利。

经济学家还对技术分析师的另一个观点进行了检验。这个观点认为，市场上常会出现连续几天（或几周、几个月）股价朝同一个方向变动的情况。技术分析师将股票比作橄榄球场上的全卫，一旦获得了奔跑的势能，就应该可以跑得很远。检验结果却表明，事实并非如此。有时，一只股票的确一连几天出现正向变动（价格上涨），但是，有时你抛一枚标准硬币，也会出现一连串多次正面朝上的情况，而且，你遇到股价连续正向（或反向）变动的频率，也并不比你抛硬币时随机出现连续正面朝上或反面朝上的频率更高。技术分析师常说的所谓"持久模式"在股市出现的频率，并不比任何一个参赌的人"手

气很顺时"连续赌中的频率更高。这是经济学家说到股价变动与随机
漫步非常相似时所欲表达的意思。

究竟何为随机漫步

在很多人眼里,"随机漫步"看起来简直是一派胡言。即便阅读
金融页面时最漫不经心的人,也很容易发现股市中的"模式",例如
图 6-1 所示股价的表现情况。

图 6-1　股价模式与随机抛掷硬币的结果

看起来该图中明显有模式存在。开始时股价展开一波上涨,接着
便掉头向下,开始了长时间的持续下跌。然后,下跌趋势受到遏制,
股价又掀起新一轮持续上涨。人们看到这样的股价图,不能不注意到
这番描述是不言而喻的。那么,经济学家何至于如此近视,竟看不见
肉眼能一目了然的模式?

坚信股市存在重复性模式，其原因在于统计幻觉。为了说明统计幻觉的影响，下面向你描述我曾要求学生参与的一个实验。我要求他们构建一个假想的股价走势图。股价开始时定为 50 美元，此后每个交易日的收盘价由抛掷硬币的结果来确定：若抛出后正面朝上，学生便假定股票当天收盘价较前一天收盘价上涨 0.5 美元；若抛出后反面朝上，学生便假定股票当天收盘价较前一天收盘价下跌 0.5 美元。图 6-1 就是其中一个学生做实验时得到的假想股价走势图。

根据随机抛掷硬币画出的这张图，看起来与正常的股价走势图非常相似，甚至还呈现出周期性变动。当然，我们在抛掷硬币时观察到的这种显著的"周期性变动"，似乎不会像真正的周期那样有规律地发生，但是，实际股价的涨涨跌跌也不会很有规律地发生。

这种规律性的缺乏正是问题的关键所在。股价走势图中的"周期性变动"，与一般参赌的人碰到连续好运或连续不顺一样，都不是真正的周期。股价当前似乎处于上升趋势中这一"事实"，即便看起来与以前某时段股价上行的情形相似，也并没有提供任何有用的信息可据以确定当前上升趋势的可靠性或持续性。是的，在股市中历史往往会重演，但重演的方式却多得出人意料，任何通过了解过去的股价模式而从中获利的尝试，都会遭遇败绩。

在学生抛掷硬币得到的其他模拟股价走势图中，既有"头肩顶"形态，也有"三重顶"和"三重底"形态，还有其他更多只有内行才看得懂的模式。其中一张图呈现出"倒置头肩顶"向上突破的完美形态（这是一个信号强烈的多头模式）。我把这张图拿给我的一位技术分析师朋友看，说实话，他惊喜得如痴似狂。"这是哪家公司？"他大声叫道，"我们得立即买入，这个形态太经典了！毫无疑问，这只股票下周会上涨 15 个点！"我如实相告，说这张图是根据抛硬币的结果画出的，他的反应可就不友善了。技术分析师没有幽默感。《商业周刊》

雇请一位擅长恶意攻击的技术分析师为本书第 1 版作书评时，我得到了应有的报应。

我的学生通过完全随机的过程绘制了股价走势图。只要使用的硬币质地均匀，每抛掷一次得到正面朝上的机会就是 50%，也就意味着股价上涨，同时得到反面朝上的机会也是 50%，即股价下跌。就算他们连续抛出 10 次正面朝上，接下来抛出正面朝上的机会也还是 50%。数学家将一个随机过程（像我们模拟股价走势图这样的过程）产生的一连串数字称为一次"随机漫步"。在股价走势图中，完全无法根据以前所发生的情况来预测股价的下一步变动。

股市也并不完全符合数学家的理想模型，理想模型应该是当前的股价变动与过去的股价变动之间完全相互独立。股价变动中还是存在一定趋势的。当利好消息出现时，对于股票的合理价格，投资者常常只是部分地调整自己的估计。缓慢的调整能让股价在一段时期内稳步上涨，从而形成一定程度的趋势。股价未能完全符合随机漫步的定义，使得金融学家罗闻全（Andrew Lo）和克雷格·麦金利（A. Craig MacKinlay）合作出版了一本书，名叫《华尔街上的非随机漫步》（*A Non-Random Walk Down Wall Street*）。除了存在一些短期趋势的证据之外，一直以来多数股价的平均值还伴随着公司盈利和股利的长期增长而呈现出一个长期上升的趋势。

但是，不要指望短期趋势会给你提供必然成功的投资策略，使你得以战胜市场。一个原因是，对于消息面，股价并非总是反应不足，有时也会反应过度，因而价格可能会出现突如其来的、令人错愕的反转。我们将在第 11 章中看到，根据趋势策略进行管理的投资基金一开始的投资收益便显著低于平均水平。即使当趋势出现（市场未能像随机漫步那样运行）的时候，市场中存在的系统性联系也常常非常微弱，以致对投资者来说没有什么利用价值。试图利用这些依存关系而必须付出的交易成本和税款比可能获得的利润要多得多。由此，随机漫步假说的"弱式有效形式"可准确地表述如下：

> 在管理投资组合时，投资者不可能从股价变动的历史中找到一贯战胜"买入持有"策略的任何有用信息。

如果随机漫步假说的"弱式有效形式"是正确的，那么，按照我的同事理查德·匡特（Richard Quandt）的说法，"技术分析与占星术别无二致，两者都貌似科学"。

我并不是说技术策略从来就赚不到钱。那些策略确实常常会带来利润。关键是，只要简单采用"买入持有"策略（即买入并长期持有一只股票或一组股票），通常就能赚同样多的钱或更多的钱。

科学家想要检验某一新药的有效性时，通常会进行一项实验。在实验中，他们让两组病人都服用药丸——一组的药丸里含有所要检验的新药，另一组的药丸是没用的对照剂（糖丸）。然后，将两组病人服药之后的效果进行比较，只有当服用新药的一组病人的病情好于服用对照剂的那一组病人时，这种新药才被认为有效。很明显，若两组病人在同一时段病情都有好转，那么即使病人康复了，也不应对这种新药的有效性给予肯定。

在检验股市的"实验"中，与技术策略相比较的"对照剂"就是买入持有这一策略。技术策略确实经常为其使用者赚到钱，但买入持有策略也一样。的确，简简单单地将一个股市大型指数的所有成分股纳入投资组合的买入持有策略，在过去 90 年间为投资者提供了大约 10% 的年均投资回报率。只有当技术策略与市场相比能够提供更好的投资回报率时，技术策略才可以被视为有效。然而，时至今日，没有任何一种技术策略能够始终如一地通过这一检验。

一些更为精细复杂的技术分析方法

痴迷于技术分析的人，可能会辩解说我的观点有失公允。他们的理由是，我刚才描述的那些检验过于简单，根本没有对技术分析的"丰富多样性"给予公正对待。然而，令技术分析师遗憾的是，即便是更为精细复杂的技术交易策略，也已进行过科学的检验。下面就让我们仔细看看几个颇为流行的技术策略吧。

"过滤"系统

根据流行的"过滤"系统，如果一只股票跌到某个低点之后又上涨一定幅度，比如5%（或者你想说出的任何其他上涨幅度），则认为这只股票处于上升趋势。反之，如果一只股票从某个高点下跌5%，则认为它已进入下降趋势。你应当买入任何一只自某个低点上涨5%的股票并一直持有，直到股票从随后的高点下挫5%时卖出，甚至还可以进行卖空操作。如果卖空，空头仓位应至少保持到股票从下一个低点处上涨5%时才平仓。

"过滤"系统深受经纪人的喜爱。的确，这一技术策略就藏匿于经纪人钟爱且广为流行的"止损指令"的背后。如果客户持有的股票跌去买入价的5%，经纪人会建议客户发出"止损指令"卖出股票以"限制潜在损失"。

有学者对不同的"过滤"交易策略进行了彻底检验。检验时，要过滤掉的买入和卖出的"候选股"的涨跌百分比被放宽到1%～50%。同时，检验还涵盖不同的时间段，涉及的对象既有单只股票，也有股票指数。检验的结果呈现出惊人的一致性。如果将因采用"过滤"策略而产生的更高的交易成本考虑进来，那么，这些技术策略并不能持续胜过简单买入个股（或股票指数）并在考察期内持有的投资策略。

个人投资者若能避免使用任何"过滤"交易策略，或许还可以加一句，若对推荐采用这种策略的经纪人避而远之，将会获得更好的投资回报。

道氏理论

道氏理论（Dow theory）的精义，可以说是在阻力与支撑之间展开的一场激烈的拔河赛。当行情见顶回落时，这一顶点位置便界定了一个阻力区。之所以称为阻力区，是因为在高点处错过卖出机会的人若再次得到这样的机会，会迫不及待地卖出股票。如果此后行情又上涨，并接近前期高点，那么按照道氏理论的说法，此时的阻力区正在"经受考验"。但此时也正是真理现身的时候。行情若突破阻力区，便很可能继续上扬一段时间，同时前期阻力区也就成了支撑区；反之，行情若"未能穿越阻力区"，却跌穿前期低点即前期支撑位，那么空头信号便出现了，投资者会得到卖出的建议。

上述道氏理论的基本思想蕴含这样一种操作策略：当行情上涨越过上一个高点时，应买入股票；当行情下滑跌穿前一个低点时，应卖出股票。尽管道氏理论有着这样那样的问题，但其基本思想倒是成了技术分析师奉若圭臬的教条之一。

很遗憾，道氏理论这套机制所产生的技术信号，对于预测未来股价变动毫无意义。卖出信号发出之后的行情演变与买入信号发出之后的行情演变没什么两样。相对于只是买入并持有市场平均指数所包含的代表性股票这一策略，遵循道氏理论去操作实际上还会稍逊一筹，因为投资者在按照这种策略买卖股票时，必然要额外支付很多佣金成本。

相对强弱系统

根据相对强弱系统的要求，投资者应买入并持有表现优于大盘的股票，即比总体市场指数表现更好的股票；反之，则应避免买入与市场相比表现差劲的股票，或许还应卖空这类股票。虽然在某些时段里，相对强弱策略看上去的确会胜过买入持有策略，但是，没有证据支持前者能自始至终表现更优。前面已指出，确有一些迹象表明股市中有趋势存在，然而，用计算机对相对强弱策略进行的一项跨度为25年的检验却显示，在考虑交易费用和税款之后，这种技术策略对投资者并无什么益处。

量价系统

根据量价系统，一只股票（或市场整体）若放量上涨或价升量增，则表明市场上还有一些买方的兴趣未得到满足，从而将维持上涨之势；相反，股票若放量下跌，则表明有抛售压力，空头信号便随之出现。

同样，投资者若要遵循这样的技术策略，得到的结果很可能也是令人失望的。这种策略所产生的买入和卖出信号根本就不包含任何用来预测未来股价变动的有用信息。然而，同采用其他所有技术策略一样，投资者也被迫频繁地进行买进卖出的交易，从而致使交易成本和税款大大超过买入持有策略。

识读技术形态

或许一些更为复杂的图表形态，如第5章所描述的那些形态能够揭示股价的未来走向。例如，"头肩顶形态向下击穿颈线位"是一个可靠的空头预兆吗？在一次精心设计的研究中，计算机运用专门编制的程序绘制出在纽交所交易的548只股票5年间的走势图，并识别属于32种最流行的技术形态中的任何一种形态，同时特别注意头肩顶、三重顶和三重底、通道、楔形、菱形等形态。

　　每当计算机发现一个空头形态，比如头肩顶形态，并且此后股价向下运动击穿颈线位，朝"低领露肩装的低领"方向滑去（一个非常强烈的空头凶兆），计算机便记录一个卖出信号。另外，如果计算机发现三重底之后，股价出现向上突破（一个非常强烈的多头吉兆），计算机便记录一个买入信号。检验又一次表明，技术信号与其发出之后的股价表现之间看来没有任何关系。如果你只买入带有买入信号的股票，卖出带有卖出信号的股票，那么，在支付交易成本之后，你的投资业绩不会比买入持有策略来得更好。

人类天生难以接受随机性

　　人类生而喜爱秩序，很难接受随机性这一概念。无论概率法则告诉我们什么，我们还是会在随机事件中寻找模式，也不管随机事件在哪儿出现。不仅在股票市场，甚至在解释体育运动现象时，人们都会寻找模式。

　　在描述篮球运动员的突出表现时，体育记者和观众都会不约而同地使用这样的说法："勒布朗·詹姆斯（LeBron James）手感好得很"或"科比·布莱恩特（Kobe Bryant）能连续出手得分"。无论篮球运动员、教练员，还是关注某支球队的其他人，几乎无一例外地深信，如果一名球员前一次投篮命中，或前几次投篮命中，那么他下一次投篮就更可能命中。然而，由心理学家组成的一个研究小组对此进行了研究，结果表明，认为存在热手效应[⊖]的看法纯属毫无根据的错误观念。

　　⊖　热手（hot hand），指篮球比赛中如果某队员连续命中，其他队员一般相信他手感好，下次进攻时还会选择他来投篮，可他不一定能投进。科学家把这种仅凭一时的直觉，缺乏必要的分析判断就采取措施的现象称为热手效应。——译者注

这些心理学家对费城 76 人队在一个半赛季里的每一次投篮都进行了细致研究。他们发现相继投篮的结果之间不存在任何正相关关系。实际上，他们发现，球员投中一球后下次投篮不中的可能性，比连续两次命中的可能性还要略高一点。而且，这些研究者还考察了连续两次以上的投篮情况，他们又发现，连续多次命中的次数，并不比任何一组随机数据（例如抛掷硬币得到的数据，每次抛掷与前次之间相互独立）中连续出现相同的情况更多。尽管前两三次投篮命中这一"事件"会影响球员对下一次投篮是否能命中的感觉，但研究结果却言之凿凿地证明，实际上并无任何影响。研究者后来又仔细查看波士顿凯尔特人队的自由投篮记录，并对康奈尔大学男子和女子篮球队进行受控投篮实验，证实了自己的研究结论。

这些研究结果并不意味着篮球运动凭的是运气而不是技术。显然，有些球员比其他人更擅长扣篮和自由投篮。不过，我们在此要说明的关键点是，某次投篮命中的概率与之前投篮的结果之间是相互独立的。这些心理学家推测，人们之所以坚定地相信热手效应存在，可能是由于记忆偏差。如果连续命中或连续误投比交替命中或交替误投更容易被记住，那么观察者很可能高估连续投篮之间的相关性。有时事情确实会接二连三地发生，或连续成功或连续失败，出现这些情形时，人们就会寻找解释和模式。尽管这些情形的确也会在如抛掷硬币之类的随机数据中经常出现，人们还是拒绝相信这些情形是随机发生的。

其他几个让你赔钱的技术理论

学术界一旦击败多数常用的技术交易策略之后，便将威风凛凛的矛头指向一些更为稀奇花哨的技术理论。如果没有技术分析师，金融分析的世界会平静得多，也沉闷乏味得多，下面的内容充分说明了这一点。

裙摆指标

有些技术分析师不满足于只研究股价的变动，于是拓展调查研究的范围，将其他领域的变动也纳入自己的分析视野。在技术分析师创造的技术策略中，最迷惑人心的一种是由创立者艾拉·科布利（Ira Cobleigh）亲自命名的"牛市与裸膝"理论。根据该理论，如果你查考一下任何一年女士连衣裙的裙摆高度，你便会知道这一年的股价走向。图 6-2 显示了这样一种松散的关系：女士穿着娇膝裸露的连衣裙时，股市便是向上攀升的牛市；喜爱观察女士的人大失所望时，股市也低迷不振。

图 6-2 女士的裙摆高低与股市的牛熊变化

例如，19 世纪晚期和 20 世纪初，股市相当不景气，女士的裙摆也拖得很低，显得乏味无趣。但之后随着裙摆上移，人们也迎来了 20 世纪 20 年代的大牛市。接下来女士又流行穿长裙，伴随而来的是 30

年代的股市大崩盘（实际上，这幅图撒了一点谎：女士的裙摆在 1927 年是下降的，而这轮大牛市最波澜壮阔的阶段就发生在此后）。

第二次世界大战（以下简称"二战"）结束之后，情况却并没有这么相合。1946 年夏季股市急剧下挫，大大早于 1947 年以长裙为特色的"新风貌"的问世。同样，1968 年年底股市开始暴跌，而中等长度女裙在 1969 年才非常流行，1970 年更是风靡一时。

在 1987 年股市大崩盘期间，裙摆理论的表现又如何呢？你或许以为裙摆指标失灵了。毕竟，1987 年春季，时装设计师开始将秋季裙装发向市场时，超短裙是理所当然的秋季流行款式。但大约在 10 月初，当秋风乍起吹遍全美的时候，一件奇怪的事发生了：多数女士认定迷你裙不适合自己了。她们重新穿起长裙，时装设计师也因此转而设计长裙。此后便是股市暴跌的历史了。21 世纪头 10 年，股市遭遇了两次严重的熊市，情况又怎样呢？很遗憾，你已经猜到了，长裤成了时尚，女性商界领袖和政界人士在公众场合出现时，总是穿着长裤套装。现在，我们知道这段时间股市走熊的真正元凶了。

即便看起来确实有一些证据对裙摆理论有利，也不要过于乐观地指望它能帮你找到合适的股市进出时机。女士现在已不再受裙摆高低这种时尚潮流不断变化的残酷束缚了。正如《时尚》（*Vogue*）杂志所言："现如今，你可以穿得像个女人，也可以穿得像个男人，下摆多长都没有问题。"

超级碗指标

2009 年，股市为何上涨？对于使用超级碗指标的技术分析师来说，这个问题很好回答。超级碗指标，是指根据哪支球队赢得超级碗来预测股市的未来表现。如果超级碗由国家橄榄球联盟（NFC）的一支球队赢得，那么就预示着股市走牛，如匹兹堡钢人队赢得了 2009

年的超级碗；倘若超级碗由美国橄榄球联盟（AFC）的一支球队赢得，那么对股市便是利空消息。2002 年，新英格兰爱国者队（美国橄榄球联盟的一支球队）打败了圣路易公羊队（国家橄榄球联盟的一支球队），股市果然剧烈下挫，应验了超级碗指标。虽然超级碗指标有时也会失灵，但它预测正确的时候比错误的时候多得多。自然，这并没有什么意义。超级碗指标的预测结果最多不过反映了这样一个事实：有时候两件毫不相干的事情之间可能存在关联。事实上，马克·赫尔伯特（Mark Hulbert）曾报道过，股市研究者戴维·莱因韦贝尔（David Leinweber）发现与标准普尔 500 指数最密切相关的指标乃是孟加拉国的黄油产量。

零股理论

零股理论认为，除了永远正确的投资者之外，无人能比永远犯错的投资者更有助于你制定成功的投资策略。许多人很迷信，认为"零股交易者"就属于这样一类人。因此，如果零股交易者卖出股票，你就买入股票，包赚不赔；如果他们买入股票，你就卖出股票，肯定没错。

零股交易者是指买卖股票不足 100 股（称为整股、一手）的人。股市上有很多业余投资者拿不出 5000 美元购买一手（100 股）交易价为 50 美元的股票。他们更可能买入零股，比如拿出 500 美元买入 10 股，做一笔为数更少的投资。

通过考察零股买入与卖出的比率（这类业余投资者在某一天买入的零股数与卖出的零股数的比值），以及零股交易者究竟在买卖什么样的股票，据说人们就能够赚到钱。这类信息不灵通的业余投资者，大概买卖时全凭感情用事，像在街上正被拖向屠宰场引颈待戮的羔羊。

事实却是零股交易者并非如此愚蠢的糊涂虫。有点儿傻？倒有可能。零股交易者的投资表现可能略逊于股市平均水平。然而，就可利用的证据来看，了解零股交易者的买卖情况对于制定投资策略并无助益。

道指狗

这个有趣的策略利用一个与一般人所持观点相反的信念进行操作，认为失宠的股票最终往往会扭转方向，重获青睐。使用这一策略，需要每年买入股利收益率最高的道指（含30家上市公司）中的10只股票。这10只股票最不受欢迎，因此一般而言不但市盈率很低，市价与账面净值比也很低。该理论由一位投资经理提出，此人名叫迈克尔·奥希金斯（Michael O'Higgins），他在其著作《战胜道指》（*Beating the Dow*）一书中公开了这一投资技巧。詹姆斯·奥肖内西（James O'Shaughnessy）使用远至20世纪20年代以来的数据检测了这个理论，发现道指狗战胜了总体指数，每年多盈利2个百分点以上，并且没有额外风险。

华尔街分析师好比犬科分遣队，其中有一部分成员竖起耳朵注意到这一理论，并营销募集了数十亿美元的共同基金，以此理论为基础进行投资。后来怎么样呢？有人可能预计到了，道指狗遭遇了败绩。它们的业绩持续逊于市场整体表现。道指狗之星奥希金斯发表意见说，"这个策略变得太过流行了"，最终遭到自我毁灭。道指狗后来不再出来狩猎了。

1月效应

有些研究者发现，对于股市收益率来说，1月是一个非同寻常的月份。在1月头两周，股市收益率往往特别高，市值较小的股票尤其如此。即便将风险因素考虑进来加以调整，小市值股票看起来也为投资者提供了异乎寻常的丰厚收益，其中的超额收益主要产生于每年的头几天。这样的效应在其他好几个国家股市中也有记录。正因如此，便导致了一部书的出版，书名颇有煽动性，叫作《难以置信的 1 月效应》。

然而，很不幸，相较于买卖市值更大的股票，买卖小市值股票的交易成本要高得多（因为小市值股票的买卖报价差更大，流动性更小），任何普通投资者看来无法利用这一反常现象。而且，这种效应也并非年年可靠。换言之，要捡起 1 月"散落的零钱"，代价太高，并且在某些年份，1 月效应到头来还是一场幻想。

再来几个系统

要是继续回顾技术交易策略，恐怕对你来说很快就会"报酬迅速递减"了。很可能没什么人当真相信关于股市的太阳黑子理论能为他们赚到钱。但是，如果有人告诉你，通过密切关注纽约证券交易所上涨与下跌股票的比率，便可以发现一个大盘是否见顶的可靠的重要指标，你会相信吗？利用计算机进行的一项细致研究告诉你：不要相信。你认为空头仓位（股票的卖空股数）增加是多头信号吗（因为持有空头仓位的人最终会购回股票平掉仓位）？对此进行的彻底检验显示，无论是股市整体还是个股，都不存在这种关系。你认为电视财经新闻网所推崇的移动平均线系统（例如，若一只股票的价格上涨超过此前 200 日均价，则买进；若跌破这一均价，则卖出）能引导你在股市收获超乎寻常的投资回报吗？如果你买卖股票时还得支付交易成本，那么这种移动平均线系统就不可能给你带来超额收益！你以为你应该"5 月到来，卖股离开"[⊖]，直到 11 月才重新操作吗？实际上，

⊖ "5 月到来，卖股离开"的英文原文是"sell in May and go away"，是一句华尔街流行语。——译者注

在 5 ～ 10 月，股市常常是上涨的。

技术分析专家

技术分析师可能做不到准确地预测股市，但毫无疑问都是些多姿多彩的人物。最受欢迎的一位便是伊莱恩·加扎雷利（Elaine Garzarelli），她是投资银行雷曼兄弟的执行副总裁。加扎雷利并非只关注某个单一指标的一根筋，她一头扎进金融数据的海洋，使用 13 种不同指标来预测股市的走向。她总是热衷于研究极其重要的细节问题。在孩童时代，她就经常从自家附近的屠夫那里弄来动物器官，乐此不疲地进行解剖研究。

加扎雷利可谓是预测 1987 年股市大崩盘的"罗杰·巴布森"。10 月 13 日，她做出近乎看穿未来的可怕预测，告诉《今日美国》[⊖]（*USA Today*）道指很快就会下挫 500 点以上（跌幅达 20%）。未出一周，她的预测不幸言中。

但是，对这次股灾的准确预测却成了加扎雷利的绝唱。正当媒体给她加冕"黑色星期一预言大师"，颂扬文章在《大都会》（*Cosmopolitan*）和《财富》等各类杂志上频频刊载之时，她却"淹死"在自己对未来的预测之中，或者说因恶名远播而"溺毙"。因为股灾之后，她说不会再碰股市，并预测道指还将下挫 200 ～ 400 点。这样一来，加扎雷利便错过了此后的股市大反弹，而且把资金交给她管理的投资者都很痛苦失望。在说明为何不能始终表现优异时，她给出了技术分析师由来已久的解释："我没有相信自己的图表。"

在 20 世纪 90 年代中期，最为灿烂夺目的投资大师或许是一帮来自比尔兹敦（Beardstown）的朴实的祖母级人物（平均年龄 70 岁）。

⊖ 《今日美国》，一份发行全美、富有影响力的日报。——译者注

专门做宣传的人把她们誉为"我们这一代最伟大的投资思想家"。这些声名鹊起的老奶奶捏造投资业绩，煽风点火大肆炒作，卖掉 100 多万册有关书籍，在全国性电视节目和周刊上频频亮相。她们竟然生拉硬扯，把投资的成功秘诀（恪守辛勤工作这一大美德）与美味烹调食谱（比如确保蓬松的股市松饼）搅和在一起。在 1995 年出版的畅销书《比尔兹敦女士常识投资指南》中，她们声称自己 10 年来的投资回报率年均为 23.9%，大大超过了标准普尔 500 指数年均 14.9% 的回报率。这是多么不同凡响的故事啊：来自中西部的老婆婆，凭借常识就能把华尔街报酬过高的专业人士打趴下，甚至还能让指数基金颜面尽失！

不幸的是，人们发现这些女士写的书也是"烹调出来"的。据说，比尔兹敦这伙人把她们的"投资俱乐部会员费"也算作股市投资的一部分回报。有关部门请来普华会计师事务所进行审计，算出这些女士过去 10 年的真实投资回报率是年均 9.1%，这比大盘年均回报率还低近 6 个百分点。想通过崇拜投资偶像得以致富的故事，就说这么多吧。

上述故事给我们的教益是显而易见的。既然有这么多的技术分析师在预测股市，总会有一些人说对一次甚至几次行情走向，但绝对没有一个人能做到一贯正确。对于以上故事，可用一句类似《圣经》上的警句来做个总结："谁若回首市场先知所做的预言，必将死于悔恨。"

评价技术分析师的反击

你可能想象得到，随机漫步理论对图表分析的指责，在技术分析师中是很不受欢迎的。倡导这一理论的学术界人士在华尔街一些地方受到"热情礼遇"的情景，仿佛伯德纳·麦道夫在狱中向商业信用局[⊖]（Better Business Bureau）致辞一样。在技术分析师看来，这一理论"纯粹是学术界不切实际的痴人说梦"。那么，就让我们来评价一下不断遭受抨击的技术分析师所做的反击吧。

最常见的对随机漫步理论弱点的抱怨，或许是基于对数学的不信任，以及对该理论内涵的误解。"市场并不是随机的，"他们抱怨说，"任何数学家都无法让我信服市场是随机的。"从长期看，未来盈利必定会影响现值，而在短期，占主导地位的因素则是大众情绪。

当然，盈利和股利会影响股票价格，大众情绪也会有影响。关于后者，我们在前面几章中已看到了充分的证据。但是，即便在某些时期股市受到大众非理性行为的控制，股市的表现很可能依然类似于随机漫步。最初，有人为了说明随机漫步，将其类比为醉汉在空旷的田野里四处踉跄而行。他的步伐不是理性的，也是不可预知的。

此外，关于一家公司会有什么新的基本面信息（如大规模矿山罢工、首席执行官死亡等）也是无法预知的。的确，有关公司的新闻接二连三地出现，必定是随机的。倘若一条新闻的出现并非随机，也就是说，倘若这条新闻的出现依赖于前一条新闻，那么它根本就不算什么新闻。**随机漫步理论弱式有效形式的内涵只是：无法依据过去的股价来预测未来的股价。**

技术分析师还会举出这样那样的具体技术策略，证明学术界并未检验所有已创立的技术策略。没有人能确切地证明技术方法绝对不起任何作用。学术界所能阐明的是，利用股价走势形态中包含的少量信息所获得的回报，并未表明可以弥补利用这点儿信息进行交易所产生

⊖ 商业信用局，一种非营利性民间组织，提供帮助消费者进行购买决策的商业信用报告，旨在维护社会风尚，使人们免遭不正当、欺诈性厂商行为的诓骗。——译者注

的交易成本和税款。

每年都有大量的人兴致勃勃地奔赴拉斯维加斯和大西洋城的赌场。他们仔细查看轮盘赌中最新胜出的几百个数字，希望找到某种重复模式。通常，他们会找到一种模式。他们最终会输得精光，之所以如此，是因为他们没有重新检验自己发现的所谓模式。[⊖]对技术分析师来说，同样的事情也会发生。

如果你仔细查看过去任何一个时段的股价，你几乎总能找到某种在这一时段里有效的技术策略。如果你尝试足够多的不同选股标准，最终总会找到能起作用的一条标准。当然，真正的问题是，这个策略在不同的时段是否有效。多数技术分析倡导者，除了将他们的策略与制定策略时段的市场数据相验证之外，通常都未能将策略与其他时段的市场数据进行验证。

即使技术分析师遵循我的建议，在多个不同时段检验自己的策略，并发现该策略能可靠地预测股价，我仍然相信技术分析最终必定没有价值。为了说明这一点，假定技术分析师已找到一个可靠的"年底回升效应"，也就是说，每年圣诞节与元旦之间股价会上涨。问题是，一旦这样一条规律为所有市场参与者所知，人们所采取的行动必然会阻止这一效应在将来发生。

任何成功的技术策略最终必然会弄巧成拙。一旦意识到股价在元旦之后会比圣诞节之前更高，我在圣诞节来临之前就会动手买入。如果人们知道一只股票明天将上涨，你可以断定这只股票今天就会上涨。股市中的任何规律若能被发现，且能据以产生利润，都必将自我

⊖ 实际上，爱德华·索普（Edward O. Thorp）还真发现了一个稳赢"21 点"的方法。索普把这个方法在《击败庄家》（Beat the Dealer）一书中和盘托出。此后，赌场都改变了招数，转而在赌局中使用多副纸牌，以增加算牌难度。要是这样还不起作用，赌场便使出最后一招，将算牌者驱离赌桌。

毁灭。我之所以深信无人能成功地使用技术方法在股市获得高于平均值的回报，这是根本原因。

对投资者的启示

股价过去的走势，不可能以任何有意义的方式用于预测未来的股价。技术策略通常都很有趣，也让人感到安慰，但绝无任何实际价值。这便是有效市场假说弱式有效形式的核心思想。各种技术理论只是让那些炮制和营销技术服务的人，以及雇用技术分析师的经纪券商更富有。这些经纪券商希望，分析师的分析有助于鼓动投资者更频繁地进行买入卖出的交易，从而为其带来佣金收入业务。

使用技术分析确定股票买卖时机的做法尤其危险。因为股票市场有着长期向上的趋势，所以，有时持有现金可能风险非常大。有些投资者为避开市场阶段性下跌，而经常保持大量现金头寸，在市场迅猛回升的某些阶段，他们很可能会被排斥在市场之外。密歇根大学的H. 内扎特·塞伊洪（H. Nejat Seyhun）教授发现，在一个为期30年的时段里，在重大的市场获利中，有95%的部分来自其间约7500个交易日中的90天。如果你碰巧错过这90天，虽然这些日子只占全部交易日的1%多一点，但其间股市提供的长期丰厚回报却会一笔勾销。拉斯洛·比里尼（Laszlo Birinyi）在其著作《交易大师》（*Master Trader*）中研究了一个更长的时段，他计算之后得出一个结论：倘若一位投资者坚守买入持有策略，于1900年将1美元投入道指，那么到2013年年初，这1美元将升值为290美元。然而，倘若该投资者错过每年中最好的5个交易日，那么到2013年，1美元投资的价值将不足1美分。这里应记住的是，择时交易的人必然要冒错失为数不多的大幅飙升行情的风险，而这对投资业绩有着重大影响。

这里所做的分析给投资者的启示非常简单。如果在过去的股价中，只包含很少或根本不包含有助于预测未来股价的信息，那么，遵循任何技术交易策略便没有意义。只是简单地采用买入持有策略，将至少不逊色于使用任何技术交易策略。而且，不停地买进卖出，即便能赚钱，产生的资本利得也需缴税。遵循技术交易策略，你可能会实现短期资本利得，但缴纳的税款会比采用买入持有策略更多（且纳税的时间也更早）。只是买入并持有一个多样化投资组合，就会使你节省投资费用、经纪佣金和税款。

第 7 章

基本面分析究竟有多出色和有效市场理论

我怎能这么糊涂，竟信任那帮专家？

——约翰·F. 肯尼迪

在猪湾事件之后如是说

开始，他是个统计师，穿着浆洗过的白衬衣和磨得很薄的蓝色套装。他静静地戴上绿色遮光眼罩，在办公桌前坐下，小心翼翼地记下所跟踪公司的以往财务数据，唯恐漏掉任何细节。结果，由于长时间记录，手都写得抽筋了。但后来他开始了化茧成蝶般的转变。他从桌边起身，买来一件件领口带扣的蓝色衬衣和一套套灰色法兰绒西装，把眼罩丢弃一旁，开始实地考察起了公司。以前在他的印象里，那些公司不过就是一堆财务统计数据。他的头衔也跟着变成了证券分析师。

时光如水流逝，他的薪资和津贴吸引了女性同事的注意，她们也纷纷穿上了套装。原本普普通通的他们，现在几乎人人乘飞机坐的是头等舱，嘴里念叨的除了钱、钱，还是钱。这些新生代是紧跟潮流的时髦一族，套装已然过时，古驰鞋和阿玛尼休闲裤大行其道。他们才华横溢、知识渊博，简直令人难以置信，以致投资组合经理也依赖他们推荐股票，华尔街上的公司也越来越多地利用他们培育投资银行业务客户。他们是研究股票的明星。然而，有人窃窃私语，刻薄地说他们是投资银行界的强盗。

来自华尔街和学术界的观点

　　无论怎么称呼他们，带侮辱性的也好，别样的也罢，他们当中绝大多数都是基本面分析师。因此，对于质疑技术分析有效性的学术研究，多数专业人士并不觉得有什么意外。从本质上说，华尔街专业人士都是基本面分析师。然而，真正重要的问题是：基本面分析究竟是否有用。

　　关于基本面分析的有效性问题，有两种相互对立的观点。华尔街人士认为基本面分析变得越来越强大。面对专业投资组合经理和基本面分析师团队，个人投资者现在几乎没有任何战而胜之的机会。

　　学术界很多人对这种狂妄自大的夸夸其谈嗤之以鼻。有些学者甚至断言，即便被蒙住眼睛的猴子朝股票列表投掷飞镖选股，也能与专业投资组合经理不相上下。他们认为基金经理及其分析师在选股方面，并不能比业余的投资者做得更为出色。本章将讲述在学术界与市场专业人士之间持续进行的口诛笔伐大战中的这场重大战役，解释"有效市场理论"究竟为何物，同时阐明这一理论为何与你的钱袋息息相关。

证券分析师果真是天眼通吗

　　预测未来盈利是证券分析师得以存在的理由，是其安身立命的根本。《机构投资者》(*Institutional Investor*) 杂志曾有文章说:"盈利是玩股票时最核心的问题,而且将永远如此。"

为了预测盈利的未来走向,分析师通常会从观察盈利"曾漫游何处"入手。一位分析师告诉我,"已被证实的盈利增长纪录是判断未来盈利增长的一个非常可靠的指标"。如果公司管理层真的善于管理,就没有理由认为他们将来会失去点石成金的米达斯之手。如果这个精明强干的管理层团队继续执掌公司的舵轮,那么未来盈利增长的航路理应延续过去的航向。这就是分析师的论证过程。虽然这种论证听起来十分像技术分析师使用的论证,但基本面分析师却将这样的事实引以为傲:这种论证是建立在具体的、已被证实的公司业绩基础之上的。

这种思考问题的方式在学术界是"得不到及格分"的。在学术界看来,计算过去的盈利增长,对于预测未来的盈利增长根本就没有帮助。假设你知道所有公司在某个时期,比如 1980 ~ 1990 年的盈利增长率,这丝毫不会有助于你预测这些公司在 1990 ~ 2000 年将实现怎样的增长。同样,分析师即使知道 20 世纪 90 年代有哪些快速增长的公司,也无法帮助他们找到 21 世纪初快速增长的公司。这一惊人结论首次披露于英国学者研究本国公司的一篇文章中,文章题目很吸引人,叫作"乱七八糟的增长"。普林斯顿大学和哈佛大学几位博学多识的学者运用同样的方法研究了美国公司,令人吃惊的是,结论如出一辙。

IBM 的业绩增长一度辉煌耀眼,简直是个例外。但在 20 世纪 80 年代中期之后,IBM 未能延续可靠的增长模式。宝丽来、柯达、北电网络、施乐以及其他众多公司都曾实现过持续的高速增长,直到有一天"屋顶坍塌",神话终结。我希望你记住的,不是当前有哪些例外的公司,而是一个普遍情况:华尔街有很多人拒绝接受一个事实,即不可能从过去的记录中得出可靠的模式，以帮助分析师预测公司的未来增长。即使在 20 世纪 90 年代经济繁荣发展期间，也只有 1/8 的大公司每年成功实现了持续增长。而在进入新千年的头几年里，甚至没有一家大公司继续享有增长。分析师不可能预测到连续的长期增长，因为这本来就不存在。

然而，优秀的证券分析师会说，对于预测盈利，还有比只是考察过去的业绩记录多得多的衡量因素。有些证券分析师甚至承认，过去的业绩记录不是一个完美的衡量因素，但技能娴熟的投资组合分析师能做得好得多。很遗憾，证券分析师（基于行业研究、工厂参观等）认真估测的数据，并不比通过简单外推以往盈利趋势得到的估计准确多少，而我们已看到以往盈利趋势根本无助于预测未来。其实，与实际盈利增长率数据比较起来，证券分析师所做的估测数据，还不如几种幼稚的预测模型来得准确。这些发现已得到多个学术界研究的证实。如果财务预测看上去像科学，那么占星术看起来就令人肃然起敬了。

从所有这些"指控"中，我们要传达一个极为严肃的观点：证券分析师极难履行预测公司盈利前景这一基本职责。投资者在做投资选择时，若盲目信赖证券分析师的预测，必将大失所望。

水晶球为何浑浊不清

如果你得知训练有素、薪酬丰厚的专业人士可能并不特别擅长从事自己的职业，那你总会有点儿不安。遗憾的是，这并不罕见。在多数专业群体中，都能发现存在着类似的情况。比如，医疗卫生界就有一个经典例子。曾有一段时间，扁桃体切除术非常流行。其间，美国儿童健康协会对来自纽约市公立学校、年龄为 11 岁的 1000 名儿童进行了一项调查，发现其中 611 人已切除了扁桃体。随后，一组医生对余下的 389 名儿童进行检查，挑出 174 人建议做扁桃体切除术，并宣布其余的孩子扁桃体没有问题。接下来，另一群医生对剩下的 215 名学生重新检查，医生建议其中的 99 人做扁桃体切除术。当 116 名"健康"儿童第三次接受检查时，又有相似比例的孩子被告知扁桃体需要切除。经过三轮检查，只剩下 65 名儿童未被建议切除扁桃体。余下的这些儿童没有接受进一步检查，因为已经没有医生来做检查了。

众多研究都显示了与此类似的结果。放射科医师在读取 X 光片时，有 30% 的肺病症状未被识别出来，尽管 X 光片上已清晰地显示了肺病症状。另一项实验证明，精神病院的专业人员分辨不清心智健全者与精神失常的病人。我这里要说的关键点是，无论一个人有多么专业，我们都不应想当然地认为他的判断可靠而准确。当你想到如此之多不同专业的人做出的判断可信度如此之低时，鉴于证券分析师的预测工作特别困难，你就不会对分析师的预测不准确感到太意外了。

我认为有五个因素可帮助解释证券分析师为何在预测未来时困难非常之大。这五个因素是：① 随机事件的影响；② 公司利用"寻机性"会计处理方法编制出靠不住的财报盈利；③ 分析师自身出了错；④ 最佳分析师流向销售部门或转而管理投资组合、对冲基金；⑤ 研究部门与投资银行部门之间存在的利益冲突。每个因素都值得做一番讨论。

随机事件的影响

很多影响公司盈利基本前景的重要变化，从本质上来说都是随机的，换言之，都是不可预知的。公用事业是最稳定、最可靠的行业之一。但实际上，即便就这个行业来说，也有很多重要的不可预知事件使得盈利极难预测。各州公用事业委员会经常做出意外的不利裁定，使公用事业公司无法将迅速增长的市场需求转化为更高利润。

就其他行业而言，预测上的困难更是有过之而无不及。我们在第4章中已经看到，2000年年初，对各种各样高科技和电信公司所进行的增长预测都错得离谱。美国政府的财政预算、国家订单、立法、监管等各项决策，都可能对单个公司的命运产生巨大影响。以下一些因素同样也可能带来巨大影响：管理层核心成员因故不能正常履行职责、某个重要的新产品问世、处方药被发现存在缺陷、油井发生重大喷溢事故、恐怖袭击、新竞争对手进入、价格战、洪水和飓风之类的自然灾害等。生物技术行业难以预测，已是众所周知的事实。可能具有爆炸性影响的新药，由于未能改善死亡率，或者出现了意外的毒副作用，常常通过不了Ⅲ期临床试验。2013年，克莱瑞恩公司（Celsion Corporation）宣布，其研制的一种有望治疗肝癌的药物未能达到临床试验的主要终点指标。该公司股票应声暴跌，很快便跌去90%的市值。影响公司盈利的不可预知事件可谓无穷无尽。

公司利用"寻机性"会计处理方法编制出靠不住的财报盈利

一家公司的利润表可以比作一件比基尼泳装：它所显露的部分固然引人关注，而遮掩的地方却至关重要。安然是我所知道的在腐败舞弊方面最富有创造性的公司之一，在这方面，它可谓走在了美艳泳装的前列。可悲可叹，安然远非独此一家！在20世纪90年代后期的大牛市期间，出于股价推升的需要，许多公司日益大胆地编造谎言，报告销售和盈利不断高涨。

在红极一时的音乐剧《金牌制作人》（*The Producers*）中，里奥·布鲁姆（Leo Bloom）认定自己能够从一部演砸的音乐剧中赚到比演出大获成功还要多的钱。他说："这与寻机性会计完全一样。"布鲁姆的客户马克斯·比亚里斯托克（Max Bialystock）听了这话，立刻从中看出了投机取巧的可能。他从富孀们那里骗取大量钞票，为一出百老汇音乐剧《希特勒的春天》筹集资金。他盼望着演出一塌糊涂，这样一来，便没人会追究这些钱的去向。

实际上，布鲁姆的伎俩根本无法与某些公司使用的招数相匹敌，那些公司耍弄各种花招夸大盈利，蒙骗投资者和证券分析师。在第3章里，我描述了20世纪80年代后期巴里·明克的故事，他通过精心编造虚假信用卡收费和虚拟合同，打造出一个地毯清洗帝国——ZZZZ Best公司。但在20世纪90年代和21世纪初，会计舞弊看上去更加频繁。濒临倒闭的网络公司、高科技领先企业，甚至"旧经济"蓝筹公司，全都大肆宣传盈利，误导投资界。

下面仅列举几个例子，简要地说明一下公司如何歪曲使用会计准则，误导分析师和大众对其真实经营状况的了解。

- 2001年9月，安然与电信运营商Quest公司需要对外显示它们的营业收入和利润仍在迅速增长。两家公司琢磨出一个极好的办法，让自己的财务报表显示出好像业务正在顺利发展。具体做法就是，以虚夸的5亿美元价格交换光纤网络的承载能力，两家公司各自都将这笔交易记为一次销售。由此，双方的利润都膨胀了，持续恶化的局面得到了掩饰。实际上，Quest公司的承载能力本已过剩，而且市场上充斥着过量光纤，这笔交易的定价也完全没有合理性。
- 摩托罗拉、朗讯科技和北电网络都曾向客户提供大量商业信用以提升销售收入和盈利。其中很多应收账款变成呆账、坏账，后来只好核销。
- 施乐曾在短期内虚增利润，办法是对设在欧洲、拉丁美洲和加拿大的国外分公司给予许可，将复印机租赁业务未来数年里陆续到账的所有现金账款记为一次性收入。

● 钻石食品公司（Diamond Foods，是 Pop·Secret 牌微波炉用爆米花之类快餐食品生产商）将支付给供应商的款项计入未来年份，以此低报成本。这让公司得以战胜证券分析师的预测，并把股价推至每股 90 美元。同时，这也使公司高层得以将大笔奖金装入自己的腰包。证券交易委员会发现这一欺诈行为之后，便向该公司首席执行官和首席财务官提起诉讼，勒令该公司重新编报 2012 年的盈利。

● 再说说利用养老金增加盈利的花招。很多公司估计自己的养老金计划融资过度，便终止为这个计划提供资金，利润就此得以抬高。2007 年股市急剧下跌时，这类公司发现养老金计划融资不足，如此一来，投资者一厢情愿地认为可持续增长的利润便成了昙花一现的东西。

证券分析师在解释当前盈利和预测未来盈利时，会遇到一个较大的问题：公司往往对外报告所谓的"备考盈利"（pro forma earnings），而不报告根据一般会计准则计算的实际盈利。在计算"备考盈利"时，公司可以对某些非经常性费用置之不理，实际上，计算时根本就没什么规则或准则可言。"备考盈利"常被称为"所有不良费用均未计入的盈利"，使公司可以不受拘束地排除其所认为的任何"特殊""异常""非经常性"费用。凭借一般认为不合规则的忽略费用的做法，公司在报告时可以大幅虚增盈利。所以，证券分析师特别难以预测未来盈利也就不足为怪了。

分析师自身出了错

恕我直言，很多证券分析师观察不太敏锐，判断不太审慎公正，常常犯下极其严重的错误。我刚踏入职场在华尔街接受培训的时候，就察觉到了这一点。在努力学习专业人士分析技巧的过程中，我试图模仿一个叫路易的金属行业分析师，把他做过的一些分析工作重做一遍。他算出铜价每上涨 10 美分，某家制铜公司的每股盈利将增长 1 美元。他预计铜价将上涨 1 美元，于是就推论说该公司的股票"特别有吸引力，值得买入"。

我重新计算时，发现路易搞错了小数点的位置。铜价上涨 10 美分，将使这家公司的盈利增长 10 美分，而不是增长 1 美元。我向路易指出这一点（觉得他肯定会立即把错误纠正过来），但他只是耸了耸肩，一本正经地说："如果不改报告，我的推荐听上去会更有说服力。"注意细节并不是路易的专长。

路易对细节缺乏关注，说明他对自己跟踪的行业也缺乏了解。但是，在分析师队伍里，他并非绝无仅有。整形外科医生劳埃德·克里格（Lloyd Krieger）博士在给《巴伦周刊》杂志写的一篇文章中，考察了生物科技行业分析师撰写的一些研究报告。克里格尤其注意分析师对某些生物科技公司所做的研究，那些公司制造用于治疗慢性创伤和烧伤的人造皮肤——这是克里格颇为擅长的一个专业领域。他发现证券分析师对股票所做的"诊断"与真实情况相去甚远。首先，他对分析师就相互竞争公司的市场份额所做的预测数据进行加总，发现在人造皮肤领域相互竞争的 5 家生物科技公司，其预测份额加起来大大超过 100%。其次，分析师对潜在市场绝对规模的预测与实际烧伤患者的人数没什么关系，尽管这方面的准确数据很容易得到。最后，在仔细阅读分析师对这些公司所做的不同研究报告之后，克里格得出结论认为，"显然，他们并不了解这个行业"。这让人想起传奇棒球教练凯西·施滕格尔（Casey Stengel）说过的一句话："难道这里就没人会玩这种游戏吗？"

众多分析师都仿效路易。一般情况下，由于懒得亲自做预测，他们宁愿抄袭其他分析师的预测结果，或者不加咀嚼便囫囵接受公司管理层发布的"指导性意见"。这样，如果预测出了错，很容易知道谁该受责备。而当专业同僚都赞同你的观点时，就更容易出错了。凯恩斯说过："世故人情告诉我们，因行事方式传统而致名誉受损，较之以非传统方式获得成功更加可取。"

证券分析师不停地犯下令人震惊的预测错误。2012 年年初，拥有菲尼克斯大学的阿波罗集团（Apollo Group）备受华尔街宠爱。分析师大加赞赏这家从事营利性大学教育行业的领导型公司，说它拥有巨大的盈利潜力，并预测投资者将获得丰厚的投资回报。学生贷款违约率高企，学生毕业率低下，招聘中欺压人的惯常做法见诸报道，却被分析师置若罔闻。但是，这些问题被一份广为散布的国会报告所证实。不利的报道以及随之而来的政府新监管措施导致入学人数急剧下滑，阿波罗集团股价下跌更甚，跌幅达 80%。

2017 年，在工业股热火朝天的上涨期间，分析师未能正确评估通用电气公司，这很好地说明了分析师的预测会出差错。通用电气是一家偶像级公司，其股票跻身道指最初的成分股之列，而且在 20 世纪后期的多年里被视为美国最具增长性的股票之一。

2016 年年末，多数华尔街分析师将通用电气股票评为"强烈推荐买入级"。此时，该公司已剥离大部分金融业务。"源于金融危机的那些问题，给高杠杆金融部门造成了巨大破坏，现在那些问题都已抛在身后了，"一名分析指出，"未来增长已有保证。"盈利将不再因业务多样化造成经营成果不良而变得一塌糊涂。这家公司现在"更加简单，更加灵活"，现金流也很充沛。分析师赞许通用电气此时将 90% 的业务集中于高科技工业产品这一新的焦点。

2017 年年初的经济环境促成了工业股牛市。随着经济扩张速度的加快，通用电气步入正轨，有望成为"世界上最大的数字型工业公司"。其股价由历史最高点 50 多美元下滑，此时正滞留于 30 多美元的低位。锦上添花的是，股利收益率高于 3%，非常有吸引力。"对于保守型投资者，这只股票代表着卓越的投资价值。"

结果，后来的情形并未如分析师所预料的那样。这家公司变成了"门门皆通，样样稀松"的万金油企业，没有任何真正拿得出手的能声称卓越的业务。盈利不升，反而继续下滑。首席执行官换人，"没有问题的"股利被拦腰削减。雪上加霜的是，公司被迫重新编制财务报表，进一步减少了以前会计期间的盈利。2018 年 6 月，通用电气被踢出道指，股票交易价为每股 13 美元。关于分析师的预测，就此为止吧。

我无意说"多数华尔街分析师不称职，只是鹦鹉学舌，管理层说什么他们就复述什么"。但我确实想说，一般分析师就是这样：他们薪酬优厚，通常悟性颇高，从事的工作极其困难，但干活的方式都相当平庸。他们经常会帮倒忙，有时马虎粗糙，有时同其他人一样，面对同样的压力也难免受到影响。简而言之，他们也是人。

最佳分析师流向销售部门或转而管理投资组合、对冲基金

对于证券分析师这个职业，我的另一个反对理由本身也是个悖论：很多最优秀的分析师之所以得到报酬，并不是因为他们在从事证券分析工作。他们经常扮演干劲十足的机构客户销售员的角色，或者获得提拔升到赚大钱的投资组合经理职位。

有些投资银行以拥有强大的研究能力而知名，常会派出分析师陪同一般销售人员拜访机构客户。机构投资者喜欢从分析师这儿直接听到新的投资观点，所以一般销售人员通常会袖手旁观，让分析师侃侃而谈。这样一来，多数口齿伶俐的分析师不知不觉间便发现自己的时

间全都用在与机构客户在一起了，对财务报告却无暇顾及。

21 世纪初，很多分析师在诱惑之下放弃研究工作，转而在投资组合管理方面或在对冲基金那里承担起报酬丰厚的职位。在对冲基金或投资组合领域"直接管钱"，比只作为证券分析师提出投资建议要刺激得多，名声响得多，报酬也高得多。无怪乎众多最受尊敬的证券分析师在此位置上不会坐得太久。

研究部门与投资银行部门之间存在的利益冲突

分析师的目标是要让尽可能多的收银机发出工作的声响，而对于大型券商来说，必定能在投资银行业务部门找到最多的收银机。以前的情况却并不总是这样。在 20 世纪 70 年代，固定佣金制度尚未终止，"折扣"经纪券商还未诞生，零售经纪业务是主要利润来源，这时候分析师能感到自己确实在为个人和机构投资者这些客户服务。但随着佣金竞争越来越激烈，经纪业务这个利润中心的重要性便渐渐下降，剩下的金矿便只是为即将 IPO 的企业或已上市企业承销新股（承销费可能达到数亿美元），以及为企业提供关于借贷融资、重组、收购等方面的财务顾问服务。星移斗转，分析师"让收银机发出声响"的目标，逐渐变成了帮助其雇主券商获得和培育投资银行业务客户。也正是因为如此，便有了利益冲突。分析师的薪资和奖金，会部分取决于协助承销部门时所起的作用。有评论家断言，当这样的业务关系存在时，分析师便只能变成投资银行业务部门的利用工具。

传统上证券分析师很少建议投资者卖出股票，这一点就表明他们与投资银行业务部门之间有着密切关系。建议买入与卖出的比例始终偏向买入，因为分析师不希望得罪给出建议时涉及的公司。但是，随着投资银行业务收入成为大型券商较为重要的利润来源，便出现了一种日益明显的现象：分析师得到报酬，不是因为预测有多么准确，而是因为唱多头，保持看多的姿态。在一起很知名的事件中，有位分析师斗胆建议投资者卖掉特朗普泰姬·玛哈尔赌场债券（Trump's Taj Mahal bonds），因为这只债券不太可能支付利息。特朗普本人便威胁要以法律手段报复分析师所在的公司，公司二话没说立即开除分析师（后来，债券果真违约了）。因此，不必大惊小怪，多数分析师会从自己的文章中把可能冒犯目前或潜在的投资银行业务客户的负面评论剔除干净。在互联网泡沫期间，推荐买入与卖出股票的比例上升到100：1。

要知道，当一位分析师说"买入"时，他的意思可能是"持有"；他说"持有"时，可能在委婉地表示"扔掉这破玩意儿，越快越好"。投资者应该不必学一门解构语义学课程，才能理解这些推荐语言，可是，在互联网泡沫期间，多数个人投资者却接受了分析师说的字面意思，实在让人感到悲哀。

已有令人信服的证据表明，分析师做的推荐受到了券商盈利丰厚的投资银行业务的污染。数项研究对分析师选股的准确性进行了评估。加利福尼亚大学的布拉德·巴伯（Brad Barber）研究了华尔街分析师"强烈推荐买入"的股票在股市中的表现，他发现这些股票给投资者带来的损失完全称得上是"灾难性"的。的确，分析师强烈推荐买入的股票没有跑赢大盘，每月回报率比大盘少3%，而他们建议卖出的股票，其回报率却每月比大盘高出3.8%。更糟糕的是，达特茅斯大学和康奈尔大学研究人员发现，不从事投资银行业务的华尔街公司所推荐的股票，其表现要好于从事盈利丰厚的投资银行业务的券商所推荐的股票。投资者网站（Investors.com）做的一项研究发现，投资者若采纳华尔街券商分析师的建议，买入这些券商主承销或共同主承销的IPO股票，会损失50%以上的资金。券商向分析师支付报酬，基本上都是为了让他们吹捧其所承销的客户公司的股票。分析师自然会伸长舌头去舔给他们喂食的手。

　　现在，情况已有所改观。尽管分析师还是偏向于给出"买入"建议，但直言不讳地建议"卖出"比以前更常见了。不过，在与互联网泡沫有关的丑闻出现之后，《萨班斯－奥克斯利法案》[○]（Sarbanes-Oxley legislation）的出台使分析师的工作更加难做，因为对于公司财务管理人员与华尔街分析师说话时应说到什么程度，该法案做出了限制。证券交易委员会也颁布了一项名为"公平披露"的新政策，根据这一政策，与公司相关的信息必须立即公布，以此向整个市场做出披露。虽然这一政策能促使股票市场更加有效，但很多分析师非常恼火，失望不已，将现在的局面戏称为"根本不存在什么披露"。证券分析师可能再也无法捷足先登获得"特权"信息了。因此，我们便没有理由相信，证券分析师将来所做的推荐会有什么改善。

　　在《萨班斯－奥克斯利法案》实施之后，利益冲突和分析师缺乏自我质疑的情况并未消失。2010 年，英国石油公司深水地平线（Deepwater Horizon）钻井平台爆炸和漏油事故公布之后，英国石油公司的股价立即下跌，从每股 60 美元跌至 50 美元。然而，华尔街分析师几乎无一例外地认为，英国石油公司的股票价格反应过度，该公司股票极其值得拥有（a screaming buy）。其中一位分析师说，股票下跌与公司可能付出的代价（估计为 4.5 亿美元）很不相称，甚至认为损失还可以索赔。总共有 34 位分析师的研究覆盖英国石油公司股票，其中 27 位将其评为"买入级"，另外 7 位则是"持有级"，没有任何一位分析师推荐卖出。连过度活跃的电视财经主持人吉姆·克莱默（Jim Cramer）也告诉观众，他参与的慈善信托正在买入英国石油公司

　　○　在安然、世通等公司重大丑闻出现后，《萨班斯－奥克斯利法案》颁布实施。该法案旨在严厉监管上市公司财务，从而重塑投资者信心，对美国资本市场有深远影响。——译者注

的股票。这只股票最终跌至每股 20 多美元，市值损失接近 1000 亿美元（英国石油公司估计，到 2018 年 1 月，漏油事故的代价已飙升至 650 亿美元，并且还在继续增加）。

分析师的错误无处不在，表明利益冲突并未消除。英国石油公司是一个非常重要的证券发行人，可为华尔街带来巨额承销费。分析师之所以仍然受到影响，是因为他们生怕对一家公司做出很负面的评价，可能导致其所在公司失去未来的承销业务。

最后一点，专业基金经理根据其对经济形势所做的预测，做出正确决策而将基金由现金或债券转为股票的能力，一直以来都低下得令人瞠目。共同基金持有现金头寸最高的时候，一般而言与市场处在最低谷的时期非常吻合。反之，当市场处于高位之时，共同基金的现金头寸总是非常少。

证券分析师选出好股票了吗：考察共同基金的投资业绩

我写下这个标题时，仿佛听到有人在齐唱一首歌的副歌。齐刷刷的声音这样唱道：真要检验分析师的能耐，就看他推荐的股票有什么表现。那位铜业分析师，"干活毛糙的路易"，或许的确弄错了小数点的位置，搞砸了自己的盈利预测，但要是他推荐的股票让客户赚到了真金白银，那就大可以原谅他对细节的粗心大意。"要分析投资业绩，"齐刷刷的声音唱道，"不要分析盈利预测！"

幸运的是，有一群专业人士即共同基金经理的业绩记录可以公开获得。对我的观点更为有利的是，共同基金里的男男女女在投资管理这方面都是最优秀的分析师和投资组合经理。近期有位投资经理说："如今，激进型投资经理的优势让人吃惊，其他投资经理的总体能力要提高到超越激进型投资经理的优势，得花好多年工夫。"

这样的夸夸其谈，对性情高傲的学术界人士来说，实在是太有诱惑力了。学者们有大量数据可以利用，有时间进行相关研究，又一心想证明学术界在这些问题上有优越性，自然会将共同基金的业绩作为猎杀对象。

数项研究所获得的证据再次显示出惊人的一致性。投资者靠投资共同基金所获得的投资回报，并不比买入持有无人管理的大型股票指数所获得的回报更好。换言之，从长期来看，共同基金的投资组合并未胜过随机选取的股票组合。尽管在某些短暂时期内，共同基金可能拥有非常好的投资业绩，但总体来说，这种优异表现并没有一以贯之的连续性，而且也无法提前预测共同基金在未来某个时期会有怎样的表现。

表 7-1 显示了一般股票型共同基金在截至 2017 年 12 月 31 日的 25 年间年均投资回报率。为了进行比较，我们用标准普尔 500 指数来代表市场。研究还发现，在不同时段里，养老基金以及其他投资者的业绩也大致相同。因此，简单地买入持有大型市场指数成分股，是专业投资组合经理也难以战胜的一个投资策略。

表 7-1　共同基金与市场指数的比较

截至 2017 年 12 月 31 日的 25 年间年均回报率（%）	
标准普尔 500 指数	9.69
一般股票型共同基金	8.55
指数优势	1.14

资料来源：Lipper and Vanguard.

除了已经积累的科学证据，还有几个不太正规的检验也证实了上述研究发现。比如，20 世纪 90 年代初，《华尔街日报》启动了一项掷飞镖比赛，在比赛中，每月由 4 位专家选出股票与 4 只飞镖"选出"

的股票进行业绩较量。主办方友好地邀请我为第一场比赛投掷飞镖。到 21 世纪初，专家的表现看上去比飞镖稍有领先，但是，如果专家的业绩从选定股票及有关宣传见诸《华尔街日报》这一天（而不是之前一天）开始计算，那么，飞镖的业绩实际上还略胜一筹。这是否意味着手腕比大脑更强？未必，但我想，当《福布斯》杂志一位记者得出结论认为"看起来运气加懒惰就能打败大脑"时，该杂志的确给我们提出了一个很值得认真对待的问题。

怎么会这样？每年你都可以看到共同基金业绩排名，这些排名总会显示很多基金战胜平均指数[⊖]（beat the averages），有些基金甚至显著地超越了指数。但问题是，业绩并没有什么连续性。正如公司的以往盈利增长不能预测未来盈利，基金的过去表现也不能预测其未来投资成果。基金经理人也会受随机事件的影响：他们可能会发福，可能会变懒，也可能分道扬镳。一段时间里行之有效的投资策略，在接下来的时段很容易就变得令人失望。人们忍不住会做出结论，认为决定基金业绩排名的一个重要因素是我们的老朋友——幸运女神。

这一结论并非最近才做出。45 年来这一结论始终没有被动摇，虽然在这一时期市场发生了巨大变化，一般公众的持股比例也今非昔比。事实一次又一次证明，昨日的明星基金今日却变成了投资者的灾星。20 世纪 60 年代后期，拥有年轻的"熟练枪手"的冒险投资基金交出了优异的成绩单，基金经理像体育明星一样在报纸杂志上被大书特书。然而，当下一轮熊市席卷而来，从 1969 年一直延续到 1976 年时，真乃此一时彼一时。1968 年的顶级基金随后都遭遇了灾难性败绩。

相似的结果在随后数十年里继续存在。优异的投资业绩一直没有

⊖　战胜平均指数，即所谓打败市场（beat the market）。在风险调整的基础上能否战胜平均指数，是衡量专业投资组合经理管理组合能力的标尺。——译者注

连续性。20 世纪 70 年代排名前 20 的最佳共同基金在 80 年代的表现大大逊于行业平均水平，很多 70 年代的顶级基金，在下一个 10 年的业绩排名几乎垫了底；同样，80 年代的最佳基金，在 90 年代的业绩惨不忍睹；90 年代曾在投资组合中塞满热门网络股的顶级基金，在网络股泡沫爆裂之后的 21 世纪头 10 年，都创下了灾难性业绩记录。

投资者认识到，一年里获得 100% 的回报，接下来一年又丧失 50%，结果还是从终点回到了起点。诚然，有些基金的业绩在 20 年间连续高于平均水平。但这些基金实属罕见，为数绝不高于根据概率法则可能期望的数量。

或许该举个例子说明一下概率法则。我们来参加一场抛掷硬币的比赛吧。比赛规则规定，能连续抛出正面朝上的参赛者将宣布为胜出者。现在比赛开始，有 1000 人参与抛掷硬币。正如所料，其中 500 人碰巧抛出后正面朝上，这些胜出者可以进入第二轮比赛，再次抛起硬币。不出所料，有 250 人抛出后正面朝上。由于概率法则从中发挥作用，第三轮将有 125 人胜出，第四轮有 63 人胜出，第五轮有 31 人胜出，第六轮有 16 人胜出，第七轮有 8 人胜出。

比赛进行到此时，人们开始聚拢过来，想亲眼看看这些掷币专家的惊人技艺。8 位胜出者受到人们的恭维和称赞，个个神魂颠倒，难抑内心的激动之情。他们被誉为掷币艺术的天才，有人为他们撰写传记，人们急切地向他们寻求建议。毕竟，1000 个人参与角逐，只有他们 8 个人能屡战屡胜。比赛继续进行下去，最终有参赛者连续 9 次、10 次抛出后正面朝上。○ 我举这个例子做类比，并非想说明投资基金的经理可以或应该通过抛掷硬币来做决策，而是想说明概

○　如果我们让落败者继续玩（正如让共同基金经理即便惨淡经营了一年仍继续管理基金一样），我们也会发现其中将有几个人能在 10 次抛掷中连续八九次抛出后正面朝上，因此这些人也会被视为掷币专家。

率法则的的确确会起作用，而且概率法则也能解释一些令人惊叹的成功故事。

平均数的性质决定了必然会有一些投资者能够超越它。在参与人数众多的金钱游戏中，概率会说明而且确实说明了为什么会有一些卓尔不群的业绩出现。媒体对偶然的成功所进行的火热宣传，会让我想起一个医生的故事。这位医生声称开发出了一种给鸡治疗癌症的药方。他洋洋得意地宣布，在所有已试验的病例中，观察到了 1/3 的病例有显著好转。他承认在另外 1/3 的病例中，似乎病情没有发生任何变化。然后，他相当窘迫地补充说："恐怕剩下的 1/3 都跑掉了。"

2009 年，《华尔街日报》做了一个有趣的报道，说明杰出的投资表现可能会消逝得多么迅速。这篇文章指出，截至 2007 年年底，有 14 只基金连续 9 年战胜了标准普尔指数。但如图 7-1 所示，其中仅有一只基金在 2008 年延续了同样表现。指望哪只基金或哪个基金经理能持之以恒地战胜市场，简直毫无可能，哪怕过去的业绩记录显示其拥有非凡的投资技能。

随着时间的推移，有利于指数投资的证据变得越来越有力。标准普尔公司每年发布报告，将主动管理型基金的业绩与多种标准普尔指数的收益率进行比较。2018 年报告如表 7-2 所示。当我们观察 5 年期的表现时，会发现超过 3/4 的主动管理型基金输给了其基准指数。每年的报告都大同小异，每次我给本书做修订时，结果都是相似的。指数的表现并不平庸，其收益率超过了典型的主动管理型基金。无论股票市值大小，也无论国内或国际股票，这一结果都不变。而且，如果我们考察 15 年期的表现，亦会得出同样结果。此外，不但股票市场如此，债券市场也是这样。指数投资可谓聪明投资。

图 7-1　硕果仅存一颗

资料来源：*The Wall Street Journal*, January 5, 2009.

表 7-2　多个标准普尔指数与主动管理型基金的表现对照

主动管理型基金败于其基准指数的百分比（%）			
	1 年期	5 年期	15 年期
所有大市值股票基金与标准普尔 500 指数相比	63.08	84.23	92.33
所有小市值股票基金与标准普尔小市值 600 指数相比	47.70	91.17	95.73
全球基金与标准普尔全球 1 200 指数相比	50.21	77.71	82.47
新兴市场基金与标准普尔 IFCI 综合指数相比	64.89	77.78	94.83

资料来源：S&P SPIVA Report–March 2018.

　　我在此并非暗示不可能战胜市场。但是，战胜市场的可能性是不大的。要证明这一结果，有个有趣的办法，就是考察 1970 年（这是我最初开始写作本书的那一年）所有股票型共同基金的业绩记录，然后一直追踪至 2017 年。这一检验结果显示在图 7-2 上。

　　1970 年，共有 358 只股票型共同基金（截至 2020 年有数千只）。我们可以只衡量最初这些基金中 78 只基金的长期业绩记录，因为其他 280 只现在都不复存在了。如此一来，图 7-2 中展示的数据不免会受"幸存者偏差"的不利影响。幸存下来的基金，都是拥有业绩表现最佳的基金。共同基金业有个很恶劣的秘密：如果你有一只表现糟糕的基金，那么这只基金便会让人对整个共同基金公司产生不太好的评价，所以，业绩糟糕的基金往往被并入业绩更好的基金之中，以此抹掉其尴尬的业绩记录。幸存下来的基金都是表现较好的基金。但是，即便数据中存在幸存者偏差，我们观察一下，会看到最初那些基金也很少拥有优越的业绩记录。在最初的 358 只基金中，实际战胜市场指数达 2 个百分点以上者，你用一只手就能数过来。只有 11 只基金（3%）的收益超过 1%。

1970～2017年共同基金业绩与标准普尔500指数收益率比较
股票型基金数量（只）

图 7-2   成功的可能性：幸存基金的收益率

资料来源：Vanguard and Lipper.

这里要说的关键点是，你不太可能战胜市场。战胜市场的情况如此罕见，看起来仿佛是在一个大干草堆中寻找一根针。更为可能的选择是买下整个大干草堆，也就是说，买下一只指数基金，这只基金只是简单地买入并持有某个股市大型指数的所有成分股。幸运的是，越来越多的投资者正在如此投资。2018 年，超过 45% 的个人和机构将资金投在了指数基金上。这一比例每年还在上升。

虽然前面的讨论主要集中在共同基金方面，但我们不应认为在所有众多投资管理机构中，共同基金是表现最蹩脚的一类。实际上，相较于其他专业投资者，共同基金在业绩记录上还略胜一筹。已有人研究过以下所有专业投资机构的业绩：人寿保险公司、财产和意外伤害保险公司、养老基金、慈善基金、州和地方信托基金、银行管理的个人信托基金，以及管理个人可支配账户的投资顾问公司。研究表明，在这些专业投资者相互之间，以及它们各自作为一个类别与所有专业投资机构作为一个整体之间，在股票投资组合业绩上并不存在显著差异。这些专业投资者中虽有一些特别出众的，但为数极少。专业人士管理的投资组合作为一个群体，其表现一直逊色于涵盖范围广泛的大型指数。

有效市场假说的半强式有效和强式有效形式

学术界已做出自己的判断：在帮助投资者获取高于市场平均水平的回报方面，基本面分析较技术分析毫无优越性可言。尽管如此，因为存在喜好于琐碎问题上争论的倾向，学术界很快又为基本面信息的精确定义争吵起来。有人说基本面信息就是指现在已知的信息，又有人说还应包括可知的信息。正是在这一点上产生了分歧，有效市场理论原有的强式有效形式便有了分野。"半强式有效"形式认为，任何公开信息都不能帮助分析师挑选出价值被低估的股票。之所以如此，是因为市场的价格结构已考虑到了资产负债表、利润表、股利等因素中可能包含的任何公开信息，专业人士要对这些数据进行分析只会徒劳无益。"强式有效"形式则断言，关于一家公司任何已知的甚至可知的信息，都不会对基本面分析师有所助益。所有已公开的消息，以及所有可能获知的信息都已在公司的股价中反映出来。根据有效市场假说的"强式有效"形式，即便是"内幕"信息，也帮不了投资者的忙。

"强式有效"形式显然夸大其词了，因为它不承认有可能从内幕信息中获得好处。当别的交易者还没意识到英国已获胜时，内森·罗斯柴尔德（Nathan Rothschild）的信鸽就为他带来了威灵顿在滑铁卢获胜的最早的消息，凭借这一消息，他在股市中赚了无数的钱。不过在今天，信息高速公路传递消息的速度远远快于信鸽。而且，公平披露原则（Regulation FD）也要求公司迅速公开发布可能影响公司股价的任何重大消息。再者，如果内幕信息的知情人确实根据非公开信息进行交易而获利，那么这种行为便触犯了法律。诺贝尔奖得主保罗·萨缪尔森（Paul Samuelson）对有效市场的情形做过如下总结。

> 如果聪明的投资者总是"货比三家"，寻找很划算的股票价格，卖出他们认为将会证明价值高估的股票，买入他们期望目前价值被低估的股票，那么，他们这样行动的结果将必然是：当前的股票价格已将股票未来的前景在自身进行了折现。因此，对那些消极被动的投资者来说，他们自己若不主动寻找价值低估或高估的股票，呈现在他们面前的股价情况将是：随便买入一只股票，较之买入另外一只股票，基本上都无所谓好坏。消极被动的投资者只需采取随机选股的策略，恐怕就能取得与使用任何其他选股方法一样的效果。

这是有效市场假说的一种表述。有效市场假说的"狭义（弱式）有效"形式认为，技术分析即考察股票的过去价格不能给投资者带来什么帮助。股价从一个时期到另一个时期的不断变动与随机漫步非常相似。有效市场假说的"广义（半强式和强式）有效"形式声称，基本面分析也无济于事。关于公司盈利和股利预期增长的所有已知信息，以及基本面分析师可能去研究的所有可能影响公司发展的有利和不利因素，都已经在公司的股价中得到了反映。所以，购买一只持有大型指数所有成分股的基金而产生的投资组合，可望获得与专业证券分析师管理的任何投资组合一样好的投资业绩。

有效市场假说并不像有些批评家公开声称的那样，认为股价总是正确的。事实上，股价始终是错误的。有效市场假说表明，没有任何人确切知道股价是过高还是过低。有效市场假说也不认为，股价变动漫无目的且反复无常，股价对基本面信息发生的变化不做反应。恰恰相反，股价以随机漫步的方式进行变动，其原因正是出于相反的观点。市场如此有效——价格在信息出现时变动如此迅速，以致谁也不能以足够快的速度进行买卖而从中获利。而且，实际信息的形成是随机的，也就是说，是不可预知的。通过研究过去的股价信息或研究基本面信息，都无法预测实际信息。

传奇人物本杰明·格雷厄姆被誉为基本面证券分析之父，即便是他，也颇不情愿地下结论认为，人们再也不能依靠基本面分析来获得出色的投资回报了。就在他 1976 年去世前不久，有人引用他接受《金融分析师杂志》（*Financial Analysts Journal*）采访时的原话说："我现在已不再提倡为找到更好的投资机会而去运用精细复杂的基本面分析技术了。以前，比如 40 年前，我和多德合著的《证券分析》首次出版的时候，进行细致的基本面分析还是一件很有意义的事情。但是时过境迁，情况已今非昔比……（现在）我怀疑，再投入大量时间和精力分析基本面信息，是否能够选出好股票，以使做出的努力是值得的……我现在支持'有效市场'这一派的看法。"另外，彼得·林奇从麦哲伦基金退休后就承认说，多数投资者若投资于指数基金而非主动管理型基金，那么财务境遇会更好。传奇人物沃伦·巴菲特也赞同这样的观点。

第三部分

新投资技术

A RANDOM
WALK DOWN
Wall Street

第8章

新款漫步鞋：现代投资组合理论

> ……那些实干家自以为不受任何学理的影响，却往往是某个已故经济学家的思想之奴隶；而那些权威狂人自以为得天启示，其狂想实则源自若干年前的某个三流学者。
>
> ——约翰·梅纳德·凯恩斯
>
> 《就业、利息和货币通论》

在本书前面章节中，我阐述了市场专业人士用来预测股票估值的理论，简言之就是坚实基础理论和空中楼阁理论。我们已看到，很多学术界人士由于抨击这些理论，以及坚持认为依靠这些理论不能获得超常回报而赢得了声誉。

随着研究生院像磨坊一样不断产出大量年轻有为的金融学者，展开抨击的学者为数众多，看起来显然需要采取新的抨击策略。于是乎，学术界开始忙着创立属于自己的股市估值理论。本书的第三部分内容，就是向你展示学术象牙塔里创造出来的"新投资技术"世界。其中一个理论，现代投资组合理论（MPT）是新投资技术世界的基本组成部分，在华尔街得到了广泛信奉。其他理论依然争论不断，继续为研究生提供论文素材，给他们的导师带来大量的讲座收入。

　　本章主要阐述现代投资组合理论，该理论中一些独到见解，将使你在可能获得更高投资收益的同时，能够降低投资风险。在第 9 章中，我将讨论一些学者的主张，他们认为投资者通过承担某种风险便能提高投资收益。然后在第 10 章和第 11 章，我会谈到一些学者和市场专业人士提出的观点，他们下结论认为是心理而非理性统治着市场，并且市场根本不存在随机漫步这回事。他们争论说市场并非有效，有一些投资策略可以用来提高投资收益。这包括一些已在华尔街流行的"聪明的 β"和风险平价策略。介绍完这些观点之后，我最后会证明，尽管有那么多批评家持有异议，在股市中，股票指数基金依然是获利最多而当之无愧的冠军，而且这类基金应构成所有投资组合的核心。

风险扮演的角色

　　有效市场假说解释了随机漫步存在的原因。该理论认为股市极善于根据新信息做出调整，因而谁也不能胜人一筹预测到股市的未来走向。由于专业投资者会采取各种行动，单只股票的价格便会快速反映所有可以获得的信息。因此，选对出色股票的可能性，或预计到市场总体方向的可能性，和选错或预计错误的可能性是均等的。你与猴子、你的股票经纪人甚至我一样，猜测的结果均无甚差别。

　　"嗯，我觉得有点不对头。"塞缪尔·巴特勒（Samuel Butler）很久前这样写道。市场上有人在赚钱，有些股票的确比其他股票表现好。有些人能够战胜市场，而且确实战胜了市场。这并非全靠运气。对于这一点，很多学者表示同意，但他们认为，打败市场的办法不是运用高人一等的洞察未来的能力，而是承担更大的风险。风险，而且只有风险，决定了收益高于或低于市场平均水平的幅度。

风险的定义：收益率的离散度

　　风险是一个非常难以描述、难以捉摸的概念。连投资者都很难就它的精确定义达成一致，更甭说经济学家了。《美国传统词典》（*American Heritage Dictionary*）将"风险"定义为"遭受伤害或损失的可能性"。如果我购买利率为 2% 的一年期国债，并持有到期，那么我基本上确信能获得 2% 的税前货币收益。在这种情况下，遭受损失的可能性很小，可视为不存在。如果我持有本地电力公司股票，预计会获得 5% 的股利收益，那么我遭受损失的可能性就比购买一年期国债要大。公司的股利可能会削减，更重要的是，一年后的股票市价可能较之当初的买入价要低得多，会使我遭受很大的净损失。由此可见，投资风险是指预期证券收益不能实现的可能性，尤其是指你所持的证券价格下跌的可能性。

　　对投资者而言，风险与未能实现预期证券收益的可能性相关，一旦学者接受了这个观点，对风险的测算自然而然就成了对未来收益可能的离散程度的测算。因此，一般而言，投资风险就被界定为收益的方差或标准差。虽然不免冗长乏味，我们还是要用例子来说明一下这些概念。倘若一只证券的收益率与其平均收益率（或预期收益率）相差不大，我们便说该证券的风险极小或该证券没有风险。如果一只证券可能在不同年间收益率波动很大（通常在某些年份出现重大损失），我们便说这只证券是有风险的。

举例说明：收益与风险的测算——预期收益率与方差

　　下面这个简单的例子将说明预期收益率和方差的概念，并说明如何对它们进行测算。假设一个投资者买入一只股票，预期在不同经济形势下会获得如表 8-1 所示的总收益率（既包括股利也包括股价变动带来的影响）。

表 8-1　不同经济形势下的预期收益率

经济形势	发生可能性	预期收益率（%）
"正常"的经济形势	1/3	10
无通货膨胀的高速增长	1/3	30
伴随通货膨胀的经济衰退（滞胀）	1/3	−10

如果平均而言过去 1/3 的年份里经济形势"正常"，另外 1/3 的年份里是无通货膨胀的高速增长，剩下 1/3 的年份里是滞胀，那么，把过去经济形势出现的相对频度当作未来可能发生的经济形势的最佳猜测值（概率），就可能是合理的。由此，我们可以说投资者预期收益率是 10%。投资者在 1/3 的时间里获得 30% 的收益率，在另外 1/3 的时间里获得 10% 的收益率，在剩下 1/3 的时间里遭受 10% 的损失；这就意味着平均说来，投资者将获得 10% 的年收益率。

$$预期收益率 = \frac{1}{3} \times (0.30) + \frac{1}{3} \times (0.10) + \frac{1}{3} \times (-0.10) = 0.10$$

不过，年收益率的波动会很大，波动范围高至获利 30%，低至损失 10%。"方差"是收益率离散程度的一个测算值，它的定义是每种可能收益率与平均收益率（或预期收益率）之差的平方的加权平均。这个例子中的预期收益率刚才已算过，是 10%。

$$
\begin{aligned}
方差 &= \frac{1}{3} \times (0.30 - 0.10)^2 + \frac{1}{3} \times (0.10 - 0.10)^2 + \frac{1}{3} \times (-0.10 - 0.10)^2 \\
&= \frac{1}{3} \times (0.20)^2 + \frac{1}{3} \times (0.00)^2 + \frac{1}{3} \times (-0.20)^2 = 0.026\,7
\end{aligned}
$$

方差的平方根称为标准差，本例中标准差是 0.163 4。

用方差和标准差对风险离散度进行测算，不能使所有人都感到满意。"风险性当然与方差没什么关系，"持批评态度的人说，"如果离散是源于意外之喜，也就是说，离散是由结果好于预期造成的，那么，任何脑瓜正常的投资者都不会说这是风险。"

当然，只有收益率出现下跌的可能性才构成风险，这一点是十分肯定的。不过，实际上，只要收益率的分布是对称的，换句话说，只要令人惊奇的收益率出现的可能性与令人失望的收益率和损失出现的可能性大致相同，那么，离散度或方差就足以用来测算风险。收益率离散度或方差越大，投资者遭遇失望结果的可能性也就越大。

尽管单只股票过去的收益率通常并不对称，但充分多样化的股票投资组合收益率却至少是大致对称的。图 8-1 显示了 80 多年来投资于标准普尔 500 指数成分股的投资组合月收益率分布情况。该图将收益率范围划分成多个相等区间（约为 1.25%），并标出频率以表示落入每个收益率区间的月份数。平均算来，该投资组合的月收益率接近1%，或者说年收益率大约为 11%。然而，在市场急剧下挫期间，投资组合收益率也随之骤降，单月损失多达 20%。

对于此类相当对称的收益率分布情况，有一个非常有用的经验法则：2/3 的月收益率往往落在平均收益率 ±1 个标准差范围内，95%的月收益率落在 ±2 个标准差范围内。回想一下，这个分布的平均收益率每月接近 1%。标准差（我们用来测算投资组合风险的量数）算出的结果大约是每月 4.5%。因此，该投资组合在 2/3 的月份里，收益率介于 –3.5% ～ 5.5%，在 95% 的月份里，收益率介于 –8% ～ 10%。很显然，标准差越大（收益率分布得越广），至少在某些时期，你在市场上亏损的可能性也就越大（投资风险越大）。这正说明了标准差何以如此频繁地用来测算收益率的变动性，也说明了标准差作为风险指标的合理原因。

图 8-1　投资于标准普尔 500 指数成分股的投资组合月收益率分布（1970 年
1 月～ 2018 年 3 月）

资料来源：Bloomberg.

风险纪实：一项针对长期跨度的研究

在金融领域，文献记述最多的一个观点是：平均而言，投资
者由于承担了更大的风险，获得了更多的投资回报。伊博森协会
（Ibbotson Associates）在这方面做了最为彻底的研究。该协会的研究
数据覆盖了 1926 ～ 2018 年这一漫长时段，研究结果显示在表 8-2 之
中。他们先选取几种不同的投资工具——股票、债券和短期国债，对
每一种投资工具每年增长或下降的百分比进行测算。然后，在图中的
水平线上竖起一个长方形或柱形，表示收益率落在 0 ～ 5% 的年份数，

再用另一个长方形或柱形表示收益率落在 5% ～ 10% 区间的年份数，正数和负数收益率都以此类推。结果便得到一系列显示收益率离散度的长方形或柱形，收益率标准差可以据此计算出来。

表 8-2 1926 ～ 2018 年基本投资工具年度总收益率统计汇总

基本投资工具	几何平均 （%）	算术平均 （%）	标准差 （%）	收益率分布
大型公司股票	10.2	12.1	19.8	
小型公司股票①	12.1	16.5	31.7	
长期公司债券	6.1	6.4	8.3	
长期政府债券	5.5	6.0	9.9	
中期政府债券	5.1	5.2	5.6	
美国短期国债	3.4	3.4	3.1	
通货膨胀率	2.9	3.0	4.0	

－90%　　　　0　　　　90%

① 1933 年小型公司股票总收益率为 142.9%。

资料来源：Ibbotson SBBI Yearbook.

　　我们扫一眼表 8-2 便能看出，在长期时段里，股票平均而言提供了相对丰厚的总收益率。包括股利和资本利得在内的股票收益率显著地超过长期债券和短期国债的收益率，也大大超过了以消费者价格年增长率衡量的通货膨胀率。由此可知，股票往往会提供正的"实际"收益率，也就是说，剔除通货膨胀影响之后的收益率为正数。然而，这些数据也表明股票收益率的变动性非常大，从标准差以及表 8-2 中相邻各栏显示的年收益率范围可以看出这一点。股票收益率的变动范围很大，有的年份获利多达 50% 以上（1933 年），有的年份则几乎产生同样比例的损失（1931 年）。显而易见，投资者之所以能从股票中获得超额收益，是因为付出了代价，承担了比投资其他投资工具大得多的风险。请注意，小型公司股票自 1926 年以来提供的收益率更高，但其收益率离散度（标准差）相对于各类股票整体也更大。由此，我们再次看到，更高的收益率一直与更高的风险密切相关。

　　在数个 5 年以上的期间内，股票带来了负收益率。1930 ～ 1932 年，股市风雨如晦，对股票投资者来说日子极为难熬。20 世纪 70 年代早期，股市带来的收益率也为负值。1987 年 10 月，大型股市平均指数暴跌 1/3，是自 20 世纪 30 年代至今股价在短期内变化最为剧烈的一次。股票投资者对 21 世纪头 10 年的股市表现可以糟糕到何种程度记忆犹新。尽管如此，经过漫长艰苦的努力，投资者还是因承担更大的风险收获了更多的回报。不过，投资者可以利用一些方法来降低风险。这便为我们引出了现代投资组合理论的话题。该理论已对专业人士的投资思维带来了革命性变化。

降低风险：现代投资组合理论

　　投资组合理论的立论前提是：所有投资者都像我的夫人一样——

厌恶风险。他们想得到高收益和有保证的投资结果。该理论告诉投资者如何将股票纳入投资组合，以使与寻求的收益相对应的风险尽可能实现最小化。该理论也针对一句存在已久的投资格言给出了严格的数学证明，这句格言说的是，对于任何想降低风险的人，多样化都是应采用的一个明智策略。

投资组合理论由哈里·马科维茨（Harry Markowitz）于 20 世纪 50 年代创立。因为有此贡献，1990 年他获得了诺贝尔经济学奖。他的著作《资产组合选择》（*Portfolio Selection*）一书是他在芝加哥大学攻读博士学位时的博士论文的副产品。马科维茨的经历颇为丰富，在加州大学洛杉矶分校（UCLA）教过书，在兰德公司（RAND Corporation）设计过一种计算机语言。他甚至还管理过一家对冲基金，在套利管理公司（Arbitrage Management Company）担任总裁。马科维茨发现，可将具有风险性（波动性）的股票放在投资组合当中，使得投资组合的整体风险小于其中所有单只股票的风险。

现代投资组合理论（MPT）中用到的数学知识晦涩难懂，令人望而生畏。各种学术期刊中充斥着数学应用，顺便提一句，这也让很多学者忙个不停。这本身就是个不小的成就。所幸的是，我不必带你穿越二次方程式迷宫，也可以让你理解这一理论的核心思想。用个简单例子，我们就可以让一切清楚明了了。

假设我们生活在一个海岛经济体中，这里只有两家企业。一家经营大型度假胜地，拥有多个海滨浴场、网球场和一座高尔夫球场，另一家企业是雨伞制造商。天气状况会对两家企业的业绩产生影响：在晴朗季节，度假胜地生意兴隆，雨伞制造商则销售急剧下滑；在雨水季节，度假胜地会经营惨淡，而雨伞制造商会迎来销售和利润大幅上扬。表 8-3 显示了两家企业在不同季节创造的假想收益率。

表 8-3   两家企业在不同季节里的表现

	雨伞制造商（%）	度假胜地（%）
雨水季节	50	−25
晴朗季节	−25	50

假设平均而言一半的季节风和日丽，一半的季节雨水不断（也就是说，晴朗季节和雨水季节出现的概率都是 0.5 ）。如果一位投资者购买雨伞制造企业的股票，那他将发现全年有一半时间他会获得 50% 的收益率，还有一半时间亏损 25%。平均下来，他全年将获得 12.5% 的收益率，这个收益率就是我们上面所说的投资者预期收益率。同样，投资度假胜地，他将获得相同的预期收益率。然而，投资于两家企业中的任何一家都有风险，因为收益率变动性很大，且可能连续出现晴朗季节或连续出现雨水季节。

不过，假设一位持有 2 美元的投资者不只是购买一家企业的股票，而是进行多样化投资，用 1 美元购买雨伞制造企业的股票，用另外 1 美元购买度假胜地的股票，那么，在晴朗季节里，投资于度假胜地的 1 美元将产生 50 美分收益，而投资于雨伞制造商的 1 美元会损失 25 美分。这位投资者的总收益将是 25 美分（50 美分减去 25 美分），这个金额是 2 美元总投资额的 12.5%。

请注意，在雨水季节所发生的情况一模一样，只是名称变一下而已。投资于雨伞制造商正好产生 50 美分的收益，而投资于度假胜地正好损失 25 美分。不过，这位进行多样化操作的投资者获得的总收益率还是 12.5%。

上面这个简单例子说明了投资多样化的基本优势。无论天气状况如何，因而无论海岛经济会受到怎样的影响，投资者通过分散投资同时购买两家企业的股票，每年定能获得 12.5% 的收益率。让这个投资"游戏"奏效的窍门在于，尽管两家企业都有风险（收益率每年都有变化），但两家企业受天气状况的影响却不一样（用统计学的术语来说，两家企业收益率的协方差为负数）。⊖只要经济体中单个公司盈利状况之间缺乏一定的同向变动性，多样化投资就可以降低风险。在本例中，两家企业的盈利状况之间完全负相关（总是一家欢喜一家愁），因而多样化可以完全消除风险。

当然，世间任何事情都有困难之处，多样化投资方面的困难在于，多数公司的盈利状况在相当大的程度上具有同向变动性。当经济衰退、人们失业时，失业的人可能既不会购买夏季度假服务，也不会购买雨伞。因此，在投资实践中，我们不应指望可以像刚才描述的那样，把所有风险都消除干净。不过话说回来，因为公司的盈利状况并非总是完全同向变动，所以投资于多样化的股票组合，很可能比只投资于一两只证券风险要小。

本例所揭示的多样化投资思想，若要用于构建实际的投资组合，是非常容易的。假设你正考虑购买通用汽车及其一家新型轮胎主要供应商的股票，以此构建一个投资组合。那么，多样化有可能使你大幅度降低风险吗？很可能不行。如果通用汽车销售额猛跌，那么它从轮胎制造商那里采购的新型轮胎就会减少。一般而言，倘若两家公司提

⊖ 对于我所说的两只证券收益率之间同向变动的程度，统计学家用"协方差"这一概念进行衡量。我们假设用 R 表示来自度假胜地的实际收益率，用 $\bar{R}$ 表示相应的预期收益率或平均收益率，而用 U 表示来自雨伞制造商的实际收益率，用 $\bar{U}$ 表示相应的预期收益率或平均收益率，那么，我们可以把 U 和 R 之间的协方差（COV_{UR}）定义为：$\text{COV}_{UR}=$ 雨季概率 × （$U_{雨季}-\bar{U}$）× （$R_{雨季}-\bar{R}$）+ 晴季概率 × （$U_{晴季}-\bar{U}$）×（$R_{晴季}-\bar{R}$）。我们将假设概率和上表中的收益率代入公式，就得到：$\text{COV}_{UR}=1/2 \times$ （0.5-0.125）× （-0.25-0.125）+1/2 × （-0.25-0.125）×（0.5-0.125）=-0.141。只要两只证券的收益率同向变动（即一只上升，另一只总是上升；反之亦然），那么它们的协方差将是一个较大的正数。如果两只证券收益率的变化方向完全相反，正如本例所示，那么我们就说两只证券的协方差为负。

供的收益率之间存在很高的协方差（高度相关），那么多样化策略便不会有多大帮助。

另外，如果把通用汽车股票与某经济萧条地区一家政府承包商的股票组合在一起，那么多样化可能会显著地降低风险。如果人们消费支出下降（或者油价大幅飙升），那么通用汽车销售额和盈利很可能会下降，整个国家失业率很可能上升。如果政府在高失业率时期习惯于向经济萧条地区提供承包合同（以缓解那个地区失业带来的困境），那么通用和这家承包商的盈利很可能不会同向变动。这样一来，两家公司股票的协方差便可能极小，或者更好的情况是协方差为负数。

这个例子可能看起来有点牵强，多数投资者会注意到，当市场遭受重创时，几乎所有股票都会下跌。不过，至少在某些时期，有些股票以及某些资产类别确实会逆势而动。换言之，这些股票和资产类别与市场之间的协方差为负数，或者说它们彼此负相关（两种说法意思完全相同）。

这里真正关键的一点是，相关系数为负数并非获得多样化带来的降低风险这一好处的必要条件。马科维茨对投资者的钱包做出了伟大贡献，他证明只要不是完全正相关，都可以潜在地降低风险。表 8-4 展示了他的研究成果，如其所示，增加一只证券或一个资产类别是否能降低风险，相关系数起着至关重要的作用。

表 8-4　相关系数与多样化降低风险的程度

相关系数	多样化对风险的影响
+1.0	不能降低任何风险
+0.5	可以适度降低风险
0	可以消除相当多的风险
−0.5	可以消除大部分风险
−1.0	可以消除所有风险

投资实践中的多样化

套用莎士比亚的话说，好事过头会不会反成坏事？换句话说，是否存在一点，多样化过了这一点便不再是保护投资收益的魔杖呢？众多研究已给出答案：存在。如图 8-2 所示，对于惧怕将目光投向国外的美国人来说，股票投资组合内至少持有 50 只规模相当且充分多样化的美国股票（显然，50 只石油类股票或 50 只电力事业类股票构成的投资组合，不太可能给投资组合带来同等程度的风险降低）。有了这样的投资组合，整体风险会降低 60% 多。不过，好事也就到此为止了，再增加持股数目，风险也不会降低多少。

图 8-2　多样化带来的益处

　　视野更为开阔的投资者认识到，自从马科维茨首次阐明投资组合理论以来，世界已发生了相当大的变化。这些投资者较之惧外者，其投资可以获得更好的保护，因为外国的经济变动，尤其是新兴市场国家和地区的经济变动，并不总是与美国步调一致。比如，油价和原材料价格上涨，对欧洲和日本都有负面影响，甚至对至少可以部分自给的美国也产生不利影响。另外，油价上涨会给印度尼西亚以及中东产油国带来非常积极的影响。同样，矿产及其他原材料价格上涨，会对自然资源丰富的国家如澳大利亚和巴西产生正面影响。

　　研究表明，对于具有全球思维的投资者来说，黄金组合数大约也是 50 只。不过，这些投资者为自己的资金找到了更多的保护，图 8-2 清楚地显示了这一点。这里的股票不仅仅选自美国股市，还选自国际股市。研究的结果不出所料，国际性多样化投资组合往往比仅选取美国股票的投资组合风险更小。

　　国际性多样化投资的好处历历可考。图 8-3 显示了 1970 ～ 2017 年这 40 多年间实现的投资收益率。在此期间，外国股票［根据 MSCI 欧澳远东（EAFE）发达国家指数来衡量］实现的年均收益率略高于标准普尔 500 指数中的美国股票。不过，美国股票更加安全，因为其年与年之间的收益率波动更小。在此期间，两种指数收益率之间相关系数在 0.5 左右，这一数字虽然是正数，但也不算很高。图 8-3 中的曲线表明，投资者如果持有美国股票和 MSCI EAFE 股票（海外发达国家股票）构成的不同投资组合，那么相应地可以得到收益率与风险（波动性）的不同组合。在该图右侧，我们看到，如果只持有 MSCI EAFE 股票，那么可能实现的收益率和风险水平会更高（波动性更大）。该图左侧则显示，完全持有由美国股票构成的投资组合，会有怎样的收益率和风险水平。图中曲线表明，在美国与外国股票之间进行不同的投资组合资产配置，会出现不同的收益率与波动性的组合情况。

图 8-3   将美国和海外发达国家的股票纳入多样化投资组合（1970 年 1
月～ 2017 年 12 月）

资料来源：Bloomberg.

请注意，随着投资组合资产配置由 100% 的美国股票逐渐转向增
加越来越多的国外股票，投资组合收益率也相应地逐渐提高，因为在
此期间，MSCI EAFE 股票产生的收益率要略高于国内股票。不过，
重要的一点在于，增加一些风险更高的国外股票，实际上降低了投资
组合的风险水平——至少有一段时间如此。然而最终随着风险更高的
MSCI EAFE 股票在投资组合中所占比例越来越高，投资组合总风险
也随着总收益的增加而上升。

上面分析的结果似乎有些矛盾，加入少量风险较高的外国股票
之后，投资组合的总风险反而降低了。实际上，这并不矛盾。比如，

在日本汽车制造商在美国市场占有率上升期间，其股票提供的良好收益会抵消美国汽车制造商股票带来的不良收益。另外，当美元变得更富竞争力，且日本和欧洲仍处于经济衰退中而美国经济繁荣发展之时，美国制造业公司股票提供的良好收益会抵消外国制造商股票带来的不良收益。正是这种对冲作用降低了投资组合的总体波动性。

结果表明，风险最小的投资组合由 18% 的外国股票和 82% 的美国股票构成。而且，向美国股票投资组合中加入 18% 的外国股票，也往往会提高投资组合的收益率。从这个意义上说，国际性多样化提供了在全球证券市场可以获得的免费午餐似的好处。加入外国股票使收益率提高的同时，还能让风险更小，任何投资者都不应对此视而不见。

有些投资组合经理声称，多样化已不再像以前那样能继续提供同等程度的益处。全球化不但使美国股市与外国股市之间的相关系数上升，也使股票与大宗商品之间的相关系数上升。从图 8-4、图 8-5 和图 8-6 可以看出，相关系数在 21 世纪头 10 年里是怎样上升的。这些图分别显示了在每隔两年的时期内计算出的三类相关系数：美国股票（以标准普尔 500 指数来衡量）与发达国家股票（以 MSCI EAFE 指数来衡量）之间的相关系数，美国股票与大型新兴市场股票指数（MSCI 新兴市场指数）之间的相关系数，美国股票与石油、金属等一揽子大宗商品指数（高盛商品指数）之间的相关系数。尤其让投资者感到烦恼的是，当市场下跌时，相关系数尤其高。在 2007 ～ 2009 年全球信贷危机期间，所有市场都不约而同地下挫了。看上去，投资者无处可以藏身。无怪乎有些投资者开始相信，多样化似乎不再是一个降低风险的有效策略。

图 8-4   标准普尔 500 指数与 MSCI EAFE 指数之间每隔两年的滚动相关系数

图 8-5   标准普尔 500 指数与 MSCI 新兴市场指数之间每隔两年的滚动相关系数

相关系数

图 8-6　标准普尔 500 指数与高盛商品指数之间每隔两年的滚动相关系数

　　但是请注意，即便市场之间的相关系数已经上升，但市场之间远非完全相关，所以广泛的多样化依然会倾向于降低投资组合的波动性。即使在有些时期，不同的股票市场往往会同步跌宕起伏，多样化也仍然提供了足以令人满意的好处。请思考一下 21 世纪的头 10 年，人们提起时便普遍认为对美国股票投资者来说，这是"失落的 10 年"。这段时期结束时，美国、欧洲和日本等发达国家的股市，其点位与这段时期开始时一样，或者低于初始水平。有些投资者将自己的投资组合标的限于发达国家的股票，未能获得满意的投资收益。然而，同样在这 10 年里，有些投资者还投资了来自新兴市场的股票（通过购买低成本、广泛多样化的新兴市场股票型基金，可以轻易地持有这类股票），便获得了非常满意的股票投资表现。

　　从图 8-7 中可以看到，在 21 世纪头 10 年，投资者若购买标准普尔 500 指数股票，则会蚀本亏钱。但是，若投资大型新兴市场指数，就会获得很好的投资收益。总之，即便在这"失落的 10 年"当中，美国投资者倘若进行广泛的国际多样化投资，也会获得巨大益处。

图 8-7 在"失落的 10 年"期间，将新兴市场纳入多样化投资会大有助益
（来自不同市场的累积收益）
资料来源：Vanguard, Datastream, Morningstar.

此外，事实证明，安全的债券在降低风险方面也有其价值。图 8-8 显示在 2008 ～ 2009 年金融危机期间，美国长期国债与美国大市值股票之间的相关系数有着怎样的下降幅度。即使在 2008 年股市剧烈下跌期间，如果投资于巴克莱资本大型债券指数，获得一个广泛多样化的债券投资组合，也会获得 5.2% 的投资收益。在这场金融危机期间，可以说还有一个藏身之地。作为一种有效的多样化投资类别，债券（以及本书第四部分将论及的与债券相似的证券）已证明了其价值所在。

总而言之，历久不衰的多样化操作在今天一如既往地是强有力的

投资策略。在本书第四部分，我将根据本章有关现代投资组合理论的
分析讨论，为不同年龄段和不同风险承受能力的个人投资者设计适当
的资产配置。

图 8-8　不同时段内股票与债券之间相关系数

　　资料来源：Vanguard.

第 9 章

不冒风险，焉得财富

> 倘若运用只在一半时间里正确的理论指导实践，还不如用抛掷硬币的办法来得经济实惠。
>
> ——乔治·J. 施蒂格勒（George J. Stigler）
>
> 《价格理论》（*The Theory of Price*）

现在，每位读者应该都知道有风险就有回报。基于这个道理，长期以来，无论学术界还是华尔街都争先恐后地利用风险以获取更大的回报。本章所涵盖的内容正是：创造测算风险的分析工具，并运用相关知识获取更大的回报。

我们先概括地讲一下现代投资组合理论。本书第 8 章已提到，该理论认为多样化投资不能消除所有风险（即使多样化在本人虚构的海岛经济体中消除了所有风险），因为所有股票往往齐涨共跌，同喜同悲。因此，在投资实践中，多样化只会降低部分风险，而不是所有风险。三位学者，斯坦福大学前教授威廉·夏普（William Sharpe）、已故金融学家约翰·林特纳（John Lintner）和费希尔·布莱克（Fischer Black）将学术智慧聚焦于确定证券风险中哪些风险可以通过多样化消除、哪些风险不能消除。他们的研究成果便是著名的资本资产定价模型（capital-asset pricing model）。夏普因对此工作有突出贡献，于 1990 年和马科维茨共同荣膺诺贝尔经济学奖。

资本资产定价模型背后的基本逻辑是：承担多样化可以分散掉的风险，不会获得任何溢价收益。因此，为了从投资组合中获取更高的长期平均收益，你需相应提高组合中多样化不能分散掉的风险的水平。根据这一理论，聪明的投资者通过运用一种称为 β 的风险测算工具来调整投资组合，就可以战胜市场。

β 与系统性风险

β？一个希腊字母何以现身于这种讨论之中？无疑，这不是什么股票经纪人首先引入的。你能想象得出，会有哪个股票经纪人说"我们可以将任何证券（或投资组合）的总风险合理地描述为该证券（或投资组合）收益率的总变动性（方差或标准差）"吗？不过，我们这些站在讲台上的人倒常常这样说。并且还会说，在总风险或总变动性中有一部分可以称为证券的系统性风险，这种风险的产生源于两点：首先，一般说来，变动性是股票价格所具有的基本特征；其次，所有股票会随大市起伏，至少在某种程度上是如此。股票收益中余下的变动性则被称为非系统性风险，这种风险源于特定公司的特有因素，如罢工、发现新产品等。

系统性风险，也被称为市场风险，记录单只股票（或单个投资组合）对市场整体波动的反应。有些股票和投资组合对市场变动非常敏感，而有些则更为稳定。这种因市场变动而具有的相对波动性或敏感性，可以根据过去的数据估算出来。算出的结果，你猜对了，就是用众所周知的希腊字母 β 来表示。

现在，你马上就会获知你以前想知道但又不敢开口询问的关于 β 的一切。从根本上说，β 就是对系统性风险的数字描述。尽管其中涉及一些巧妙的数学处理，但 β 测算法背后的基本思想就是将一些精确的数字置于资金管理者多年来所具有的主观感觉之上。计算 β 值，实质上就是将单只股票（或单个投资组合）的变动与市场整体的变动做一个比较。

计算开始时，先将一个涵盖范围广泛的市场指数的 β 值设定为 1。如果某只股票的 β 值为 2，那么平均而言，这只股票的波动幅度就是市场的 2 倍。如果市场上涨 10%，那么这只股票往往会上涨 20%。要是这只股票的 β 值为 0.5，那么当市场上涨或下跌 10% 时，它往往会上涨或下跌 5%。专业人士常把 β 值高的股票称为激进型投资品，而给 β 值低的股票贴上保守型标签。

现在，有件重要的事情我们必须心里有数，就是系统性风险不能通过多样化来消除。正因为所有股票都或多或少地沿着同一个方向变动，即它们的变动性中很大一部分是系统性的，所以即便是多样化的投资组合也有风险。的确，即使你通过购买一份整体股市指数（其 β 值定义为 1）来进行全面多样化，你的收益率仍然具有相当大的变动性（风险性），因为市场整体也会大幅波动。

非系统性风险（亦称特有风险）是由特定公司的特有因素所引起的股票价格（进而引起股票收益）的变动性。签订新的大额合同、找到新的矿源、劳资纠纷、会计欺诈、发现公司财务人员贪污公款……凡此种种特有因素，都会使公司的股价独立于市场而发生变动。与这种变动性相关的风险，才是多样化可以降低的风险。投资组合的全部要义在于，只要股票价格不总是同向变动，任何一只股票的收益变动往往会被其他股票的互补性收益变动所冲抵。

图 9-1 与图 8-2 相似，说明了多样化与总风险之间的重要关系。假设我们为自己的投资组合随机选择股票，并且平均而言这些股票与

市场整体具有完全相同的波动性（投资组合中所有股票的平均 β 值等于 1）。图 9-1 表明，当我们添入越来越多的股票时，投资组合的总风险便会下降，尤其是在开始添加的时候。

图 9-1　多样化如何降低风险：投资组合风险（收益率标准差）

　　当我们为投资组合选定 30 只股票时，大量非系统性风险被消除了，而再进一步多样化，进一步降低风险的成效便很小。当投资组合中有 60 只广泛多样化的股票时，非系统性风险基本上被消除了，同时，我们的投资组合（β 值为 1）实际上倾向于与市场同起同伏。当然，用平均 β 值为 1.5 的股票，我们也可以做同样的实验。我们将再次发现多样化会迅速降低非系统性风险，但是，投资组合中余下的系统性风险会更大。用平均 β 值为 1.5 的 60 只或更多只股票构建一个投资组合，其波动性会比市场高出 50%。

现在，我们要涉及论证中的关键一步。无论金融理论家还是金融从业人员都一致认为，投资者既然承担了更多风险，理应获得更高的预期收益作为补偿。因而，当人们感觉风险更大时，股票价格必须做出调整，以提供更高的收益来确保所有股票都有人愿意持有。显而易见，没有超额的预期收益，厌恶风险的投资者不愿购买具有超额风险的股票。但是，在确定因承担风险而享有的风险溢价时，并非单只证券的所有风险都是相关因素。总风险中的非系统性风险，通过充分适当的多样化，能够轻而易举地加以消除。因此，我们没有理由认为，投资者由于承担了非系统性风险将会获得额外的补偿。投资者从承担的所有风险中获得补偿的，仅为多样化无力消除的系统性风险部分。所以，资本资产定价模型说的是，任何股票（或投资组合）的收益（和风险溢价）总是与 β 相关，即与多样化无法分散掉的系统性风险相关。

资本资产定价模型

风险与回报有关，并不是什么新奇的观点。多年来，金融专家一致认为，投资者因承担更多风险，确实需要获得补偿。新投资技术的不同之处在于如何定义和测算风险。资本资产定价模型问世以前，人们认为每只股票的收益随着其内在总风险的变动而变动，还认为股票收益随其所产生收益的变动性或标准差的变动而变动。新的投资技术理论则认为，每只股票的总风险并非相关因素。就超额收益而言，只有系统性风险这部分才是至关重要的。

尽管新理论的数学证明高深难懂，其背后的逻辑却颇为简单。我们思考这样一个情形：有组 1 和组 2 两组股票，每组有 60 只。假设每只股票的系统性风险（β 值）为 1，就是说，两组中每只股票倾向于随市场同步上下波动。再假设由于组 1 中单只股票存在特有的影响因素，组 1 中每只股票的总风险显著地高于组 2 中的每只股票。我们可以想象一下，组 1 中的股票除了受一般市场因素影响之外，还会特别受到某些因素的影响，比如气候变化、汇率变动和自然灾害。因此，组 1 中每只股票的特有风险将会很高。反之，组 2 中每只股票的特有风险假定为很低，因此，其中每只股票的总风险会很低。以上情形整理成表格，如表 9-1 所示。

表 9-1　组 1 与组 2 股票的风险比较

组 1（60 只股票）	组 2（60 只股票）
每只股票的系统性风险（β 值）为 1	每只股票的系统性风险（β 值）为 1
每只股票的特有风险高	每只股票的特有风险低
每只股票的总风险高	每只股票的总风险低

现在，依据资本资产定价模型诞生之前人们普遍接受的旧有理论，由组 1 中各只股票构成的投资组合，其收益应高于由组 2 中各只股票构成的投资组合，因为组 1 中每只股票的总风险更高，而我们知道有风险就有回报。学者们在挥舞一番智慧的魔杖之后，改变了这种想法。根据资本资产定价模型，这两个投资组合的收益应该相等。为什么？

首先，回想一下图 9-1（读者可以再看一眼）。从该图中我们看到当投资组合中股票的数量接近于 60 只时，投资组合总风险便降至系统性风险的水平。细心的读者会留意到在表 9-1 中投资组合内股票正好是 60 只。所有非系统性风险基本上已被完全抵消，至于原因，比如，一次意外恶劣天气造成的灾害被一次汇率的有利变动所抵消，凡此种种，不一而足。投资组合中剩下的风险只是由每只股票各自的 β 值给定的系统性风险。不过，在这两组中，每只股票的 β 值都是 1，因此，尽管组 1 中股票的总风险比组 2 中股票的更高，由组 1 股票构成的投资组合与由组 2 股票构成的投资组合在风险（标准差）方面将表现完全相同。

　　新旧两种观点便在此正面交锋。按照旧有的一套估值方法，人们认为组 1 中的股票因风险更高，会提供更高的收益；而资本资产定价模型认为，如果组 1 中的股票处于多样化投资组合之中，持有这些股票便不会有更多风险。的确，倘若组 1 中的股票提供更高的收益，那么理性投资者便会偏爱组 1 中的股票而嫌弃组 2 中的股票，他们会力图重新调整自己的持股结构，以期从组 1 中获得更高的收益。但是，在这一过程之中，投资者会推高组 1 股票的价格，拉低组 2 股票的价格，直至出现他们不再想转换股票的均衡状态，此时，由每组股票构成的投资组合具有完全相等的收益，此收益与风险中系统性部分相关，而与包括非系统性风险或特有风险的总风险无关。由于股票可以放在一起构建投资组合来消除特有风险，所以只有不能分散的风险或系统性风险才能要求风险溢价。投资者不会因承担可以分散掉的风险而获得报酬。这便是资本资产定价模型背后的逻辑。

　　资本资产定价模型，其证明过程可以简要概括为：倘若投资者因承担非系统性风险便获得了超额收益（风险溢价），那么结果就是，由具有大量非系统性风险的股票构成的多样化投资组合，较之由具有较少非系统性风险的股票构成的风险水平相同的投资组合，会带来更大的收益。投资者会争相抓住这个能够获取更大收益的机会，推高股价竞购非系统性风险高的股票，同时抛售 β 值相等、非系统性风险更低的股票。这一过程将会持续下去，一直到具有相同 β 值的股票的预期收益相等，投资者再也不能因承担非系统性风险而获得任何风险溢价时为止。其他任何结果都将与有效市场的存在不相符。

　　这个理论包含的核心关系显示在图 9-2 之中。随着单只股票（或投资组合）的系统性风险（β）不断增加，投资者可期待的收益率也不断上升。如果一位投资者持有的投资组合的 β 值为 0，比如他将全部资金投放在由政府担保的银行储蓄存单上（因为存单收益率完全不会随股票市场的波动而发生改变，所以β值为0），那么这位投资者将会获得一个适中的收益率，一般称之为无风险利率。然而，随着投资者承担更多的风险，收益率应会相应提高。如果投资者持有的投资组合的β值为1（比如持有一只投资于大型指数的基金时，β值便为1），那么他得到的收益率将等于股票提供的平均收益率。从长期来看，这个收益率已超过了无风险利率，但同时，这样的投资也是有风险的。在某些时期，这类投资的收益率比无风险利率要低得多，投资者不得不承受重大损失。这正是风险的含义。

图9-2表明，只要调整投资组合的β值，就可以得到不同的预期收益率。比如，假设投资者将一半资金放在储蓄存单上，一半资金购买一只代表大型股市的指数基金。在这种情况下，他得到的收益率将介于无风险收益率与市场收益率之间，其投资组合的平均β值将是0.5。然后，根据资本资产定价模型，要想获得更高的长期平均收益率，就应提高投资组合的β值。投资者可以通过两个途径获得β值大于1的投资组合：或者买入β值高的股票，或者通过保证金交易买入具有平均波动性的股票（见图9-2及表9-2）。

就像某些股票曾经大受欢迎一样，β在20世纪70年代初也曾风靡一时。享有盛名的《机构投资者》杂志曾用许多篇幅用来实录专业资金管理人的业绩，对β风潮也大为赞许，在一期封面上将字母β置于一座神庙的顶端，第一篇文章的标题就是"β狂热：测算风险的新方法"。该杂志指出，一些资金管理人的数学水平都不超过多位数除法，现在也"带着统计学博士才有的激情，整天翻来覆去说β"。甚至连证券交易委员会也在它的《机构投资者研究报告》中，赞同把β作为一种风险测算的方法。

———————

○ 一般而言，投资组合的β值就是投资组合内各项资产β值的加权平均数。

图 9-2   资本资产定价模型中风险与收益的关系

注：记得高中代数的人会想起来，任一直线都可用一个方程来表示。图中直线的
　　方程如下：

收益率 = 无风险利率 +β（市场收益率 – 无风险利率）。

这个方程也可转换成风险溢价的表达式，换句话说，风险溢价等于任一股票组
合或任一单只股票的收益率超过无风险利率的程度：

收益率 – 无风险利率 = β（市场收益率 – 无风险利率）。

这个方程的含义是，你在任何股票或投资组合上获得的风险溢价，直接随着
你接受的 β 值的上升而上升。有些读者可能想知道，β 与我们讨论投资组合
理论时说到的协方差这一关键概念之间有什么关系。实际上，从本质上说，
任何股票的 β 值与根据历史数据测算的该股票与市场指数之间的协方差，完
全是一回事。

表 9-2　投资组合构建举例

要求的 β 值	投资组合的构成	投资组合的预期收益率
0	1 美元无风险资产	10%
0.5	0.5 美元无风险资产，0.5 美元市场组合	$0.5 \times (0.10) + 0.5 \times (0.15) = 0.125$ 或 12.5%[①]
1	1 美元市场组合	15%
1.5	1.5 美元市场组合，其中 0.5 美元以 10% 的利率借入	$1.5 \times (0.15) - 0.5 \times (0.10) = 0.175$ 或 17.5%

注：假设预期市场收益率为 15%，无风险利率为 10%。

① 我们也可以直接使用图 9-2 所给的公式得出预期收益率的数值：收益率 = $0.10 + 0.5 \times (0.15 - 0.10) = 0.125$ 或 12.5%。

在华尔街，最早的 β 粉丝吹嘘说，他们只要买入一些 β 值高的股票，就可以赢得更高的长期收益率。自以为能把握市场时机的人，则认为还有更高明的办法。他们认为市场向上走时，就买入 β 值高的股票，担心市场可能会下跌时，便转而持有 β 值低的股票。为了迎合对这种投资新观点的热情追捧，经纪券商迅速开展大量的 β 测算服务；对于它们来说，能够提供自己的 β 估计值是与时俱进的象征。如今，你既可以从像美林证券之类的券商那里得到 β 估计值，也可以从诸如价值线公司和晨星公司之类的投资咨询机构那里获取 β 估计值。华尔街狂热支持 β 的公司曾大肆贩卖自己的 β 产品，其情之狂纵，恐怕让致力于传播"β 真理"的最热心的三流学者也惊诧莫名了。

让我们看一下记录

在莎士比亚的历史剧《亨利四世》第一幕中，格伦道尔

（Glendower）向霍茨波（Hotspur）夸口说："我可以召唤幽深之处的魂灵。""是吗？我也行，谁都能做到，"霍茨波不为所动地答道，"可你真的叫它们来时，它们会来吗？"对于市场如何运行，任何人都可以提出自己的理论。资本资产定价模型不过是众多理论当中的一个罢了。真正重要的问题是，它管用吗？

确实有很多机构投资者欣然接受了 β 这个概念。但别忘了，β 毕竟是个学术产物。还有什么能比它更呆板呢？只是作为描述股票风险的一个数字被创造出来，它看上去几乎天生就不会产生预期效果。待在密室里的图表分析师喜欢它。即使你不相信 β，也得用 β 说话，因为在全美各地的大学校园里，我和我的同行们一直在源源不断地"制造"着博士和工商管理硕士，他们张口便说这个专门术语。他们现在把 β 当作一种方法，拿来评价投资组合经理的业绩。如果实现的收益率超过了根据投资组合 β 值预测的收益率，投资组合经理便被认为创造了超额收益（正 α）。市场上有大量资金在寻找可以带来最大 α 的投资组合经理。

但是，β 用来测算风险真的有用吗？是否真如资本资产定价模型所言，β 值高的投资组合与 β 值低的投资组合相比，会提供更好的长期收益？单单一个 β 就概括了一只证券的所有系统性风险吗？或者说，我们还需要考虑其他因素吗？简言之，运用 β 就真的会获得 α 吗？这些都是金融从业人员和学术界人士争得面红耳赤的问题。

在 1992 年公布的一份研究报告中，尤金·法玛（Eugene Fama）和肯尼思·弗伦奇（Kenneth French）根据 1963 ～ 1990 年的 β 测算值，将所有有交易的股票进行了十分位划分。第一个十分位包含 β 值最低的 10% 股票，第十个十分位包含 β 值最高的 10% 股票。如图 9-3 所示，研究结果令人吃惊，在这些十分位投资组合的收益率与其 β 值之间，实质上不存在任何关系。我在共同基金的投资组合收益率与其

β 值之间关系上，也发现了相似的结果。在股票或投资组合收益率与
其风险测算值 β 之间，确实不存在什么关系。

图 9-3　1963 ～ 1990 年平均月收益率与 β 值（法玛和弗伦奇的研究结果）

　　因为法玛和弗伦奇的研究涵盖了近 30 年的时间，涉及范围非
常广泛，所以他们下结论认为，收益率与 β 值之间联系本质上是非
常弱的。β 这一资本资产定价模型中至关重要的分析工具，在把握
风险与收益的关系上并不是一个有用的测算指标。于是，到了 20 世
纪 90 年代中期，不但金融从业人员，甚至连很多学者，都愿把 β 当
作废品扔进垃圾堆。那些早先曾记载 β 辉煌的财经媒体，纷纷以 "β
之死" "拜拜了 β" "β 败退" 之类标题发表专题文章。《机构投资者》
杂志引用的一封信代表了时代对 β 的看法，来信者署名为 "造诣精

深的量化分析师[⊖]"。信的开头这样写道："眼下资金管理界风传一件惊天动地的大事，资本资产定价模型已死。"该杂志接着引述一位"弃暗投明的量化分析师"的话："高等数学之于投资，就如泰坦尼克之于航海。"于是，构成新投资技术的全套工具，甚至包括现代投资组合理论都笼罩在一片疑云之中。

对证据的评价

我个人以为"弃暗投明的量化师"所持的观点是错误的。找到资本资产定价模型的漏洞，并不会导致人们在金融分析中放弃使用数学工具，也不会导致人们重拾传统的证券分析方法。而且，现在金融界也不想立即给 β 写上一篇讣告。我想，因为存在很多原因，所以不能仓促下判断。

首先，重要的是要记住，稳定的收益更加可取，也就是说，稳定的收益比波动很大的收益风险更小。显然，如果从钻井采油中获得的收益率与无风险政府债券带来的收益率完全一样，那么只有喜欢为赌博而赌博的人才会去钻井采油。倘若投资者真的毫不担心波动，数万亿美元的各类衍生证券市场恐怕也不会像现在这样火热。因此，用来测算相对波动性的 β，至少还是抓住了我们通常所认为的风险的某些方面。再者，通过对过去数据进行统计分析获得的投资组合 β 值，在预测未来相对波动性方面，确实表现得相当不错。

其次，正如加州大学洛杉矶分校理查德·罗尔（Richard Roll）所言，我们必须牢记在心，测算 β 要想获得精确值是十分困难的（实际上可能无法办到）。标准普尔 500 指数并不是"市场"。整个股票市

⊖ 量化分析师（quant）是华尔街给喜欢进行量化分析的金融分析师起的绰号，他们特别关注新投资技术。

场还包括成千上万只美国的其他股票和更多外国股票。而且，整个市场中还有债券、房地产、大宗商品以及其他各种资产，比如包括我们每个人都拥有的最为重要的一种资产，即由教育、工作和人生经验构筑的人力资本。你用不同的方法衡量"市场"，决定了你可能得到很不一样的 β 值。明尼苏达大学两位经济学家拉维·贾甘纳坦（Lavi Jagannathan）和王震宇（Zhenyu Wang）发现，如果市场指数（我们通过它来测算 β 值）被重新界定为包括人力资本，并且 β 被允许随经济周期性波动而变动，那么对资本资产定价模型以及 β 作为收益预测工具的支持就非常强了。

最后，投资者应该认识到，即便 β 值与收益率之间没有多大的长期相关关系，β 仍然可以是一种有用的投资管理工具。假设 β 值较低的股票的确可靠地提供至少与 β 值较高的股票一样的收益率（这确实是个很大胆的假设），那么 β 作为一种投资工具，甚至比资本资产定价模型（如果它有效的话）所认为的更有价值。投资者应该挖掘 β 值较低的股票，在获得相对于市场整体来说同样有吸引力的收益时，可以承担少得多的风险。而那些确实希望通过承担更高风险以追求更高收益的投资者，应该通过保证金交易买入并持有 β 值较低的股票，这样既增加了风险也提高了收益。在第 11 章，我们将看到为实现这一目的而设计的一些"聪明的 β"策略和风险平价策略。不过，有一点非常清楚，按通常方式测算的 β 值并非大脑替代品，不能作为未来长期收益的可靠预测工具。

量化分析师寻求更优的风险测算方法：套利定价理论

如果说 β 作为测算风险的一种有效数量工具已遭到破坏，是否有什么东西可以取而代之呢？斯蒂芬·罗斯（Stephen Ross）是风险测算领域先驱者之一，他发展了一套关于资本市场定价的理论，该理论称为套利定价理论（APT）。要理解套利定价理论的逻辑，我们必须记得资本资产定价模型有一个最重要的正确观点：在投资者承担的风险中，只有多样化不能消除掉的风险才应获得补偿。只有系统性风险才要求得到风险溢价。但是，对特定股票和投资组合来说，影响其风险的系统性因素过于复杂，β测算值可能无法对这些因素加以反映——股票变动往往较市场变动或多或少有所偏离。因为任何特定的股票指数都不能完全代表市场整体，所以这种偏离很大程度上会发生。因此，β可能无法反映若干重要的影响风险的系统性因素。

我们看一看影响风险的系统性因素中其他的几个因素。国民收入的变动，可能对单只股票带来的收益产生系统性影响。我们在第8章举例说明的简单海岛经济体就属于这种情况。而且，国民收入的变动也映射了个人收入的变动，因此，我们可以预期证券收益与薪资收入之间的系统性关系会对个人行为产生重大影响。比如，通用汽车某工厂的工人会发现持有通用汽车股票的风险特别大，因为遭到解雇和通用汽车股票带来的收益下跌可能同时发生。

利率的变动，也会对单只股票带来的收益产生系统性影响，也是多样化投资不能分散掉的重要风险因素。利率上升时，股票往往会受到打击；从这个意义上讲，股票也是一种风险投资品，而易受一般利率水平上升冲击的股票尤其富有风险。因此，有些股票与固定收益证券往往同向变动，这类股票也就无助于降低债券投资组合的风险。由于固定收益证券是很多机构投资者投资组合的重要组成部分，所以，利率变动这一系统性风险因素对市场中一些最大机构投资者来说尤其重要。

通货膨胀率的变动，也往往对股票带来的收益产生系统性影响。原因至少有两点：第一，通货膨胀率上升往往导致利率上行，因而如刚才所讨论的，往往会导致某些股票价格下跌；第二，通货膨胀率上升可能会压低某些行业里公司的利润率。比如，公用事业公司经常发现费率的提高滞后于成本的上升。另外，通货膨胀可能会让自然资源行业的股票价格受益。这再一次说明了在股票收益与经济变量之间存在着重要的系统性关系，而单靠简单的 β 风险来测算，这些关系可能无法充分反映出来。

对于以上几个系统性风险变量对证券收益的影响，人们已用统计方法加以检验，检验显示影响或多或少是存在的。除了运用传统的 β 测算法之外，人们也运用若干系统性风险变量如对国民收入、利率、通货膨胀率变动的敏感性对风险进行测算，它们可以比资本资产定价模型更好地解释不同证券之间的收益差异。当然，资本资产定价模型中 β 测算法遭遇的一些问题，也让套利定价风险测算法深受困扰。

法玛－弗伦奇三因素模型

尤金·法玛和肯尼思·弗伦奇为了思考风险问题，提出一个类似套利定价理论的三因素模型。他们除了使用 β 之外，还使用两个因素来描述风险。这两个因素源自他们所做的实证工作，这些实证工作显示收益与公司规模（以市值衡量）相关，也与市净率相关。法玛和弗伦奇认为，相对而言，规模较小的公司更有风险。一个可能的解释是，这类公司在经济衰退期间要撑持下去，会更加不易，因而相对于 GDP 的波动，可能会有更多的系统性风险。法玛和弗伦奇还认为，市净率低的股票在某种程度上会有"财务困难"。这些观点引起了激烈的辩论，并非人人都认为法玛－弗伦奇三因素模型测算出了风险。但毫无疑问，在 2009 年年初，当时大型银行股票都以很低的市净率在交易，我们很难说投资者不认为它们有破产倒闭的风险。即便有些人认为低市净率股票由于投资者不理性，会提供较高的收益率，他们也觉得法玛－弗伦奇三因素模型不无益处（见表9-3）。

表9-3　法玛－弗伦奇衡量风险的三因素

β	来自资本资产定价模型
规模	由股票总市值来衡量
价值	由市净率来衡量

　　有些分析师恐怕会在法玛－弗伦奇三因素模型中进一步加入其他变量。他们可能会加入趋势因素，以反映上涨或下跌的股票继续上涨或下跌的趋势。此外，流动性因素也可能被考虑进来，以反映这样一个事实：需要向投资者支付收益溢价，才能诱使他们持有流动性不强的股票。有人还建议进一步加入"公司品质"因素，这一因素由公司收益和销售增长的稳定性以及低债务之类的指标来衡量。现在，多因素分析模型已被广泛使用，以衡量投资表现和设计"聪明的β"投资组合，对此我们将在第11章进行讨论。

小　结

　　第8章和第9章是就资本市场现代理论展开的一次学术训练。股票市场看来是一个有效系统，可以非常迅速地根据新信息进行调整。无论是研究股价过去走势的技术分析，还是研究单个公司和宏观经济前景这些更基本信息的基本面分析，似乎都不能产生持久的收益。如此看来，要获得更高长期投资收益，唯一的出路就是承担更多的风险。

　　遗憾的是，并不存在完美的风险测算方法。资本资产定价模型采用的β风险测算法，从表面上看挺不错，是一种简单而容易理解的测算市场敏感度的手段。但很可惜，β 也有缺陷。在 20 世纪各个长期时段里，β 与收益之间的关系实际上和资本资产定价模型理论上所显示的并不相符。而且，单只股票的 β 值在长时间里也不稳定，而且对据以测算 β 值的市场指数非常敏感。

我在前文中已给出理由说明，任何单一测算方法都不太可能充分恰当地反映出各种系统性风险因素对单只股票和投资组合产生的影响。股票收益对整个股票市场的波动、对利率和通货膨胀率的变动、对国民收入的变动，毫无疑问还有对其他经济因素如汇率的波动，都很可能会非常敏感。而且，一些证据显示，市净率较低、公司规模较小的股票会带来更高的收益。神奇而完美的风险测算方法依然不为我们所掌握。

那些不发表研究成果便前途晦暗的助理教授可以大大地松一口气了，因为在学术界仍然存在着诸多关于风险测算的争论，更多实证检验还需要他们去完成。毋庸置疑，风险分析技术仍将有很多进步，而风险测算的定量分析技术远未消亡。我猜想，未来的风险测算方法会更加复杂、成熟，而不是比现在的更加简单、粗糙。但无论如何，我们一定要当心，不能将 β 或任何别的测算方法当作捷径来评估风险，并确定地预测未来收益。你应当了解新投资技术中现代投资技巧的精华，它们有时可能会提供有用的帮助。但永远也不会出现一个俊美的精灵来解决我们的所有投资难题。退一步说，即使他现身了，大概我们也会把事情弄糟，就像资本监护信托基金（Capital Guardian Trust）的罗伯特·柯比（Robert Kirby）在下面一则他最喜欢的故事中描述的矮小老妇人一样：

> 她坐在养老院门廊上摇椅里，突然一个小精灵闪现在眼前，对她说："我已决定，准许你实现三个愿望。"

矮小的老妇人应道:"滚开,你这讨厌鬼!这一生中需要见的聪明人,我全都见识过了。"

精灵回答说:"听着!我可不是说着玩儿。这是真的。让我试试。"

她耸耸肩说:"好吧,试试。把我这摇椅变成纯金的。"

扑哧一阵青烟过后,精灵做到了。老妇人显然来了兴趣。她说:"把我变成年轻貌美的未婚女子吧。"

扑哧一阵青烟过后,精灵又做到了。最后,老妇人说:"那么,我第三个愿望是把我的猫变成年轻英俊的王子。"

一眨眼,年轻王子出现了,他转过脸问老妇人:"你把我阉了,现在不觉得后悔吗?"

第 10 章

行为金融学

> 行为金融学并非传统主流金融学的一个分支，它在更好地描述人性方面取代了传统主流金融学。
>
> ——迈尔·斯塔特曼[一]（Meir Statman）

到现在为止，我们已阐述了有关股票市场的理论和技术，这些理论和技术都建立在投资者是完全理性的这一前提之上。根据这些理论和技术，投资者做决策时，目标是实现财富最大化，他们只受风险承受能力的约束。非也！一批新派金融学家如此宣称。21 世纪初的几年间，这些行为金融学家开始崭露头角。他们认为很多（或许甚至是多数）股市投资者的行为根本谈不上完全理性。毕竟，想想这些人的行为吧：你的朋友和熟人、你的同事和上司、你的父母，或许不妨也加上你的配偶（当然，孩子是另一回事）。这些人中有谁的行为是理性的吗？如果你的回答是"没有"，或者是"也有不理性的时候"，那么你会很高兴踏上下面一段旅程，在行为金融学开辟的"不

○　迈尔·斯塔特曼是行为金融学的代表人物之一。——译者注

那么理性"的旁道小径上领略一番。

有效市场理论、现代投资组合理论，以及论述风险与收益之间关系的各种资产定价理论，全都建立在股市投资者是理性的这一前提之上。总体而言，投资者会对股票的现值进行合理估计，因而他们的买卖行为确保了股价可以公允地反映股票的未来前景。

到现在应该很清楚了，"总体而言"这个说法正是这些经济学家的"逃生舱口"。这意味着他们可能承认有些单个市场参与者可能根本就不理性。但他们很快又找到了逃脱理由，宣称非理性投资者的交易总是随机出现的，因而会相互抵消，不会对股价产生什么影响。再者，有效市场假说的信奉者断言，即便投资者以相似的方式表现出了不理性，精明而理性的交易者总会来修正因非理性交易者的存在而产生的任何误定价现象⊖。

心理学家可不愿接受经济学家的这些胡言乱语。其中尤其是丹尼尔·卡尼曼（Daniel Kahneman）和阿莫斯·特沃斯基（Amos Tversky）这两位，他们猛烈抨击经济学家关于投资者行为的观点，并在此过程中创立了一个全新的经济学流派，这个流派就称为行为金融学。

这两位学者旗帜鲜明地亮出观点：人们并非像经济学模型假设的那样理性。别看对一般大众以及非经济学家来说，这个观点是一句大实话，但在学术界被广泛接纳，却用了20余年的时间。就在这个观点逐渐赢得越来越多的信任时，特沃斯基于1996年去世。卡尼曼因在这方面做出了贡献，于6年后荣获诺贝尔经济学奖。经济学奖居然没有授给经济学家，这就特别引起人们的关注。卡尼曼听说获了奖，就发表感言说："这个奖项……再清楚不过了，是颁给我们两位共同

⊖ 误定价现象是指证券市场价格偏离反映证券未来前景的坚实基础价值的现象。——译者注

参与研究的人，但很可惜，按照惯例，人去世了不能得奖。"

卡尼曼和特沃斯基阐明的一些真知灼见影响了涉及决策过程的所有社会科学，尤其是给全美各地大学经济学系和商学院带来了强烈的影响。想象一下，有个全新领域可以让人发表文章，赚取高额讲座费，还可以撰写硕士博士论文。

这对教授和学生可能很好，但对这个世界上想投资股票的其他人有什么好处呢？行为金融学能给他们什么样的帮助呢？说得更直接些，你能从行为金融学那里得到什么呢？事实上，的确有不少见解值得学习。

行为金融学家认为市场价格很不准确。而且，人们的行为与理性在一些方面存在着系统性偏离；投资者的非理性交易往往是相互关联的。行为金融学进一步断言可以量化这样的非理性行为，或对这样的非理性行为进行分类。大致说来，有四种因素使非理性的市场行为得以存在，这些因素是：过度自信、判断偏差、羊群效应、风险厌恶。

不错，听起来挺好。信奉有效市场假说的人这样说，但是（我们这些有效市场假说的信奉者总会说"但是"），这些因素造成的扭曲行为会被套利交易者的行为抵消。"套利交易者"这个别致的词语是用来描述这样一类人：只要市场价格偏离其理性价值，他们就会进行交易从中获利。

从严格意义上说，"套利"这个词的意思是从同一商品在两个市场上的不同价格之中获取利益。假设你在纽约可以按 1.5 美元兑 1 英镑的价格买进或卖出英镑，而在伦敦可以按 1 英镑兑 2 美元的汇率交易美元。套利交易者就会在纽约拿 1.5 美元买进 1 英镑，同时在伦敦以 2 美元的价格卖出 1 英镑，这样便可以赚到 50 美分的利润。同理，如果一只股票在纽约和伦敦的交易价格不一样，那么，在价格便宜的市场买进这只股票，并在价格高的市场卖出它，就是非常合理的事情。"套利"这个术语一般而言已扩展应用到这样的情形：两只很相似的股票以不同的估值进行交易，或者如果两家公司计划中的并购交易获准通过，一只股票预期将以更高的价格来交换另一只股票。从最不严格的意义上说，"套利"这个术语是用来描述买入看上去"价值被低估"的股票，卖出价格已涨得"太高"的股票。在这样的买卖过程中，辛勤操作的套利交易者可以抹平非理性的股价波动，从而创造出有效定价的市场。

另外，行为金融学家认为存在着大量阻止有效套利的障碍。我们无法指望套利行为会使价格与理性估值保持一致。股票价格可能会严重偏离有效市场假说所预期的价格。

本章以下内容将探讨行为金融学给出什么样的关键论据，来说明市场何以并非有效，以及在华尔街为何根本就不存在"随机漫步"一说。我也会解释，了解行为金融学理论对保护投资者免受自己容易犯下的一些系统性错误的影响将有什么样的帮助。

个人投资者的非理性行为

本书第一部分极为清楚地表明，投资者总会有不理性的时候。然而，行为金融学认为，非理性行为是持续不断的，并非阵发性的。

过度自信

认知心理学研究者已证实，人们在不确定的情形下做出判断时，会有一些方面与理性产生系统性偏离。这些偏差中最普遍的一种是人们往往对自己的信念和能力过于自信，对未来的评估过于乐观。

有一类实验说明了这种综合征的存在。实验时，实验人员询问一大群被试者中每一位，与被试人群的平均水平或街上每一个会驾车的人比较起来，其驾车能力如何。驾车显然是一种有风险的活动，驾驶技能在其中起着重要作用。对这一问题给出的回答会很轻易地揭示，人们在和其他人进行比较时，是否对自己的技能有切合实际的认识。就大学生而言，在对他们进行实验后发现，总是有 80% ～ 90% 的实验对象说自己比同班同学在驾车方面水平更高，也更安全。就像在小镇沃比根湖⊖（Lake Wobegon）中一样，（几乎）所有学生都自认为高于平均水平。

在另外一个涉及学生的实验中，实验对象被问及他们自己和室友的将来可能会有怎样的结果。他们一般都认为自己的未来很美好，想象着将来会事业有成、婚姻幸福、身体健康。然而，当叫他们猜想室友的未来时，他们的回答就实际得多了。他们相信室友嗜酒成瘾、罹患疾病、婚姻破裂、遭遇其他各种人生不顺之事的可能性比自己都大多了。

这类实验在不同情境下已进行了很多次。比如，在工商管理畅销书《追求卓越》（*In Search of Excellence*）一书中，彼得斯（Peters）和沃特曼（Waterman）描述过一个实验。实验从成年男性中随机抽样，让他们就与他人相处的能力做出等级评价。100% 的实验对象将自己划在样本总体中相处能力强的 50% 之内。25% 的人认为他们处于样本总体最强的 1% 之中。甚至在判断体育运动能力时，对于这样一种似乎更难做出自欺欺人判断的能力，也有 60% 的男性实验对象将自己划在最优秀的 25% 之列。即使最笨手笨脚的人也自己骗自

⊖　美国某公共广播电台的一栏节目中有个很受欢迎的单元，叫作来自沃比根湖的新闻。在节目中，主持人会报道一周来他的故乡沃比根湖又发生了什么奇闻趣事。这个地方实际上是一个假想的小镇，这里的"女人都很强，男人都长得帅，小孩都有中上之资"。不过听过几次就会知道各种可笑的事情层出不穷，其实该镇的居民看来也没好到哪里去。——译者注

己，认为自己运动能力不赖。只有 6% 的实验对象相信自己在中等水平以下。

丹尼尔·卡尼曼指出，这种过度自信的倾向在投资者中表现得尤为强烈。与其他多数人群比较起来，投资者往往更会夸大自己的技能技巧，更会否认机会运气的作用。他们会高估自己的知识水平，低估有关风险，夸大控制局面的能力。

卡尼曼的实验显示，通过询问实验对象的置信区间，可以了解投资者的概率判断会有怎样的校准度。他曾向实验对象提过这样的问题：

> 你对一个月后道指点位的最佳估计值是多少？接下来，选取一个高点位，让你有 99% 的把握相信（但不是绝对相信）道指自今日起一个月后将低于该高点。再接下来，选取一个低点位，让你有 99% 的把握相信（但相信程度不高于此）道指自今日起一个月后将高于该低点。

如果你按照指示好好地回答了问题，那么道指比你估计的高点更高的概率应仅为 1%，比你估计的低点更低的概率也应仅为 1%。换句话说，投资者应该有 98% 的把握相信道指点位将落在他给定的范围之内。对利率、通货膨胀率、单只股票价格等方面，也已进行了同样的实验。

事实上，鲜有投资者能够设置准确的置信区间。准确的置信区间本应导致实际结果仅在 2% 的时间里会超出预期范围。而实际结果超出预期范围的意外情况，其发生时间通常却接近 20%，这就是心理学家所说的过度自信。如果一位投资者告诉你他有 99% 的把握，那么他最好假设他只有 80% 的把握。这样的精确度意味着人们根据自己的预测所冒的风险往往比合理的更大。另外，一般而言，男性表现出的过度自信比女性多得多，尤其在涉及钱财管理事情上的高超技能时，更是如此。

从这些研究中我们该得出什么结论呢？显而易见，人们在自己做预测时设置的置信区间太过精确。他们夸大自己的技能，对未来持有的看法太过乐观。在股票市场上，这些偏差会以各种方式体现出来。

最重要的是，很多个人投资者错误地确信自己能够战胜市场。结果，他们会过度投机，过度交易。两位行为金融学家特伦斯·奥迪恩和布拉德·巴伯（Brad Barber）研究了一家大型佣金折扣经纪券商在很长一段时间内的个人交易账户。他们发现，个人投资者交易得越多，投资表现就越差。而且，男性投资者比女性投资者的交易频繁得多，投资结果也相应地更加糟糕。

这种理财技能错觉很可能是由另一个心理学发现造成的，该发现称为后见之明偏差。这样的偏差是靠对成功的选择性记忆维持的。你会记得那些成功的投资。事后想来，你很容易就让自己确信你"本来就知道谷歌在 IPO 后，立马会飙升 3 倍"。人们倾向于将好的结果归因于自己的能力，而辩解说不好的结果是由不寻常的外部事件造成的。两三次成功的趣闻逸事，总是比一般的过去经历更能让我们动心。事后聪明会使过度自信更加膨胀，并让幻觉潜滋暗长，以为这个世界比其实际情形好预测得多。即使那些贩卖毫无价值的理财建议的人，也可能认为自己提出的建议非常好。《福布斯》杂志的出版商史蒂夫·福布斯（Steve Forbes）对此了解得更为透彻，他曾引用过一条建议，这条建议是他尚在祖父膝下玩耍时祖父送给他的："贩卖建议比接受建议赚的钱多得多。"

很多行为金融学家认为，投资者对预测公司的未来增长性的过度自信，这导致所谓增长型股票普遍具有被高估的倾向。如果令人兴奋的新型计算机技术、医疗器械和经销渠道激发了大众的想象力，那么投资者通常会推断相关公司将获得成功，预测其将拥有很高增长率，而且对这些想法所持有的信心，比在合理预测的情况下要大得多。高增长预测会使增长型股票的估值更高，但这些对未来充满希望的美妙预测常常会落空。公司的盈利可能会下降，因而股票市盈率也可能下滑，继而导致投资绩效非常糟糕。因此，在对令人振奋的公司进行增长预测时表现出来的过度乐观，可能是行为金融学家认为增长型股票往往表现逊于价值型股票的一个原因。

判断偏差

每天，我都会遇到这样的投资者：他们确信自己有能力"控制"自己的投资结果。图表分析师尤其如此，他们深信通过查看以往股价就能预测未来。

拉里·斯韦德罗（Larry Swedroe）在他撰写的《非理性时代的理性投资》（*Rational Investing in Irrational Times*）一书中举了个极好的例子，说明连续好运或连续不顺出现的次数大大高于人们的想象。

每年给学生讲课时，一位统计学教授在新课伊始，就让各位同学写下自己想象中连续抛掷硬币 100 次依次出现的结果。不过，教授会选一个同学实际抛掷硬币，并让其记下投掷结果。然后，教授离开教室，15 分钟后，教授返回，学生们的结果已放在她的讲台上。她告诉全班同学，她只要猜一次，就能从交上来的 30 份结果中分辨出实际投掷硬币的那个结果。经过一番辨认之后，她正确无误地一次猜准，全班同学都惊叹不已。这看起来非常神奇，她是怎样做到的呢？原来，她知道，连续出现 H（正面朝上）或 T（反面朝上）最多的结果极有可能是实际投掷硬币的结果。原因是这样：当提出 HHHHHTTTTT 或

HTHTHTHTHT 哪一个序列更可能出现这样的问题时，尽管统计学表明两个序列出现的可能性完全相同，但多数人会挑选"更加随机"的后者。因此，他们写下的想象中的序列，看起来往往更像 HHTTHTHTTT 而不像 HHHTTTHHHH。

撇开股市长期向上的趋势不谈，连续出现股票收益过高的情形并不会持久，这之后的未来收益一般而言会走低。均值回归总是存在。同样的道理，金融万有引力定律也会反向起作用。至少对股市总体来说，下跌的终究会涨回来。然而在每个时代，人们典型的普遍看法却是认为异乎寻常的好行情总会更好，非同一般的糟糕行情总会更加糟糕。

心理学家早已发现，个体往往会受到错觉的愚弄，对实际上并不具有控制力的局面，会错误地以为具有一定的控制力。在一项研究中，实验对象坐在计算机屏幕前，屏幕被一条水平线一分为二，一只球在屏幕的两个半区上下随机跳动。实验对象可以用一个按压装置来向上移动小球，同时也受到警示，屏幕的随机震动也会影响小球，使他们无法做到完全控制。然后，实验对象被要求做一个游戏，游戏的目标是让小球尽可能长时间被控制在屏幕的上半区。在一组实验中，按压装置甚至都没与小球连接上，因而这些玩游戏的实验对象根本无法控制小球的运动。尽管如此，玩了一段时间之后，实验对象被问起时，都确信自己对小球的掌控非常好（未受此错觉影响的实验对象，却是那些已被医生诊断为患有严重抑郁症的人）。

在另一项实验中，研究者使用两副完全相同的棒球卡[○]在办公室

○　棒球卡是一种钱包大小的硬纸板卡片，上面印有一个棒球运动员的照片以及他们打球的统计数据。棒球卡也可以指任何主题的口袋大小的卡片。——译者注

内进行摸彩游戏。一副卡片被放在一只贮藏箱里，其中一张卡片将被随机拿出。另外一副卡片被分发给参与摸彩的人，一半参与者自主选择拿到一张卡片，另一半参与者就直接发到一张卡片。主持实验的人告知参与者，中彩者将是手上持有的卡片与从箱中随机拿出的那张卡片相匹配的人。然后，又告知每个参与者，虽然所有的卡片已分发出去，有位新来的参与者想购买一张卡片。这样一来，参与者面临的选择是：要么以某一商定的价格卖出手中的卡片，要么将卡片一直留在手中希望中彩。显然，每张卡片中彩的概率都一样。然而，自主选卡片的参与者愿意卖出手中卡片的价格，却系统性地高于直接发到卡片的人。从这类实验结果中获得的启发，使州彩票发行人决定让州内彩民自行选择号码，尽管是否中彩只是运气决定的。

正是这种控制错觉，可能会引导投资者看见实际上根本不存在的趋势，或者相信能够发现某个将预测未来股价的股价运行模式。实际上，尽管有人不辞辛苦，从股价数据中梳理出某种形式的可预测规律，但从一个时期到另一个时期，股价走势却非常接近于随机漫步，未来的股价变动与过去的股价变动之间实质上并不相关。

判断偏差会因人们具有某种倾向而得到强化（要有心理准备，下面还会涉及一些专业术语），这种倾向就是人们往往错误地用"相似性"或"代表性"来代替合理的概率性思考。卡尼曼和特沃斯基设计的一个著名实验就说明了这种"启发式"。实验对象先看到关于对琳达的以下描述：

> 琳达 31 岁，单身，心直口快，非常聪慧。她的本科专业是哲学。在学生时代，她极为关心歧视和社会公正问题，也参加过反核示威游行。

然后，实验对象被要求做一个评估，说出关于琳达的八个不同陈述合乎事实的相对可能性。其中有两个陈述是："琳达是银行出纳员""琳达是银行出纳员，她积极参与女权运动。"超过 85% 的实验对象判断"琳达既是银行出纳员又是女权主义者"的可能性要高于"琳达是银行出纳员"。但是，这种回答违反了概率论的一个基本法则（合取规律）：某人既属于 A 类又属于 B 类的概率小于或等于她只属于 A 类的概率。显而易见，没多少实验对象学过很多概率论的知识。

　　对琳达的描述使她看起来像一个女权主义者，因此"既是银行出纳员又是女权主义者"的陈述显得更像是一个自然的描述，从而比"只是银行出纳员"的陈述更能代表琳达。这个实验已反复进行过多次，涉及的实验对象既有幼稚型的也有成熟型的（包括在概率论方面有所学习，但并未探究其所有细微之处的实验对象）。

　　卡尼曼和特沃斯基想出"代表性启发式"这个术语来描述这一实验发现。这一术语的应用又导致若干种其他判断偏差的发现，比如忽视基础比率的偏差。概率论的一个基本法则（贝叶斯定理）告诉我们，在判断某人属于某一特定群体的可能性时，我们应该将"代表性"与基础比率（各类群体占样本总体的百分比）结合起来考虑。用日常语言来说，贝叶斯定理意味着，如果我们见到某个看起来像罪犯的人（他似乎代表了我们对罪犯形成的刻板印象），我们在评估他是罪犯的概率时，也要求我们知道基础比率，即人们犯罪的百分比。然而，在一次又一次的实验中，实验对象都表现出了这样的现象：做预测时，对基础比率知识并未充分加以利用。尽管这一切显得有些神秘，但代表性启发式很可能给一些投资错误做出了合理解释，比如追逐热门基金或根据最近的证据进行过度外推。

羊群效应

　　研究表明，一般说来，群体做出的决策往往比个体更好。如果更

多的信息可以被分享，各种不同观点都被考虑周到，那么群体进行的
有根有据的讨论会优化决策过程。

　　或许自由市场价格机制可以最好地说明在经济体中群体行为是明
智的。由消费者和厂商做出的各种各样的单个决策，会引导经济体提
供人们希望购买的商品和服务。在回应需求与供给的影响时，价格机
制通过亚当·斯密"看不见的手"指导经济体生产出数量合适的产品。

　　同理，无数个人和机构投资者通过集体性买卖决策，会使股票价
格以这样的情况展现在他们面前：买入一只股票，较之买入另外一只
股票，看上去都一样合算。而且，尽管市场对未来收益的预测常常发
生偏差，但这样的预测作为一个整体，比起任何单个投资者所做的预
测都更为准确。当自己的投资业绩与低成本、涵盖范围广泛的股票指
数基金放在一起做比较时，多数主动管理型投资组合经理一定会羞愧
难当地低下头来。

　　本书的所有读者已明白，市场作为一个整体在做定价决策时，并
非一贯正确。市场时不时也会出现疯狂的群体行为，我们已从 17 世
纪的郁金香球茎热到 21 世纪初的网络股热中看到了这种群体性的癫
狂表现。正是这种偶尔发生的病态群体行为，吸引了行为金融学者的
注意。

　　在群体行为的研究中，有个被广泛认可的现象，就是"群体思维"
的存在。群体中的个体有时会相互影响，从而更加相信某个不正确的
观点"实际上"是正确的。毋庸置疑，2000 年年初，对互联网盈利前
景所做的过度乐观以至疯狂的群体预测，以及对新经济股票的错误定
价，都是病态群体行为的佐证。

　　社会心理学家所罗门·阿希（Solomon Asch）是最早研究群体行
为何以可能导致错误决策的学者之一。20 世纪 50 年代，阿希进行了
一项著名的实验室实验，他让实验对象回答一个任何孩童都能正确回

答的简单问题。他先向实验对象出示两张画有垂直线条的卡片，这两张卡片就像图 10-1 中显示的那样，左边卡片上画有一条垂直线。然后，他问实验对象，右边卡片上哪条直线与左边卡片上直线长度相等。7 位实验对象依次回答了这一问题。

图 10-1　阿希实验中使用的卡片图样

资料来源：Solomon E. Asch, *Social Psychology* (Oxford, 1987). By permission of Oxford University Press, http://www.oup.com.

但是，阿希给实验加了个"恶毒"的变化。在一些实验中，他动员 7 位实验对象中的 6 位，让他们故意给出错误答案，而且是在第 7 位实验对象还没来得及说出自己的意见时，就给出错误答案。实验结果令人吃惊，第 7 位受试者经常会回答错误。阿希推测实验对象即使明知自己的答案不正确，社会压力也会迫使他们选择错误答案。

2005 年，一位神经科学家格雷戈里·伯恩斯（Gregory Berns）进行了一项研究。他使用核磁共振扫描仪研究大脑的活动情况，以期确定人们是否明知自己的答案不正确仍会屈从于群体意见，或者人们的感知是否真的发生了变化。这一研究的思路是：如果在群体面前放弃

己见是由社会压力造成的，那么我们应该看到控制冲突的前脑区域会发生变化，但是，如果在群体面前放弃己见是因感知实际发生了变化而引起的，那么我们应该期待控制图像和空间感知的后脑区域会发生变化。实际上，该项研究发现当人们给出错误答案以与群体保持一致时，管理空间认知的大脑区域的活动增加了。换句话说，他人的意见看上去真的改变了实验对象对自己所见事物的看法。由此看来，他人的错误真的会影响一个人对外部世界的感知。

在另一项研究中，社会心理学家安排一个人站在街角，叫他抬头朝空空如也的天空凝望 60 秒。心理学家观察到，街上只有很少一部分行人停下脚步想看看这个人在看什么，而大部分行人径直从他身旁走过。接下来，心理学家安排 5 个人站在街角朝天空凝望；这次，有 4 倍于上一次的行人驻足凝望空阔的天空。当心理学家安排 15 个人站在街角看着天空时，几乎有一半过路人停下了脚步。安排更多的人看向天空，吸引了更多行人朝天空凝视。

很显然，1999 年至 2000 年年初的网络泡沫提供了一个经典例证，说明不正确的投资判断会引导人们集体走向疯狂。迎合新经济热潮的股票提供的巨大获利前景使个人投资者激动不已，他们都感染上了不可理喻的从众心理。与高尔夫俱乐部的朋友、工作场所的同事、牌桌上的牌友口口相传的交谈中，都传递着一个富有感染力的讯息：互联网的发展正在创造巨大的财富。然后，投资者开始购买股票，不为别的，只因股价在攀升，其他人在赚钱，哪怕根据盈利和股利这类基本面因素来判断，股价上涨根本就毫无道理可言。经济史学家查尔斯·金德尔伯格（Charles Kindleberger）说过："没什么能比看到朋友发财赚钱更能打破自己舒适的心境，扰乱自己的判断了。"畅销书《非理性繁荣》的作者罗伯特·希勒指出，疯狂的过程会以"正反馈环"的形式进行自我升级。最初的股价上涨会鼓动更多人买入股票，这又使股票收益水涨船高，从而诱使越来越多的人参与进来。这种现象也是一种"庞氏骗局"，我在第 4 章描述与互联网泡沫有关的内容时提到过。最终，"庞氏骗局"因再也找不到更傻的傻瓜而宣告终结。

这种羊群效应，并非只发生在不谙投资之道的个人投资者身上。共同基金经理往往也随波逐流，采取同样的投资策略，一拥而上购买同样的股票。的确，三位行为金融学领域前沿学者洪（Hong）、库比克（Kubik）和斯坦（Stein）进行的一项研究证明，如果同一城市其他经理正持有相似的组合，那么共同基金经理更可能持有相似的股票。这类研究结果与一种"流行病"模式完全一致，在这种模式中，投资者会迅速而无可挽回地通过口耳相传散布股票信息。这样的群体行为已对个人投资者造成了毁灭性的创伤。虽然股票市场赋予的长期收益颇为丰厚，但对一般投资者来说，投资收益却比这糟糕得多。原因在于投资者买入股票型共同基金之时，正是"非理性繁荣"导致市场见顶之际。在 2000 年 3 月之前的 12 个月间，大量资金涌入股票型共同基金，其规模之大，此前任何时期都不能与之相比。而在 2002 年秋季和 2008 年秋季，市场正接近底部区域，此时个人投资者却从股票投资中大量撤出资金。戴尔巴协会（Dalbar Associates）展开的一项研究表明，一般投资者因错误地选择进出股市的时机而自食了苦果，他们的收益率可能低于市场平均水平 5% 以上。

另外，投资者往往会把资金投入近期业绩不俗的一类共同基金。比如，2000 年第一季度，大量流入股票型基金的资金全都涌进了高科技增长型基金，所谓的价值型基金因此遭遇了大量资金流出。此后两年间，增长型基金的价值急剧下滑，而价值型基金创造的实际收益却是正数。因错选基金而遭受的惩罚，使上面描述的因出入股市的时机选择错误而遭受的惩罚更为惨重。行为金融学告诉我们的最重要的教训之一便是，个人投资者千万要避免被群体行为冲昏头脑。

损失厌恶

卡尼曼和特沃斯基做出的最大贡献在于创立了前景理论（prospect theory）。该理论描述个人在面临存在得与失、损与益前景的风险局面时会有怎样的行为表现。一般而言，在诸如哈里·马科维茨之类的金融学家建立的模型中，都有这样的一个假设：个人做出的决策，建立在决策选择对个人最终财富可能产生何等影响的基础之上。前景理论则挑战这一假设，认为人们的选择是由他们对得与失、损与益赋予的价值所驱动的。相对于合乎意愿的收益来说，等值损失被认为令人厌恶得多。而且，陈述得与失、损与益时使用的语言，用心理学术语来说就是"如何框定选择"，会影响最终做出的决策。

举个例子。有人告诉你，抛掷一枚质地均匀的硬币，如果正面朝上，你将获得 100 美元。不过，如果反面朝上，你必须付出 100 美元。你乐意接受这样的赌局吗？即使从反复抛掷硬币后你会盈亏相抵的意义上说，这个赌局非常公平，多数人恐怕也不愿参与。一半时间你会赢得 100 美元，一半时间你会损失 100 美元。用数学术语来说，该赌局的"期望值"为 0，计算方法如下：

$$期望值 = 正面朝上的概率 \times 赌赢收益 + 反面朝上的概率 \times 赌输损失$$

$$期望值 = \frac{1}{2} \times (100美元) + \frac{1}{2} \times (-100美元) = 0$$

卡尼曼和特沃斯基后来对众多不同的对象进行这一实验，他们不断变换赌赢收益的数字，以测试赌赢收益达到多少才会诱使人们愿意接受这个赌局。他们发现赌赢收益得在 250 美元左右。请注意，若赌赢收益定为 250 美元左右，赌局的收益期望值便是 75 美元，因此参加这样的赌局就非常有利。

$$期望值 = \frac{1}{2} \times (250美元) + \frac{1}{2} \times (-100美元) = 75美元$$

卡尼曼和特沃斯基下结论认为，损失令人厌恶的程度 2.5 倍于等值收益令人渴望的程度。换言之，损失 1 美元的痛苦是获得 1 美元快乐的 2.5 倍。100 美元的财富变动，对多数资产殷实的人来说几乎注意不到，但即便如此，人们还是表现出了极端的损失厌恶。在后面的内容中，我们将看到损失厌恶如何让很多投资者犯下了代价高昂的错误。

然而有意思的是，这两位心理学家发现，个人在面临损失确定的局面时极有可能放手一搏。思考下面两个选项：

（1）确定损失 750 美元。

（2）有 75% 的可能损失 1000 美元，25% 的可能不会遭遇任何损失。

注意，两个选项的期望值完全相同，也就是说，都有 750 美元的损失。但是，几乎 90% 的实验对象选择了第二个选项，准备赌一把。面对确定损失时，人们似乎表现出了追求风险的行为。

卡尼曼和特沃斯基还发现了一个与此有关且非常重要的"框定效应"（framing effect）。以不同的方式给决策者框定选择，可能会导致截然不同的结果。两位学者提出了如下问题：

想象一下，美国正准备应付一种罕见疾病的暴发流行，预计这次疾病流行会造成 600 人死亡。现已提出两种与此疾病做抗争的备选方案。假设两种方案结果的精确科学估计是：

如果采纳方案 A，会有 200 人得救；

如果采纳方案 B，有 1/3 的概率会有 600 人得救，有 2/3 的概率无人得救。

首先请注意两种方案中获救人数的期望值都是 200 人。但是根据前景理论，当人们思考这两种方案可能带来的益处时，他们会厌恶风险。不出所料，大约 2/3 的实验对象回答这一问题时，选择方案 A 作为更可取的方案。

但是，假设我们以另外一种方式框定这个问题：

如果采纳方案 A*，会有 400 人死亡；

如果采纳方案 B*，有 1/3 的概率无人死亡，有 2/3 的概率会有 600 人死亡。

请注意，选择 A 和 A* 以及选择 B 和 B* 是一样的。但是，第二次框定后的问题，是从人们遭遇死亡风险的角度进行描述的。当问题以这样的方式被框定时，超过 75% 的实验对象选择了方案 B*。这既证明了"框定效应"的存在，又证明了人们在损失值域内追求风险的偏好。当医生面临为癌症病人做出治疗方案选择的决策时，如果问题以存活概率而非死亡概率的方式陈述，医生往往会做出不同的选择。

自豪与悔恨

行为金融学家还强调，自豪与悔恨之类的情绪也是影响投资者行为的重要因素。投资者甚至对自己，也很难承认在股市做了什么不好的决策。如果必须得向朋友或配偶承认这一点，悔恨的感觉可能会因此放大。但是，投资者通常会很得意地告诉他人，自己做了什么成功的投资，获得了很大的收益。

很多投资者可能会觉得，自己若坚守正在赔钱的仓位，最终总会把亏的钱赚回来，这样便可以免去悔恨之情。投资者往往会抱着亏钱的仓位不放，却卖掉正在赚钱的仓位，这种倾向的背后可能就有自豪与悔恨情绪的原因。巴伯和奥迪恩对一家大型折扣经纪券商 10 000

名客户的交易记录做了研究，他们发现明显存在一种"处置效应"（disposition effect）。投资者中有一个处理股票的明显倾向：卖掉赚钱的股票，而抱牢赔钱的股票不卖。卖掉已上涨的股票会让投资者实现利润，也让他们能够建立自豪感。如果抛售赔钱的股票，他们会招致损失，产生懊悔的痛苦情绪。

这种不愿接受损失的心理，根据理性投资理论显然不是最优选择，从常理角度看也非常愚蠢。卖掉赚钱的股票（有税收优势的退休金账户除外）必然涉及缴纳资本利得税；卖掉损失已成现实的股票会降低在其他已实现收益上的应纳税额，或者可获得一定限额的税款抵扣。即使投资者认为自己赔钱的某只股票以后会涨回来，但卖出这只股票，并买入一只前景和风险特征相似的同行业股票，也是要付出代价的。在住宅房地产市场似乎也能清楚地看到这种不愿接受损失的现象。房价上涨时，房屋销量上升，房屋往往会很快以报卖价或更高的价钱卖出去。然而，在房价下跌期间，房屋销量下滑，个人房主长时间在市场上压着房子不愿脱手，报卖价还高于市价很多。对损失的极端厌恶，有助于解释房屋卖主为何不愿以亏损价将自己的房产卖掉。

行为金融学与储蓄

行为金融学理论也有助于解释为何很多人不愿参加所在公司的401（k）储蓄计划，即使公司为其提供与其交付的养老金等额的资金。如果一个雇员已习惯于拿到某一特定数量的实发工资，你再叫他拿出1 美元拨入自己的退休计划以增加养老金，对于因此而出现的工资扣减（即使实际扣减额不足 1 美元，因为参加退休计划而缴纳的养老金可以从应税收入中抵扣相当可观的数额），他会视为对当前消费能力造成的一种损失。个人对这些损失比所获利益看重得多。心理学家告诉我们，当这种损失厌恶与自我控制的难以展现、拖延耽搁带来的心情放松，以及不做任何变化带来的安逸自在（维持现状偏差）同时存在时，就完全可以理解为什么人们往往储蓄极少了。

已有人提出两个建议来解决人们不愿储蓄的行为。第一个建议是通过改变选择的框定方式，来克服惰性心理和维持现状偏差。我们知道，如果我们让雇员主动报名参加401（k）储蓄计划，很多人会婉言拒绝，不愿参加。但是，如果问题以不同方式进行框定，使得雇员必须主动"决定不参与"这项储蓄计划，那么参与者的比例将高得多。以自动加入为特征（雇员必须有意识地主动填写"决定不参与"的声明）框定401（k）储蓄计划的那些公司，其雇员参与计划的比率，较雇员必须主动"决定参与"计划的公司要高得多。

经济学家理查德·塞勒（Richard Thaler）和什洛莫·贝纳茨（Shlomo Benartzi）提出另一个劝诱参加储蓄计划的绝妙建议。有些雇员即使面对自动加入的储蓄计划，也会拒绝参加，因为他们靠现有的工资收入几乎入不敷出。塞勒 – 贝纳茨"明天会储蓄更多"计划的实质，在于让雇员预先承诺从增加的薪金收入中拿出一部分放进退休储蓄金。如果雇员参加这个计划，那么从加薪后的第一份工资单开始起算，他们为自己的退休储蓄金拿出的钱就会增加。这种特色的储蓄计划减轻了因实发工资被削减而感到的损失厌恶情绪。雇员从工资中扣除一部分用来交养老金的比率，在每次加薪时都不断增加，一直到该比率达到法律许可的最大抵税限额为止。这样一来，惰性心理和维持现状偏差便朝着使人们持续参加储蓄计划这个方向发挥作用。任何时候，雇员都可以决定不参加这个计划。

1998 年，塞勒和贝纳茨第一次在一家中等规模的制造业公司实施了他们设计的计划。当时，这家公司面临的问题是雇员参与退休储蓄金计划的比例很低。事实证明，"明天会储蓄更多"计划颇受欢迎，该公司超过 3/4 的雇员同意加入。而且，这些同意加入的雇员中有 80% 以上的人在此后数次加薪中都一直参与了这个计划。即使中途退出的雇员，也没有将从工资中扣除的养老金比例降到当初的水平，他们只是将来不再想增加养老金了。因此，即使是这类员工，其储蓄的金额也比参加这项计划之前显著地增加了。

套利限制

至此，我们已考察了影响投资者行为从而影响股价的认知心理偏差。个人投资者的行为经常表现得不理性，或者说至少与经济学家理想的最优决策行为不完全相符。在或许是最为病态的情形下，个人投资者似乎会集体发狂，将某些类型股票的价格推向不合理的高度。既然非理性投资者造成的偏差不会相互抵消，反而经常相互强化，如何才能让股票有效定价呢？有效市场假说的信奉者照本宣科地声称，即使很多个人投资者不理性，"套利交易"也总会让市场变得有效。像华尔街专业交易员和对冲基金经理之类的套利交易者，应该会建立起抵消作用的头寸，比如卖空定价过高的股票，买入定价过低的股票，结果，由非理性投资者造成的任何误定价都会迅速得以矫正。理性交易者应该会抵消非理性交易者带来的影响。因而，一些行为金融学家驳斥市场有效的理由便建立在第二个重要基础之上：这样的套利交易会受到严重约束。行为金融学家认为，市场上存在着重要的套利限制，阻止了异常价格得到修正[⊖]。

⊖ 行为金融学未形成统一的理论框架和研究体系。2001 年，尼古拉斯·巴尔贝里斯（Nicholas Barberis）和理查德·塞勒认为，行为金融学两大研究范畴包括套利限制和心理偏差。本书作者阐述的行为金融学理论和研究体系与此一致。——译者注

　　我们假设，非理性投资者的交易致使一家石油公司的股票相对于其基础价值以及品质相当的同行公司股票已定价过高。套利交易者可以直接卖空定价过高的股票，买入一家类似的替代石油公司的股票。这样，套利交易者便做到了对冲，因为影响石油行业的有利或不利事件对两家公司都会产生影响。石油价格的上涨会引起被卖空股票的价格上涨，同时也会使套利交易者多头仓位的价值上升。

　　但是，这种套利风险极大。假设"定价过高"的那只股票报告了一些不同寻常的好消息，比如此前未曾预计到的一次重大石油发现，或者假设"定价公允"的那只股票遭受某个意外挫折，比如一处深海油井爆炸，引发其股价下跌，想象得出，套利交易者可能两头受损。先前卖空的股票可能上涨，而多头仓位的股票可能下跌。要求这种套利交易去矫正已观察到的误定价是极其危险的。

　　交易者试图"矫正"已观察到的误定价，还面临着另外一种风险：对于"定价过高"股票的前景，投资者可能会变得更加过于乐观。假设在 1999 年，一个套利交易者确信网络股的定价高得离谱。该交易者便可能卖空网络股中最受青睐的股票，希望以后能以更低的价格买回。但是，随着人们对新经济的热情持续高涨，新经济股票的价格继续攀高，其中很多股票翻了一番之后，又翻了一番。我们现在回顾过去，才知道网络泡沫会在 2000 年爆裂。在此期间，很多套利交易者输得衣衫不保。市场保持非理性的时间有时会比套利交易者保持偿付能力的时间更久。当套利交易者受到信贷约束的时候，更是如此。长期资本管理公司（Long Term Capital Management）原是一家对冲基金，公司内有诺贝尔奖得主设计交易策略，却最终发现自己处于一种无法承受的境地，因为其对冲仓位的价格向对其不利的方向运行，而自己并无足够的资本让那些仓位保持下去。

　　在卖空定价过高的股票并买入定价过低的股票这种游戏中，全球对冲基金是再自然不过的玩家，它们有着数万亿美元的资金可供投资。你可能以为这些对冲基金会认识到网络股的价格难以为继，因而会通过做空来利用误定价从中渔利。马库斯·布兰梅尔（Markus Brunnermeier）和斯蒂芬·内格尔（Stefan Nagel）进行了一项研究，仔细考察对冲基金在 1998 ~ 2000 年的表现，希望发现这些基金是否抑制了最受追捧的投机性股票的价格疯长。

研究结果出人意料。在网络泡沫期间，像对冲基金这样成熟老到的投机者并不是一股矫正力量。他们没有狙击泡沫，而是借助泡沫，实际上助长了泡沫的膨胀。自 1998 年至 2000 年年初，对冲基金始终是网络股的净买入者。他们的操作策略反映了他们持有的信念，即认为缺乏经验的投资者，其蔓延的热情和跟风行为会使误定价更加严重。对冲基金在这期间玩的游戏，就是早先凯恩斯所描述的著名报纸选美比赛的游戏。虽然一只卖价 30 美元的股票可能仅 "值" 15 美元，但是，如果一些更傻的傻瓜愿意在将来某个时候为这只股票支付 60 美元，那么按 30 美元买入就很合算。

在 2005 年和 2006 年的石油市场上，对冲基金似乎也扮演了兴风作浪、制造不稳定的角色。2004 ~ 2006 年，每桶原油的价格上涨了一倍多。尽管世界经济增长之类的经济力量为油价的上涨压力提供了一些基本面理由，但看上去正是投机活动，尤其是对冲基金的投机活动，助长了油价的大幅飙升。在石油期货市场做空的几家对冲基金也都遭受了重大损失。显而易见，为矫正已观察到的价格泡沫而进行套利交易，本质上是有风险的。

再说，有时候卖空操作无法实现，或者说卖空操作至少会受到严重制约。在卖空操作中，通常要借入被卖空的证券，以便将其交付给买家。比如，要是我卖空 100 股 IBM 股票，我必须借入股票以将其交割给买家（在我持有这个空头仓位期间，如果有股利宣布发放，我还得把它们支付给买家）。在某些情况下，可能无法找到可以借入的股票，因此从技术角度看，即使要实施卖空操作也无法做到。在一些最明显的无效定价实例中，卖空操作的技术限制阻碍了套利交易者矫正误定价。

如果定价过高的股票的近似替代股票难以找到，套利操作也可能很难确立。一次套利操作要产生预期效果，必须有一只相似的定价公允的股票可以借来对冲空头仓位，而且，若发生某个影响整个市场或该股票所属行业的有利事件，可以预期该股票的价格会上涨。

行为金融学家用来说明市场价格可能无效的最佳例证之一是，两只完全相同股票的交易价格却并不完全相同。人们认为荷兰皇家石油（Royal Dutch Petroleum）与壳牌运输（Shell Transport）是"连体孪生"公司。1907年，这两家公司同意结成联盟，将60%的税后利润分割给荷兰皇家石油，40%的税后利润分割给壳牌运输。在有效市场中，荷兰皇家石油的市场价值应该总是壳牌运输的1.5倍。实际上，一直以来，荷兰皇家石油股价对壳牌运输股价的溢价常常达到了20%。在有效市场中，相同的现金流应该以相等的估值进行交易。

这个案例的问题在于，两只股票在不同国家的市场进行交易，这些市场的规则不同，而且将来的限制因素也可能不同。但是，即便荷兰皇家石油与壳牌运输在所有方面被视为等同，在这两只股票之间进行套利交易也会有内在风险。如果荷兰皇家石油对壳牌运输的交易溢价为10%，那么恰当的套利操作应该是卖空定价过高的荷兰皇家石油股票，买入便宜的壳牌运输股票。不过，这一套利交易是有风险的。一只定价过高的股票可能会一直涨上去，给做空者造成损失。今天的便宜货明天可能会变得更加便宜。显然，我们不能完全依赖套利交易来消除市场价格与基础价值之间的偏离。毫无疑问，在21世纪头10年的最后一段时间里，卖空操作的约束在房市泡沫的膨胀中起到了一定的作用。在美国某些地区，当卖空房市实质上不可能实现时，便只有乐观者才说了算。当乐观者能轻而易举地利用抵押贷款让自己进行杠杆操作时，我们便很容易明白为什么房市泡沫不太可能因套利交易而受到约束。

行为金融学给投资者的教训

像我这样的夜猫子经常收看深夜电视节目。"愚蠢的宠物技巧"单元是戴维·莱特曼（David Letterman）以前深夜脱口秀节目中比较滑稽的片段之一。在这个节目单元中，宠物主人会让自己带来的动物表演各种愚蠢的搞笑动作。遗憾的是投资者的行为也经常与这个电视节目中的主人及其宠物非常相似，只是不可笑。投资者会过度自信，遭受群体的踩踏，囿于控制的错觉，拒绝承认投资失误。实际上，相比之下，节目中的宠物显得非常聪明。

我们已看到人类行为的多个方面会对投资产生影响。在投资过程中，我们常常是自己的最大敌人。正如波戈[⊖]（Pogo）所言："我们现在遭遇了敌人，敌人就是我们自己。"了解我们如何受自己的心理影响，可以帮助我们避免愚蠢的投资者错觉和妄想，从而避免破坏自己的财务安全。有一个古老的谚语与玩扑克牌有关，说的是：如果你在牌桌边落座，辨不出谁是容易上当受骗的傻瓜，那就起身离开牌桌吧，因为你就是那个傻瓜。关于投资者心理的这些真知灼见，可以帮助我们免做那个易受愚弄欺骗的替死鬼。

查尔斯·埃利斯（Charles Ellis）长期观察股市，写了一部才华横溢的投资图书《赢得输家的游戏》（*Winning the Loser's Game*）。他根

　　⊖　波戈是 Walt Kelly 创作的著名漫画《波戈》中的卡通人物。——译者注

据自己观察到的情况指出在业余网球比赛中，多数得分并不是凭你这一方打得如何聪明、如何有技巧获得的，而是靠你的对手一方失误得来的。投资中的道理也是如此。埃利斯提出多数投资者采用错误的股市投资策略，不接受本书推荐的依据指数买入持有的消极被动策略，从而自己打败了自己。从多数投资者的行为方式上看，投资股市对他们来说变成了永远只赔不赚的游戏。

2000 年年初，你买的科技股一涨再涨，这时你很容易就让自己相信你实在是个投资天才。这时，你也很容易就说服了自己，追逐近期表现最好的共同基金是万无一失的成功策略。而对于在泡沫期间放弃工作全心进行短线交易的少数人来说，上午 10 时买入一只股票，到中午就发现已涨了 10%，真是万分刺激。所有这些交易策略最终都以灾难收场。频繁进出的交易者赚到的收益总是比稳定地买入持有型投资者更少。

要避免我们的不良行为习惯造成的恶劣影响，第一步是要认清这些行为怪癖。还是屈服于市场的智慧吧。正如业余网球手不用花拳绣腿的招式，只是尽量把球回过去，通常就会赢得比赛，投资者若简单地买入持有由市场上交易的所有股票构成的多样化投资组合，通常也会是赢得投资成功的一方。不要做你自己的敌人，避免使用愚蠢的所谓投资技巧吧。行为金融学为我们提供了以下几个最重要的教训。

避免跟风行为

行为金融学家了解导致投资者随大流的反馈机制。当网络股一路高歌时，面对人们异常欣喜兴奋的情绪，尤其是看到你所有的朋友都在夸耀从股市中赚到了大把钞票时，你很难不失去自制力。大量文献资料的记载说明，朋友对一个人的投资决策产生的影响无所不在。罗伯特·希勒和约翰·庞德（John Pound）调查了 131 位个人投资者，询问是什么引得他们最近买入了某只股票。典型的回答是个人交往接触的人，比如亲戚或朋友，推荐他们买了这只股票。投资者接触的人会对投资者的决策产生重要影响，关于这一点，洪（Hong）、库比克（Kubik）和斯坦（Stein）提供了更加系统的证据。他们发现根据财富、种族、教育程度、风险承受能力进行分类，社交家庭即与邻居有交往或参加礼拜的家庭比起非社交家庭，投资于股市的可能性大得多。

任何投资，只要变成人们交谈中广泛热议的话题，都可能对你的财富造成特别的危害。20 世纪 80 年代早期的黄金投资是如此；20 世纪 80 年代后期的日本房地产和股市投资也是如此；20 世纪 90 年代后期与网络有关的股票投资是如此，21 世纪头 10 年加利福尼亚、内华达和佛罗里达的公寓楼投资以及 2017 年的比特币，也同样如此。

无一例外，在一个时段最热门的股票或基金，在接下来的时段都是表现最差的。而且，正如在极度狂热的时段，跟风行为会诱使投资者甘愿承受越来越大的风险；同样，在悲观情绪弥漫市场之际，跟风行为也让投资者认赔服输，黯然离场。媒体为吸引观众和听众，大肆宣传行情跌得如何之惨，在一些事件上小题大做，也往往助长了投资者的这种自毁行为。即使媒体不进行过度报道，市场的大幅波动也会怂恿人们做出基于情绪而非理性的买卖决策。

由于错误地选择了出入股市的时机，典型的共同基金投资者从股市获得的收益率，都低于只是简单地买入持有市场指数基金本应带来的收益率。之所以如此，是因为投资者往往在市场处于顶部或接近顶部时（此时，每个人都热情洋溢）把资金投在共同基金上，而在市场处于底部时（此时，悲观气氛主宰着一切）却将资金撤出。图 10-2 表明了这一点。从图 10-2 中，我们可以看到 2000 年年初市场达到高点时，新涌入共同基金的净现金流也达到了高峰；2002 年秋季市场处于谷底时，投资者撤出了资金；2008 年年末和 2009 年年初，市场正处在金融危机最严重的时候，撤出市场的资金比以往任何时候都要多。你可以在图 10-2 中看到错误选择出入股市时机造成的惩罚效应。

图 10-2　不要试图选择出入股市的时机：与全球股价表现相关的股票型基金现金流量

还存在一种"错误选择基金造成的惩罚"。2000 年年初市场处于顶部位置，资金流向增长型共同基金，这类基金一般都会投资于科技股和网络股，而价值型基金则遭遇了资金流出，这类基金通常持有市净率和市盈率偏低的"旧经济"股票。接下来的三年间，价值型基金为投资者创造了丰厚的收益，而增长型基金的价值急剧下挫。纳斯达克指数从最高点下跌 80% 之后，2002 年第三季度，增长型基金遭遇了大量赎回。由此可知，今天追逐火热的投资品种，通常会让你在明天遭遇投资的严寒期。

避免过度交易

行为金融学家发现，投资者往往对自己的判断过于自信，并且为了追求自己的财务幸福感，总是过度交易。很多投资者不断地换股，或者不断地更换共同基金，仿佛在玩金拉米纸牌游戏时选牌和弃牌一样。除了产生大量交易成本，以及支付更多税款之外，投资者从频繁的交易中一无所获。短期资本利得是按照固定的所得税率课税的。买入持有型投资者会延迟支付在资本利得上的税款，如果股票一直持有到作为自己的一部分遗产分配给继承人，还可能完全免税。请记住传奇投资家沃伦·巴菲特给出的建议：近乎树懒似的无所作为，仍然是最好的投资风格。对股票投资来说，正确的持有期限是永远。

过度交易的成本是相当大的。巴伯和奥迪恩对 1991 ～ 1996 年约 66 000 个家庭的交易数据进行了研究，他们发现这个样本中家庭年平均收益率是 16.4%，而同期的市场回报率则是 17.9%。比较之下，交易最频繁的家庭的投资组合年均收益率只有 11.4%。也就是说，交易最频繁的家庭的投资组合，其业绩显著低于作为参照标准的消极被动的市场回报率。另外，男性往往比女性更加过度自信，交易也频繁得多。奥迪恩给投资者的建议是：如果你打算进行一次股票交易（并且你已结婚），就问一下你太太是否该交易。

如果一定要交易，就卖出赔钱的股票，而非赚钱的股票

我们已看到，人们赚到钱固然十分开心，但承受损失会让他们痛苦得多。因此，有一点非常矛盾，投资者为了避免损失而承担的风险，可能比为实现等额收益而承担的风险更大。而且，为了避免损失变成现实，为了避免必须承认自己投资失算的局面，投资者可能会避免卖掉价格下跌的股票或基金。另外，投资者一般来说会心甘情愿地

扔掉赚钱的股票，因为这可以让他们享受行事正确带来的成功感。

有时，在市场崩盘期间，尤其是如果你此时有理由相信公司的经营仍然非常成功，握牢手中下跌的股票则是明智的选择。如果你将股票卖掉而市场随后又回升，你会心生双倍的懊悔。但是，抱住像安然和世通这样的赔钱股票不放，原因只是你错误地相信如果不卖就没有遭受损失，那就不是明智的做法。"账面损失"与已实现的损失一样，都是实实在在的。决定不卖与决定以现价买入同样的股票，其意义完全相同。况且，如果你是在应税账户中持有该股票，卖掉它会让你减少税款，政府将通过降低你的税额，减轻你所遭受的打击。卖掉赚钱的股票，总会给你增加税收负担。

避免其他愚蠢的投资技巧

1. 要提防新股

一家公司即将通过 IPO 上市，你是否认为通过购买这家公司的股票就能赚到很多钱呢？特别是在 2000 年的巨大网络泡沫破裂期间，购买 IPO 股票似乎是十拿九稳的通向财富之路。有些成功实现了 IPO 的股票，一开始交易价格便两倍、三倍，（有一例）甚至七倍于首次向公众发行的价格。无怪乎一些投资者开始相信，凑热闹买进 IPO 股票，是在股市"铸造"金钱最简单易行的办法。

我的建议是：你不应该以最初的发行价买入 IPO 股票，并且，在这些股票一般以比发行价更高的价格开始交易之后，你也千万不应该买入。从过往历史的角度看，买入 IPO 股票都不合算。通过衡量所有 IPO 股票发行 5 年之后的表现，研究者发现这类股票的收益率与股市整体比较起来，大约每年低 4 个百分点。IPO 股票上市交易之后，大约 6 个月便开始表现不佳。一般而言，这 6 个月被设定为"锁定期"，在此期间，内部人士不得向公众抛售股票。一旦此限制解除，股票的价格常会剧烈下跌。

对个人投资者来说，投资的结果甚至更糟。真正质地好的 IPO 股票，你永远也没有可能以最初的发行价买到手。IPO 热门股都被大型机构投资者或承销商最优质的富有客户抢购走了。如果你的经纪人打电话，说你可以买到 IPO 股票，那么你可以肯定，这只新股质地很差。经纪券商只有在不能把股票卖给大机构和最优质的个人客户时，才会给你机会以初始发行价买入股票。因此，系统性的结果总是你将只能买到最差的新股。我很清楚，也许除了赌赛马或在拉斯维加斯赌博之外，没有哪一种策略比买入新股更可能危及你的财富了。

2. 对热门建议保持冷静

我们都听说过人们兴致勃勃地提供热门建议的故事。比如，你舅舅吉恩了解到扎伊尔有个钻石矿，投资这座矿包赚不赔。请记住，一座矿通常就是一个地下的窟窿，有个骗子站在这窟窿的前面。再比如，有人神秘兮兮地告诉你表兄的老婆格特鲁德，有一家小型生物科技公司"养在深闺"人未识。"这家公司便宜得要命，现在每股才卖 1 美元，而且他们正准备发布一种治疗癌症的新药。想想看，你拿 2000 美元就能买到 2000 股！"各种投资建议会从四面八方向你袭来——亲戚、朋友、电话，甚至网上。不要去掺和。只要有人向你提供热门建议，你就躲开。这些建议涉及的投资对象，极有可能会变成你生命中最糟糕的投资品。另外要记住：永远不要从自顾不暇的人那里购买任何东西。

3. 不要相信万无一失的策略

总会有业余和专业的投资者告诉你，有些策略可以遴选出最优秀的基金经理，可以在股价下跌时让你置身股市之外。遗憾的是，这些都不可能做到。当然，有些投资组合策略事后看起来产生了高于市场平均水平的收益率，但这些策略渐渐地全都自残自毁了。甚至还有一些择机进出股市的策略，在几年甚至几十年里都有不错的效果。不过，从长期角度看，我赞成20世纪早期传奇投资家伯纳德·巴鲁克的观点，他说："只有骗子才可能实现择机出入股市。"20世纪后期的传奇投资家约翰·伯格尔也说："我不认识有什么人始终如一地做到这一点（择机出入股市）。"

投资者还应该永不忘记一句古老的箴言："如果有什么东西太好了，好得不真实，那么它就是假的。"倘若有些投资者听从了这句箴言，他们也不至于沦为有史以来最大规模的庞氏骗局的牺牲品：2008年，伯纳德·麦道夫（Bernard L. Madoff）诈骗案浮出水面，据说让投资者损失了多达500亿美元的资金。麦道夫一案的真正问题是，人们上了一个荒诞传说的当，以为麦道夫能在他管理的基金中持之以恒地每年为投资者带来10%～12%的收益率。

麦道夫诈骗案的"天才之处"在于麦道夫提供的收益率看起来又适中又安全。倘若他提供的收益率是50%，对这样天上掉馅饼的承诺，人们很可能会心生疑窦。但是，每年获得10%～12%的收益率，看上去却是大有可能的。然而，实际上，年复一年地赚取如此高的收益率，在股票市场（或其他任何市场）上毫无可能，这样的声称本应很容易让人看清背后的真相。在很长的时间跨度中，美国股市大约平均产生了超过9%的收益率，但其间伴随有大幅波动，包括在有些年份，投资者的本金损失多达40%。像麦道夫所报告的那样的投资表现，只有伪造业绩记录才能做到。请投资者也不要指望监管层会保护你，让你免受欺诈阴谋的陷害。曾有人警告证券交易委员会，麦道夫的投资业绩是不可能的，但该机构未能有所作为。唯一能保护你的，是要认识到：任何东西若看上去太好，显得不真实，那毫无疑问就是假的。

行为金融学教给我们战胜市场的方法了吗

有些行为金融学家认为，投资者所犯的系统性错误能为不受情绪和情感影响的理性投资者提供战胜市场的机会。这些学者认为，非理性交易会产生可以预测的股市模式，聪明的投资者可对其加以利用。这些观点比起上文说到的教训，争议要大得多，我们将在第 11 章中对这些观点细加考察。

第 11 章

构建投资组合的新方法：
"聪明的 β" 与风险平价

> 结果？嗨，哥们儿，我得到了很多结果。我知道几千种行
> 不通的方法。
>
> ——托马斯·爱迪生

随着 21 世纪的第二个 10 年接近尾声，越来越多的投资者开始怀疑传统的选股方法能否产生一个投资组合，该投资组合优于成本低廉、税收有优势、以大型指数为基准的指数基金。数千亿美元的投资资金开始由主动管理型基金流向被动管理型指数基金和交易所交易基金。但是，有一类新型投资组合经理认为，要战胜市场，无须成为会挑选股票的人。你可以管理相对被动（换股率低）的投资组合，以便更可靠地实现良好的投资成果，而不会承担额外风险。

有两种新型投资策略，被称为"聪明的 β"和"风险平价"。由于带有能够改善投资组合表现的隐含承诺，这两种策略已吸引数千亿

美元投入其中。本章要问："聪明的 β"果真聪明吗？风险平价是否风险太大？重要的是，投资者应对这些策略的优缺点做到心中有数，应明白它们在其投资计划中可能扮演的角色。

何为"聪明的 β"

关于"聪明的 β"投资策略，并没有一个广泛接受的统一定义。多数人使用这一术语时，头脑中想的是这类策略有可能产生额外（即高于市场整体水平）的投资收益，办法是使用相对被动的以规则为依据的投资策略，但承担的风险不高于低成本的整体股市指数基金。

我在前面几章中曾说过，每一个投资组合的核心部分应该由成本低廉、税收有优势、以大型指数为基准的指数基金组成。的确，从本书 1973 年第 1 版开始，甚至在指数基金诞生之前，我便敦促创建指数基金，因为这类基金相较于成本高昂、税收无优势的主动管理型基金，将会给投资者带来更好的服务。通过持有一个包含市场上所有股票的投资组合，其中每只股票的权重与其市值（等于发行在外股份数与股价的乘积）成相应比例，那么投资者将保证会获得市场收益率。前面几章给出的大量证据表明，对于投资者来说，相对于试图战胜市场的主动管理型基金，指数基金一般而言会提供更高的净收益率。

如果一位投资者按照我前面所做的推荐，买入一只低成本的（美国）整体股市指数基金，他在承担美国股市涨涨跌跌的风险的同时，也会获得市场收益率。记住，市场风险由 β 来衡量，且市场的 β 值根据定义确定为 1，这在第 9 章讨论资本资产定价模型时已经提及。通过承担在股市中的风险，投资者会获得风险溢价，这种风险溢价定义为来自市场的超额收益，高于通过持有美国国债所能获得的安全收益。

这种因接受股价涨跌波动而带来的风险溢价一直很可观。自 1927 年以来，股票给投资者的回报（包括股利和股价上涨）每年比美国国债收益率大约高出 7 个百分点。对于投资大型股市指数的投资者，自 1927 年以来，其夏普比率是 0.42。但是，有过一些长时段，股票表现不佳，股票所产生的收益率逊于安全资产。在 2000 年 3 月～ 2009 年 3 月这 9 年里，股票价格实际上出现了下跌。因此，股票投资者必须接受长时段投资表现不甚理想的状况。

在评估投资组合向任一方向倾斜（或同时向多个方向倾斜）的有利作用时，我们会运用一个通常被学者和从业者使用的统计数字，这一统计数字称为夏普比率，由威廉·夏普首创，他是资本资产定价模型的开发者之一。我们知道，投资者渴望高回报（高收益）和低风险（低波动性）。夏普比率将这两个因素融于一个统计数字之中。在夏普比率公式中，分子是投资策略带来的收益率，或者按照更常见的说法，是超过无风险利率（通常指三个月期美国国债利率）的超额收益率；分母是投资策略的风险或波动性，由收益率标准差（即随着时间的推移，收益率会产生多大波动）来衡量。如果策略 A 产生 10% 的超额收益率，波动率为 20%，而策略 B 产生同样的收益率，波动率为 30%，我们便可以说，策略 A 会受人偏爱，因为该策略具有更高的夏普比率，即每单位风险收益率更高。

$$夏普比率_A = 收益率/风险 = 0.10/0.20 = 0.50$$
$$夏普比率_B = 收益率/风险 = 0.10/0.30 = 0.33$$

采用"聪明的 β"策略的投资经理会让我们相信，纯粹的指数化投资，即每家公司在投资组合中的权重由该公司的总市值来确定，并不是一个最优策略。可以找到一个更好的风险收益平衡（即更高的夏普比率）。窍门在于，让投资组合向某个方向倾斜（或者说让投资组合具有某方面特色），譬如向"价值型股票"或"增长型股票"倾斜，向市值大或市值小的股票倾斜，以及向相对趋势强或弱的股票倾斜。

还有建议做其他类型的倾斜或体现其他特色的，包括公司"品质"（含销售稳定、盈利增长稳定、杠杆率低之类的特点）、盈利能力、低波动性，以及流动性。正如良好的厨艺会将数种食物特色融合为一，有些"聪明的 β"投资组合会将两种或两种以上的特色混合在一起使用。因此，除了将刚刚提及的特色中数种混合在一起之外，还有将"价值型"和"小市值"混合在一起的策略。

"聪明的 β"投资策略与第 9 章讨论的多因素模型有关。的确，这一策略常被称作基于不同因素进行的投资（factor-based investing）。如果我们假定资本资产定价模型的 β 不能完全衡量风险，那么上述所列投资组合的投资倾斜或投资特色便可以被视为额外的风险因素。例如，通过将投资组合向市值较小公司倾斜，投资者便是在赌市值较小公司的风险溢价能够带来更多的收益。当然，在此，"聪明的 β"策略被解释为一种通过承担额外风险而增加收益的投资技术。

四种特色各自的优缺点

价值胜出

1934 年，戴维·多德和本杰明·格雷厄姆发表了一份面向投资者的宣言，吸引了大量忠实信徒，其中包括传奇投资家沃伦·巴菲特。多德和格雷厄姆认为，随着时间的推移，"价值"终会胜出。为了发现"价值"，投资者应该寻找低市盈率和低市净率的股票。"价值"建立在当前实际情况而非未来增长预测的基础之上。运用这一理论的结果，与行为金融学家（如卡尼曼和塞勒）的观点非常吻合。行为金融学家认为投资者往往过度自信，以为自己能够预测出盈利高增长的股票，因而会为"增长型"股票过高的价格买单。

从学理上来说，我对这种投资策略抱有相当大的同情。我挑选股票所秉持的规矩之一，就是寻找有良好增长前景的股票，而且股票的这种前景尚未被市场发现，因此股票具有相当低的市盈率。这种投资方法常被描述为"以合理价格购买增长型股票"（growth at a reasonable price，GARP）。我一再提醒投资者，要注意防范风靡一时的高市盈率股票中存在的风险。盈利增长尤其难以预测，因此持有低市盈率股票会好得多。如果增长得以实现，那么盈利和市盈率将可能双双上升，从而给投资者带来双重益处。购买高市盈率股票，其盈利增长未能实现会让投资者遭受双重打击，即盈利和市盈率将双双下跌。

有证据表明，由低市盈率股票构成的投资组合（以及由低市净率、低市现率或低市销率股票构成的投资组合），即便经过资本资产定价模型的风险调整，也会产生高于市场平均水平的收益。如图 11-1 所示，按市盈率排序，显示了由相同市值股票构成的 10 组股票的不同收益率。组 1 股票的市盈率最低，组 2 次低，其他依此类推。该图还显示，随着一组股票的市盈率增加，收益率便相应减少。

有一个收益率预测性模式，体现了股价对账面净值（记录在账簿中的公司净资产价值）的比率与股票后来的收益率之间的关系。以较低的股价与账面净值之比交易的股票，未来往往会产生较高的收益率。这种模式看上去对美国和很多海外股市而言都成立，法玛和弗伦奇已证明了这一点，他们的研究成果在第 9 章中做了描述。

年均收益率（%）

图 11-1　年均收益率与市盈率

资料来源：Stern School of Business, New York University.

　　市盈率和市净率之所以低，可能反映风险因素已在股价中表现出来了。处在某种程度财务困境中的公司，其出售价格相对于其盈利和账面净值可能会较低。例如，在 2009 年，像花旗和美国银行之类的大型货币中心银行，其出售价格低于其财务报告中的账面净值，而当时这些机构看起来很可能要被政府接管，股东的权益会被一笔勾销。

　　价值这一因素的标准衡量因素称为 HML，即市净率最低的 30% 股票收益率减去市净率最高的 30% 股票收益率。1927 ～ 2017 年，持有价值型股票可获得的年风险溢价是 4.9%。

　　另一个衡量价值溢价的方法是计算夏普比率。自 1927 年以来，价值因素（由 HML 衡量）产生了 0.34 的夏普比率，和前面讨论的 β 市场因素近乎一样高，这是一个很可观的风险回报率。

涉及面广泛的股市投资组合分为两类组成部分——"价值型"和"增长型",购买这种投资组合是可以做到的。其中"价值型"部分持有市盈率和市净率最低的股票。由先锋集团发行的一只交易所交易基金就具有这种代表性,现在以 VVIAX 为交易代码进行交易。VVIAX 基金的设计宗旨在于追踪 CRSP 美国大市值价值指数,这是一个涉及面广的多样化指数,主要由美国"价值型"大公司股票构成。该基金力图复制这一目标指数,手段是将所有或基本上所有资产投资于这一指数的成分股,每只成分股的持有量与其在该指数中的权重大致相同。先锋集团 VIGAX 交易所交易基金追踪 CRSP 美国大市值指数中的"增长型"股票。小市值大型指数的"价值型"和"增长型"交易所交易基金也可以从先锋公司购买。

小即是好

从长期来看,小型公司的股票,较之大型公司的股票,往往会产生更多收益。这是研究调查者在股票收益方面发现的又一个收益率预测性模式。根据 Ibbotson 协会的研究,自 1926 年以来,美国小型公司股票产生的收益率,比大型公司股票产生的收益率高出大约 2 个百分点。图 11-2 显示了法玛和弗伦奇的研究工作,他们根据规模大小将股票进行了十分位划分。他们发现,第 1 个十分位,也就是总市值最小的 10% 的股票,其产生的收益率最高,而第 10 个十分位,也就是总市值最大的 10% 的股票,其带来的收益率最小。而且,在同样的 β 水平上,小型公司也比规模较大的公司表现要好。尽管更多研究因小市值公司股票缺乏市场流动性而往往会质疑市值大小与收益率相关现象的持久性,以及投资者能够捕捉这一效应的可行性,但是,看上去市值规模确实是一个解释历史收益率的因素。

月平均收益率（%）

图 11-2　1963 ～ 1990 年月平均收益率与公司规模对照

注：由较小市值股票构成的投资组合，其收益率往往高于由较大市值股票构成的
　　投资组合。
资料来源：Fama and French,"The Cross-Section of Expected Stock Returns,"*Journal*
　　of Finance (June 1992).

尽管存在上述模式，但我们还需要记住，小市值股票可能比市值
较大的股票风险更高，理应为投资者带来更高的收益率。由此可知，
即便"小公司效应"（small-firm effect）在将来继续出现，但这样一个
发现与有效市场理论并不冲突。小市值公司带来的更高收益，可能只
是因为投资者承担了更大的风险而应付给他们的必要报酬。因此，市
值规模是一个应以超额收益来补偿的风险因素。

规模这一因素的计算方法为：测算市场上市值最小的 50% 股
票的年均收益率，然后减去市值最大的 50% 股票的年均收益率。
1927 ～ 2017 年，市值规模带来的风险溢价是 3.3 个百分点。规模效
应产生了 0.23 的夏普比率。

市场中存在一些趋势

关于股票价格走势，最早的实证研究工作要追溯到20世纪初，当时发现一系列随机数字会随一个时间序列的股价同时出现。但是，即使最早的研究支持股价走势随机性这个一般结论，时间更近的研究却表明，随机漫步模型在严格意义上并不能完全站得住脚。在股价变化之中，似乎存在着某些股价运行模式。在短期持有股票期间，有一些证据表明股市中存在着趋势。当股价出现上涨时，紧接着出现股价上涨的可能性要稍大于股价下跌。在较长的持有期内，似乎存在均值回归的现象。经过为期数月或数年的大幅上涨之后，随之而来的常常是剧烈反转。

已有人提出两个可能存在的原因，解释为何股价运行中存在着趋势：第一个原因建立在行为金融学的思考之上；第二个原因是市场对新信息反应迟缓。罗伯特·席勒是行为金融学领域主要研究者之一，他于2000年强调说，心理反馈机制赋予了股价一定程度的趋势，在市场热情极为高涨期间，尤其如此。个人投资者看到股票价格正在上涨，便在一种"从众效应"（bandwagon effect）的影响下，被吸引过来进了场。第二种解释基于这样的观点：当新消息出现时，投资者未立即调整自己的预期，尤其是关于公司盈利的消息超过（或未达到）自己的预期时。有些研究调查者发现，盈利出现正面的意外消息之后，股票收益率异常走高，股票价格看上去在对盈利信息逐渐做出反应。

很难将股市中存在的趋势证据解释为反映了风险。事实上，经常出现"趋势崩溃"的情形，此时，市场最为喜爱的股票遭遇惩罚性反转。遵循趋势的投资策略当然具有一定程度的风险。

一般情况下，趋势通过考察不包括最近一个月的近12个月收益率来衡量。（最近一个月之所以排除在外，是因为这个月常常呈现出一次收益反转的情形。）趋势这一因素的测算值等于表现最佳的 30% 股票的平均收益率减去表现最差的 30% 股票的平均收益率。1927 ～ 2017 年，运用包含做多表现最佳的股票和做空表现最差的股票的趋势投资策略，产生了 9.2 个百分点的风险溢价和 0.58 的夏普比率，两者甚至都大于资本资产定价模型的 β 因素。当然，对所有因素的测算都存在一个假设：投资者做多趋势最强、市净率和市盈率最低、市值规模最小的股票，并做空与此相反的股票。交易成本、税收以及其他可能的实施成本不考虑在内。

低 β 值股票与高 β 值股票收益相同

回想一下第 9 章的讨论，其中的实证研究结果表明，β 与收益之间没什么关系。高 β 值股票并未产生资本资产定价模型假定的更高收益。（健忘的读者，可以回头查看图 9-3，该图呈现了法玛和弗伦奇的研究成果。）但是，既然低 β 值股票的波动性较小，那么投资者便可以通过持有低 β 值股票组合来提高其夏普比率。因此，低波动性可以视为一个能改善投资者的风险收益平衡的额外因素。无论在美国还是国际上，β 与收益之间的关系都不是很大。

投资者可以利用这一事实，设计各种"反 β 下注"的投资组合策略。例如，假设低 β 投资组合的 β 值为 0.5（波动性是涉及面广泛的市场投资组合的一半），但是这类投资组合产生了与市场完全一样的收益率，市场的 β 值根据定义为 1。假设市场收益率是 10%。投资者利用保证金融资买入一个低 β 值投资组合（在每 1 美元的市场价值中，自有出资为 50 美分），那么该投资者便可以让 β 值翻倍，也让该低 β 值投资组合的收益率翻一番。我们将在本章后半部分讨论中看到，这样的技巧是所谓风险平价投资的基础。

可能会出现什么问题

在数据研究中，这些策略运用于真金白银的投资是否有效，是一个我们现在要考察的问题。至少在历史上，上面考虑的四个因素，即价值、规模、趋势、低 β 值，产生过很好的风险调整后收益。看起来，将投资组合向这些方向倾斜，可能是一个聪明的投资策略。但是，在实践中，投资者可能捕捉不到看上去可以获得的额外风险溢价。

请记住，研究者已计算过的实际风险收益结果，一般会假设投资组合做多一个因素，并做空另一因素（例如，做多价值型股票，做空增长型股票）。实际上，这样的投资策略有时会涉及相当大的交易成本，可能难以实施。买入股票以平仓一次卖空操作，其成本可能很高，而可供买入的股票，其供应有时可能非常有限。如果因素投资的收益率是由市场参与者的行为错误造成的，而不是由反映出的风险带来的，那么随着时间的推移，这样的收益率便会被套利交易消除，当更多投资资金流入低 β 值产品的时候尤其会如此。的确，一直存在一个倾向：市场上的因素溢价在为人所理解并获得广泛传播之后会减弱。

现在投资者可以买到投资基金和交易所交易基金，使其得以买入集中投资四个因素中每一个因素的投资组合。交易所交易基金 VTI 和 SPY，分别使投资者能够广泛投资于"整体股市"和标准普尔 500 指数。这些是我长期推荐的简单指数基金，可让投资者面向市场 β。先锋集团发行的 VVIAX 交易所交易基金，如其交易代码所示，是一只具有代表性的"价值型"基金，追踪 CRSP 美国大市值价值指数的表现，该指数是一个涉及面广泛的多样化指数，主要由美国大公司的"价值型"股票构成。先锋集团 VIGAX 交易所交易基金追踪 CRSP 美国大市值指数中"增长型"股票的表现。"价值型"和"增长型"交易所交易基金也能买到涉及面广泛的小市值指数。

　　投资者还可以买到含有向小规模公司即小市值股票倾斜的投资组合的投资工具，如以代码 IWB 交易的交易所交易基金，它追踪由 1000 家美国规模最大的公司构成的罗素 1000 指数。交易所交易基金 IWN，追踪包含规模（总市值）次之的 2000 家公司的罗素 2000 小市值指数。进一步，还有这样的交易所交易基金：将投资组合向那些和整个市场相比表现相对强势的股票倾斜。AMOMX 基金，由投资公司 AQR 发行，投资于认定有上涨趋势的大市值和中等市值股票。还有专注于单一因素的交易所交易基金 SPLV，该基金只买入波动性低的股票。

　　现在市场上存在数百只单一因素交易所交易基金，大约占美国已上市交易的交易所交易基金总数的 17%。此外，还有数百只共同基金，其设计宗旨也在于集中投资单一因素。加在一起，这些基金管理的美元资产大大超过 5000 亿美元。其中有些基金已存续超过 25 年，因此对其实际表现如何，我们掌握了大量证据。证据清楚地表明，投资于单一因素的"聪明的 β"产品未产生更胜一筹的投资结果。

　　在表 11-1 中，我们将四种单一因素交易所交易基金的投资成果与简单的指数基金做比较。在比较中，我们使用一只来自先锋集团的整体股市指数基金（交易代码为 VTSAX），先锋集团将这只因素基金设计为一只大市值股票基金。对于低波动性因素交易所交易基金，我们采用可对等比较的大市值标准普尔 500 指数基金。表 11-1 显示了比较结果。单一因素基金要么产生了与追踪大型指数的指数基金大致相等的收益率，要么其收益率较为逊色。这类基金还经历过长时间表现不佳的状况。而且，其风险调整后收益没有显著提高，其夏普比率为此提供了证据。低波动性因素交易所交易基金确实产生了稍高的夏普比率，但收益率较差。聪明的 β 投资在单一因素产品中，结果却显示其并非聪明的投资。

表 11-1　对单一因素基金的评价（基金存续期至 2018 年止）

因素（基金及其初始比较期）	相对于整体股市指数基金 VTSAX 的超额收益	相对于整体股市指数基金 VTSAX 的超额夏普比率
价值 先锋集团 VVIAX 基金（1992 年 12 月）	0.02	0
规模 先锋 VSMAX（2000 年 9 月）	−1.74	−0.21
趋势[1] AQR 公司 AMOMX 基金（2009 年 8 月）	−0.45[1]	−0.18[1]
低波动性 Power Share 500 SPLV 基金（2011 年 5 月）	−0.95[1]	0.21[1]

[1]与先锋集团 500 指数基金 VFIAX 相比较。

混合因素投资策略

至此，我们已思考单独运用诸如"价值""规模""趋势"之类的因素倾斜（或特色倾斜）策略来构建投资组合。现在，我们可以考察混合策略，即同时运用不同因素或特色，是否可能产生更加持续的投资收益。或许，在不同因素间进行多样化投资，可以使收益增强，或者说就特定收益水平而言带来更低的风险。如果因素之间的相关系数很低，那么多样化因素投资应该会有助益，这一点我们在第 8 章涉及投资组合理论时已有展示。如果某些因素之间的相关系数实际为负值，我们应该预期会从混合策略中获得更高的风险调整后收益。

事实上，因素之间的相关系数很低，或者为负值。例如，趋势因素与市场 β、价值、规模等因素之间呈负相关。因此，通过充分体现使用混合因素策略带来的潜在多样化益处，投资收益应该会得到提高。例如，当价值倾斜不起作用时，趋势倾斜往往会增强收益。表 11-2 显示了 1964～2017 年相关系数的测算值。

表 11-2　因素之间的相关系数（1964～2017 年）

因素	市场 β	规模	价值	趋势
市场 β	1.0	0.26	−0.25	−0.18
规模	0.26	1.00	0.02	−0.12
价值	−0.25	0.02	1.00	−0.20
趋势	−0.18	−0.12	−0.20	1.00

资料来源：Andrew L. Berkin and Larry E. Swedroe, *Your Complete Guide to Factor-Based Investing.*

安德鲁·贝尔金（Andrew Berkin）和拉里·斯韦德罗（Larry Swedroe）作为一部优秀的因素投资指南书籍的作者，通过将不同倾斜因素相结合构建投资组合，从中模拟出收益与风险的结果。在表 11-3 中，混合策略投资组合的配置办法，是将 25% 的投资资金分别投入四个因素中的每一个因素，包括市场 β、规模、价值和趋势。我们注意到，该混合因素投资组合展示出低得引人注目的不稳定性（即收益率标准差）和高得多的夏普比率。

表 11-3　斯韦德罗和贝尔金模拟的收益风险结果（1927～2017 年）

	平均收益率（%）	标准差（%）	夏普比率
市场 β	8.5	20.4	0.42
规模	3.2	13.8	0.23
价值	4.9	14.2	0.34

（续）

	平均收益率（%）	标准差（%）	夏普比率
趋势	9.2	15.8	0.58
混合因素投资组合	6.4	8.8	0.73

当然，这些模拟结果并未将任何管理费或交易成本考虑在内。而且，各个规模、价值和趋势部分都是多空双仓投资组合[⊖]，并且假设卖空平仓没有任何困难。

实践中的混合基金

1. DFA 基金管理公司

DFA（Dimentional Fund Advisors）基金管理公司成立于 20 世纪 80 年代初，旨在向投资者提供混合因素策略应用于实践的投资组合。投资组合使用最初法玛 – 弗伦奇三因素模型中的规模和价值两因素进行设计，通过向近期价格强势股和盈利增长强劲股倾斜以增强投资收益。2018 年年初，DFA 基金管理公司管理的资产规模超过 5000 亿美元。

DFA 公司旗下的基金一路走来，与投资者可投资的其他众多"聪明的 β"基金相比，业绩略胜一筹。一般而言，DFA 公司的基金成本低廉，费率仅仅稍高于追踪大型指数、按市值分配权重的指数基金。不过，DFA 公司的基金只是通过投资顾问公司销售。可以买到 DFA 公司基金的投资顾问公司"仅收取顾问费"，也就是说，这些投资顾问公司并不因为安排投资者进入特定基金而收取额外佣金。因此，这

⊖　例如，价值组合持有规模最小的股票作为多头仓位，同时卖空规模最大的股票作为空头仓位。

些顾问公司往往不像其他顾问公司那样涉及利益冲突。尽管如此，顾问公司收取的顾问费可能达到 1% 或者更多，所以，一直可以从 DFA 公司基金中获得的超额收益会因顾问费的存在而减少。在表 11-4 中，我们展示了 DFA 公司小市值价值基金（交易代码为 DFSVX）和大市值价值基金（交易代码为 DFLVX）的投资收益。DFA 公司直言不讳地表示，任何超额收益都代表了对投资组合额外风险的适当补偿。还要注意，DFA 公司基金像所有"聪明的 β"基金一样，也会经历表现不佳的时期。

表 11-4　对多因素基金的评估（基金存续期至 2018 年止）

基金	相对于整体股市指数基金 VTSAX 的超额收益	相对于整体股市指数基金 VTSAX 的超额夏普比率
DFA 大市值价值基金（自 1993 年 3 月起）	0.81	−0.02
DFA 小市值价值基金（自 1993 年 4 月起）	2.21	−0.01
Power Shares RAFI 基金（自 2006 年 1 月起）	0.24	−0.06
等权重[①]交易所交易基金 RSP（自 2003 年 5 月起）	1.57 [①]	−0.01 [①]

① 与先锋集团 500 指数基金 VFIAX 相比较。

2. RAFI 基本面指数基金

按照商业上的成功标准，RAFI（Research Affiliates Fundamental Index™）"聪明的 β"基本面指数基金在收罗管理资产方面也一直很成功。截至 2018 年年初，RA（Research Affiliates）公司已有超过 2000 亿美元的管理资产。与 DFA 公司不同，RA 公司声称任何超额收益之所以产生，是因为存在市场无效性的情况，而不是因为存在风险。RA 公司创始人罗伯特·阿诺特（Robert Arnott）能让观众听讲座时如痴如醉，因为他会论证说市值权重法（即按照每家公司的市场价值确定投资组合中的股票权重）意味着持有如此投资组合的人总是持有过大份额的价格被高估的增长型股票。他会避免这一问题，办法是根据每只股票诸如盈利、资产之类的经济指标来调整权重。他将此种办法称为基本面指数法。当然，如此确定权重的做法会让 RAFI 基金向价值和小市值因素倾斜，这样一来，其投资组合便与其他多因素"聪明的 β"投资组合非常相似。RAFI 交易所交易基金的交易代码为 PRF。

有段时期 PRF 交出了极为出色的业绩答卷，那是在 2009 年。这只 RAFI 投资组合 2009 年之所以以很大的权重过度配置正走出金融危机的大型银行股，是因为这些股票以异乎寻常的极大账面（资产）"净值"折扣在市场上交易。当时这只 RAFI 基本面指数投资组合大约将组合中 15% 的资金投入两只股票（花旗银行和美国银行）。事实证明，这一超大权重配置有助于产生极为出色的投资收益。但是，当时这些身陷困境的银行是否会避免国有化，其形势极不明朗。无论如何，这一投资策略含有相当大的风险。我们现在很难不得出这样的结论：RAFI 基本面指数基金无论在产生超额收益上取得了什么成功，都源于承担了更大的风险，而不是源于增长型股票的误定价的费率。

3. 高盛主动 β 型交易所交易基金

高盛公司于 2005 年首次发行其"聪明的 β"基金。这只交易所交易基金的交易代码为 GSLC。它依靠四个因素构建投资组合：良好价值、强劲趋势、优秀品质、低波动性。该基金的费率仅为 9 个基点（即 0.09%），为"聪明的 β"基金中的最低费率。这一费率接近最低的简单买入并持有股市中所有股票的整体股市指数基金的费率。

4. 等权重投资组合

通过对某一指数中的每只股票给予相同的权重，而不是根据每只股票的总市值来确定权重，投资者可以获得与一些多因素投资模型相似的收益率。一个等权重标准普尔 500 指数投资组合会按 1/500 的权重将每只股票包括在内。因此，等权重法既会增加小公司的权重，又会增加价值型公司的权重，同时会降低最受欢迎的市值增长型公司的权重，比如亚马逊和 Alphabet（谷歌母公司）。"古根海姆公司等权重1000 交易所交易基金"（交易代码为 EWRI）以 1/1000 的等权重投资于罗素 1000 大市值指数中的每一只股票，并定期对其中的股票进行重新调整。等权重投资组合具有多样化和风险并存的特征，这一点与根据市值大小确定权重的投资组合大为不同。等权重投资组合不具有税收优势，因为重新调整组合内的股票时，需要卖出价格已上涨最多的股票，以减少其在组合中的权重。

多因素基金的业绩记录一直显示多因素基金有一定发展前途。因为它们一直能够得益于因素之间较低的或负的相关系数，所以它们一直能够带来中等程度的收益提升，其夏普比率非常接近于大型股市指数。然而，这些基金在税收优势上可能会稍逊一筹，因为在执行投资策略时会涉及调整所持的股票，产生应税资本利得。此外，投资者还需要明白，投资于仅能从投资顾问公司购买的多因素基金时，将强制收取额外费用。

对投资者有何意义

"聪明的 β"投资策略依赖于某种类型的主动管理。所谓主动，并非就这个词的通常意义而言。这些投资策略并不力图挑选单只股票，而是让投资组合向历史上似乎已产生高于市场收益的各种因素倾斜。从有利的一面来说，"聪明的β"投资组合提供这些因素倾斜时，费率常常在相当程度上低于传统的主动管理型基金所收取的费率。

一般而言，单一因素"聪明的β"基金和交易所交易基金的收益记录一直参差不齐，有好有坏。很多单一因素交易所交易基金未能产生可靠的超额收益。而且，这些基金与按市值确定股票权重的基金相比，税收上的优势更少，因为后者不需要定期进行持仓调整。

多因素"聪明的β"基金通过利用因素之间较低的或负的相关系数，似乎产生了更胜一筹的投资收益。尤其是在这类基金可以按低费率获得时，它们可能会对以跟踪大型指数的指数基金为核心的投资组合构成补充。但是，任何超额收益或者更为有利的夏普比率，都应被解读为承担额外风险所带来的回报。若投资背离了整体市场投资组合，投资者便要承担起一系列不同的风险。对投资者而言，"聪明的β"投资组合可能并不代表一种高大上的、更好的"捕鼠夹子"。投资者应该警惕，不要让自己被风险更大的"捕鼠夹子"给夹住了。

"聪明的β"投资组合一直是营销炒作的对象，受到相当多的吹捧。这类投资组合常常证明了存在聪明的营销，而非聪明的投资。"聪明的β"投资策略未来是否会被证明为聪明的投资，关键取决于策略实施时市场的估值水平如何。美国股票"价值"投资策略曾在市场走出互联网泡沫之时表现得异常优秀，因为当时相对于多数"价值型"股票，"增长型"科技公司股票都定价过高。与此相似，小市值股票相对于大市值股票定价不算昂贵时，其表现便特别突出。投资者应当认识到，如果"价值型"和"小市值"股票定价太高，随着"聪明的β"基金越来越受人欢迎，最终的结果很可能会让人失望。

投资策略在投资结果公布之后变得广为人知时，常常会丧失其有效性。如果投资策略依赖于市场的误定价而不是依靠对风险给予补偿，投资策略尤其会失去有效性。因此，没有任何理由调整本书最初几版便给出的历时已久的建议：每一个投资组合的核心部分，应当由成本低廉、税收有优势、跟踪大型指数的指数基金构成。如果你的确想冒险，赌一赌某些风险因素未来会产生更高的风险调整后的回报，那么你可以比较谨慎地冒险一试，前提条件是你的投资组合的核心部分得由按市值确定权重、跟踪大型指数的指数基金构成。如果你确实希望向投资组合中加入额外的风险因素，以追求超额收益，那么我建议你购买成本低廉的多因素基金，而不要购买集中向某一风险因素倾斜的基金。

风险平价

瑞·达利欧（Ray Dalio）是一个与众不同的人。他是亿万富翁，世界上最富有者之一，同时又是头号畅销书作者。他在桥水基金管理着世界上规模最大的数只对冲基金。在桥水基金，他开发出获得巨大成功的风险平价基金，这只基金叫作全天候基金（All Weather Fund）。他在其名为《原则》的书中，描述了为桥水基金提供行动指南的 200余条原则。

《原则》一书是可以成为是一个向人们展示如何在投资中获得成功的样板，不甚清楚。当然，投资策略必须"基于证据"，必须经受他人激烈辩论和批评的检验，这样的观点无可辩驳。但是，达利欧在桥水基金创造的工作环境一直被人描述为"有毒"。

达利欧坚持要求，为了将雇员的绩效带向更高的水平，雇员必须始终用"极端诚实"来评价，而不是用友善来评价。每一天，关于该组织及其各个雇员是否有效达到预期要求，都要收集观察到的事项（即所谓的观察点），所有会议都要录音录像。雇员可能受到公开批评，每个雇员都有一张描述自身不足之处的卡片，可在网上供公司内每个人查看。对于未达到预期要求的雇员，大家对他们的公开批评被称为"公开执行的绞刑"。公司告知雇员，要将一群鬣狗猎杀一只幼年牛羚的范例视为相互间在工作中如何相处的行动蓝图。难怪几年内会有1/3的雇员离开桥水基金。有个雇员向康涅狄格州人权委员会投诉说，桥水基金是一只"装满恐惧和胁迫的鼎镬"。

但是不可否认，这个组织创造了非同寻常的投资成果。有些人很欣赏这种"强硬文化"，其中一位是桥水基金的前雇员，以联邦调查局前局长的身份而闻名的詹姆斯·科米。科米说："我一生中待过很多不同地方，唯独在这种陌生的实地调查中受到过'盘问'。我出庭作过证，我多次向美国总统做过简要汇报，我在美国最高法院的法官面前争论过，这样的我却在桥水基金受到了盘问。桥水基金最不讲情面。"你可以批评瑞·达利欧，但科米还是要说："他是一个精明的混蛋。"

桥水基金最大成功之一，是开发了风险平价技术。风险平价技术赖以存在的基于证据的原则是，相对安全的资产所提供的收益，常常高于其风险水平所要求的收益，而风险更高的资产相对定价过高，收益低于其应有水平。因此，为了提高风险和收益，投资者可以给低风险资产加杠杆，用借入的资金购买低风险资产来提升收益。我们会在接下来的例子中展示这一点。

风险平价技术

有两种方法投资者可望借其提高投资组合的收益和风险。一种方法是，在投资组合里超权重配置风险更高的资产，比如股票。另一种方法是投资于广泛多样化的投资组合，赋予相对更安全的资产以很大的权重，这些资产应有望带来尚可的收益和相对低的预期波动。然后可以给这种相对安全的投资组合加上杠杆，以提高其风险和收益。风险平价的实质在于，第二种方法能够在一些情况下给投资者提供更好的单位风险预期收益。毫无疑问，加杠杆可能会带来其自身独有的一系列额外风险，因为加杠杆的投资者面对常常席卷金融市场的临时风暴时，安然度过的能力会较弱。但是，对于有能力、有心性接受杠杆额外风险的投资者（尤其是那些高净值投资者），风险平价投资组合可能具有足够的吸引力，值得在整个投资组合中占有一席之地。

有相当多的证据表明，个体似乎对获胜希望渺茫，但若获胜却有巨大潜在回报的押注对象，会投入过多的资金。想象一下你在赛马上押注的情形。如果你给场上每匹赛马都押注，那么你保证会持有一张中奖票，因为总会有一匹马赢得比赛。但是，你取回奖金后会发现，你大约输了 20% 的钱，因为赛马场在扣除 20% 的所有赌注金额以应付税费、比赛费用和利润之后，才算出应付奖金。如果你一场又一场地继续押注于每一匹马，你会持续输掉 20% 的押注总额。

在每一场比赛中，都有一些胜率很小的赛马，人们认为其最不可能获胜，却有着最大的潜在回报。假设你认为获得如此巨大回报的前景很诱人，以致在每一场比赛中都押注于其中最不可能获胜的赛马，那么，你偶尔会赢，但随着时间的推移，你大约会输掉 40% 的押注金额。反过来，如果你在每场比赛中都押注于最受追捧的那匹赛马，你大约在 1/3 的时间里会赢。不过，渐渐地，你还是会输钱，只是大约输掉 5% 的押注金额。尽管没有万无一失的办法在赛马场获胜（除非你有内幕消息，知道某匹赛马服了兴奋剂），但是始终如一地押注于最受喜爱的赛马，其结果不会逊于押注于最不可能获胜的赛马。赌赛马的人，因为兴奋于可能大有斩获，会过度押注于不可能获胜的赛马。虽然一般而言押注赔率的确能很好地预测赛马冲过终点时的顺序，但人们却会对最不可能获胜的赛马过度押注，对最有望获胜的赛马押注过低。

在资产类别的世界里，也有最有望获胜的赛马和最不可能获胜的赛马。而且，看上去也有一种倾向，即投资者对最不可能获胜的赛马过度押注。股市和赛马场的回报有一个引人注目的相似之处：人们往往会对风险高而收益可能奇高的投资投入过多的资金。非常安全的股票（以及其他安全资产）所提供的收益，看起来会高于其风险所必然要求的收益。我们在第 9 章针对资本资产定价模型的讨论中见过一个极好的例子。

在第 9 章中，我们仔细分析了富有创新意义的法玛－弗伦奇研究，该研究显示，高 β 值股票（即对市场总体股价下跌最具敏感性的股票）相较于更加稳定的股票，不会给投资者提供更高的收益率，随后的研究证实了这一结果。这些研究发现构成了可能实施风险平价策略的底层逻辑。如果收益与 β 之间关系不紧密的历史模式继续存在，那么以保证金融资买入低 β 值资产以提高投资组合风险和收益至投资者希望的水平，便是最优做法。通过使用足够大的杠杆，可以将投资组合的 β 值提高到与市场投资组合相同的水平。如果历史模式继续存在，投资者获得的收益率将高于市场收益率。

安全债券也可以提供利用风险平价的机会

低风险资产看起来会提供高于其风险特征所必然要求的收益率，这一研究发现不仅在股票市场立得住，在不同的资产类别中也适用。债券的波动性大约为股票的一半。债券收益的波动率大约比股票收益低 50%（股票收益率的标准差为 2%，债券收益率的标准差为不足1%）。但是，在截至 2016 年的 50 年间，债券产生了 7.1% 的平均收益，股票是 11.4%。

风险平价承认上文所提到的这种看来存在的实证规律，试图对之加以利用，办法是用保证金融资买入债券，以增加债券投资组合的收益率，同时将投资者的风险提高至持有股票投资组合所固有的水平。表 11-5 就是一个如此操作的例子。在此例中，我们展示出，在 2007 ～ 2016 年里，一个投资者若以 50% 的保证金融资买入债券，会得到怎样的投资结果。投资者会让其投资收益翻一番，也会让其风险翻一番。[一]投资者每购买 100 美元的债券，只投入 50 美元的自有资金。这种投资技巧会让投资者的收益增加一倍，代价是投资收益的波动性（即标准差）也增加一倍。

表 11-5 风险平价举例（股票和债券收益产生期间为 2007 ～ 2016 年）

	年均收益率（%）	标准差（%）
标准普尔 500 指数	8.6	2.0
10 年期美国国债	5.1	0.8
加杠杆债券投资（50% 保证金）①	10.2	1.6

① 假设融资成本为零。

风险平价投资组合与传统 60/40 投资组合之比较

我们在第 8 章讨论过投资组合理论，其中描述的投资技术也可以用作支持风险平价的另一个论据。很多机构的投资组合和"平衡型"基金包含 60% 的股票和 40% 的债券，或者使用 60/40 投资组合作为它们投资业绩衡量基准的一个代表。然而，风险平价可能提供更好的风险收益平衡。

一 精确计算时，需要算进加杠杆头寸的融资成本，比如以无风险利率借入资金的融资成本。如果用保证金购买债券，融资按无风险利率进行，那么这笔加杠杆债券投资的收益率将减少至 9.9%。但是，即使这位投资者按短期无风险利率或稍高的利率借入资金并支付利息，投资组合仍具有同样的优势。投资者想要的杠杆也可以利用衍生品市场来建立。通过衍生品融资的固有成本通常低于现金融资成本。

　　60/40 投资组合看上去非常谨慎，为保护投资者免遭股市中难免出现的暴跌损失进行了良好设计。事实上，这些投资组合的波动性约 90% 来自投在股票上的那 60% 的仓位。在 2008 年的金融危机中，60/40 投资组合损失了超过 25% 的持仓市值。我们能轻而易举地证明 60/40 投资组合可能并非最优选择。

　　我们把点轨迹（称为机会轨迹，如图 11-3 中的曲线所示）视为所有股票加债券的组合点及其相应各投资组合产生的风险收益特征。风险最低的投资组合由 100% 的债券组成，因为债券收益率的标准差比股票低。通过向投资组合中添加一些股票，我们可以获得更高的收益率，因为股票收益以往一直高于债券收益。至少对于一些债券叠加股票的组合点而言，相应投资组合的标准差可能会下降，因为一般情况下，债券和股票的相关系数很低（有时甚至为负值）。然而最终，随着我们移动到 100% 由股票组成的投资组合，风险会增加，因为股票收益率的标准差超过了债券。

　　曲线轨迹上添加的两个点很有意思。注意，由 60% 股票和 40% 债券构成的投资组合在轨迹线上接近处于末端的全为股票的组合点。此外，还要观察到，从无风险利率引出的直线与机会轨迹相切。我们会把切点处的投资组合称为股票和债券风险平价投资组合。⊖投资者可以沿着直线移动到风险平价点的右侧，用保证金按无风险利率融资购买风险平价投资组合。切线上所有可能的投资组合较之曲线轨迹上的投资组合，会提供同样好或更好的风险收益平衡。我们尤其会看到，加杠杆的风险平价投资组合与 60/40 投资组合相比，显然占据上风。它和 60/40 投资组合风险相同，但会提供更高的投资收益。

⊖　注意，风险平价左侧所有投资组合，代表无风险利率投资与风险平价投资
　　组合的组合点。

图 11-3　风险平价投资组合与 60/40 投资组合之比较

达利欧的全天候基金

至此，我们已举例加图示说明了仅仅使用两个资产类别即股票和债券的风险平价投资组合。在实践中，风险平价投资组合包含很多资产类别，整个投资组合不仅仅包括股票和债券。例如，房地产（此类资产的投资途径可以使用房地产投资信托指数基金）就可能包括在整个投资组合之内，大宗商品基金以及通货膨胀保值债券也是如此。的确，整个风险平价投资组合由于添加了其他资产类别，可能会获得很大收益。只要添加的资产类别有着相对低（或至少不很高）的相关系数，投资组合的效果往往便会倾向于降低整个投资组合的波动性。此外，不同资产类别对不同经济情况很可能会做出不同的反应。这正是桥水基金将其风险平价基金称为全天候基金的原因所在。

注意，这种投资技术并不依赖于对投资组合进行主动管理。投资组合的组成部分可以跟踪指数，进行被动管理，这种管理效果与主动管理一样好。这种投资技术并不依赖于根据投资组合经理的择时直觉而在不同类别资产间转换持仓这种做法。而且，即便其他风险指标，如对行情下行的敏感度，被视为比整个投资组合波动性更加适当的风险指标，风险平价技术也是适用的。需要做到的是，对资产配置进行调整，以致投资组合的所有组成部分对投资组合的风险具有同等贡献度。

可能会出现什么纰漏

风险平价投资法在金融危机期间渐受欢迎，因为风险平价投资组合往往表现优于传统上按市值确定权重并大量配置股票的投资组合。不同的风险平价投资法会使用不同的确定权重的做法，也使用不同的资产，但都倾向于给固定收益证券（债券）配置高于标准投资组合的权重。虽然风险平价投资法不仅仅押注于加杠杆债券，但需要认真考虑投资计划中这种杠杆所涉及的风险。

自 20 世纪 80 年代初至 21 世纪头 10 年后期，债券产生了出类拔萃的风险调整后收益。这让采用风险平价法的投资者可以使用杠杆买入债券，获得高于在股票上可以得到的净收益。但是，在 20 世纪 80 年代初，美国国债的收益率达两位数。2018 年，10 年期美国国债收益率大约为 3%，仅略高于其 1926 年以来历史平均收益率的一半。尤其是当 10 年期美国国债收益率上升至更为正常的水平时，债券价格就会下跌，进一步减少债券的收益率。很多经济预测者预测增长缓慢、非通货膨胀性的经济形势会持续下去，虽然在这样的环境中利率可能保持在低位，但债券产生的收益率不太可能接近其于 1982 ～ 2018 年产生的高收益率。

对于投资者，杠杆是一种具有潜在危险的工具。一个不加杠杆的投资者，可以继续持有价格已下跌的债券，希望最终价格会反弹或者债券以回归面值的价格到期。加杠杆的投资者在价格急剧下跌的趋势中，可能会被迫清盘手中的债券头寸，将一时的浮亏变为永久的亏损。因此，尽管债券在正常经济环境中可能波动性较低，但是较低的波动性可能会剧烈上升，展现出显著的负偏态。

还可能出现的情况是，风险平价投资组合中的其他资产类别未能产生足够高的风险溢价，在与经济环境的相关性上不具有与其过去同等的相关系数。商品作为一个资产类别，常常被誉为具有一种可取特色的低波动性资产，此特色就是，商品与通货膨胀的相关性使其成为充分多样化配置投资组合的一个非常有益的组成部分。但是，从历史上看，商品期货收益之所以存在，其成因是期货价格系统性地未达到期货合约结束时实现的现金价格。这种所谓的"滚动收益"（"roll return"）会被添加进因商品价格往往随总体通货膨胀水平一道上涨而带来的预期收益之中。但是，因为更多投资资金已进入商品市场，滚动溢价已呈现出归零甚至变为负数的倾向。

此外，商品指数与通货膨胀之间的相关系数与过去相比可能不那么有利。很多商品指数赋予原油以很大的权重。随着页岩油可以大量开采利用，人们逐渐转向利用替代能源，油价与通货膨胀总体水平之间的相关性在将来可能与过去不同。通过给一类不存在风险溢价的资产加杠杆，风险平价投资组合将不会得到助益。

表 11-6 显示出桥水基金全天候（12% 策略）基金史上真实的投资成果。这只基金产生的收益接近全股票指数基金的收益，其波动性却低得多。因此，这只桥水基金有着更高的夏普比率。与 60/40 平衡型指数基金相比，桥水全天候基金的收益率更高，不过标准差也更大，夏普比率略低于 60/40 平衡型指数基金。

表 11-6   真实收益与风险（1996 年 6 月～ 2018 年 2 月）

	桥水全天候 （12% 策略）基金	先锋 500 上 将指数基金	先锋整体股市 上将指数基金	先锋平衡型上 将指数基金
年收益率（%）	8.21	8.88	8.94	7.78
标准差（%）	11.43	14.93	15.32	9.17
夏普比率	0.51	0.44	0.43	0.59

　　风险平价投资组合并非在所有经济形势下都是最佳投资组合。尽管如此，使用杠杆是应放入投资者工具箱的投资技术。在我看来，风险平价不应被视为只是对持有固定收益证券加杠杆的押注。在一些经济形势下，对于持有广泛多样化投资组合（包括国际证券），并希望利用杠杆以增强整个投资组合收益和风险的投资者，这种投资技术应当评判为一种恰当的技术。

　　高净值投资者若寻求在投资组合中拥有一部分收益更高的资产，有能力接受利用杠杆带来的风险，应当考虑在其他投资中添加一个风险平价投资组合。将投资组合集中在收益更高的投资之上，还是利用杠杆增强收益，两相比较，后一种策略可能更为有效。为了在不加杠杆的情况下获得更高的收益，投资者很可能不得不持有多样化程度较低的投资组合，集中投资于风险更高的资产类别。

总结评价

　　毫无疑问，投资者应当了解构建投资组合的新方法。高净值投资者不妨考虑将多因素"聪明的 β"基金或风险平价投资组合纳入其整个投资组合。因素投资法可以潜在地增加收益，代价是承担与标准的广泛多样化投资指数基金稍有不同的一组风险。投资者若有能力接受杠杆投资中固有的额外风险，那么将风险平价投资组合纳入其整个投资组合之中可能会有利可图。不过，风险平价投资组合只应在这样一个前提条件下予以考虑：成本低廉，并且其可能不利的税收影响能够与整个投资组合中的其他部分相抵消。此外，我仍然相信，以大型指数为跟踪对象的整体股市指数基金应当成为每个人投资组合的核心部分。当然，有些投资者开始为退休做计划，构建一个股票投资组合，对他们而言，标准的以市值确定股票权重的指数基金是他们首先应当做出的适当投资。

随机漫步者及其他投资者的实务指南

A RANDOM WALK DOWN

Wall Street

第 12 章

随机漫步者及其他投资者的健身手册

> 拿钱投资时，你想获得多少收益，应该取决于你想吃得好
> 还是睡得香。
>
> ——J. 肯菲尔德·莫利（J. Kenfield Morley）
>
> 《我的一些信念》(*Some Things I Believe*)

本书第四部分是为你在华尔街进行随机漫步而提供的实务指南。在本章中，我将就投资问题提出总体建议，这些建议应该对所有投资者都有助益，即便是不相信证券市场高度有效的一些投资者也会从中受益。在第 13 章中，我将尝试着解释股票和债券收益率近期出现的波动，并且告诉你怎样才能估测出股票和债券的未来收益率。在第 14 章中，我将提供生命周期投资指南，阐明你所处的人生阶段对于确定最可能实现理财目标的投资组合会产生怎样的重要影响。

在第 15 章中，我将概述几种具体的投资策略，献给这样的股票投资者：他们至少在某种程度上相信有效市场假说，或者他们确信即便确实存在真正有效的投资技巧，他们也不太可能寻觅得到。不过，

要是你明智的话，你只会在进行周密详细的准备之后，才迈开步子开始随机漫步。股票价格固然会随机变动，可你却不应当随意行动。仔细思考一下本章随后将提出的总体建议，作为一套热身练习，这些建议会使你做出明智的理财决策，并提高税后投资收益。

练习 1：收集漫步必需品

很多人认为，要想过上舒适的退休生活，要想拥有收益丰厚的投资组合，你就得知道应该买入哪些不同凡响的个股和共同基金。遗憾得很，这样的想法实在没什么价值。生活的严酷真相是，驱动资产增长的最重要因素是你会储蓄多少钱，而储蓄需要严格要求自己，约束自己。没有定期储蓄计划，你投资的钱赚 5%、10% 甚至 15%，都不重要。要实现财务安全，你所能做的最为重要的事就是开始定期储蓄，而且要尽早着手储蓄。要过上舒适的退休生活，唯一可靠的办法就是慢慢地、稳稳当当地积累储蓄金。然而，很少有人会按照这一基本规则行事，一般美国家庭的储蓄都严重不足。

现在就开始储蓄极其重要。你推迟投资一年，要实现最终的退休目标便增加一分难度。要相信时间的力量，不要相信你能选择时机。一家银行的橱窗上一句告示语说得好：一点一点地积累，你在此就能稳妥地积累下一份强有力的储备，但只有开始行动，你才会达到目标。

缓慢（但确定）致富的秘密在于复利会创造奇迹。阿尔伯特·爱因斯坦曾将复利描述为"有史以来最伟大的数学发现"。简单地说，这意味着你不仅会在原始本金的投资上获得收益，你将累积的收益进行再投资也会让你获得收益。

杰里米·西格尔（Jeremy Siegel）撰写过一本极好的投资宝典，

名叫《股市长线法宝》(*Stocks for the Long Run*)。他计算从 1800 年一直到 2017 年各种金融资产的收益率，结果表明复利具有令人难以置信的力量。如果 1802 年谁将 1 美元投资在股票上，那么到 2017 年年底，这区区 1 美元差不多就会增值到 2800 万美元。这一结果把根据消费者价格指数（CPI）衡量的通货膨胀率远远抛在了身后。图 12-1 也显示美国短期国债和黄金有着还不错的收益率。

图 12-1　总收益率指数

资料来源：Siegel, *Stocks for the Long Run*, 5th ed.

　　如果你想得到快速致富的投资策略，那本书不适合你。提供一朝暴富的投资策略，留给那些招摇撞骗的江湖术士去做吧。要是相信他们，你只会快速致穷。要致富，你得慢慢来，而且现在就得行动起来。

　　如果你在年轻的时候没有进行储蓄，现在到了 50 多岁发现自己没有任何积蓄，也没有任何退休金计划，信用卡债务倒是负担沉重，该如何是好？要是这样的话，为了有个舒适的退休生活，做起计划来就困难得多了。不过，无论何时做计划，都为时不晚。要想把损失的时间补回来，别无他法，现在就得改变生活方式，节衣缩食，开始严格执行储蓄计划。另外，除了继续工作，推迟几年退休，你可能也别无选择。所幸的是，利用税收有优势的退休金计划，追赶起来会更容易些，下文将会涉及这些退休金计划。

　　因此，让时间来支持你吧。早早开始储蓄，定期储蓄。生活开支不要太大，过得去就行，已经存起来的钱不要碰。如果你的自制力不够，那就记住：唯一比死去更糟糕的事，就是人还活着，为养老而储蓄的钱没了。如果平均预期寿命可以相信，在今天，婴儿潮时期[○]出生的人中大约就有 100 万人将至少能活到 100 岁。

练习 2：不要在急需用钱时发现囊中空空——用现金储备和保险来保护自己

　　记住一条墨菲定律：凡事可能出岔子，就必定会出岔子。另外也别忘了奥图尔（O'Toole）对这条定律所做的注解：墨菲是一个乐观主义者。不好的事情的确会发生在好人身上。生活是一个有风险的命题，在每个人一生中都会出现意想不到的需要花钱的事。正当你的家庭必须花费巨额医疗费用时，家里的锅炉往往会在此时炸得粉碎；就在你儿子把家里的那辆车撞碎了之后，你碰巧又失业了。所以，为了应付生活中出现的灾难性事件，每个家庭都需要有现金储备，也需要有足够的保险。

　　○　二战之后，1946 ～ 1964 年，美国新生人口急剧增长，这一时期被称为婴儿潮时期。——译者注

现金储备

我知道许多经纪人会告诉你不要抱着现金不放，这样会错失投资机会。在经纪人圈子里，"现金就是废物"是他们的口头禅。但是，每个人都需要在安全性和流动性好的投资上保留一些储备，以便支付不期而至的医疗账单，或者在失业时期得到一些经济上的缓冲。假设你的雇主给你投了医疗和残疾保险，那么你不妨建立一笔能够支付三个月生活费用的储备金。年龄越大，储备的现金应该越多，但你若从事一个热门职业并且（或者）持有大量可投资资产，那么储备的现金不妨少点。此外，未来任何一笔大额支出（例如你女儿读大学的学费）都应该用短期投资（例如银行定期存单）来提供资金保障，这些短期投资的到期日需要与使用资金的日期相匹配。

保险

大多数人都需要保险。负有家庭责任和义务的人要是不买保险，那就太粗心大意、太"玩忽职守"了。我们每次坐进自己的汽车，或每次穿过一条车水马龙的大街时，都冒着死亡的危险。一次飓风袭击或一场火灾可能会毁掉我们的家，毁掉我们的财产。人们都需要自我保护，以应对不可预知的事情。

就个人而言，房屋保险和汽车保险必不可少。一般情况下，由雇主投保的健康和残疾险也是不可或缺的。人寿保险可以保护家庭免受一个或数个赚钱养家的人死亡而带来的影响，当然也是必须要买的。如果你是单身，没有需要抚养的人，人寿保险就不必买了。但如果你有家庭，有几个年幼的指望你的收入抚养的孩子，你确实需要购买人寿保险，而且需要多买。

有两大类人寿保险产品可供人们选择：一类是高保费保单，这类保单将保险和投资账户结合在一起；另一类是低保费的定期保险，这类保险只提供死亡理赔，不积累现金价值。

高保费保单的确具有一些优点，而且常常被人吹捧，说其具有节省税款的好处。进入储蓄计划中的那部分保费所获收益是累计免税的，这对那些已最大限度地利用延期缴税退休储蓄计划的个人来说，可能是非常有利的。另外，对那些不愿定期储蓄的个人来说，他们可能会发现定期缴付保费会形成必要的纪律约束，好让他们确保若自己死亡，家人可以得到某一数额的补偿，同时，他们还会发现，这类保单具有投资功能，所以它们可以积累现金价值。但是，这种类型的保单还是对销售保单、收取高额销售费用的保险代理人最为有利。早期保费的主要用途是支付销售佣金和其他一般管理费用，而不是积累现金价值。因此，你付出的钱并未全部发挥作用。所以，对多数人而言，我更支持他们采用"自助"的方法：购买定期保险以获得保障；高保费保单与定期保险之间的保费差额，可投资于一个延期缴税的退休金计划。下面的建议会提供一种投资计划，这种投资计划比"终身寿险"（whole life）保单或"可变寿险"（variable life）保单[⊖]优越得多。

我的建议是购买可续保的定期保险，你可以不断续保而无须接受体检。所谓的递减型定期保险是指续保时保费逐渐减少的定期保险，它应该是最适合多数家庭的保险产品，因为随着时间的流逝（孩子逐渐长大，家庭财力也日益增强），人们对保险保障的需要通常会逐渐减少。可是你应该明白，当你年届 60 岁、70 岁或更大岁数时，定期保险的保费会大幅递增。如果到这个岁数仍然需要保险，你会发现定

　⊖　可变寿险保单约定：投保人死亡时，受益人可获得某一最低限额的赔付，
　　　另外还将获得一笔由单独投资账户所持证券的市场价值确定的给付金额。
　　　它与终身寿险一样属于高保费保险。——译者注

期保险的保费已经高得令你望而却步了。不过届时，主要风险不是你
过早去世，而是你活得太长，超过了你的资产所能供养你的时间。通
过购买定期保险，并把你自己储蓄的钱用来投资，你将会更加有效地
增加能供养你的资产。

要货比三家，寻找对你最为有利的保险费率。要利用电话报价服
务或者互联网确保找到最划算的费率。比如，你可以上网去看看，输
入你的网址之后，就能看到很多不同价格的备选保单。你不需要保险
代理人，从保险代理人处购买的保单价格会高得多，因为保险公司需
要收取额外的保费，以支付保险代理人的销售佣金。通过"自助"，
你可以达成一笔好得多的购买保险的交易。

不要购买在 A. M. Best[⊖]评级体系中低于 A 级的保险公司的保险
产品。评级低于 A 级的保险公司收取的保费较低，但较低的保费并不
足以补偿你所承担的风险，因为你投保的公司可能陷入财务困境，从
而无力赔付保险金。别拿你的生活当赌注，押在财务实力不佳的保险
公司身上。

通过致电，你就可以得到 A. M. Best 公司给保险公司所做的评
级。保险公司为了获得评级，会向 A. M. Best 公司支付评级费用。维
思研究公司（Weiss Research）提供的评级多少更客观、更严格些，这
家公司是由消费者赞助的，你可致电该公司，获得该公司对保险公司
所做的评级。

递延可变年金

我恐怕不会购买可变年金产品，尤其不会购买保险推销员提供
的这种产品，因为其成本特别高。递延可变年金（deferred variable

　　⊖　A. M. Best 公司是全球最具权威、历史最悠久的保险评级机构。——译者注

annuitiy）本质上是一种具有保险功能的投资产品（典型的可变年金是一种共同基金）。就保险功能而言，这种合同约定，如果你去世了，并且你所投资资金的价值已降到你当初投入的金额以下，保险公司将全额退回你的投资。这种保单非常贵，因为你总是要为保险功能支付保费和很高的销售佣金。除非你投资的共同基金在股市下跌期间价值急剧下滑，并且你在购买可变年金之后不久便撒手人寰，否则，这种保险的价值很可能非常小。要实现财务安全，请记住高于一切的规则是保持简单。避免购买任何综合性的金融产品，也要避开那些极力想把这类产品推销给你的如饥似渴的代理人。即使你要考虑购买可变年金，唯一的购买理由也只能是你超级富有，并且已充分利用了其他所有延期缴税的储蓄计划。纵然你有这样的理由，也应该直接从成本低廉的公司购买可变年金，比如先锋集团。

练习 3：要有竞争力——让现金储备收益率跟上通货膨胀的步伐

我已经指出，为了应付即将支付的费用，比如大学学费、可能突发的意外事件，甚至是为了心理安慰，持有一些随时可变现的资产是非常必要的。这样一来，你便有了两难选择。你知道，如果把钱存放在储蓄银行，一年获得的利息比如说是 2%，而通货膨胀率超过了 2%，那么你的实际购买力就会遭到侵蚀。事实上，情况甚至会更糟，因为你得到的利息还需缴纳一般所得税。而且，在 2010～2020 年间，短期利率异常低下。因此，小额储蓄者该何去何从？有几种短期投资工具很可能有助于提供最佳收益率，尽管在利率很低时，没有任何很好的投资可供选择。

货币市场共同基金（或称货币基金）

货币市场共同基金（money-market mutual fund）是满足投资者存放现金储备需求的最佳投资工具。货币基金具有安全性和相对丰厚的收益率，还可针对资金余额签发支票，通常支票金额至少为 250 美元，并且在支票清算之前一直有利息收益。在 21 世纪头 10 年，这类基金的利率一般在 1% ～ 5%。不过，在 2010 ～ 2020 年间，很多时候利率非常低，货币基金的收益率接近于零。并非所有货币基金都"生而平等"，有些基金的费率（运营和管理这些基金所需成本）比其他基金高出很多。一般情况下，对你来说，费率更低就意味着收益率更高。在本书结尾的附录 C 中，我提供了随机漫步者的参考指南，在其中列出了一些费用相对较低的货币市场共同基金。

银行定期存单

为任何已知的未来开支而储备的现金都应该投资于安全的金融工具，这类工具的到期日应该与资金未来需要使用的日期相匹配。比如，假定你已留下一笔钱，为你的孩子支付学费账单，这些学费需在将来一年、两年和三年的年底支付出去。在这种情况下，一个恰当的投资计划，可能就是购买三份银行定期存单（bank certificates of deposit），期限分别为一年、两年和三年。银行定期存单甚至比货币市场共同基金还要安全，通常会提供较高的收益率，并且对那些至少可以将流动资金锁定 6 个月的投资者来说，也是一种极好的投资工具。

银行定期存单确实也有些不足处。它不容易转换成现金，一般情况下，如果要提前取款，还会被征收罚金。再者，银行定期存单的利息收益需要缴纳州和地方所得税。下面将讨论的短期国债（美国政府短期借贷票据）是免交州和地方所得税的。

　　银行定期存单的利率差异很大。你要使用互联网去找最有吸引力的利率，直接登录 Bankrate 网站，就可以搜寻到全国各地最高的利率。该网站列出的所有银行和信用社的存款，都由联邦存款保险公司（FDIC）提供保险。该网站列出的每家机构都注明了地址和电话号码，你可打电话确认其存款是否已投保，并且可获知目前提供的收益率是多少。

网上银行

　　喜欢互联网广阔世界的投资者可能会希望利用在线金融机构，这类机构既没有分支行，也没有出纳员，并且所有业务都是通过电子交易进行的，从而降低了运营费用。多亏这类机构的一般管理费用很低，它们提供的利率才能显著地高于典型的储蓄账户和货币市场共同基金。另外，与货币市场基金不同，那些作为联邦存款保险公司会员的网上银行，都能保证你存放的资金安全无忧。若想找到一家网上银行，在搜索引擎中键入"网上银行"几个字就行了。你在 Bankrate 网站上为寻找收益率最高的银行而进行利率搜寻时，会看到很多网上银行的名称突然弹出来。网上银行贴出的银行定期存单利率通常是市场上最高的。

短期国债

　　短期国债（treasury bill）的通俗叫法是 T-bill，它是大家能找到的最安全的金融工具，被普遍视为现金等价物。短期国债由美国政府发行并以政府信用提供担保，拍卖发行时期限有 4 周、3 个月、6 个月和 1 年。短期国债出售时，面额最低为 1000 美元，并以 1000 美元为级距。与货币市场基金和银行定期存单比较起来，短期国债有一个很大的优势：利息收入免交州税和地方税。另外，短期国债的收益率常常比货币市场基金更高。想了解直接购买短期国债的信息，可登录美国财政部直通网。

免税货币市场基金

如果你发现自己很幸运，处于联邦所得税的最高等级，那么你会发现免税货币市场基金（tax-exempt money-market fund）是你投资现金储备的最佳工具。这类基金投资于州和地方政府实体发行的短期证券，产生的收益可以豁免联邦税；如果这类基金的投资只限于州实体发行的证券，其收益还可以免交州税。免税货币市场基金也提供免费签发金额在 250 美元以上的支票。这类基金的收益比应税基金要低，不过，处于最高税收等级的个人会发现，从这类基金获得的收益比一般货币市场基金提供的税后收益更有吸引力。多数综合性共同基金公司也会提供精选的免交州税的货币市场基金。如果你所居住的州的州所得税很高，那么这类基金的税后收益是非常有吸引力的。你应该拨打附录 C 中所列共同基金公司的电话，进而可以查到这些公司是否有货币基金只投资于你纳税的州所发行的证券。

练习 4：学会避税

网上有个广泛流传的笑话：

一对男女，年龄都是 78 岁，来到一家性问题诊所。医生问："我能为你们提供什么服务？"男性来者说："你愿意我们交合吗？"医生感到迷惑不解，但还是同意了。这对男女完事之后，医生说："你们俩交合没什么毛病。"然后收取了 50 美元诊疗费。这对男女又与医生做了预约，在此后的几周内每周都来诊所一次。他们总是来做那事，付钱给医生，然后就走了。最后，医生问道："你们究竟想查什么毛病？"老年男士说："我们并没想查出什么问题。她是罗敷有夫，我们不能去她的府上。我呢，使君有妇，自然也不能去我家里。假日酒店收费 93 美元，希尔顿酒店收费 108 美元。我们在这儿做事只花 50 美元，我还可以从医疗保险那儿拿回 43 美元。"

　　我讲这个故事，并非建议你去欺骗政府。但我的确想建议你要好好利用每个机会使自己的储蓄得到税收抵扣，让自己的储蓄和投资能在免税的情况下不断增长。就多数人而言，如果投资是为了获得退休保障，那就没有任何理由为这些投资的收益支付税款。除了那些超级富有的人之外，几乎所有的投资者都可以通过一些方法积聚起一笔可观的净值，这些方法可确保山姆大叔无法从你这儿抽走任何钱。下面的内容将告诉你如何合法避税。

个人退休金账户

　　我们先说说形式最为简单的一种退休金计划，即个人退休金账户（Individual Retirement Account，IRA）。2018 年，你可以每年拿出 5500 美元投资于某种金融工具，比如共同基金，并且对于那些中等收入的人群来说，这 5500 美元都可以从税收中抵扣（收入相对较高的个人不能获得最初的税收抵扣，但他们仍然能获得下面描述的所有其他税收优惠）。如果你处在 28% 的税收等级，这笔进入个人退休金计划的款项实际上只花了你 3960 美元，因为税收抵扣为你节省了 1540

　　㊀　山姆大叔是美国政府或美国人的绰号，此处指前者。——译者注

美元的税款，你可以将其视为政府给你的储蓄账户做了补贴。现在，假设你的投资每年获得 7% 的收益率，并且你每年都在这一账户中放入 5500 美元，一直坚持 45 年。存放在个人退休金账户中的资金，其所获得的收益是不课征任何税款的。通过个人退休金账户储蓄的投资者将会获得 160 多万美元的最终价值，而同样数额的投资资金，如果没有个人退休金账户的税收优惠（所有投资收益每年都以 28% 的税率课税），总共只能获得 90 万美元多一点。即使你从个人退休金账户中提款之后，为此支付了 28% 的税款（退休后，你可能会处于更低的税收等级），你最终得到的钱也会多不少。图 12-2 显示通过税收优惠计划进行投资会拥有巨大的优势。

图 12-2　每年 5500 美元通过税收延迟的个人退休金账户
进行投资与应税投资之间的优劣对比

资料来源：Adapted from John J. Brennan, *Straight Talk on Investing*.

　　上图比较了两个假想账户的投资终值，一个是税收延迟型投资账户，另一个是应税型投资账户。在这两个账户中，投资者在 45 年间每年投入 5500 美元，支付费用之后每年收益率为 7%。

　　对于那些前半生忽视储蓄而现在又必须赶上的人，其中 50 岁以上者的投资限额为 6500 美元。

罗斯个人退休金账户

　　投资者也可以选择另一种形式的个人退休金账户，即罗斯个人退休金账户（Roth IRA）。传统的个人退休金账户以即刻抵扣税收的形式（只要你的收入够低，使你有资格获得税额扣减）为你提供"今天的果酱"。一旦你建立了这样的账户，放进去的资金及其收益就只有在退休提领时才征收税款。而罗斯个人退休金账户提供的是"明天的果酱"，即你不会一开始就获得税额扣减，但从这种账户里提出的款项（包括投资收益）是完全免税的。此外，你可以向罗斯个人退休金账户滚存资金，也就是说，你可以把传统的个人退休金账户转换成罗斯个人退休金账户。你需要为所有滚存过来的资金缴纳所得税，但在此之后，未来的投资收益和退休时提出的款项都不需要再缴税。而且，对罗斯个人退休金账户来说，没有终身最低提款额度要求，⊖并且 75 岁之后还可以继续往账户里存钱。因此，大量的资金可以免税，可以积累下来为后代谋福利。

　　确定哪种个人退休金账户最适合你以及是否需要转换，可能是非常棘手的问题。幸好，金融服务业可以提供软件，让你分析转换账户对你是否有意义。许多共同基金公司和经纪公司都有专门的罗斯个人退休金账户分析软件，使用起来相当容易。如果你接近退休，并且退

⊖　而传统的个人退休金计划则有终身最低提款额度要求：个人年届 75.5 岁之后，必须按照一定比例每年从该账户中提出资金，提款时需纳税。——译者注

休后你的税收等级可能更低，那么你可能就不应该转换，尤其是在这种转换可能会把你推到更高税收等级的情况下，就更不应该转换。相反，如果你离退休还远得很，并且现在的税收等级较低，那么持有罗斯个人退休金账户，将来很可能会给你带来好结果。如果你的收入太高，不允许你在传统的个人退休金账户上获得税额抵扣，但同时又没有高到失去建立罗斯个人退休金账户的资格，那么毫无疑问，罗斯个人退休金账户非常适合你，因为你放进该账户中的资金无论如何都已经交过税了。

养老金计划

雇主会提供各种养老金计划。另外，自雇人士可以为自己建立养老金计划。

1. 401（k）和 403（b）养老金计划

核实一下你的雇主是否有 401（k）之类的利润分享型养老金计划，大部分公司雇主都有这种计划；对于从事教育的人士，查一查雇用你的教育机构是否拥有 403（b）这样的养老金计划，多数教育机构都会提供这种计划。这些计划是绝佳的储蓄和投资工具，因为从你的工资中拿出的钱，你连看也没看到就放进了这种计划中。而且，很多雇主会按雇员存入资金的某一比例给雇员支付养老金，这样一来，你储蓄的每一块钱的价值都成倍地增加了。从 2018 年起，每年从工资中可拿出多达 18 500 美元的钱放进这种计划中，这笔金额不被视为应税收入。对于年过 50 岁的人来说（其中有些人可能需要多加储蓄），从 2018 年开始，可从工资中每年拿出 24 500 美元放进养老金计划。

2. 自雇养老金计划

就自雇人士而言，国会已为之立法创建了自雇个人养老金计划（SEP IRA）。所有自我雇用的个人，从会计师到雅芳推销员，从理发师到房地产经纪人，从医生到油漆匠，都允许建立这样的养老金计划，他们每年可以拿出多达 25% 的收入放进计划之中，从 2018 年开始每年放入资金的上限为 55 000 美元。如果你在正式工作之外还有兼职，你可以为兼职工作所获收入建立一份自雇个人养老金计划。放进自雇个人养老金计划中的钱从应税收入中扣除，并且这些钱所获收益也只有在提领时才缴纳税款。这一计划是自我导向型的，也就是说，如何投资全由你自己选择。我列示在附录 C 中的共同基金公司，随便哪一家都能够为你做好所有必要的案头工作。

目前，无数纳税人正在白白错过身边这个真正好的储蓄机会。我建议你通过这些避税措施尽可能多地储蓄。除了必须花费的生活费用，你要把所有的储蓄都物尽其用，这样你就可以最大限度地利用养老金计划允许的限额投入资金。

为大学教育而储蓄：简单易行的 529 计划

529 大学储蓄账户允许父母和（外）祖父母将这种账户作为礼物赠送给孩子，以便日后用来支付大学教育费用。"529"因税法中有关设立这种账户的条款而得名。放进这种账户的资金可以投资于股票和债券，只要从账户中提出的款项用于合乎要求的高等教育支出，账户中的投资收益都将免征联邦税。此外，从 2018 年起，529 计划允许单个捐赠人放进账户的金额多达 75 000 美元，而且免交赠予税，遗产税的抵扣金额也不会减少。对于父母或祖父母夫妇来说，可赠送的金额就翻倍到 150 000 美元。如果你有子女或孙辈今后计划要上大学，并且你拿得出钱来放进529计划，那么想都不用想，就该决定建立这种计划。

那么，是否有什么隐患要避开呢？当然有。竭力向你推销这些计划的销售员多数都会拿到很高的佣金，而这些佣金会侵蚀投资收益。因此，如果你是个有见识的消费者，你会联系先锋集团这样的公司，从它们那里寻找以不收取佣金且管理费用较低的529计划。尽管能避税总是一件美事，但建立费用高昂的529计划，到头来可能还是会让你吃亏上当。另外，也要注意，529计划是由各个州批准设立的，有些州允许你获得税收抵扣，放进该计划中的资金至少有一部分所获得的收益可以抵扣州所得税。因此，如果你住在这样的一个州，那你会想有这个州的529计划。如果你居住的州不允许抵扣州所得税，那就选择一个费用低的州建立这种计划，比如犹他州。再者，如果你不把529计划中的资金用于符合要求的教育费用支出（包括职业生涯中期的再培训，以及退休后的教育），那么资金提出时，不仅要缴纳所得税，还得支付10%的罚金。

要记在心上，各大学在确定学生是否需要财务资助时，可能会考虑到529计划中的资金。因此，如果父母认为他们的孩子上大学时他们有资格申请财务资助，那么父母把资金保留在自己的名下，自己的财务境况可能会更好，或者把资金保留在祖父母的名下，那可能就更好了。当然，如果你无论如何也达不到申请财务资助的要求，那就要千方百计地建立一个费用低的529计划。

练习5：确保漫步鞋合脚——认清自己的投资目标

确定清晰的投资目标是整个投资过程中不可或缺的一部分，但有太多的人跳过了这一步骤，结果招致灾难性的损失。从一开始，你就必须确定你愿意承受何种程度的风险，哪些种类的投资工具最适合你的税收等级。证券市场好比一个大餐馆，里面有各种菜肴，适合不同的口味和需要。就像没有任何一种食品能成为所有人的最爱，同样也没有任何一种投资工具对所有投资者都是最好的。

我们都想在一夜之间让自己的资本翻番，但又有多少人看到自己一半的资本以同样的速度烟消云散，还能受得了呢？以前，J. P. 摩根的一位朋友为自己持有的股票忧心忡忡，以致夜不能寐。这位朋友问摩根："我该怎样对待手中的股票呢？"摩根回答他说："卖掉一些，直到你能入睡为止。"摩根可不是在开玩笑。每个投资者都必须在自己吃得好与睡得香之间找到自己愿意接受的平衡点。如何确定这种平衡点，全由你自己掌握。要想实现高投资回报，只能以承担高风险为代价。找到你能睡得踏实的平衡点，是你必须采取的最重要的投资步骤之一。

为了帮助你提高投资方面的思想意识，我为你准备了表 12-1，这是根据投资风险和预期收益率而制定的睡眠状况评估表。在该表的上端是几种机械、枯燥的短期投资工具，如银行存款和货币市场基金。如果你能睡得踏实的平衡点在此处，那么你会对练习 3 提供的有关这几类投资工具的信息感兴趣。

按照不同投资工具的安全性来考量，接下来最安全的就是通货膨胀保值债券（treasury inflation-protected securities，TIPS）。这类债券承诺的利率虽低但有保证，利率每年随着消费者价格指数的上升而增加。因为这类债券是长期债券，所以其市场价格会随实际利率（债券的约定利率减去通货膨胀率）的变动而波动。但是，如果持有到期，维持实际购买力是可以保证的。在练习 7 中，我将讨论加入一小部分这类债券到你的投资组合中会有什么样的好处。

表 12-1　主要投资工具对应的睡眠状况评估表

睡眠状况	资产类别	2018 年税前预期收益率 (%)	实现预期收益率的必要投资期限	风险水平
半昏睡状态	银行存款账户	0 ~ 2	无具体投资期限要求；很多储蓄机构是按从存款日开始至提取款日计算利息的	无损失本金的风险；10 万美元以内的存款由联邦政府机构提供担保；不过，如发生高通货膨胀，几乎可以肯定会有损失
晚上睡眠深沉	货币市场基金	1 ~ 2	无具体投资期限要求；多数货币市场基金提供签发支票的权利	风险很小，因为多数货币市场基金投资于政府债券以及银行存单，通常没有担保；利率会随预期通货膨胀率浮动
	银行定期存单	0.5 ~ 2.5	为了获得较高利率，整个存款期间资金必须保留在存款账户中	提前取款会遭到罚款；利率根据预期通货膨胀率调整，会随时间变动
	通货膨胀保值债券	0.5 ~ 1，加上通货膨胀率	属于长期债券，期限为 5 年以上；基准利率因期限而异	若在到期日之前出售，价格可能会变动
偶尔做一两次梦，有些梦可能令人不快	高品质公司债券（最佳公用事业类公司发行的债券）	3.5 ~ 5	为确保获得约定利率，投资必须持有到期（期限为 5 ~ 30 年）；（债券也需要提前赎回。）任何时候都可以卖出债券，但市场价格会随市场利率水平变动	若长期持有，风险很小；若在到期日之前出售，预期可实现的收益率波动幅度介于中等与很大之间；发行利率根据预期长期通货膨胀率调整，"垃圾债券"有望产生更高的收益率，但风险也大得多

睡眠	投资	预期收益率	说明	风险
睡前会有几度辗转反侧，睡醒前会做些真切的梦	由美国或其他发达国家的蓝筹股构成的多样化投资组合	5.5 ~ 7	无具体投资期限要求，任何时候都可以卖出股票的假设平均收益率要相当长，且平均收益率被视为根据当前经济形势所做的一个粗略指引	风险在中等与很大之间；在任何一年，实际收益率都可能为负值，事实表明，多样化投资组合有时会损失 25% 以上的价值；与某些观点相反，从长期来看，是很好的对付通货膨胀的防范手段
	房地产	与股票大致相同	如果通过房地产投资信托基金（REIT）来购买，则总体而言，与股票大致相同	与股票相同，但房地产投资化很大好处，基金对投资组合的多样化很有益处，同时是很好的对付通货膨胀的防范手段
噩梦常有，但长期看来可以休息得很好	由规模较小的增长型公司股票构成的风险相对较大的多样化投资组合	6.5 ~ 7.5	与上栏一样；实现平均预期收益率的假设是投资期限要相当长，并且平均预期收益率被视为根据当前的经济形势所做的一个粗略指引	风险很大；在任何一年，实际收益率都可能为负值，由高风险股票构成的多样化投资组合有时会损失 50% 以上的价值，是对付通货膨胀的上佳防范手段
会做些真切的梦，偶尔会做噩梦	由新兴市场股票构成的多样化投资组合	8 ~ 9	至少计划持有 10 年；预测收益率无法精确量化	一年升幅或跌幅达 50% ~ 75% 的情况并不少见
阵发性失眠	黄金	无法预测	只要能找到更傻的傻瓜，在任何一波投机性热潮中都可能获得很高收益率	风险很大；一般被视为对付"世界末日"和防范恶性通货膨胀的手段；不过，在平衡多样化投资组合时可能会发挥有益作用

公司债券的风险比通货膨胀保值债券多少要高一些，所以，如果你选择这种形式的投资，一些不好的梦会侵入你的睡眠。如果你在到期前卖出公司债券，那么你获得的收益率将取决于卖出时的市场利率水平。若市场利率上升，你持有的公司债券的市场价格将会下跌，直到其收益率与约定利率更高的新发债券具有同等的竞争力。因此，你的资本损失可能很大，足以吃掉一整年的利息，甚至更大。反之，若市场利率下降，你所持公司债券的市场价格就会上涨。如果你在到期之前出售公司债券，你实际获得的年收益率可能会有相当大的波动；这也正是公司债券比短期投资工具更具风险的原因所在，而短期投资工具的本金几乎没有任何波动风险。一般说来，债券的到期日越长，风险也就越大，因而收益率也随之越高。[○]在练习 7 中，你会发现一些如何购买债券的有用信息。

谁也不能确定无疑地说股票会带来多大的收益率。但股票市场像一个大赌场，只是玩家操纵获胜的机会居多。尽管股票价格有时确实会直线下跌，如刚进入 21 世纪时以及 2007 年，就曾出现过灾难性下跌，但在整个 20 世纪，股票的总体收益率每年大约为 9%，这包括股利收益和资本利得带来的收益。根据 2018 年的股价，我相信，由美国国内股票组成的股票组合将会有 5.5% ~ 7% 的收益率，接近于 20 世纪的年均收益率水平，但要稍微低点儿。其他发达国家证券市场上大型公司的股票，很可能也会带来与之相当的收益率。但未来的实际年收益率，可能或者说很可能与这一目标产生很大的偏离，在股市萧

○　情况也并非总是如此。例如，在有些时期，短期证券的收益率实际上高于长期债券。这里的问题在于投资者不能指望以这样高的收益率持续不断地将自己的短期资金进行再投资，并且后来短期收益率也大幅下跌了。因此，投资者可以合理地预期，连续投资短期证券将不会产生与投资长期债券一样高的收益率。换句话说，即使短期收益率会暂时高于长期收益率，冒险持有长期债券，也是有回报的。

条的年份，你的损失可能会多达 25% 以上。在年景萧索的时候，你能忍受一个个无眠之夜吗？

那么，在四声道立体声中编织色彩缤纷的梦又如何呢？你可能想选择一个由风险大些的股票（股价波动性更大的股票）组成的投资组合，就像投资规模较小的公司的激进型共同基金所持有的股票组合一样。这些股票都是新技术领域里较年轻的公司发行的，有希望获得较高的增长率。这类股票的表现很可能波动性更大，在市场不好时，一年就能轻易地损失一半的市值。但在 21 世纪，你持有这些股票的年均收益率可能达到 6.5% ～ 7.5%。规模较小的股票构成的投资组合，一直以来其收益率比市场平均水平稍高一点。如果你在熊市期间也能安然入睡，并且你有定力一直捂住手中的股票，或许激进型股票组合正合你的胃口。很多新兴市场快速发展，由其股票构成的投资组合可能会带来更高的收益率，市场波动也可能更大。

对很多个人投资者来说，商业房地产一直是力所不能及的投资工具。不过，来自房地产的回报却一直相当丰厚，与股票的回报差不多。我将在练习 6 中给出理由说明，有实力购买自住房屋的个人应该购买自住房屋。我还会说明，在今天个人投资商业房地产比以前容易多了。我认为房地产投资信托基金在多样化投资组合中理应占有一席之地。

从表 12-1 中可以看出，我对黄金投资持有轻视的态度，同时我也略去了艺术品、风险资本、对冲基金、大宗商品以及其他更不寻常的投资品。其中很多投资品已有很好的表现，因此，在平衡由非实物资产构成的多样化投资组合时，它们可能会发挥有益的作用。因为这些投资品的风险很大，由此带来的波动性极大，所以无法预测它们的收益率，练习 8 会对此做出更加详细的评价。

几乎可以肯定地说，在很大程度上影响你睡眠状况的是投资损失会以什么样的方式影响你的财务安全。正因为如此，"有病在身的孀妇"常常被视为不能承担很大风险的人。这样的孀妇，既可能无法达到平均预期寿命，也无力在投资组合之外赚取收入以弥补可能的损失。资本和收入的任何损失都会立即影响到她的生活水准。与"有病在身的孀妇"境况相反者，则是"积极进取的年轻商业女性"。她们既可能能够达到平均预期寿命，在面临任何财务损失的时候，也有能力赚钱以维持生活水准。你在"生命周期"中所处的阶段极为重要，所以我在第 14 章专门探讨了这一决定你能承受多大风险的重要因素。

此外，你的心理素质会影响你能够承担多大程度的风险。一位投资顾问建议，你可以思考一下在玩大富翁时，你以前属于什么类型的玩家（或现在仍然属于哪种类型的玩家）。你是个冒险多的人吗？你在木板路和停车地建过宾馆吗？如果是的话，那么其他玩家就很少侵入你的房地产，倘若他们真的这么做了，你会像老鹰逮小鸡一样一举赢得整盘棋。或者，你更喜欢垄断圣詹姆斯地、田纳西大道、纽约大道的柑橘生意，从中获得更稳定但适中的收入吗？对这些问题所给出的回答，可能会使你更深入地了解自己在投资方面的心理素质。认识自己至关重要。也许，你该问自己的最重要的问题是，在股市暴跌期间，你当时有什么样的感觉。如果你愁得身体都病了，甚至抛光所有股票，而不是将多样化的投资计划坚持到底，那么在投资组合中高比例持有股票便不适合你。

第二个关键步骤是仔细看一下你的投资收益中有多少交给了山姆大叔，你需要多少当期收入。查一下去年的所得税报税表（1040 表格）以及你去年报告的应税收入。对于边际税率（为收入中的最后 1 美元纳税的税率）高的个人，购买市政（免税）债券会有极大的税收优势。如果你处在高税收等级，不怎么需要当前收入，你会更愿意投资免税债券以及股利收益低但有望获得长期资本利得的股票（在资本利得实现之前，你不必缴税，而且若股票是遗产的一部分，你甚至永远不必纳税）。反过来，如果你处于低税收等级，对当期收入的需求较高，那么你应该更喜欢应税债券以及股利支付多的股票，这样你就不会因满足收入需要，定期卖出股票而招致交易费用了。

这项练习中的两个步骤，即发现你能承担的风险水平以及认清你的税收等级和对当前收入的需要，似乎显而易见，很容易明白。然而，令人难以置信的是，竟有那么多的人误入歧途，未能把自己购买的证券的类型与自己的风险承受度、对当前收入和税收的需要匹配起来。投资者在主次问题上表现出来的混乱，与下面故事中的一位年轻女子所表现出来的混乱没什么两样，伦敦一家报纸近期报道了她的传奇经历。

两人在公园里羞颜难掩

伦敦 10 月 30 日报道：午夜，一对偷情男女正拥抱在一起，突然一件意外之事在瞬间发生。

据此间一位医生在一份医学日报上的描述，由于挤在狭小的双座跑车里，近乎赤裸的男人突发腰椎间盘突出症，当场僵住，不能动弹。

困在他身下的女人，不顾一切用脚按响汽车喇叭，寻求救助。很快，一位医生、几名男性救护员、一些消防队员以及一群饶有兴趣的过路人，围住停在总督公园的这辆跑车。

肯特医院的医生布莱恩·理查兹说："那位女士发现自己被挤压在一个重达 200 磅、万分痛苦却又纹丝不动的男人身下。"

"为了解救这对情人，消防队员不得不把汽车外壳锯掉。"肯特医生补充说。

那个惊魂未定的女士被救出了车，在他人帮助下穿上外套，
嘤嘤啜泣道："我该怎么向我丈夫解释，他的车怎么弄成这样了？"

———路透社

与此相似，投资者由于弄错了优先次序，也经常会遭受痛苦的折磨。你不能既要寻求本金的安全，又纵身跳入风险最大的一些股票投资之中。你也不能既让自己的收入免予按高边际税率纳税，又把投资于应税公司债券的收益率锁定在 6%，不管这些多么诱人，你都不可能同时做到。不过，在投资顾问公司的年鉴中，却写满了投资者所持证券与其投资目标不相符的种种故事。

练习 6：从自己家里开始漫步——
租房会引起投资肌肉松弛

还记得斯嘉丽·奥哈拉（Scarlett O'Hara）吗？美国南北战争结束的时候，她已身无分文，但依然拥有心爱的种植园——塔拉。无论钱会发生什么样的变化，好地方的好房子总能保值。只要世界人口继续增长，购买房地产就可以作为最可依赖的对付通货膨胀的防范手段。

住宅房地产的长期收益率计算起来很棘手，但似乎一直是颇为丰厚的。的确，2007 年和 2008 年，我们在独立屋类房产上出现了价格泡沫。然而，到 21 世纪第二个 10 年的时候，房价已恢复到"正常水平"，所以进入房市又安全了。不过，与股市相比，房地产市场可没那么有效。在股市中，每只股票都有数以百计很懂行的机构投资者在研究其价值；而在房地产市场中，只有屈指可数的几个可能购房的人会评估某一特定房产的价值，因此，单个房产的定价并非总是恰如其

分。最后，在通货膨胀率加速上升的时期，房地产的收益率看上去比股票的收益率更高，但在通货紧缩时期，房地产的表现比不上股票。总而言之，事实已证明，房地产是一种很好的投资工具，既能提供丰厚的回报，又能极好地防范通货膨胀。

对多数人而言，要投资房地产，自然是投资于独栋住宅或者共有公寓。你总得住在某个地方，而且与租房比较起来，购买房产具有一些税收优势。虽然 2018 年现存税法使房屋所有权的吸引力有所减弱，但拥有房屋所有权仍有一些优点。若新购房屋的抵押贷款达到 75 万美元，则其利息可以从税收中扣减，尽管房产税需达到 1 万美元。而且，已婚夫妇自有房屋出售后实现的增值部分，享有最高可达 50 万美元的免税待遇。此外，拥有房屋也是强迫你储蓄的一个好办法，并且房屋会让你获得巨大的情感满足。

你可能也希望通过房地产投资信托基金考虑拥有商业地产。从公寓到写字楼和综合性商业大厦的商业地产，都被打包进了房地产投资信托基金组合之中，交由专业的房地产运营公司去管理。房地产投资信托基金本身很像其他的股票，在各大证券交易所挂牌交易，而且交投活跃。这为个人将商业房地产纳入自己的投资组合提供了绝好的机会。

如果你想把自己的投资组合移向坚实的土地之上，那我强烈建议你将一些资金投资于房地产投资信托基金。房地产投资信托基金何以在你的投资计划中发挥作用，有很多理由可以解释。首先，房地产所有权已产生了与股票不相上下的收益率。其次，在提供投资多样化益处方面，房地产是一种理想的工具，这在第 8 章已做过阐述。因为房地产的收益与其他资产之间的相关性比较小，所以在你的投资组合中加入一部分房地产会降低投资组合的整体风险。再次，房地产一直是可靠的对付通货膨胀的防范手段。

　　遗憾的是，从数以百计流通的房地产投资信托基金中进行筛选是一件令人望而生畏的事情。而且，单单持有一家房地产投资信托基金，也不大可能提供房地产类型和区域分布的多样化。投资者要是买错了房地产投资信托基金，可能会摔个大跟头。不过，现在投资者面前已有一批房地产共同基金快速发展起来，这些基金非常乐意为投资者做这方面的工作。这些基金会从现有的房地产投资信托基金中进行挑选，建立多样化的房地产投资信托基金投资组合，从而可以确保房地产类型和地域分布的广泛多样性。另外，无论何时，只要投资者愿意，他们都可以变现手中持有的房地产投资信托基金的份额。也有费用低廉的房地产投资信托指数基金（列示在附录 C 中），我相信这些基金将为投资者继续带来最好的净收益率。

练习 7：考察在债券领域的漫步

　　让我们直面现实吧。从二战到 20 世纪 80 年代早期，对于投放资金来说，债券是个糟糕的地方。这期间，通货膨胀毫不留情地侵蚀了债券的实际价值。比如，20 世纪 70 年代早期，有些投资者以 18.75 美元购买美国储蓄债券，5 年之后以 25 美元的价钱变现时，他们非常沮丧地发现自己已损失了实际购买力。让人心烦的是，5 年前投资于债券的 18.75 美元，本来还可以给汽车油箱加满两次油，而债券到期时获得的 25 美元，却只能加满一次油了。事实上，投资者的实际收益率是负数，因为通货膨胀侵蚀购买力的速度快于利率收益的复利速度。怪不得，很多投资者会用那个难以启齿的四个字母组成的下流话骂债券了。

　　因为债券约定的利率不足以抵制通货膨胀的影响，所以一直到 20 世纪 80 年代早期，债券都是表现很差的投资品。但债券价格经过调整，给投资者带来了极好的收益率。此外，事实证明，债券是让投资实现多样化的极好的投资品，因为从 1980 年到 2018 年年底，债券与股票之间的相关性一直很低或者为负数。在我看来，有四种债券你可能特别想要考虑购买：① 零息债券（在事先确定的时间内，允许你锁定高收益率）；② 免手续费的债券型共同基金（允许你购买投资于债券组合的基金份额）；③ 免税债券和债券基金（适合有幸身居高税收等级的个人购买）；④ 通货膨胀保值债券。但是这些债券的投资吸引力随着市场状况的变化而变化。而且，考虑到 21 世纪 10 年代后期利率水平很低，投资者涉入债券市场时必须非常谨慎。

零息债券可能产生大量的未来收益

这类债券之所以被称为零息债券，是因为它们与一般的付息债券不同，持有人不会定期收到利息。这类债券都是依面值以较大的折扣（比如，1 美元折扣 75 美分）购买的，它们的价格随着持有期的推移会逐渐涨到面值或者说平价的水平。如果一直持有到期，持有人会获得债券约定的面值全额。这类债券有不同的期限可供选择，短则几个月，长则 20 余年。对于将来特定日期需要支出的款项来说，这类债券是极好的存放之所。

零息债券最主要的吸引人之处，在于购买者不会面临再投资风险。零息国库债券向投资者保证，其资金可以按照到期收益率连续进行再投资。

零息债券的主要劣势，在于美国国内税务署（Interval Revenue Service）要求应税投资者每年需将债券购买价格与平价之间的差额根据一定比例作为收入申报。不过，有些投资者在延迟纳税的退休金计划中持有这类债券，对于他们来说，则没有这种收入申报要求。

有两点提醒值得注意：常常会有经纪人在小额投资者购买小面值

的零息债券时，收取相当高的佣金费用。此外，你应该知道只有将债券持有到期，才能确保将债券按面值兑换成现金。同时，在债券持有期间，债券的市场价格可能会随着市场利率的变动而大幅波动。

免手续费的债券基金是适合个人投资者的投资工具

开放式债券型（共同）基金，不仅有零息债券的某些长期优势，而且买卖起来也更加方便，费用更少。我在附录 C 中列举的那些债券型基金全都投资于长期债券。虽然不能保证你能以恒定收益率将你的利息收入再投资，但这些基金确实能够提供长期稳定的收入，并且特别适合那些计划靠利息收入过日子的投资者。

因为债券市场往往至少像股票市场一样有效，所以我推荐你购买费用低廉的债券指数基金。债券指数基金和债券交易所交易基金买入并持有种类繁多的债券，其表现通常会优于主动管理型债券基金。无论如何，你都不应该购买收取佣金或需缴纳手续费的债券型基金。如果能免费获得什么东西，而你却要花钱，那就没有任何意义了。

附录 C 列举了这样几种类型的基金：专门投资于公司债券的基金；专门投资于 GNMA[○]抵押贷款支持债券的基金；专门投资于免税债券（下面就会对此加以讨论）的基金；一些风险更大的高收益债券型基金。这些基金适合为追求较高预期收益而乐意承担额外风险的投资者。

免税债券对税收等级高的投资者大有裨益

如果你身处很高的税收等级，应税货币基金、零息债券和应税债

○ GNMA，即美国政府国民抵押贷款协会，它发行的抵押贷款支持债券，是指将众多小额房地产抵押债权划分不同的组合而发行的债券，这些债券由美国政府担保按时支付本息，信用评级为 AAA 级。——译者注

券型基金可能只适合你放在退休金计划之中。否则，你需要投资于州和地方政府发行的免税债券，以及各类政府机构发行的免税债券，这些机构是指港口管理局或公路收费部门等。这类债券的利息在联邦报税表中不作为应税收入计算，而且，你居住的州所发行的债券，总会免征任何州所得税。

2018 年，高品质长期公司债券的收益率大约是 4.5%，品质相当的免税债券的收益率是近 4%。假设既包括联邦所得税也包括州所得税，你的税收等级（你收入中最后 1 美元应纳税的税率）大约为 36%。如表 12-2 所示，免税债券的税后收入比应税债券多出 115 美元，因此对于税收等级与你相同的人来说，免税债券显然是更好的投资工具。即使你的税收等级更低，免税债券可能仍然值得购买，这取决于你购买免税债券时，市场上能获得的确切收益率是多少。

表 12-2　免税债券与应税债券的比较（面值 1 万美元）　（单位：美元）

债券类型	利息支付	应纳税额（适用税率 36%）	税后收入
收益率为 4% 的免税债券	400	0	400
收益率为 4.5% 的应税债券	450	162	285

如果你直接购买债券（而不是通过共同基金间接购买），我建议你购买新发行的债券，而不要购买已流通的债券。新发行的债券，其收益率通常要比流通已久的债券稍微划算一些，而且购买新券时，你避免了支付交易费用。另外，我认为你应该将投资风险控制在合理的限度内，办法是只购买穆迪和标准普尔评级公司评出的至少 A 级的债券。也可以考虑所谓的 AMT 债券（alternative minimum tax bond），这类债券需缴纳最低限额的可选择（所得）税，因而对于已

将很大一部分收入进行了避税的个人并不具备吸引力。但是，如果你无须缴纳最低限额的可选择税，那么你可以从持有 AMT 债券中获得一些超额收益。

债券有个令人生厌的特性，那就是"抛出正面我赢，抛出反面你输"。如果市场利率水平上升，你所持债券的价格就会下跌；如果市场利率水平下降，债券发行人又经常会将债券从你手中"召回"（提前偿付），然后以更低的利率发行新券。为了保护自己，你要确保所持的长期债券具有为期 10 年的赎回保障条款，这可以防止发行人"召回"债券，再以更低的利率发行新券。

要想购买一些表现好的免税债券基金，可以查阅书后的附录 C。不过，如果你有相当数量的资金投资于免税债券，我看不出你有什么理由要通过基金来购买免税债券，还要支付相关的管理费用。如果你将债券投资严格限定在高品质债券之上，那你就没什么必要进行多样化操作，并且你也会获得更多利息。然而，如果你只有几千美元可供投资，你会发现少量买卖债券的代价会很大，而此时若购买债权型基金，就能提供较好的流动性和投资多样性。也有一些基金把自己的投资范围限定在某个州发行的债券，购买这些基金既能让你免交联邦所得税，又能让你免交州所得税。

畅销的通货膨胀保值债券：抵御通货膨胀的债券

我们知道不期而至的通货膨胀会给债券持有人以沉重打击。通货膨胀往往导致利率上升，而随着利率上升，债券价格会下跌。此外，还有一点不好，即通货膨胀会使债券利息和债券本金支付时的实际价值减少。现在，投资者有一种可以抵御通货膨胀的盾牌了，那就是通货膨胀保值债券。如果持有到期，通货膨胀保值债券可以免受通货膨胀的侵蚀，确保投资者所持投资组合的原有购买力不变。2018 年，长期通货膨胀保值债券会支付 1% 左右的基本利息。但与老式国债相比，这类债券的利息支付基础是随着消费者价格指数的上升而上升的本金金额。假设物价水平明年上涨 3%，面值为 1000 美元的债券会涨到 1030 美元，每半年支付一次的利息也会上涨。当通货膨胀保值债券到期时，投资者拿到手的本金会等于根据通货膨胀率进行调整的面值。由此可知，通货膨胀保值债券提供了有保障的实际收益率，本金的偿付金额也能保持实际购买力不变。

现在，还没有别的金融工具能为投资者提供如此可靠的抵御通胀的手段。通货膨胀保值债券还能为投资组合的多样化带来很大好处。当通货膨胀加速上升时，通货膨胀保值债券会提供较高的名义收益率，而股票和债券的价格可能会下跌。因此，通货膨胀保值债券与其他资产之间的相关性很低，是一种特别有效地使投资多样化的工具。这类债券为那些神经紧张的投资者提供了非常有效的"保障"。

不过，从税收角度看，通货膨胀保值债券确实也有令人不快的一面，这一点影响了其可利用性。通货膨胀保值债券的票息支付以及反映通货膨胀的本金增加额都得纳税。问题在于财政部只是在债券到期时，才支付本金增加额。假设通货膨胀率足够高，那么小额的票息支付可能都不足以缴纳税款，而随着通货膨胀率的上升，这种不平衡会更趋恶化。因此，对应税投资者来说，通货膨胀保值债券也远远算不上理想的投资工具，只有在有税收优惠的退休金计划中，这类债券才能得到最佳利用。而且，2018 年通货膨胀保值债券的利息比历史平均水平要低得多。

你应该沉迷于债券市场吗

投资风险与投资回报相伴相生，这句格言在债券市场无效吗？根本不是这样。在多数时期，所谓的"垃圾"债券（信用品质较低、收益率较高的债券）相比于高信用评级的"投资级"债券，为投资者提供了高出 2 个百分点的净收益率。2018 年，投资级债券的收益率是4.5%，而"垃圾"债券的收益率常常是 5.5% ～ 7%。因此，即使有1% 的评级较低的债券在利息和本金支付上违约了，从而使这部分投资全都打了水漂，由低品质债券构成的投资组合提供的净收益率也比得上由高品质债券构成的投资组合。正因如此，很多投资顾问都建议持有由高收益债券构成的多样化程度很高的投资组合，他们认为这是明智的投资选择。

不过，也有另一种说法，建议投资者对垃圾债券"坚决说不"。多数垃圾债券的发行，是一波宏大的公司兼并、收购和杠杆收购（主要通过债务融资）浪潮的产物。对垃圾债券投反对票的人指出，信用品质较低的债券只有在经济繁荣时期才有可能给付全额利息。但若经济出现衰退，那可要当心了。

那么，思虑周全的投资者该怎么办？这个问题的答案在某种程度上取决于你承担很大的投资风险时，夜间的睡眠状况如何。由高收益债券或垃圾债券构成的投资组合不适合失眠症患者。即使分散投资，这些投资中也蕴含着很大风险。此外，对于那些把债券利息作为主要收入来源的投资者，这样的组合也不适合。当然，对于任何未将所持资产进行充分多样化的投资者来说，这样的组合也同样不适合。不过，至少从历史数据来看，垃圾债券提供的总收益溢价，足以补偿实际发生过的违约风险。

外国债券

世界上有很多国家的债券收益率高于美国。有些新兴市场国家的情况尤其如此。普遍存在的看法是通常不推荐新兴市场债券，理由是新兴市场债券风险高而品质低。但是和发达国家相比，很多新兴市场经济体的"债务/GDP"比率都比较低，政府财政收支平衡也做得更好。新兴市场经济体的经济增长速度也正在加快。因此，包含新兴市场债券在内的收益较高的外国债券组合，可以成为固定收益投资组合中非常有益的一部分。

在金融压制时代使用替代品替代债券组合中的部分债券

低利率会给债券投资者提出严峻的挑战。世界上所有发达国家如今都背负着过量的债务。面对人口老龄化的现实，全世界各国政府和美国政府一样，为了严加控制权益保障计划（entitlement program），正在极其困难地应付着。

对于美国以及其他国家政府，较为容易的解决之道是人为地将利率保持在低位水平，因为这样便可以降低债务的实际负担，并硬逼着债券持有人同意重组债务。二战结束时，美国刻意将利率保持在很低的水平上，以助于支付二战期间累积起来的债务。通过如此作为，美国将其"债务/GDP"比率由 1946 年的 122% 降至 1980 年的 33%。但是，做到这一点是以牺牲债券投资者的利益为代价的。这也就是术语"金融压制"（financial repression）所包含的意义。

投资者有个技巧可以应付这一难题，就是使用股票股利替代策略，即用股票取代一部分正常时代条件下本属于债券组合中的债券。股利相对稳定的增长型股票组合带来的收益率，会比相同公司的债券高得多，并可能在未来带来收益增长。美国电话电报公司就是这种投资组合中此类公司的一个例子。该公司 15 年期债券收益率大约为 4.5%，其股票股利收益率为 6%，而且股利随着时间的推移还不断增长。靠股利和利息过日子的退休者，持有美国电话电报公司股票将比持有该公司债券得到更多的报酬。而且，股利增长型股票投资组合相较于同样公司的等值债券投资组合，波动性并不更大。在金融压制时期，与债券有关的标准投资建议需要做出微调，投资者在为使风险更低而设计的投资组合中，用股票部分地替代部分债券可能是比较适当的做法。

练习 8：临深履薄般地穿过黄金、收藏品及其他投资品的原野

在本书以前的几版中，对于黄金是否应该纳入高度多样化的投资组合，我持有不同的态度。20 世纪 80 年代开始的时候，随着黄金价格涨到每盎司[⊖]800 美元的高位，我非常不看好黄金。20 年之后，新千年伊始，黄金售价为每盎司 200 多美元，我的态度却变得积极些。2019 年以后，黄金售价超过每盎司 1200 美元，创下了历史高点，我发现自己很难对黄金热情起来。但是，在你的投资组合中，或许黄金还可以承担一定的角色。来自黄金的收益与来自非实物资产的收益之间的相关性往往非常小。因此，即使少量持有黄金（比如说，占投资组合的 5%），对投资者降低投资组合的整体波动性也会有所帮助。而且，万一通货膨胀卷土重来，黄金可能会产生不错的收益。但是，就审慎投资而言，黄金最多只能作为增加投资组合多样性的一种工具，只能发挥有限的作用。

其他收藏品又如何呢？比如说，钻石经常被形容为每个人最好的朋友。但对个人投资者来说，投资钻石的风险极大，缺点也极多。你一定要记住，购买钻石会涉及大量的佣金成本。而且对个人投资者而言，钻石的品质判断起来也异乎寻常困难。我可以肯定地说，你从希望卖掉钻石的人那儿接听到的电话数量会大大超过想买钻石

　　⊖　1 盎司 =28.35 克。——译者注

的人打来的电话。

目前，另外一个流行的投资策略便是投资收藏品。成千上万的推销员正在四处兜售各种藏品，从雷诺阿（Renoir）画作到地毯，从蒂芙尼（Tiffany）灯具到稀有邮票，从装饰派艺术品到晕机时使用的秽物袋，不胜枚举。易趣网使收藏品的买卖交易变得效率高得多。我认为如果你因喜欢什么东西而购买它，那无可厚非——上帝知道人们确实有些离奇的品位，但我的建议是：你是因为喜爱那些东西才去买，不要因你期待它们会增值而去买。别忘了赝品和仿品随处可见。一个由收藏品构成的投资组合常常还需要很多保险费用，需要无穷无尽的维护费用——你一直在花钱，而不是在收获股利或利息。要想通过收藏挣钱，你还需要有非常独特的见解和品位。在我看来，认为自己在收藏利润的人实际上多数是在收藏麻烦。

即使你足够幸运地买到一件艺术品，被证明是一件重要的杰作，它可能仍然不是一项明智的投资。2017 年 11 月，达·芬奇的画作《救世主》（*Salvator Mundi*）在佳士得拍卖会上以超过 4.5 亿美元的价格成交。《华尔街日报》金融专栏作家杰森·茨威格估计，这幅画在 16 世纪早期的售价约为 50 万美元。今天能说自己拥有一幅达·芬奇的画作，可能是无比珍贵的。但作为一项金融投资，它从 1519 年到 2018 年的回报率只有区区 1.35%。

还有一个投资工具近来很流行，叫作商品期货合约。你不但可以购买黄金，还可以购买交割各种商品的合约，这些商品有粮食、金属，也有外汇。商品期货市场风云变幻，行情变化很快，专业投资者有时可能会获得巨大收益，但一些都不知道自己在干什么的个人投资者，可能轻易就会遭受重大损失。我给非专业投资者的建议是：不要逆势而为。

我也建议投资者不要考虑对冲基金、私募股权基金和风险投资基金。这些类型的基金可能是基金经理赚大钱的工具，因为他们会把大量的管理费和 20% 的利润提成揣进自己的腰包，但个人投资者通常是难以从中获利的。这些类型的基金的平均业绩非常令人失望。没错，最好的基金确实做得不错，但除非你是机构投资者，已确立了明显的优势地位，否则，能投资最佳基金的机会，实事求是地说是零。别想这些另类投资了，它们不属于你。

如果你觉得对冲基金有诱惑力，动了心想投资其中，那么要记得沃伦·巴菲特设下的那个有名的赌局。2007 年年底，巴菲特给应赌者设下 100 万美元的赌局："我敢打赌，你挑选不出 5 只一揽子对冲基金，其业绩表现会在接下来 10 年里胜过标准普尔 500 股票指数。"赢家可以选择自己最喜爱的慈善机构接收赌赢的钱。对冲基金 Protégé Partners 公司接受了挑战，挑选了 5 只投资于对冲基金投资组合的基金。赌局在 2017 年最后一天结束时，标准普尔 500 指数基金获得了 7.1% 的年收益率，而一揽子对冲基金的年收益率为 2.2%。真正的赢家是巴菲特最喜爱的慈善组织格尔斯公司（Girls, Inc.），该组织为 5 ～ 18 岁的女孩提供课后看护和暑期活动。输家是投资于高成本对冲基金投资组合的那些人。

练习 9：记住，佣金成本并不是随机漫步的，
有些更为低廉

现在，很多经纪券商在为你执行股票买卖指令时，收取的佣金费用与标准佣金相比折扣率很大。折扣经纪券商与全面服务型一般券商相比，可以按低得多的佣金费率完成交易指令，如果你愿意在线交易，那就更会如此。在线交易股票既容易又便宜。但我想提醒你，每天进进出出买卖股票的投资者很少有人能赚到钱。不要受低佣金费率

的诱惑，以免让自己变成无数不成功的短线交易者中的一员。

谈到佣金成本这个话题，你应该警惕华尔街上的一种创新做法——"包管账户"（wrap account）。只需支付一笔单一费用，你就可以获得一位专业资金管理人的服务，这位资金管理人会为你挑选一款由股票、债券或许还有房地产构成的投资组合。经纪佣金和顾问费都被"打包"进了这笔单一的总费用之中，包管账户中涉及的成本极高。年费可能会达到每年 3%，如果这位资金管理人使用共同基金或房地产投资信托基金，可能还会收取执行费和基金费。有了这些费用，你实际上是不可能战胜市场的。对此，我的建议是：回避包管账户。

另外，要记住购买共同基金时成本很重要。收取费用最低的基金往往会给投资者带来最好的净收益率。共同基金业就是这样一种行当：在此，你得到的实际上是你未付出的。当然，典型的低成本基金是指数基金，这类基金在税收方面往往也是高效的。

关于投资，有很多你无法控制的因素。股市和债市是涨是跌，你都无能为力，但你可以控制你的投资成本。而且，你可以组织好自己的投资以便让税收最小化。在设计明智的投资策略时，控制自己所能够控制的因素这一点应该起到核心作用。

练习 10：避开塌陷区和绊脚石—— 让你的投资步伐多样化

在上文所述的热身练习中，我们已讨论了大量的投资工具。在漫步华尔街的过程中，最为重要的部分是把我们带到百老汇大街的转角处，思考有关股票的明智投资策略。关于这段漫步的指南包含在最后三章中，因为我认为股票应该构成多数投资组合的"转角基石"。尽管如此，在最后一项热身练习中，我们还是要回顾一下现代投资组合理论的重要观点——多样化投资具有种种优势。

《圣经》上有条格言说："谋士多，人便安居。"同样的道理也可用在投资上。多样化投资可以降低风险，并且你要实现符合投资目标的理想的长期平均收益率，其可能性也大得多。因此，在每一个投资类别中，你都应该持有多种具体品种；尽管股票应该成为你的投资组合的一个重要部分，但股票不应该是唯一的投资工具。想想前安然公司雇员泪水盈盈的面庞吧，他们除了在退休金计划中持有安然股票之外，未持有任何其他证券。安然倒台之后，他们不仅失去了工作，也失去了退休储蓄金。无论投资目标是什么，聪明的投资者都会进行多样化安排的。

也要回顾一下第10章谈到的"塌陷区"和"绊脚石"，那一章列举了行为金融学提供给投资者的各种教训。涉及投资问题时，我们常常是自己的最大敌人。了解我们如何在自己的心理面前不堪一击，可以帮助我们避开一些常见的陷阱，免得我们在漫步华尔街的路上跌落下去。

最后：体格检查

现在，你已完成了热身练习，让我们稍事休息，最后做一下体格检查。经济学家研究出的那些估值理论和专业投资者的业绩记录都导向了唯一的结论：没有必然成功的通向财富之路，亦无轻易可行的坦途。要实现高收益，只有承担高风险（或许还得接受较低的投资流动性）。

你能容忍的风险水平在一定程度上取决于你想拥有什么样的睡眠状况。第13章将探讨股票和债券的风险与收益，并帮助你确定从不同的金融工具中应该期待什么样的收益水平。不过，你能承担的风险水平，还会显著地受到这样几个因素的影响：你的年龄以及你的非投资性收入的来源和可靠程度。第 14 章 "生命周期投资指南" 将更加清晰地告诉你如何确定股票、债券、房地产以及短期投资在你的投资组合中所占的比例。最后一章将呈献几种具体的股市投资策略，这些策略能使业余投资者与最为成熟老到的专业投资者比较起来，获得一样好甚至更好的投资业绩。

第 13 章

金融竞赛的障碍：理解、预测股票和债券收益

正确了解过去的人往往不会对现在持有忧郁或悲观的看法。

——托马斯·B. 麦考利（Thomas B. Macaulay）

《英格兰史》（*History of England*）

在本章中，你将学习如何成为一名"金融赌注登记经纪人"（financial bookie）。在阅读本章内容之后，你虽然还是不能预测下个月或来年的市场走势——无人能做到这一点，但你将能够改善构建赚钱投资组合的"赔率"。尽管股票和债券的价格水平是决定财富净值的两个最重要的因素，其波动毫无疑问不在你的控制范围之内，但是，我提供的总体分析方法可以为你所用，帮助你切合实际地预测长期收益率，使你的投资计划适应自己的理财需要。

什么因素决定了股票和债券的收益

从长期的角度看，股票提供的收益取决于两个关键因素：购买时

的股利收益率、盈利和股利的未来增长率。原则上，对于永久持有股票的投资者来说，股票的价值等于未来股利流的"现值"或者说"折现值"。回忆一下，"折现"这一概念反映的是这样一种事实：明天收到的 1 美元，不如今天在手的 1 美元价值大。股票投资者购买企业的所有权份额，目的是希望获得不断增长的股利流。即使一家公司现在支付很少的股利，把大部分（甚至全部）盈利留存下来用于公司的再投资，投资者也会在心里假定，这样的再投资将在未来产生增长更为迅速的股利流，或者产生更多的公司将来可用以购回自身股票的盈利。

股利流（或者公司通过股票回购返还给股东的资金）的折现值，可以运用下面这个非常简单的计算长期收益率的公式得出。这个计算公式不但适用于计算个股的长期收益率，也适用于计算市场整体的长期收益率。

$$股票长期收益率 = 初始股利收益率 + 增长率$$

比如，从 1926 年一直到 2018 年，股票提供的年平均收益率大约为 10%。1926 年 1 月 1 日，市场整体的股利收益率大约为 5%。盈利和股利的长期增长率也大约为 5%。因此，将初始股利收益率与增长率相加就得出了实际收益率的近似值。

从更短期的角度看，比如 1 年或者几年，在决定收益率时，还有一个因素也起到了至关重要的作用。这个因素就是估值关系的变化，具体说来，就是股价对股利的倍数和股价对盈利的倍数（市盈率）的变化（股价对股利的倍数，其增加或减少往往与更常用的市盈率同向变动）。

股价对股利的倍数和市盈率在不同年份间的变动幅度很大。比如，在非常乐观的时期，如 2000 年 3 月初，股票市盈率大大超过了 30 倍，股价对股利的倍数超过了 80。在非常悲观的时期，如 1982 年，股票市盈率只有 8 倍，股价对股利的倍数是 17。股价对股利的倍数和市盈率也会受利率水平的影响。当利率水平低的时候，为了与债券争夺投资者手中的储蓄，股票往往以低股利收益率和高市盈率出售；当利率水平高的时候，为了更具竞争力，股利收益率会上升，股票往往会以低市盈率出售。1968 ～ 1982 年，股票收益率远低于长期平均水平，每年大约只有 5.5%。在这一时期开始的时候，股票以 3% 的股利收益率出售，盈利和股利增长率每年为 6%，这一增长率比长期平均水平略高一点。倘若市盈率（以及股利收益率）保持不变，那么每年 6% 的股利增长率转换成 6% 的资本增值率，股票本可以产生 9% 的年收益率。但实际上，股利增长率的大幅上升（市盈率的大幅下降）使年均收益率降低了 3.5% 左右。

　　对股票投资者来说，21 世纪头 10 年是一段极其凄惨的时期。千禧年时代却成了让人感到幻灭的时代。2000 年 4 月开始的时候，网络股泡沫正处于高峰时期，标准普尔 500 指数的股利收益率已跌到 1.2%（市盈率倍数高于 30）。在这段时期，股利增长实际上非常强劲，每年平均达 5.8%。倘若估值关系没有变化，股票会产生 7% 的收益率（1.2% 的股利收益率与 5.8% 的股利增长率之和）。但在这 10 年里，市盈率倍数出现暴跌，股利收益率上升。估值关系的变化从收益率中斫去了 13.5 个百分点。因此，股票非但没有带来 7% 的收益率，每年倒是平均损失了 6.5%，使得很多分析师提及这些年时，都说是"失落的 10 年"。

　　很多分析师质疑，现在股利是否还像过去那样，在决定股票收益率时具有相关性。他们指出，上市公司现在日益倾向于通过股票回购而非增加股利的方式，将增长的盈利分配给股东。对于这种公司行为，有人给出了两个理由：一种认为出于服务股东的目的，另一种认为出于使管理层得利的目的。税法使股东获得了利益。已实现的长期资本利得所适用的税率，常常只是股利所适用的最高所得税率的一小部分。回购股票的公司往往因减少了流通股票的数量，而增加了每股盈利，每股盈利的上升又使股价上涨。因此，股票回购往往会带来资本利得。再者，资本利得税可以延迟到股票卖出时缴纳；如果股票后来被遗赠，资本利得税甚至还可以全部避免。所以，为股东利益着想的公司管理层会更愿意回购股票，而非增加股利。

从不好的方面看，管理层更多的是出于对自身利益的考虑，才让公司回购股票。管理层很大一部分收入来自股票期权，只有当盈利和股价上升的时候，股票期权才有价值。股票回购是一条使盈利、股价和期权价值上升的简单途径。增值的股票会使管理层持有的股票期权的价值增加，从而使管理层得利；而增加的股利只会落入当前股东的口袋。20 世纪 40 ～ 70 年代，盈利和股利以大致相同的比率增长。不过，在 20 世纪后期的几十年里，盈利的增长速度比股利更快。在很长的时期里，盈利和股利的增长率很可能不相上下，所以，为了阅读方便，我选择从盈利增长的角度来进行分析。

与股票的长期收益率比较起来，债券的长期收益率更容易计算。从长期看，债券投资者获得的收益率大约等于债券购买时的到期收益率[⊖]。就零息债券（非定期支付利息且只是到期支付某一固定金额的债券）而言，假定未出现违约风险并被持有到期，购买时的到期收益率就是投资者将获得的收益率。对于付息债券（定期支付利息的债券）来说，债券存续期内获得的收益率可能有些变动，这取决于票息是否

⊖　到期收益率是指以特定价格购买债券并持有至到期日所能获得的收益率，是使未来债券面值和票息现金流现值等于债券购入价格的折现率，能最准确地衡量债券的收益水平，是使用最广泛的债券收益率指标。——译者注

会被再投资，以及以什么样的利率再投资。不过，债券的初始收益率[⊖]，为持有债券到期的投资者将获得的收益率提供了一个非常有用的估计值。

　　如果债券未持有到期，那么其收益率便不易被估计。在这种情况下，市场利率（债券收益率[◎]）的变化，就成为一个决定债券在持有期内所获净收益率的重要因素。当市场利率上升时，债券价格会下跌，以便现存债券与当前正以更高利率发行的新券保持同等的竞争力。当市场利率下跌时，债券价格便会上升。总之，应牢记在心的一个道理是，对于未将债券持有到期的投资者来说，损失的程度取决于市场利率上升的幅度，而得益的程度则取决于市场利率下跌的幅度。

　　在任何一场金融收益的障碍赛中，通货膨胀都是"一匹黑马"。在债券市场，通货膨胀率的上升毫无疑问会带来损失。要明白这一点，我们先假设不存在通货膨胀，债券以 5% 的收益率在交易，这会给投资者提供 5% 的实际收益率（剔除通货膨胀影响的收益率）。现在又假定通货膨胀率由 0 上升到 5%。如果投资者仍然要求 5% 的实际收益率，那么债券利率必须上涨到 10%。只有这样，投资者才会在剔除通货膨胀影响之后，得到 5% 的收益率。但这意味着债券价格下跌，而先前以 5% 的收益率购买长期债券的投资者将会遭受很大的资本损失。除了本书第 12 章推荐的通货膨胀保值债券持有者之外，通货膨胀是其他所有债券投资者的死敌。

　　原则上，股票应该是对付通货膨胀的防范工具，通货膨胀率的上升应该不会让股票受到损失。至少从理论上说，如果通货膨胀率上升

　　⊖　债券的初始收益率即债券购买时的到期收益率。——译者注
　　◎　此处的债券收益率，指投资者手中持有的债券未到期即卖出时，债券在其价格根据当时市场利率进行调整之后得出的到期收益率，与市场利率大致相等。——译者注

1 个百分点，所有东西的价格，包括工厂、设备、存货的价值，也应该上涨 1 个百分点。结果，盈利和股利的增长率也应该随通货膨胀率上升而上升。因此，即使所有的要求收益率都随通货膨胀率上升，也不会要求股利收益率（或市盈率）有所改变。之所以如此，是因为盈利和股利的预期增长率应该会与预期通货膨胀率一同上升。那么，在实际经济生活当中，情况是否果真如此呢？我们将在下面的内容中加以考察。

金融市场收益率的四个时代

现在，让我们来研究一下股市和债市近期历史上的四个时代，看看我们能否根据上面讨论的收益率决定因素来解释投资者的境况。1947 ～ 2009 年，股市收益有四次大幅波动，四个时代正巧与之相一致。表 13-1 显示了四个时代的划分以及股票和债券投资者获得的年均收益率。

表 13-1　从时代视角看美国股票和债券收益率（年均收益率，%）

资产类别	时代 1 （1947 年 1 月 ～ 1968 年 12 月舒适安逸的时代）	时代 2 （1969 年 1 月 ～ 1981 年 12 月焦虑不安的时代）	时代 3 （1982 年 1 月 ～ 2000 年 3 月精神焕发的时代）	时代 4 （2000 年 4 月 ～ 2009 年 3 月感到幻灭的时代）
股票（标准普尔 500 指数）	14.0	5.6	18.3	-6.5
债券（优质长期公司债券）	1.8	3.8	13.6	6.4
年均通货膨胀率	2.3	7.8	3.3	2.4

我把时代 1 称为舒适安逸的时代，这个时代涵盖了二战后的那

些经济增长年份。在这个时代里，抵消通货膨胀影响之后，股票持有者的收益率仍然极高，而债券持有者得到的收益率则非常低，显著地低于平均通货膨胀率。我把时代 2 称为焦虑不安的时代，在这个时代里，婴儿潮时期出生的数以百万计的青少年表现出了广泛的叛逆行为，越南战争造成了经济和政治上的不稳定，多次石油和食品价格上涨造成冲击，并引发了通货膨胀，所有这些因素交织在一起，给投资者营造了一种不宜投资的恶劣氛围。谁都未能免受其害，股票和债券投资者的境遇都非常不好。我把时代 3 称为精神焕发的时代，婴儿潮时期出生的人老成持重了，和平占据了支配地位，无通货膨胀的经济繁荣闪亮登场。对于股票和债券投资者来说，这是一个黄金时代，他们收获了前所未有的丰厚利润。我把时代 4 称为感到幻灭的时代，在这个时代里，新千年的大好前景并未在股票收益中体现出来。

　　有了四大时间段的划分，让我们看一看收益率的决定因素在这几个时期的演化发展，尤其要看一看可能是什么因素引起了估值关系和市场利率的变化。回想一下，股票收益率的几个决定因素：① 股票被购买时的初始股利收益率；② 盈利增长率；③ 从市盈率（或股价对股利的倍数）的角度看，股票估值发生的变化。另外，债券收益率的决定因素是：① 债券被购买时的初始到期收益率；② 市场利率（债券收益率）的变化，以及由此导致的未持有债券到期的投资者手中债券价格的变化。

舒适安逸的时代

　　消费者以狂热消费来庆祝二战的结束。战时，他们的生活中没有汽车，没有电冰箱，没有其他无以数计的商品，二战一结束，他们毫无节制地搬出短期储蓄来消费，创造了伴有些许通货膨胀的"迷你"经济繁荣。不过，20 世纪 30 年代的大萧条还是难以忘怀的。当需求开始减弱的时候，经济学家（那些悲观的学者）心怀担忧，渐渐确信经济的深度衰退或者经济萧条近在咫尺。后来人们广泛使用的衰退与萧条两个概念，其区别是由哈里·杜鲁门总统当时说的一句话给出界定的，他说："你失去工作的时候是衰退，我失去工作的时候才叫萧条。"股票市场的投资者注意到经济学家们的悲观情绪，显然也忧心忡忡起来。1947 年刚开始的时候，股利收益率异常高企，达到了 5%，而市盈率则徘徊在 12 倍左右，远远低于长期平均水平。

然而结果是经济并未像很多人惧怕的那样陷入萧条之中。从 20 世纪 50 年代一直到 60 年代，尽管有几个阶段出现过轻微衰退，但经济还是以相当高的增长率向前发展。20 世纪 60 年代初，肯尼迪总统提出了一项减税计划，1964 年他去世之后，该计划立法通过。减税带来了刺激，同时政府也为越战增加了消费支出，于是经济强劲发展，就业达到很高的水平。总体而言，只是到了这个时代结束时，通货膨胀才成为一个问题。投资者的信心逐渐增加，到 1968 年，市盈率上升到 18 倍以上，标准普尔股票指数的股利收益率已回落到 3%。这的确为股票投资者创造了舒适安逸的经济环境：初始股利收益率很高；盈利和股利都以 6.5% ～ 7% 的速度增长，相当强劲；股票估值提高，进一步增加了资本利得。表 13-2 显示了 1947～1968 年股票和债券收益率的不同构成部分。

表 13-2 1947 年 1 月～ 1968 年 12 月股票和债券收益率（%）

股票	初始股利收益率	5.0
	盈利增长率	6.6
	估值变化（市盈率增长）	2.4
	年均收益率	14.0
债券	初始收益率	2.7
	利率上升造成的影响	−0.9
	年均收益率	1.8

　　很不幸，债券投资者的日子远远比不上股票投资者。首先，1947年，债券初始收益率非常低，因此，债券收益率注定会很低，即使投资者将债券持有到期也是如此。二战期间，美国将长期政府债券的利率固定在不超过 2.5% 的水平。实施这项政策的目的在于使美国可以用低利率借贷为战争筹集便宜的资金，这项政策持续到战争结束之后的 1951 年，直到此时，利率才被允许上浮。因此，债券投资者在此期间遭受了双重损失。不仅在这一时期开始的时候利率被人为压低，而当利率被允许上浮时，债券持有人又遭受了资本损失。结果，在此期间，债券持有人获得的名义收益率低于 2%，而剔除通货膨胀影响之后，实际收益率则为负数。

焦虑不安的时代

　　从 20 世纪 60 年代末到 20 世纪 80 年代初，不断加剧的通货膨胀不期而至，成了影响证券市场的主要因素。20 世纪 60 年代中期，人们基本上注意不到通货膨胀的存在——通货膨胀率只比 1% 高一点。不过，在 20 世纪 60 年代末，当在越南战争中越陷越深时，我们遭遇了经典的、老式的"需求拉动型"通货膨胀——太多的货币追逐太少的商品，通货膨胀率猛然上升至大约 4% ~ 4.5% 的水平。

　　然后，在 1973 ~ 1974 年，经济受到了石油和粮食价格上涨的冲击。这是墨菲定律发挥作用的一个经典情形——凡事可能出岔子，就必定会出岔子。石油输出国组织（OPEC）策划制造了石油人为短缺的形势，而北美粮食歉收、苏联和撒哈拉沙漠以南非洲的灾难性收成，造成了食品的真正短缺。甚至当秘鲁凤尾鱼（凤尾鱼是蛋白质的一个重要来源）的捕获量也神秘消失时，看上去奥图尔对墨菲定律的注解也应验了（记住，奥图尔说的是"墨菲是个乐观主义者"）。通货膨胀率又上升到了 6.5%。再往后，在 1978 年和 1979 年，各种政策错误的综合作用导致某些经济部门出现了相当大的超额需求，再加上石油价格又有 125% 的涨幅，通货膨胀率再度蹿升，工资成本亦随之增加。到 20 世纪 80 年代初时，通货膨胀率超过了 10%，人们深怀恐惧，担心经济已失去控制。

最后，美联储在时任主席保罗·沃尔克（Paul Volcker）的领导下采取了果断行动。美联储开始实施极端紧缩的货币政策，意在勒住经济野马，杀灭通货膨胀病毒。通货膨胀的确开始合着节拍平静下来，但与此同时，经济也几乎瘫痪了。我们遭遇了 20 世纪 30 年代以来最剧烈的经济滑坡，失业率也大幅飙升。到 1981 年年底时，美国经济不但饱受两位数的通货膨胀率之苦，而且还要忍受两位数的失业率的煎熬。

表 13-3 显示了通货膨胀和经济不稳定对金融市场造成的严重影响。股票持有者和债券持有者的名义收益率都很微薄，考虑 7.8% 的通货膨胀率之后，实际收益率实际上是负数。而如黄金、收藏品和房地产之类的实物资产，却提供了非常丰厚的两位数的收益率。

表 13-3　1969 年 1 月～ 1981 年 12 月股票和债券收益率（%）

股票	初始股利收益率	3.1
	盈利增长率	8.0
	估值变化（市盈率增长）	−5.5
	年均收益率	5.6
债券	初始收益率	5.9
	利率上升造成的影响	−2.1
	年均收益率	3.8

因为通货膨胀来得出乎意料，并且债券收益率未将意外通货膨胀的可能性考虑进去，所以，债券投资者遭受了灾难性损失。例如，1968 年，期限为 30 年的长期债券提供的到期收益率大约为 6%。这一收益率可以抵御时下 3% 的通货膨胀率，因而可以提供剔除通货膨胀后 3% 的预期实际收益率。遗憾的是，1969 ～ 1981 年，实际通货膨胀率几乎达到 8%，完全抹去了任何正数的实际收益率。这还是不幸故事中的好消息，不好的消息是债券投资者遭受了资本损失。20 世纪 70 年代，通货膨胀率高达两位数，还有谁会愿意购买收益率为 6% 的债券？谁也不愿意！如果你不得不卖掉所持有的债券，你只能亏本卖出，好让新的买主能获得与更高的通货膨胀率相匹配的收益率。随着债券的风险溢价因债券的波动性增加而上升，债券的到期收益率涨得更高了。⊖更有甚者，税收体系给债券投资者予以最无情的打击。即使债券投资者获得的税前收益率⊜经常为负数，他们的债券票息却还要按一般所得税率纳税。

债券未能保护投资者，使其免受一段时期意外的通货膨胀的侵袭，一般说来，这几乎没什么好奇怪的。但在这个时代，股票表现很差却不能不令人吃惊。因为股票代表对真实资产的索取权，而真实资产应该会随着价格水平的上升而升值，所以按照这种逻辑，股票价格应该也已上涨了。这种情形就像下面的故事一样。一个小男孩第一次去美术馆参观，当被告知一幅著名的抽象派画作上画的应该是一匹马时，他机敏地问道："是吗，如果它应该是一匹马，那为

⊖ 当债券到期收益率涨得更高时，投资者手中所持债券的价格跌得更多。——译者注

⊜ 已实现的税前收益率等于债券卖出价（假定持有到期则为债券面值）加已收票息（或许还加上已收票息的再投资收益）减去债券买入价再除以债券买入价。——译者注

什么就不是呢？"如果股票应该是抵御通货膨胀的手段，那当时怎么就不是呢？

对此已有很多不同的解释，涉及的都是股利和盈利下降这一方面，仔细分析之下，这些解释就失去说服力了。其中一个常见的说法是，通货膨胀致使公司利润大幅缩水，尤其是当财报数字经过通货膨胀调整之后，公司利润更会减少。给出这种解释的人把通货膨胀描述成了一种财务中子弹，它使公司的外壳完好无损，却摧毁了公司的利润命脉。很多人认为资本主义的引擎正在失去控制，因此事实可能会证明在华尔街上漫步，无论是以随机方式还是别的方式都是极其危险的。

然而事实是，并没有证据显示，公司利润像 20 世纪 80 年代初金融界某些人士所认为的那样，一直在"沿着被残酷而不可遏制的通货膨胀涂上油脂的柱子迅速下滑"。如表 13-3 所示，1969 ～ 1981 年，利润加速增长，上升到 8% 的水平，轻松地超过了通货膨胀率。甚至股利也毫不示弱，增长率达到了接近通货膨胀率的水平。

影迷应该记得电影《卡萨布兰卡》片尾那段令人称奇的情景。亨弗莱·鲍嘉（Humphrey Bogart）手中握着一支尚在冒烟的枪，站在一位名纳粹空军少校的尸体旁。法国殖民地警察局长克劳德·雷恩斯⊖（Claude Rains）把视线从鲍嘉身上转向那支冒烟的枪，再转向已死去的少校身上，最后转向他的助手，说："少校施特雷塞尔已被枪击，把嫌疑惯犯给我逮起来。"我们也已围捕了嫌疑惯犯，但还得集中精力搞清楚究竟是谁谋杀了股票市场。

20 世纪 70 年代股票收益率如此之低，主要原因还是投资者对股利和盈利的估价，即他们甘愿为 1 美元的股利和盈利支付的美元数量

⊖　克劳德·雷恩斯在影片中饰演警察局长雷诺，亨弗莱·鲍嘉饰演夜总会老
　　板里克。——译者注

大幅下滑了。股票未能给投资者提供抵御通货膨胀的保护，原因不在于盈利和股利未能随着通货膨胀率的上升而增长，而是在于市盈率在此期间简直可以说是崩溃了。

1969～1981年，标准普尔指数的市盈率几乎下降了2/3。正是市盈率的大幅下降，才导致了20世纪70年代投资者获得的收益率如此之差，正是市盈率的大幅下降，才阻碍了股票价格反映多数公司在盈利和股利增长上所取得的真实进步。有些金融学家得出结论认为，20世纪70年代和80年代初的市场根本就不理性，以致市盈率跌得太惨了。

当然，20世纪80年代初，股票投资者的悲观情绪很可能已变得不理性，正如他们的乐观情绪在20世纪60年代中期可能变得不理性一样。但是，尽管我认为市场并非总是完全理性，但如果一定要我在股票市场与经济学界同行之间下注的话，我每次还是要赌股票市场赢。我的看法是，当投资者致使股价对股利的倍数以及市盈率急剧下跌的时候，他们并非不理性，他们只是吓着了。20世纪60年代中期，通货膨胀很轻微，人们几乎注意不到它，同时投资者也确信经济学家已找到了治愈严重衰退的良方——即使温和的经济下滑也能"通过微调"加以消除。20世纪60年代，谁也没想象过经济可能经历两位数的失业率或两位数的通货膨胀率，更甭提有谁会想象这两者竟能同时出现。显然，我们发现经济状况远没有以前想象中的那么稳定。股权证券（或许我可以说是股权不安全证券）因而被认为更具风险，从而应该获得更高的风险补偿。⊖

⊖ 经济学家经常用风险溢价来陈述这一观点。所谓风险溢价，就是你可以预期从一项投资中获得的超额收益，这一收益高于完全可预测的短期投资带来的收益。根据这一观点，20世纪60年代的风险溢价非常小，可能只有一两个百分点；而在20世纪80年代初，投资者若要持有股票和债券，要求的风险溢价扩大到了4%～6%的范围，我将对此做进一步论述。

一般说来，证券市场会通过降低市盈率和股价对股利的倍数来提供更高的风险溢价，进而产生与风险更大的新环境相适应的更高未来收益。不过，矛盾的却是，同样的调整从 20 世纪 60 年代末一直到 20 世纪 70 年代产生了非常糟糕的收益率，而在 20 世纪 80 年代初却带来了颇具吸引力的价格水平，对此，我在本书以前的几版中已做过论述。经验清楚地告诉我们，如果你想对某个 10 年内的收益率变化情况做出解释，那么估值关系的变化会起到一个至关重要的作用。1969 ～ 1981 年，盈利增长率的确补偿了这期间的通货膨胀，但股价对股利的倍数以及市盈率的下降，这种下降反映了已感知到的风险的上升，我相信这正是谋杀股票市场的元凶。

精神焕发的时代

现在，让我们把目光投向第三个时代，即从 1982 年一直到 2000 年年初，这是金融资产收益率的黄金时代。这个时代刚开始的时候，债券和股票都已随着经济环境的变化进行了充分调整，甚至可以说是过度调整。股票和债券的定价，不仅对可能出现的通货膨胀率提供了充足的保护，还给予了投资者异常丰厚的实际收益率。

的确，1981 年年末，债券市场已名誉扫地。《哗尔街日报》[○]在 1981 年的滑稽年刊中写道："所谓债券，就是为使其价格下跌而设计的一种固定利率金融工具。"这时，优质公司债券的到期收益率在 13% 左右，而基础通货膨胀率（按单位劳动力成本增长率来衡量）大约为 8%，因此，公司债券提供了约为 5% 的预期实际收益率，若按过去的历史标准，这一收益率异常丰厚（公司债券的长期实际收益率

○　《哗尔街日报》（*The Bawl Street Journal*），由纽约债券俱乐部于 1917 年开始发行，以滑稽的风格和笔触模仿《华尔街日报》，讽刺包括华尔街人、投资公司等在内的金融界。——译者注

只有 2%）。无可否认，债券价格此前已变得波动性很大，因此，认为债券理应比以前提供更高的风险溢价的看法是很合情理的。但是，恐慌、抑郁的机构投资者很可能对债券投资的风险考虑得太多。如同打最后一战的将军那样，投资者已不愿意再去碰债券了，因为过去 15年的经历可谓灾难重重。如此一来，债券投资的初始条件便是投资者能够期望未来数年获得非常丰厚的收益。

那么，股票的情况又如何呢？我在前面已提过，要计算股票的预期长期收益率，可以通过将平均股利收益率与每股盈利的预期增长率相加获得。我在 1981 年进行的计算显示股票总体预期收益率在 13% 以上，这一收益率大大超过了核心通货膨胀率，按照历史标准，也非常丰厚。

同时，股票正以异常低的市盈率出售，股价对股利的倍数也低于平均水平，股价只有股票所代表资产的重置价值的一小部分。无怪乎在 20 世纪 80 年代，我们看到了如此之多的公司并购案。每当在股市可以购买到比直接采购成本更低的资产时，公司总会倾向于购买其他公司的股权，也会回购自身的股票。因此，我当时指出，在 20 世纪 80 年代初，呈现在我们面前的是这样一种市场形势：非实物资产已根据通货膨胀以及与通货膨胀相关的更大不确定性进行了调整，或许已调整过头。表 13-4 显示了 1982 ～ 2000 年的收益率情况。

表 13-4   1982 年 1 月～ 2000 年 3 月股票和债券收益率（%）

股票	初始股利收益率	5.8
	盈利增长率	6.8
	估值变化（市盈率增长）	5.7
	年均收益率	**18.3**
债券	初始收益率	13.0
	利率上升造成的影响	0.6
	年均收益率	**13.6**

这的确是投资者精神焕发的时代，无论是股票还是债券都产生了异常丰厚的收益率。尽管这一时期盈利和股利的名义增长率都不比令人沮丧的 20 世纪 70 年代高，但两个因素促成股票市场产生了异乎寻常的收益率。首先，接近 6% 的初始股利收益率就非常丰厚。其次，市场心态也由悲观失望转为欣喜亢奋。市场市盈率上升了两倍多，从 8 倍上升到 30 倍，股利收益率下降到只有 1% 多一点。正是估值变化托起了股票收益率，使其由非同一般的水平上升到了绝对令人惊奇的高度。

同样，债券市场 13% 的初始收益率保证了债券长期持有者将实现高达两位数的收益率。我曾经说过，长期债券持有者眼前看到的到期收益率，就是他们将获得的收益率。另外，市场利率的下降也进一步提升了债券的收益率。再者，因为通货膨胀率回落到 3% 的水平，债券的实际收益率（扣除通货膨胀后的收益率）比长期平均水平高得多。1982 ～ 2000 年年初，是人们投资金融资产一生只能一遇的天赐良机。与此同时，诸如黄金和石油之类的实物资产则产生了负的收益率。

感到幻灭的时代

精神焕发的时代之后，便是有史以来股票市场有案可查最为糟糕的一个 10 年。人们普遍认为这段时期是"失落的 10 年"或者"糟心的 10 年"。就多数股票投资者而言，他们宁愿忘记这段时间。网络股泡沫爆裂后，紧跟着是令人难以承受的大熊市。在这 10 年里，后来又膨胀了一场泡沫，泡沫的爆裂使得全球股市地动山摇，因为房地产价格的急剧下跌摧毁了以房价不断上涨为支撑的错综复杂的抵押贷款支持证券的价值。投资者再次得到提醒，投资世界是一个风险很大的所在。估值关系随之发生了变化。

市盈率下跌了，股利收益率上升了。不过，有些投资者利用债券使自己的投资组合多样化，倒是得以减轻了痛苦，因为在这 10 年中，债券产生了正的收益率。表 13-5 显示了在投资者感到幻灭的时代里收益率的变化情况。

表 13-5　2000 年 4 月～ 2009 年 3 月股票和债券收益率（%）

股票	初始股利收益率	1.2
	盈利增长率	5.8
	估值变化（市盈率增长）	−13.5
	年均收益率	**−6.5**
债券	初始收益率	7.0
	利率上升造成的影响	−0.6
	年均收益率	**6.4**

2009 ～ 2018 年的市场

到 2009 年市场低谷期，标准普尔 500 指数的市盈率已降至不足周期性衰退盈利的 15 倍。股利收益率升至近 3%。股票估值关系的这些变化，为股市在未来 10 年里获得正收益率创造了条件。随着盈利以两位数比率增长，股票价格上涨的幅度甚至更大，因为股利收益率下降和市盈率上升助长了股价上涨。到 2018 年 4 月，股票产生了 17.5% 的年均收益率。同一时期，平均通货膨胀率不足 2%。因此，股票产生的真实收益率与其在第三个时代不相上下，我称第三个时代为精神焕发的时代。债券表现也相当不错。2009 年，美国短期国债的收益率介于 3% ～ 4% 之间。2018 年 4 月，10 年期美国长期国债收益率大约为 3%。因此，随着收益率微微下跌，债券提供了一些资本增值。债券产生的年均收益率为 3.8%，比通货膨胀率大约高 2 个百分点。

未来收益的障碍

那么，未来如何呢？你如何判断未来数年金融资产的收益率呢？尽管我仍然确信谁也不能预测证券市场的短期变动趋势，但我的确相信对于投资者可以期望的金融资产长期收益率的可能范围，还是有可能做出估测的。但若预计在 21 世纪接下来的岁月里，股票投资者像 2009 ～ 2018 年之间那样获得丰厚的收益，恐怕也不切实际。

那么，长期收益率的合理预期值是多少呢？我过去使用的分析方法，现在仍然可以使用。我将说明截至 2018 年年底的长期收益率预测情况。读者可以使用与预测期相对应的适当数据，进行相似的预测计算。

首先看一看债券市场。截至 2018 年年中，对于长期债券持有者将获得的收益率，我们可以形成一个相当清晰的认识。优质公司债券投资者若将债券持有到期，可以获得大约 4.5% 的收益率。10 年期美国国债投资者持有到期的收益率大约为 3%。假设每年的通货膨胀率不超过 2%，那么，政府债券和公司债券将为投资者提供正数但相当有限的收益率。然而，这些收益率与 20 世纪 60 年代末以来的水平相比低了不少。此外，如果通货膨胀加速，利率上涨，债券价格便会下跌，债券收益率甚至还要低。很难想象，按照 2018 年债券投资者可以获得的收益率，他们将会得到很好的报酬。

截至 2018 年，我们可以为股票预测出什么样的收益率呢？我们至少可以对股票收益率的前两个决定因素做出合理估计。我们知道标准普尔 500 指数 2018 年的股利收益率在 1.9% 以下。假设盈利增长率在长期内大约为 5%，这一增长率与通货膨胀受到抑制时期的历史增长率相一致，也与 2018 年年底华尔街券商所做的估计值相似。将这一初始股利收益率与盈利增长率相加，我们得到标准普尔 500 指数的总体预测收益率每年刚好低于 7%，这比债券收益率高，但比 1926 年以来股票长期平均收益率又稍低一些，后者接近 10%。

当然，在短期内，股票收益率的主要决定因素将是股票在市场上发生的估值变化，也就是市场上市盈率的变化。投资者应该问一问自己，2018 年的市场估值水平是否真的会维持下去。2018 年的市盈率为 18 ~ 19 倍，比历史长期平均值高。而不足 1.9% 的股利收益率比 4.5% 的历史平均值低得多。

无可否认，市场利率和通货膨胀率在 2018 年都相当低。当市场利率（以及通货膨胀率）低时，稍高一些的市盈率和较低的股利收益率便是合理的。但我们不能简单地假设市场利率总会如此之低，通货膨胀率总会如此温和。出乎意料之事常会发生。

股票市场上有一个具有预期作用的模式，也预示着在较长时期里可以获得充其量还不错的股市收益率。如果预测范围够广的话，未来市场收益中高达 40% 的波动性，可以根据市场整体的初始市盈率倍数预测出来。

图 13-1 以一种有趣的方式呈现了这些研究结果。该图的绘制过程是：先测算出美国大型股票市场自 1926 年以来每个季度的市盈率；然后计算每个季度之后 10 年的市场总收益率，一直算到 2018 年；最后根据初始市盈率水平，对观察结果进行十分位划分。总体看来，该图显示出当市场组合的初始市盈率相对较低时，投资者从股市获得的

总收益率也较高；如果股票在市盈率较高的时候买入，投资者获得的未来收益率也相对较低。

市盈率十分位	市盈率十分位范围
1	10.6倍以下
2	10.6～11.7倍
3	11.7～13.4倍
4	13.4～15.6倍
5	15.6～17.1倍
6	17.1～18.8倍
7	18.8～20.1倍
8	20.1～21.7倍
9	21.7～25.0倍
10	25.1倍以上

图 13-1　自 1926 年以来不同初始市盈率股票的 10 年期复合总收益率中值

资料来源：The Leuthold Group.

在计算市场整体市盈率倍数时，并不使用实际的每股收益，而是使用根据经济周期进行调整的盈利数值。因此，这样计算得到的市盈率常常被称为周期调整市盈率（CAPE）。罗伯特·席勒的网站上可以查到周期调整市盈率，而且其计算所用的盈利是过去 10 年间的平均盈利。（要得到过去 5 年的盈利平均值，可以进行类似计算。）席勒测算 2018 年的周期调整市盈率平均值大约为 30 倍。对于预测未来 10 年的收益率，周期调整市盈率的表现相当不错，并且证实了此处所呈现的收益率数值位于不算高的个位数预测值，可能低于前面提及的不足 7% 的预测值。当然，如果你的投资期限不足 10 年，那么，谁也无法准确预测你将会获得多少收益率。

作为华尔街上的一个随机漫步者，我不相信谁能预测短期内股票价格的变动趋势，也不相信谁因为能做到这一点，财务境况就会更好些。这让我想起了精彩的老广播系列剧《我爱神秘之事》（*I Love a*

Mystery）中我最喜欢的一个片段。这个诡异的故事讲的是一个贪婪成性的股市投资者。他希望获准提前 24 小时看到载有股票价格变动信息的报纸，只要看一次就行。借助神秘的魔力，他的愿望得到了满足，黄昏的时候，他收到了报纸第二天的晚刊。他紧张地通宵忙碌着，计划第二天上午一早就买入股票，在下午很晚的时候再卖出股票，这样可以保证他在股市大赚一笔。然后，他读到报纸上其他内容，之前的兴高采烈之情一下子消失了，因为他偶然看到了自己死亡的讣告。第二天早上，他的仆人发现他已撒手人寰。

很幸运，我接触不到来自未来的报纸，所以我不能告诉你在未来某个特定时期股票和债券价格将有怎样的表现。不过，我仍然坚信，这里为你提供的债券和股票的适度长期收益率估计值是为进入 21 世纪后几十年内制订投资计划所能做出的最为合理的估计值。关键的一点是，不要戴着"后视镜"来投资，不要按照过去的收益率简单地预测未来。在未来一段时间内，我们很可能将处在收益率很低的市场环境里。

第 14 章

生命周期投资指南

> 人这一生有两种时候不应该投机，一种是承担不起的时候，一种是承担得起的时候。

> ——马克·吐温
>
> 《赤道环游记》(*Following the Equator*)

把钥匙开一把锁，一个琴键定一个音。一个人必须根据其生命周期的不同阶段来制定不同的投资策略。一个 34 岁的人与一个 68 岁的人，为退休后生活进行储蓄投资时，应该使用不同的金融工具来实现自己的目标。34 岁的人刚开始迈入赚取薪金收入的高峰岁月，可以利用工资来弥补风险增加所招致的任何损失；与之相比，68 岁的人可能会依靠投资收入来补充或替代薪金收入，却不能冒招致损失的风险。即使是同样的投资工具，对于不同的人也有着不同意义，这取决于每个人的风险承受能力。尽管 34 岁的人与 68 岁的人都可能投资于银行定期存单，年轻者之所以这样做，可能是出于规避风险的考虑，而年长者则可能是因为接受风险的能力已经下降。就可以承担何种程度的风险而言，处在前者的地位，一个人就拥有较多的选择，而在后者的处境之下，一个人便没有多少选择余地。

在一生的不同年龄段，你做出的最为重要的投资决策，可能是如何平衡资产类别，也就是说如何确定股票、债券、房地产、货币市场证券等资产类别在投资组合中的权重。罗杰·伊博森（Roger Ibbotson）将毕生精力用于测算各种不同投资组合带来的收益，据他研究，在投资者获得的总收益中，有90%以上的收益取决于选择什么样的资产类别，以及这些资产类别在投资组合中所占的比例。由投资者选择哪些具体股票或共同基金所决定的投资收益，不到总收益的10%。在本章中，我会告诉你，无论你对风险持有何种厌恶态度，也就是说不管你在表12-1中处于什么位置，你的年龄、工作带来的收入以及生活中各种具体责任义务，都对你确定投资组合内资产构成方式起着重大作用。

资产配置的五项原则

我们只有在心中铭记某些基本原则，才能为资产配置决策提供一个合乎理性的基础。在前面一些章节中，我们已隐隐约约介绍了一些资产配置原则，但在此清楚明确地提出来，对投资者应该会大有帮助。这些关键原则包括以下几点。

（1）历史表明，风险与收益相关。

（2）投资股票和债券的风险，取决于持有期限的长短；投资者持有期限越长，投资收益的波动性就会越小。

（3）定期等额平均成本投资法虽有争议，但可以作为降低股票和债券投资风险的一种有用的方法。

（4）重新调整投资组合内资产类别的权重可以降低风险，在某些情况下，还可以提高投资收益。

（5）必须将你对风险所持有的态度与你承担风险的能力区分开来。你承担得起的风险取决于你的整体财务状况，包括你的收入类型和收入来源，但不包括投资性收入。

风险与收益相关

要想增加投资收益，只能通过承担更大的风险来实现。你可能听腻了这句话，但在投资管理方面，再也没有什么教训比这句话更加重要了。这条基本的理财法则已得到数个世纪历史数据的支持。表 14-1 汇总了伊博森提供的数据，这些数据正说明了这一观点。

表 14-1　1926 ～ 2017 年基本资产类别年均总收益（%）

资产类别	年均收益率	风险指数（收益率年波动率）
小型公司股票	12.1	31.7
大型公司股票	10.2	19.8
长期政府债券	5.5	9.9
美国短期国债	3.4	3.1

资料来源：Ibbotson Associates.

显而易见，股票提供了非常丰厚的长期收益率。有人做过估计，假如乔治·华盛顿仅仅从他担任总统所得的第一笔工资中存下 1 美元，并将这 1 美元投资于股票，那么凭借这笔微不足道的投资，到 2018 年时，他的继承人中百万富翁的人数便会多出 10 倍以上。罗杰·伊博森估计，自 1790 年以来，股票每年提供的复合收益率超过了 8%（如表 14-1 所示，自 1926 年以来的股票收益率甚至还要丰厚，大型公司股票每年带给投资者的回报大约为 10%）。但是，投资者是冒着很大的风险，才获得了这样的收益率。每 10 年中大约有 3 年的总收益率是负数。所以,当你追求更高收益率时,千万别忘了常言道:"天下没有免费的午餐。"更高的风险是你获取更丰厚的收益所必须付出的代价。

你投资股票和债券的实际风险取决于你的投资持有期限

你的"定力",也就是你坚守投资的时间长短,在你为做出任何投资决策而实际承担的风险中起着至关重要的作用。因此,在确定如何配置资产时,你所处的生命周期阶段便成为一个关键因素。下面让我们看看,你的投资持有期长短为何在决定你的风险承受能力时如此重要。

我们在表14-1中看到,在长达90年的时间里,长期政府债券提供了平均为5.5%的年收益率。不过,风险指数显示,在任何一年里,实际收益率可能远远偏离年均收益率。的确,在很多单个年份里,长期政府债券的实际收益率是负数。在21世纪头10年的早期,你可以投资利率为5.5%的20年期美国国债,如果你正好持有20年,你将获得的收益率正好是5.5%。问题在于,如果你一年后发现不得不卖出债券,那么你获得的收益率可能是20%,也可能是0,甚至你不走运,如果市场利率大幅上升,现有债券的价格下跌以适应新的更高市场利率,你便可能遭受很大的资本损失。我想现在你能明白为什么你的年龄以及能否坚守投资计划如此重要了,因为这会决定任何具体的投资计划所蕴含的风险大小。

那么,投资股票会怎样呢?投资股票的风险也可能随着持有时间延长而降低吗?答案是肯定的,但有条件。如果你采用长期持有的计划,并且无论市场涨跌与否,都坚持执行这一计划(即前面一些章节中讨论的买入持有策略),你便可以消除股票投资中很大一部分风险(但并非全部风险)。

　　图 14-1 所包含的信息抵得上千言万语，因此我只需对我的观点做一下简单解释。请注意，倘若你在 1950 ～ 2017 年年底这一期间持有一个多样化的股票组合（比如标准普尔 500 股票指数），那么平均而言，你会获得一个非常丰厚的收益率，大约每年为 10%。但是，对于一个夜晚难以入睡的投资者来说，收益率的波动范围确实太大了，一年当中，一个正常的股票组合带来的收益率可能超过 52%，而在另一年，这个组合的亏损率可能达到 37%。很显然，在任何一年都不能保证可以获得相当好的收益率。如果你手上的资金只能投资 1 年，那么 1 年期美国国债或由美国政府担保的 1 年期银行定期存单就是你最好的投资选择。

图 14-1　不同时段内股票年收益率范围（1950 ～ 2017 年）

注：图中实心椭圆点代表各种时段产生的年均收益率。

　　但是，请注意图 14-1 上的变化，如果你在 25 年里坚持持有股票投资，那会怎样？虽然实现的收益率有些波动，这取决于投资在哪

些具体的 25 年时段，但收益率的波动不大。在图 14-1 所涉及的全部
25 年时段内，股票投资产生了 10% 以上的平均收益率。即使你碰巧
在收益率最糟糕的自 1950 年起的 25 年时段内进行投资，预期长期收
益率也只是下降了大约 4 个百分点。正是因为存在这一基本事实，从
生命周期的角度思考投资才显得如此重要。你能够持有投资的时段越
长，股票在你的投资组合中占有的份额应当越高。一般说来，只有当
你能够在相对较长的时段内持有股票，你才有理由确信能从股票中获
得丰厚的收益率。⊖

如表 14-2 所示，在二三十年的投资时段内，总体而言，股票显
然是赢家。这些数据进一步支持了我的建议：年龄较小的人相比于年
龄较大的人，应该在投资组合中持有更大比例的股票。

表 14-2　股票战胜债券的概率

（自 1802 年以来股票收益超过债券收益的时段百分比）

投资时段	股票表现优于债券的时段百分比（%）
1 年期	60.2
2 年期	64.7
5 年期	69.5
10 年期	79.7
20 年期	91.3
30 年期	99.4

⊖　从技术上讲，延长持有期可以降低风险这一研究发现，是建立在第 11 章
描述的"均值回归现象"（mean-reversion phenomenon）的基础之上的。有
兴趣的读者可以查阅保罗·萨缪尔森发表于《投资组合管理》（*Journal of
Portfolio Management*）杂志 1989 年秋季刊上一篇文章：《理性投资组合管
理的经济学判断》（*The Judgment of Economics Science on Rational Portfolio
Management*）。

　　我在此并非想说，在长期持有的时段中，股票没有风险。毫无疑问，你持有股票的时间越长，投资组合最终价值的波动性就会上升。此外，我们知道投资者也曾经历过数十年间股票总体收益接近于零的情形。但是，对于有些投资者，其持有期能以 25 年以上的时间来衡量，股票提供的收益率便很可能高于安全的债券，甚至高于由政府担保的储蓄账户；对于其中把股利用于再投资的投资者，甚至通过定期等额平均成本投资法增加所持份额的随机漫步投资者，股票更有可能带来很好的收益。

　　最后，投资者之所以随着年龄的增长，投资应逐渐趋向于保守，最重要的原因或许在于，在未来岁月里他们赚取劳动收入的年限越来越短。因此，倘若股票市场遭遇一段收益率为负的时期，他们便不能指望靠薪金收入让自己的生活维持下去。股票市场的行情反转可能会直接影响个人的生活水准，而债券提供的较稳定的哪怕是较小的收益率，却代表了更加谨慎的投资立场。所以，在年长者的投资组合中，股票所占的比例应该更小。

定期等额平均成本投资法可以降低股票和债券的投资风险

　　如果你像多数人一样，随着储蓄逐年增加，渐渐建立起自己的投资组合，那么你实际上就是在利用定期等额平均成本投资法（dollar-cost averaging）。这种方法虽然尚有争议，但的确可以帮你免于冒险，使你不至于在错误的时间将所有资金投资于股市或债市。

　　这个名称听起来很花哨，不要为此感到心慌。其实，定期等额平均成本投资法不过就是在长期里按相同的间隔期，比如每个月或每个季度，将固定金额的资金用于投资，比如购买共同基金份额。定期把等额资金投资于股票，可以减少（但无法避免）股票投资的风险，因为这可以确保你不会在股票价格暂时过高时买入整个股票组合。

在表 14-3 中，我们假设每年投资 1000 美元。在波动型市场中，投资计划开始实施之后，市场便立即出现了下跌，然后市场急剧上涨，后又再次下跌，到第 5 年时正好跌回刚开始时的价位。在上升型市场中，市场不断上涨，最终的涨幅为 40%。虽然两种情形下都投资了 5000 美元，但在波动型市场中，投资者最终获得了 6048 美元，收益为 1048 美元，非常可观，尽管股市最终又回到了最初的起点。在上升型市场中，虽然市场每年都在上涨，最终涨幅达 40%，但投资者的最终价值却只有 5915 美元。

表 14-3　定期等额平均成本投资法示例

投资期间	波动型市场			上升型市场		
	投资额（美元）	指数基金价格（美元）	所购份额数（份）	投资额（美元）	指数基金价格（美元）	所购份额数（份）
第 1 年	1 000	100	10	1 000	100	10
第 2 年	1 000	60	16.67	1 000	110	9.09
第 3 年	1 000	60	16.67	1 000	120	8.33
第 4 年	1 000	140	7.14	1 000	130	7.69
第 5 年	1 000	100	10	1 000	140	7.14
投资总额	5 000			5 000		
所购份额总数			60.48			42.25
平均每份投资成本（美元）	82.67(= 5 000 ÷ 60.48)			118.34(= 5 000 ÷ 42.25)		
最终价值（美元）	6 048(= 60.48 × 100)			5 915(= 42.25 × 140)		

对于这种投资方法，沃伦·巴菲特清晰明了地给出其存在的基本依据。在一篇公开发表的文章中，他这样写道：

　　有一个小测验。如果你计划终生吃汉堡包，并且你不是一个菜牛养殖商，那么你会希望牛肉价格更高还是更低？同样的道理，如果你打算买一辆车，而你又不是汽车制造商，那么你喜欢汽车价格较高还是较低？显然，这些问题的答案都是不言而喻的。

　　但是，现在进行期末考试。如果在接下来的 5 年里，你预期是一个净储蓄者，那么在此期间，你希望股票市场价格更高还是更低？很多投资者都回答错了。即便在未来多年里他们都是股票净买入者，但当股价上涨时，他们会欢欣鼓舞，当股价下跌时，他们会抑郁消沉。实际上，他们之所以兴高采烈，是因为对于自己不久将要购买的"汉堡"来说，价格上涨了。这种反应是不明智的。只有那些准备近期卖出股票的人，看到股价上涨，才应该高兴。未来可能买入股票的人，应该非常喜欢股价下跌才对。

　　定期等额平均成本投资法并不是消除股票投资风险的万全之策。像在 2008 年这样的时候，你的 401（k）储蓄投资计划不会因为你使用了此种投资方法就可以避免出现价值暴跌，因为哪种计划也不能保护你免受惩罚性大熊市的影响。而且，即使在最暗无天日的时候，你也必须要有现金，也要有信心去继续做定期投资。无论财经消息多么吓人，也不管乐观迹象多么难以看到，你都不要中断这种投资方法的"自动导航"功能。因为你若这样做了，便会丧失一种好处，也就是在市场急剧下跌之下，基金份额以很低的价格抛售时，你至少可以买入一些份额。定期等额平均成本投资法会让你捡到便宜，因为你的基金份额的平均价格会低于你购买时的均价。为何如此？因为在份额价格低时，你会买到更多的份额，而在份额价格高时，你买到的份额数量便会较少。

　　有些投资顾问不是定期等额平均成本投资法的爱好者，因为如果市场径直往上涨，这种投资策略并非最优选择（倘若在这个为期 5 年的时段一开始，你便把 5000 美元全都投进去，那么你的财务境遇会更好）。但是，它的确提供了一份相当好的"保单"，可以使你免受未来股市行情糟糕时带来的冲击。如果你非常不幸，在 2000 年 3 月或 2007 年 10 月这样的市场最高点时，把所有资金都投入了股市，你之后必然会懊悔不迭。为了进一步说明定期等额平均成本投资法的益处所在，我们丢开假想的情形，来看一个真实的例子。表 14-4 显示了 1978 年 1 月 1 日首期投入 500 美元，随后每月投入 100 美元购买先锋 500 指数基金份额所获得的投资结果（不计税款）。共有不足 49 000 美元的资金投入该项计划，最终价值超过 760 000 美元。

表 14-4　用定期等额平均成本投资法投资先锋 500 指数基金示例

截止日期：12 月 31 日	累计投资总成本（美元）	所购份额总价值（美元）
1978 年	1 600	1 699
1979 年	2 800	3 274
1980 年	4 000	5 755
1981 年	5 200	6 630
1982 年	6 400	9 487
1983 年	7 600	12 783
1984 年	8 800	14 864
1985 年	10 000	20 905
1986 年	11 200	25 935
1987 年	12 400	28 221
1988 年	13 600	34 079
1989 年	14 800	46 126
1990 年	16 000	45 803

（续）

截止日期：12 月 31 日	累计投资总成本（美元）	所购份额总价值（美元）
1991 年	17 200	61 010
1992 年	18 400	66 817
1993 年	19 600	74 687
1994 年	20 800	76 779
1995 年	22 000	106 944
1996 年	23 200	132 768
1997 年	24 400	178 217
1998 年	25 600	230 619
1999 年	26 800	280 565
2000 年	28 000	256 271
2001 年	29 200	226 622
2002 年	30 400	177 503
2003 年	31 600	229 524
2004 年	32 800	255 479
2005 年	34 000	268 933
2006 年	35 200	312 318
2007 年	36 400	330 350
2008 年	37 600	208 941
2009 年	38 800	265 756
2010 年	40 000	306 756
2011 年	41 200	313 981
2012 年	42 400	364 932
2013 年	43 600	483 743
2014 年	44 800	550 388
2015 年	46 000	558 467

（续）

截止日期：12 月 31 日	累计投资总成本（美元）	所购份额总价值（美元）
2016 年	47 200	625 764
2017 年	48 400	762 690

当然，谁也不能肯定以后几十年还会提供与过去一样的收益。但表 14-4 的确说明，持续不断地遵循这种投资方法，有可能获得巨大的潜在收益。不过也要记住，股票价格存在着长期上升的趋势，所以如果你需要投资一大笔钱，比如一份遗产，这种方法未必适合。

如果有可能，要保留一小笔储备资金（先投资于货币基金），若市场急剧下跌，便可以用这笔资金趁机额外买入一些基金份额。我这样说，并不是在建议你试图预测市场变化。不过，在市场暴跌之后，通常是买入的好时机。就像希望和贪婪的心态有时可以通过自我反馈而产生投机性泡沫一样，悲观和绝望的情绪也会导致市场恐慌。最严重的市场恐慌与最病态的投机性暴涨一样，都是没有根据的。就股市整体而言，牛顿万有引力定律一直以来总是以相反的方式演绎着：下跌后必然会涨回来（不过，这未必适用于个股）。

重新调整资产类别权重可以降低风险，还可能提高投资收益

有一种非常简单的投资策略，即重新调整投资组合内资产类别权重。使用这种策略可以降低风险，在某些情况下，甚至可以提高投资收益。简而言之，这种策略就是对已投资于不同资产类别（如股票、债券等）资产的比例加以调整，使之重新达到与你的年龄以及你对风险的态度和承受能力相适应的比例。假设你认定自己的投资组合应该由 60% 的股票和 40% 的债券构成，并且在投资计划执行初期，你将

资金按这样的比例在两类资产中进行分配。但一年之后，你发现自己持有的股票已大幅上涨，而所持债券却下跌了，投资组合从而变成了股票占70%、债券占30%的情况。70∶30这样的构成比例与最适合你风险承受能力的构成比例相比是一个风险更大的配置比例。为了使配置比例重新回到60∶40，重新调整资产类别权重这一策略便要求你卖出一些股票（或股票型共同基金），同时买入一些债券。

表14-5显示了在截至2017年12月的22年时间里，重新调整资产权重策略所取得的投资效果。每年（一年调整不超过一次）资产配置比例都重新回到60∶40的状态。资金被投资于成本低廉的指数基金。如表14-5所示，通过运用重新调整资产权重策略，该投资组合市场价值的波动率显著降低了。此外，这一策略也提升了该投资组合的年均收益率。倘若不进行重新调整，该投资组合22年之后的收益率便是7.71%。重新调整资产权重策略将年收益率提高到了7.83%，同时波动性也更小了。

表 14-5　重新调整资产权重的重要性（1996 年 1 月～ 2017 年 12 月）

（%）

	年均收益率	风险（波动率）[1]
60% 的罗素 3 000 股票和 40% 的 巴克莱总体债券[2]：每年重新调整	7.83	10.40
60% 的罗素 3 000 股票和 40% 的 巴克莱总体债券[2]：从不重新调整	7.71	11.63

注：在此22年间，每年重新调整一次资产权重，使得投资组合的波动性变得更小，也带来了更高的收益率。

[1] 收益率标准差。

[2] 股票由一只罗素 3 000 整体股市指数基金代表，债券由一只巴克莱整体债市指数基金代表（不考虑纳税）。

究竟有何种"炼金术"使每年年底采用这一策略的投资者得以提高自己的收益率？我们回想一下这段时间股票市场出现了怎样的行情。到 1999 年年末，股票市场经历了一次史无前例的泡沫行情，股票价格已大幅飙升。投资者重新调整资产配置时，并不知道市场不久便会见顶，但的确注意到投资组合中的股票权重因股价飞涨已经远远超过了 60% 的目标比例。因此，投资者卖出足量股票（并买入足量债券），以便资产配置比例恢复到最初的水平。然后，2002 年年末，正当股票市场处于熊市底部时（此时债券市场已产生了很大的正收益率），投资者发现股票所占的份额已大大低于 60%，而债券所占的份额已大大高于 40%。于是，根据重新调整资产权重策略，投资者卖出一些债券，买入一些股票。同样，2008 年年底，股市已大幅下跌，债市已上涨，投资者又卖出一些债券，买入一些股票。我们都希望有个小精灵能可靠地告诉我们如何"低买高卖"，而对资产权重进行系统性调整的策略，正是我们所拥有的那个可信的小精灵。

将你对风险所持有的态度与你承担风险的能力区分开来

我在本章开头便提到，适合你的投资品种在很大程度上取决于你的非投资性收入来源。在通常情况下，你在投资之外的赚钱能力以及由此产生的风险承受能力与你的年龄密切相关。我举三个例子可以帮助你理解这一观点。

米尔德丽德·G. 是一位 64 岁的新寡女士。由于关节炎日益恶化，她不得不放弃了注册护士的工作。在伊利诺伊州霍姆伍德村，她有一处不太大的房子，抵押贷款尚未付清。抵押贷款是以相对较低的利率获得的，但她每月的还款金额还是颇大的一笔支出。除了社会保障署按月支付的福利金之外，米尔德丽德的全部生活来源有两部分：一部分是作为受益人，她可以得到一份价值 25 万美元的保单所产生的收益；另一部分是价值 5 万美元的小公司股票组合，这是她已故的丈夫逐渐积累下来的。

显而易见，米尔德丽德承担风险的能力严重受制于她的财务状况。她既可能达不到平均预期寿命，也没有好体力去挣得投资组合之外的收入。而且，她还得为抵押贷款支付数额巨大的固定款项。倘若投资组合出现亏损，她将无力弥补损失。米尔德丽德需要的投资组合应该由安全的投资品种构成，可以产生足够的收入。债券和股利丰厚的股票，比如房地产投资信托指数基金是较为合适的投资品种。而风险较大的增长型小公司股票（经常不分配股利），无论其价格多么有吸引力，都不属于米尔德丽德投资组合中的应有之物。

蒂法尼年仅 26 岁，是一位奋发向上的单身女性，她刚获得斯坦福大学商学院的工商管理硕士学位，参加了美国银行的培训计划。她刚从祖母的全部财产中继承了一笔 5 万美元的遗产。她的目标是建立一个颇具规模的投资组合，好让自己在以后的岁月里可以购买一座房子，并拥有一笔退休后可使用的资金。

对于蒂法尼这种情况，你可以大胆地推荐她构建一个激进型投资组合。她既可能达到平均预期寿命，又有面对任何财务损失仍然可以维持生活水准的赚钱能力。虽然蒂法尼的个性将决定她究竟愿意承担多大的风险，但是很显然，她的投资组合属于风险与收益对应范围中更加偏向高风险、高收益的那一端。米尔德丽德持有的小型公司股票组合，对于一个无法工作的 64 岁孀妇来说，远远没有对于蒂法尼更合适。

我在本书第 9 版中举了卡尔的例子，他 43 岁，是通用汽车公司位于密歇根州庞蒂亚克市一处工厂的一名工长，年收入 7 万多美元。他的妻子琼推销雅芳产品，年收入 1.25 万美元。卡尔夫妇有 4 个孩子，最小的 6 岁，最大的 15 岁。卡尔和琼希望每个孩子都能上大学。他们意识到，让孩子上私立大学很可能超出了自己的经济实力，但他们的确希望，让孩子在优秀的密歇根州立大学系统内接受教育能够行得通。幸运的是，卡尔一直在通过通用汽车公司的薪资储蓄计划进行定期储蓄，他选择购买通用汽车股票执行这一计划，他已积累了价值21.9万美元的通用汽车股票。卡尔还有一座大小适中的房子，已拥有了很大一部分房子的产权，只剩下少量抵押贷款尚未还清。此外，他没有其他资产。

我曾经指出卡尔和琼的投资组合很有问题。他们的收入和投资都绑在通用汽车身上。倘若出现某种负面情况，导致通用汽车的股价急剧下跌，那么他们投资组合的价值以及卡尔的生计，都要毁于一旦。果然，这故事的结局很悲惨。2009年，通用汽车宣布破产。卡尔既丢了工作，也折了自己的投资组合。这并不是绝无仅有的例子。要记住，很多安然雇员就以自己的惨痛经历得到了教训：安然倒闭的时候，其员工不仅丢了工作，而且投资于安然股票的所有储蓄也都荡然无存了。在你的投资组合中，永远不要承担与你的主要收入来源相同的风险。

根据生命周期制订投资计划的三条一般准则

既然现在我已做好了铺垫准备，下面我将向你呈现生命周期投资指南。在本节中，我们先看看几个一般准则，这对处于生命中各个不同阶段的多数个人都很适用。在下一节中，我会把这几个准则加以总结，融入投资指南当中。当然，没有任何指南适用于每个人的具体情况。任何比赛计划都需做些变动，以适应具体的比赛环境。这一节审视三条一般准则，将有助于你根据自身的具体情况制订投资计划。

特定需求必须安排专用资产提供资金支持

　　始终要铭记在心：某一特定需要必须由专门用以满足这一需要的特定资产来提供资金。比如说，假设一对 20 多岁的年轻夫妇正力图逐渐积累起一笔退休储蓄金。那么下一节将要阐述的生命周期投资指南中给出的建议当然可以满足他们实现这一长期目标的愿望。但是我们再假设，这对夫妇预期一年后需要 3 万美元作为首付款来购买一处住房。这笔满足特定需要的 3 万美元应该投资于某种安全性好的证券，且这种证券应在这笔钱需要支出的时候到期，比如，1 年期银行定期存单就可以满足要求。同样的道理，如果需要在未来 3 年、4 年、5 年、6 年里支付大学学费，那么所需资金就可以投资于与其支付期限相匹配的零息债券，或者几份到期日不同的银行定期存单。

认清自己的风险承受能力

　　对于我建议的总体投资指南，其需要做出最大个体调整的方面，与个人对风险所持有的态度相关。正是出于这个原因，成功地制订理财计划与其说是一门科学，不如说是一门艺术。总体投资指南极为有用，可以帮助个人确定在不同的类别资产中，应该配置多大比例的资金。但是，所推荐的任何资产配置是否真正为你发挥作用，关键还在于你在夜晚是否能安然入睡。风险承受能力是制订任何理财计划时必须考虑的一个重要方面，同时，只有你自己才能评估你对风险持有什么样的态度。股票和长期债券投资中所蕴含的风险，会随着你逐渐积累和持有投资产品的期限延长而得以降低，你从这个事实中多少可以获得一些慰藉。不过，当你的投资组合价值在短期内发生相当大的波动时，你必须具有接受这种波动的良好心态。2008 年，股市几乎暴跌了50%，面对此情此景，你感觉如何？若因为有很大一部分资产投资于股票，你便惊慌失措，身体备感不适，那么显而易见，你应该削减投资组合中股票所占的比例。因此，在你能接受的资产配置中，主观因素也同样起着举足轻重的作用，你完全可以根据自己的风险厌恶程度对我在下一节中提出的建议做出调整。

在固定账户中坚持不懈地储蓄，无论数目有多小，必有好结果

在展示资产配置指南之前，还需了解最后一条一般准则。倘若眼下你根本没有任何资产可以配置，你该怎么办呢？许许多多财力有限的人都认为，攒下一笔数目可观的退休储蓄金是不可能做到的。逐渐积累起大量有意义的退休储蓄金常常似乎是完全不可企及的事。不要悲观绝望。实际情况是，只要你持之以恒地每周储蓄固定数额的钱，比如通过薪资储蓄计划或401（k）计划，你迟早总能积累起一大笔钱。每周存下23美元，你负担得起吗？要是为难的话，每周存下11.5美元行吗？如果你能做到，如果你还有很多年可以去工作，那么最终积攒下一大笔退休资金的目标便可以轻而易举地实现。

表14-6显示了每月存入100美元的定期储蓄计划所带来的结果。这里假定投资收益率为7%的利率。表中最后一列显示了经过不同时段之后这一储蓄计划的累计总值。[⊖]很显然，哪怕每次只存入一点钱，只要定期储蓄，你最终完全可能得到一笔可观的资金，即使对那些起步时一点储蓄金都没有的人，也同样如此。如果你一开始就能在储蓄账户中存入几千美元，那最终的数额将会显著增加。

　⊖　我假定这些储蓄可以通过个人退休金账户（IRA）或其他有税收优惠的储蓄工具进行，所以利息所得税在此忽略不计。

表 14-6　如何建立退休储蓄金：每月投资 100 美元、年收益率为 7%
（每月计算复利）的投资结果 （单位：美元）

年份	累计投资	每年收入	累计收入	累计总值
第 1 年	1 200	46	46	1 246
第 2 年	2 400	137	183	2 583
第 3 年	3 600	233	416	4 016
第 4 年	4 800	337	753	5 553
第 5 年	6 000	448	1 201	7 201
第 10 年	12 000	1 136	5 409	17 409
第 20 年	24 000	3 495	28 397	52 397
第 30 年	36 000	8 235	86 709	122 709

　　如果你每月只能储蓄 50 美元，也就是每周储蓄大约 11.5 美元，
把表中的数字除以 2 就行了；如果你每月能储蓄 200 美元，就将表中
的数字乘以 2。不过，你需要挑选不收取佣金的共同基金来积累你的
退休储蓄金，因为直接进行这些小额投资恐怕成本会高得让你望而却
步。而且，共同基金还可以让你将利息或股利与资本利得自动转为再
投资，表 14-6 便是以此为假设前提的。最后，检查一下，搞清楚你
的雇主是否为雇员提供与此相匹配的储蓄计划。显然，如果通过公司
赞助的退休储蓄计划进行储蓄，那么你可以将自己的储蓄与公司替你
出资的储蓄并在一起，同时还享有税收抵扣的好处，这样一来，你的
退休储蓄金的增长速度将快得多。

生命周期投资指南

　　图 14-2 概括了生命周期投资指南。在犹太教法典《塔木德》
（*Talmud*）中，以撒拉比（Rabbi Isaac）曾经说过，一个人应该永远将

自己的财富分成 3 个部分：1/3 用来购买土地，1/3 用来购买商品（经营生意），1/3 放在手头随时备用（做流动资金）。这样的资产配置颇有道理，但我们现在拥有更加完备的金融工具，对因人而异进行适宜的资产配置所需考虑的因素也理解得更为透彻，所以我们可以改进这个历史久远的理财建议。生命周期投资指南背后的一般思想在上文已做了详细说明。对于 20 多岁的年轻人，我建议他们采用激进型投资组合。处在这个年龄段的人来日方长，可以安然渡过一个个投资周期的波峰和浪谷，也有很多时间去工作挣钱。这种投资组合不仅持有权重很大的股票，还包含大比例的外国股票，其中包括风险较高的新兴市场股票。第 8 章已讲到，国际多样化的一大优势便是可以降低风险。另外，即使全球市场变得越来越密切相关，国际多样化投资也能使投资者分享到世界其他地方经济增长带来的益处。

随着投资者年岁渐增，他们应开始削减风险较大的投资，同时增持债券以及诸如股利增长型股票之类的债券替代品。资产配置中也要增加支付丰厚红利的房地产投资信托基金。年届 55 岁时，投资者应该考虑如何逐渐向退休过渡，并开始将投资组合转向收入导向型配置：投资组合中债券的比例增加，所持的股票更趋于保守；更多地关注带来多少收入，更少地着眼增长性。投资者退休之后，我推荐他们在投资组合中偏重于持有多种债券和债券替代品。过去有个普遍的经验法则说，投资组合中债券的比例应该与投资者年龄相等。不过，即便投资者年近七旬，我还是建议他们在投资组合中保有 40% 的一般股票和 15% 的房地产权益类证券（房地产投资信托基金），这样便可带来一些收入增长，抵御通货膨胀。的确，自从 20 世纪 80 年代我首次提出这些资产配置方案以来，人们的平均预期寿命已大为提高，因此，我也相应增加了股票的比重。

图 14-2　生命周期投资指南

年龄：55岁左右

生活方式：很多人由于为孩子支付大学学费仍在深受困扰。无论生活方式如何，这一年龄群体都必须开始为退休做打算，开始考虑收入保障问题

■ 现金（5%）：货币市场基金或短期债券型基金（平均期限为1~1.5年）

■ 债券及债券替代品（27.5%）①：免手续费的高等级公司债券型基金，某些通货膨胀保值债券、外国债券、股利增长型股票

□ 股票（55%）：1/2为具有代表性的规模较小的美国国内增长型股票；1/2为外国股票，其中包括新兴市场股票

■ 房地产（12.5%）：房地产投资信托组合

c）

年龄：65岁以后

生活方式：享受休闲生活，但需注意防止发生重大医疗费用；风险承受能力很小或没有风险承受能力

■ 现金（10%）：货币市场基金或短期债券型基金（平均期限为1~1.5年）

□ 债券及债券替代品（35%）①：免手续费的高等级公司债券型基金，某些通货膨胀保值债券、外国债券、股利增长型股票

□ 股票（40%）：1/2为具有代表性的规模较小的美国国内增长型股票；1/2为外国股票，其中包括新兴市场股票

■ 房地产（15%）：房地产投资信托组合

d）

图 14-2 （续）

① 债券及债券替代品：如果债券是在有税收优惠的退休金计划之外持有的，则应当使用免税债券。

就多数人而言，我建议投资者构建投资组合时，应使用涵盖范围广泛的整体股市指数基金，而不要选择个股。我这样建议出于以下两个理由。首先，多数人都没有足够多的资本进行适当的多样化投资。其次，我注意到多数年轻人没有大量的资产，他们得靠逐月投资渐渐积累起投资组合。这样一来，共同基金几乎成了必须利用的工具。你不一定要使用我建议的指数基金，但一定要确保你购买的任何共同基金都是真正"免手续费"的低成本基金。你也注意到了，我在投资指南中清楚明确地提到了房地产。我在前面的内容中曾说过，每个人都应力图拥有属于自己的房产。我认为每个人都应持有一定数量的房地产投资，你的股权投资中应有一部分以第 12 章中描述的房地产投资信托指数基金的形式加以持有。至于你持有的债券投资，生命周期投资指南推荐你使用应税债券。不过，如果你身处最高的税收等级，并且居住在像纽约这样的高税率州，同时你在退休金计划之外持有债券，那么，我建议你使用免税货币基金，也建议你使用债券型基金，这类债券型基金必须只投资于你所在州发行的债券，这样你既可以免交联邦税，也可以免交州税。

生命周期基金

随着自己渐渐变老，你想避免调整投资组合的麻烦吗？投资于不同资产类别的资产在组合中所占的比例，因市场行情的涨跌起伏而发生变动，你不想费心费力每年重新调整一次资产比例吗？ 21 世纪头 10 年已有一种新型金融产品被开发出来，可以满足这种设定投资计划后便想将之抛诸脑后的投资者。这种产品被称为"生命周期基金"，会自动重新调整你的资产权重，并且随着你的年龄增长，会使投资组合逐渐转向更加安全的配置比例。就个人退休金账户、401（k）计划以及其他退休金计划来说，生命周期基金的用处极大。

你先选定一个你预期将退休的日期，然后挑选一只特定的符合要求的生命周期基金。比如说，假设今年是 2020 年，你 40 岁，计划 70 岁退休。在这种情况下，你应该购买一只"目标到期日为 2050 年"的生命周期基金。今后的投资可以放在这只基金当中。基金每年会重新进行一次资产权重调整，并且其中的股票投资随着时间的推移逐渐趋向保守。大型综合性共同基金公司，如先锋集团、富达（Fidelity）、美国世纪（American Century）、普信集团（T. Rowe Price）等，都提供生命周期基金产品。在这些公司的网站上，你可以查到它们提供的不同期限和不同资产配置的详细信息。有些投资者寻觅最简单易行的途径来管理自己的退休储蓄金，对他们而言，生命周期基金的"自动导航"性能具有一种"用户友好"的特色，使用起来非常方便。不过，在申请购买之前，别忘了手续费收取情况。收费低意味着你口袋里会拥有更多的钱，你可以享受更加舒适的退休生活。

退休之后的投资管理

现在婴儿潮一代中每天有 1 万多人达到 65 岁，这种情况将一直延续至 2030 年。根据美国人口普查局的预测，婴儿潮一代将有 100 余万人活到 100 岁以上。一般而言，一个 65 岁的人大约拥有 20 年的平均预期寿命。所有退休人士中会有一半人活得比平均预期寿命更长久。然而，多数婴儿潮一代人士并未慎重考虑本书提出的一些建议，未能给自己的退休生活备下充足的储蓄。美国一直是个注重消费的国家，而不是注重储蓄的国家。鉴于联邦政府长期以来的预算状况，我们不能指望政府能帮助我们摆脱困境。

为退休生活而做的准备不够充分

　　根据美联储进行的一项消费金融调查，一般的美国家庭在银行里都没什么钱，信用卡债务倒是不少。拥有某种退休金账户的美国人只占一半人口，在财富占有量最少的 25% 的美国人中，仅有 11% 的人拥有一份储蓄或退休金计划。虽然较年长的美国人（年龄在 55 ～ 64 岁）平均而言拥有 30.8 万美元的退休储蓄金，但这样的平均金额恐怕并不足以替代他们退休后 15% 以上的家庭收入，这一局面非常不容乐观。对很多美国人来说，生命中的黄金岁月很可能极为暗淡无光。接近退休的婴儿潮一代，若希望避免贫困潦倒的生活，仅有两个切合实际的选择：要么开始严肃认真地储蓄，要么"咸鱼翻身"，早点离开人间。亨尼·扬曼[⊖]（Henny Youngman）过去常常说："只要下午 4 点之前死掉，我要花多少钱就有多少钱。"

　　对于身处上文所描述的境况的投资者，我没有任何容易、省事的答案可以提供。你别无选择，你只能在本应该退休的年龄再工作几年，而且还得控制生活开销，竭尽所能多存钱。不过，即使在这样的处境下，也有令人乐观的一面。多亏有了互联网，许许多多的非全职工作可以让你在家里完成。而且，退休后能继续工作对身心也都有益处。有些工作可做的人更会感觉到自身价值，更会感觉到与外界还一直保持着联系，同时也会更加健康。实际上，我倒是建议每个人都尽量推迟退休，并且推迟到完全退休年龄才开始领取社会保障福利金，以使今后每年领取的福利金达到最大化。只有对于那些健康状况很差因而预期寿命很短的个人，我才会建议他们在能开始领取福利金的最早年龄便开始领取。

　　⊖　亨尼·扬曼（1906—1998），从事单人说笑表演的喜剧演员，被誉为"俏皮话之王"。——译者注

如何投资退休储蓄金

如果你先知先觉，已为退休后的生活做了储蓄，那么，你应该采取什么样的投资策略，才会有助于确保你的钱与你活得一样长久呢？有两个基本选择可供考虑。第一，你可以将自己的退休储蓄金全部或部分年金化。第二，你可以继续持有自己的投资组合，同时确定一个提用资金的比例，这一比例既能为舒适的退休生活提供保障，又能使你活着的时候储蓄不够用的风险最小化。那么，该如何在这两个备选策略中做出取舍呢？

年金

科幻小说作家西奥多·斯特金（Theodore Sturgeon）创造了斯特金定律，这条定律说："你所听到或读到的一切东西，有95%都是毫无用处的垃圾。"这条定律无疑也道出了投资世界的真实情形，不过，我由衷地相信你在本书中读到的内容属于另外的5%。至于有关年金的各种所见所闻的建议，我认为错误信息所占的百分比更接近于99%。态度友好的年金销售员会告诉你年金是解决退休后投资问题的唯一合理办法。但是，许多理财顾问又可能说："不要买年金，否则你的钱会打水漂。"对这两种截然相反的建议，投资者该如何看待呢？

我们首先厘清一下年金的概念，说说年金的两种基本类型。年金经常被称为"长寿保险"。所谓年金，就是与保险公司签订的一种合同，据此合同，投资者向保险公司支付一笔资金，以保证年金持有人在未来可以收到一系列定期支付的款项，该系列款项的支付持续期一直到年金持有人死亡时为止。比如说，2018年年中支付100万美元保费购买的一份终身固定年金，将会给一位65岁的男性每年带来大约

6.7 万美元的年均收入流。如果一对同为 65 岁的夫妇退休，并希望获得一份终身固定年金中有联合生存特色的年金（只要夫妇双方有一方健在，保险公司便继续给予支付），那么这 100 万美元提供的年均固定支付金额大约为 5.65 万美元。

当然，如果存在通货膨胀，保险公司定期支付的金额便会逐渐损失一些购买力。正因为如此，很多人更喜欢购买"可变年金"。可变年金为将来支付金额的增加提供了可能性，而究竟这些金额是否增加，则取决于年金持有人选择何种类型的投资资产（典型情况下为共同基金）。如果年金持有人选择股票，那么，若股票市场行情好，则支付金额会上涨；若股票市场表现糟糕，则支付金额会下降。投资者还可以购买有保证支付期的可变年金。比如说，20 年的保证支付期意味着即使你在购买年金之后立即亡故，你的继承人也将获得 20 年陆续支付的款项。当然，年金持有人得为这种支付保证付出一些代价，也就是说，年金持有人得接受每年支付的金额大幅度减少这一条件。对于 70 岁的男性年金持有人需接受减少的金额可能超过 20%。由此看来，如果你真的担心自己有可能早早离开人世，身后又无任何遗产，那么更好的处理办法，可能就是将你用于购买年金的退休储蓄金比例加以缩减。

可变年金为应付通货膨胀风险提供了一条可行的途径。另外一个可以对付通货膨胀的工具是根据显性通货膨胀率进行调整的年金。比如，先锋集团提供一种保证每年以 3% 递增支付金额的年金。这样的保证自然会大幅降低初始支付金额。一对 65 岁的夫妇若希望获得一份有联合生存特色的这类年金，会发现拿 100 万美元购买年金，从共同基金公司获得的初始支付金额每年将只有 3.9 万美元。

与自己投资退休储蓄金的策略比较起来，年金具有一个很大的优势。年金可以保证你活着的时候总会有钱供养你。如果你有福气，拥有非常健康的身体，能活到 90 多岁，那么保险公司便会承担风险，它支付给你的金额可能会远远超过你当初购买年金时付出的本金及其以后的投资收益。厌恶风险的投资者当然应该考虑，一退休便将经年累月积攒下来的一部分甚至全部储蓄投入年金合同之中。

那么，年金有什么不足之处？年金有四个可能出现的缺点：年金与遗赠动机不相符合；年金会使年金持有人的消费路径不易改变；年金可能会涉及高昂的交易费用；年金在税收上可能没有优势。

1. 希望留下一笔遗产

假设一位退休人士已储蓄了很大一笔钱，靠这笔储蓄投资产生的股利和利息便可以舒服地生活。虽然通过将储蓄年金化可以获得更多年收入，但年金持有人亡故时，将不会留下任何资金作为遗赠财产。很多人强烈希望能够在身后留下一些钱，赠予孩子、亲戚或慈善机构。而将所有储蓄进行年金化，与这样的遗赠动机不一致。

2. 消费灵活性

假设一对夫妇 65 岁退休时身体非常健康，他们购买了一份年金，年金合同规定只要他们两人有一人健在，他们每年便会获得某一固定金额的款项。这样一份"联合人寿"年金是身为夫妇的人用来筹划退休储蓄金的一种常见方法。但是，就在他们与保险公司签好合同之后，丈夫和妻子得知两人都患了不治之症，疾病极有可能让他们两位中任何一人活下去的时日减少到宝贵的几年。按照情理，这对夫妇可能想去周游世界，因为这是他们一直怀有的一个梦想。所以说，如果情况发生变化，将储蓄资金年金化便让他们无法灵活地改变自己的消费路径。

3. 年金成本可能很高

很多年金，尤其是保险推销员销售的年金，成本可能非常高。年金购买者不仅需向保险公司支付管理费和其他费用，还需向年金销售代理人支付销售佣金。因此，有些年金可能会成为绩效非常糟糕的投资。

4. 年金在税收上可能没有优势

虽然从延迟缴税的角度看，固定年金与债券相比拥有一些优势，但可变年金却将可获得税收优势的资本利得变成了需按较高税率纳税的一般收入。另外，将退休金账户中的部分资产年金化，不会抵消按法律规定你必须从退休金账户中提领款项的最低金额。如果你将个人退休金账户中的一半资产年金化，你仍然必须从另外一半资产中提取最低要求的金额。如果你打算至少将那一半的资产全部花费掉，这便不成问题，但如果你无此打算，那么税收上便没有优势。

鉴于年金所具有的以上潜在缺点，聪明的投资者该如何是好呢？我给出的看法是：至少将部分储蓄投入年金，通常是很有意义的。要确保你不会活得比你的收入能供养你的时间更长，这是唯一无风险的途径。一些信誉良好的公司，如先锋集团等，会提供低成本无销售佣金的年金。为了做出明智的年金投资决策，你应该在互联网上货比三家，考察不同的公司。登录 AIG 退休服务这个网站，你会发现提供年金的不同公司收取的费率差别相当大。

继续持有退休前的投资组合，如何过好退休生活

对于为退休生活已积攒下来的资产，很多退休人士更愿意至少

对其中一部分能继续加以控制。我们假设这些资产已按图 14-2d 所示的资产配置进行了投资，也就是说，有一半多一点的资产投资于股权，其余资产投资于固定收益产品。现在，你准备从这些退休储蓄金中拿出一部分用于退休后的生活开支，那么，如果你想确保只要你活着钱就不会花光，你可以花费多少呢？我建议你使用"4%解决方案"。[○]

根据"4%解决方案"，你每年花费的钱不应该超过你已积攒下来的资产总值的 4%。按照这一比例消费，即使你活到 100 岁，你也不太可能把钱全花光。而且，你极有可能为自己的继承人留下一笔遗产，这笔遗产的购买力与你积攒下来的资产总值的购买力完全一样。根据 4% 这一规则，你将需要 45 万美元的储蓄，才能让你在退休生活中每月获得 1500 美元的收入，或每年获得 1.8 万美元的收入。

为什么非得是 4% 呢？在未来的岁月里，股票和债券的多元化投资组合的收益率极有可能超过 4%。不过，之所以要限定提款消费的比例，是出于以下两个原因：第一，你需要让每月的支出随着时间的推移按通货膨胀率保持增长；第二，你需要确保自己能安然度过股市难免会出现的几年萧条期，股市在某些时期可能会熊途漫漫。

我们先看一看 4% 这一数字从何而来。我们在第 13 章的最后一节中曾说过，预期股票市场每年可能会产生大约 7% 的长期收益率。一个多样化的债券投资组合可能会产生 4% 的收益率。因此，我们可以预测一个一半由股票一半由债券组成的平衡型投资组合每年可以

○ 在本书第 9 版中，我推荐使用 4.5% 的解决方案，因为那时的债券收益率比 2018 年高不少。的确，由于利率很低，若采用"3.5% 解决方案"，已退休者会更加确信不会活得比储蓄金所能维持的时间更长。

产生约 5.5% 的收益率。现在假设在较长时期里，通货膨胀率每年为 1.5%。这意味着为了保持购买力，投资中的全部资金每年将必须增长 1.5%。因此，在一个有代表性的年度中，投资者将花费全部投资的 4%，而总储蓄金将以 1.5% 的速度增长。下一年消费金额也会以 1.5% 的速度增长，这样一来，退休人士仍然能够在市场上购买同样多的商品。若每年花费的比例低于投资组合的总收益率，退休人士既能保持整个投资资金的购买力，又能保持每年需消费资金的购买力。一般的计算方法是：先估计投资资金的收益率，然后从中扣除通货膨胀率，所得结果便确定了可持续的消费水平。如果通货膨胀率是每年 2%，那么 3.5% 的消费比例恐怕会更合适。

将消费比例定在全部投资的预期收益率之下还有一个原因。就股票和债券的实际收益率而言，年与年之间波动相当大。虽然股票收益率平均每年可能会达到 7%，但在某些年份，股票收益率会更高，而在另外一些年份，又可能是负数。假设你 65 岁退休，然后遭遇了一次熊市，其严重程度与 2008 年和 2009 年一样，股市大约下跌了 50%。倘若你每年从投资组合中按 7% 的比例提出款项，你的储蓄可能不到 10 年就会枯竭。但是，如果你每年只提款 3.5% 或 4%，即使你活到 100 岁，你也不太可能把钱用光。确定一个保守的消费比例，可以使你永远不会将钱花光的可能性最大化。所以，如果你尚未退休，你该认真想一想如何尽你所能地多储蓄，好让自己以后即使采用保守的提款比例进行消费，也能过上舒适的生活。

对于上面建议的如何处理退休消费的办法，需要提出三点意见作为补充。第一，为了使将来的提款相对平衡，不要按照每年年初投资资金所实现的总价值的 3.5% 或 4% 进行消费。既然市场会不断波动，你的消费支出在不同年度也必然会非常不均衡。我的建议是，开始时按照最初退休储蓄金的 3.5% 或 4% 进行消费，然后让你提出用以消费的钱每年按 1.5% 或 2% 的速度增长。这样做会平衡你在退休生活中所能得到的收入数量。

第二，你会发现你所持债券的利息收入和股票的股利收入，很可能低于你希望从投资资金中提出的 3.5% 或 4% 这一比例。所以，你得决定先动用哪一部分资产。你应该卖出一部分相对于你设定的目标资产配置比例权重已过大的资产。假设股票市场大幅回升，当初 50∶50 的配置比例已发生倾斜，变成了股票占 60%，债券占 40%。尽管你可能因股票表现出色而感到欣喜，但你也应该为此感到担忧，因为投资组合的风险变得更大了。那么你就从投资组合中股票那部分，提出任何你需要提出的额外资金。这样一来，你既调整了自己的资产配置，同时又获得了你需要消费的一些收入。即便你不需要从投资组合中提出资金用来消费，我还是建议将投资组合每年进行一次比例配置调整，以便整个组合的风险水平与你的风险承受能力相一致。

第三，你需要制定一种策略，尽可能推迟缴纳所得税的时间，同时又能从资产中提出款项。当你开始按照联邦税法的规定，从个人退休金账户和 401（k）账户中提取法定最低必取金额时，你需要先使用这些账户，然后再使用其他账户。在应税账户中，你已经在为你的投资所产生的股利、利息和已实现资本利得缴纳所得税了。因此，你下一步当然应该拿这些钱来消费（如果你还未到法定必须提款的 70.5 岁，你甚至应该先拿这些钱来消费）。接下来，花费另外的延迟纳税的资产。如果你的资产有可能会留给你的继承人，那么要最后使用罗斯个人退休金账户中的资金。罗斯个人退休金账户没有法定最低提款限额的规定，你可以将其中的资产传给你的继承人，而无须缴纳所得税。

谁也不能保证，我在此提出的一些办法肯定会让你只要活着就有钱消费。而且，根据你的健康状况以及其他收入和资产情况，你很可能想对我提出的这些办法做出这样那样的变更。如果你发现自己年届80 岁，每年提取 4% 用来消费，而投资组合还在不断增值，那么要么你深信医疗科技最终会发现令人长生的不老药，要么你该考虑将钱袋松一松，多加消费了。

第 15 章

三种步伐漫步华尔街

年收入 20 英镑，年支出 19 英镑 6 便士，结果：幸福；

年收入 20 英镑，年支出 20 英镑 6 便士，结果：痛苦。

——查尔斯·狄更斯（Charles Dickens）

《大卫·科波菲尔》（*David Copperfield*）

本章将阐述购买股票的几个规则，并就遵循第 14 章资产配置指南中可以使用的一些投资工具提出具体建议。到现在为止，你已做出了合理明智的判断，知道如何处理税收、房产和保险，知道如何最大限度利用现金储备。你也审视了自己的投资目标、自己所处的生命阶段、自己对风险的态度，已决定将多少自己的资金投资于股票市场。现在，我们该在三一教堂静默片刻，迅速做个祷告，然后果敢地大步向前迈去，同时需倍加小心不要踩进两边的墓地。[一]我提供的规则可以帮助你避免犯下代价高昂的错误，避免支付不必要的交易费

[一] 在华尔街与百老汇街相交的地方有个三一教堂，旁边有墓园，从教堂走出来，对面便是华尔街。——译者注

用，也会帮助你在无须冒太大风险的情况下，使自己的收益有所提升。我拿不出非同寻常的绝妙建议，但我确实知道你的资产收益率增加一两个百分点，可能就会产生迥然不同的结果：或幸福，或痛苦。

你会如何着手购买股票呢？或者说你打算怎样漫步华尔街呢？大致说来，有三种方式，我称之为"省心省力漫步法""亲力亲为漫步法"和"使用替身漫步法"。

运用第一种方式，你只需购买各种涵盖范围广泛的指数基金，这些指数基金旨在追踪不同类型的股票，你买了这些基金就等于进行了多样化的股票投资。这种方法还有个优点，就是操作起来绝对简单。即使你在随机漫步时嚼口香糖都觉得困难，你也能驾轻就熟地掌握这种方法。实际上，市场会拉着你一道向前迈步。对于多数投资者，尤其是对于那些更喜欢采用简单的低风险方法解决投资问题的投资者，我建议他们屈从于市场的智慧，使用涉及国内和国际股市的指数基金构建整个投资组合。不过，对于所有投资者，我建议将投资组合的核心部分，特别是退休储蓄金那部分，投资于指数基金或交易所交易基金。

如果运用第二种方式，你就沿着华尔街慢跑，自己挑选股票，或许在投资组合中会过量持有某些行业或国家的股票。我建议你，为舒适的退休生活提供保障而储蓄的正经资金，要投在一个多样化的指数基金投资组合上。但是，如果你想要拿一些输得起的闲钱去冒冒险，如果你享受挑选股票的游戏，那么我已为你准备一系列规则，可以帮助你稍微提高一点成功的可能性。

至于运用第三种方式，你可以坐在路边，选择专业投资经理替你在华尔街漫步。专业投资顾问公司能选择最适合你的财力和风险意愿的投资组合，而且能确保你获得广泛多样化投资的益处。遗憾的是，多数投资顾问公司收费高昂，并且常有利益冲突。幸好，有一种新型的低成本投资顾问公司现在可加以利用。这类投资顾问公司经常使用自动投资技术管理多样化指数基金投资组合，收取的费用可谓低到尘埃里。在本章稍后部分，我会提及这些顾问公司。

本书前几版曾介绍过一种我称为"马尔基尔漫步法"的策略。运用这一策略，就是购买封闭式基金，基金份额一定要按照这类基金所持股票价值的一定折价率购买。本书第 1 版问世的时候，美国股票的折价率高达 40%。现在，这种折价率已低得多，因为封闭式基金份额的定价更为有效了。不过，有吸引力的折扣价有时还可能会出现，精明务实的投资者可能会乘机加以利用。在附录 C 中，我列举了几只封闭式基金，它们有时会以很有吸引力的折价率出售。

省心省力漫步法：投资指数基金

标准普尔 500 股票指数是一种综合指数，大约代表了美国所有上市股票 3/4 的价值，它在漫长的登山途中打败了多数专家。购买这一指数的所有成分股从而构建一个投资组合，恐怕是一种轻松的拥有股票的方式。我早在 1973 年（本书第 1 版中）就指出，小额投资者迫切需要拥有采用这种投资策略的投资工具：

> 我们所需要的是一种零手续费、管理费尽可能低的共同基金，这种基金只购买数以百计构成股市大型平均指数的成分股，不会试图为逮住"有望获胜的快马"而不停地调仓换股。每当人们注意到有哪只共同基金的表现劣于平均指数时，基金发言人就会迅速指出："你只能买到股票，可买不到平均指数。"现在到了公众能买平均指数的时候了。

在我的书出版之后不久，"指数基金"这一概念便流行开来。市场经济的优点之一，就是当某种产品存在需求时，通常总会有人立志要把它生产出来。1976年，让公众也能享受指数化投资好处的基金诞生了。这便是"先锋500指数信托"（Vanguard 500 Index Trust），它是一只持有标准普尔500指数500只成分股的共同基金，每只股票的持仓比例与其在该指数中的权重完全一样。购买这只指数基金的投资者，每一位都按投资比例分享基金所持股票的股利，按投资比例分享基金投资组合的资本利得，分担基金投资组合的资本损失。如今，多家综合性共同基金公司都有标准普尔500指数基金产品，收取的费率低于万分之五，远低于主动管理型基金收取的费率。有些指数基金的费率为零。现在，你可以既便利又便宜地买到"市场"了。你还可以购买在交易所交易的标准普尔500指数基金，道富环球投资管理公司（State Street Global Advisors）、黑石集团（BlackRock）和先锋集团等都有这类基金。

　　这种投资策略背后的逻辑就是有效市场假说的逻辑。不过，即使市场并非有效，指数化投资仍然是一种非常有用的投资策略。既然市场上所有的股票一定会被人持有，那么结果必然是，市场上所有的投资者平均而言将会获得市场回报率。指数基金能以最低的费用实现市场回报率。主动管理型基金每年大约平均收取1%的费率，因此，主动管理型基金的平均业绩必然劣于市场的整体表现，差额就是从其总收益率中扣除的费率。即便市场无效，结果依然如此。

　　与共同基金和大型机构投资者的平均业绩比较起来，标准普尔500指数的表现长期以来更胜一筹，这一结果已为本书前面一些章节描述的众多研究所证实。是的，也有一些例外。但是，以显著优势打败指数基金的共同基金，其数目屈指可数。

使用指数基金的优势总结

现在，我们来总结一下使用指数基金作为首要的投资工具会有哪些优势。指数基金产生的收益率经常会超过主动管理型基金。指数基金之所以会带来这种超额收益，基本原因有两点，就是其管理费和交易成本都不同于主动管理型基金。公募指数基金按万分之五甚至更低的费率来运营，而主动管理型公募基金会按年收取管理费，这笔费用平均达 1 个百分点。此外，指数基金只是在必要时才进行交易，而主动管理型基金的持仓周转率普遍接近 100%。用非常保守的交易成本估计，这样调仓换股无疑是对基金表现的一个拖累。即使股票市场根本就不充分有效，主动管理型基金作为一个整体，其总收益率也无法好过市场。因此，平均说来，主动管理型基金必然表现劣于指数，正是这些费用和交易成本造成了其劣势。令人抱憾的是，主动管理型基金作为一个群体，并不能像广播明星主持人加里森·凯勒（Garrison Keillor）设想的家乡沃比根湖的孩子们那样出色，在那里"所有的孩子都是中上之资"。

指数基金在税收方面也有利于投资者。它使投资者可以推迟资本利得的实现，或者，如果基金份额在日后作为遗赠财产，还可以让投资者完全避免纳税。只要股票价格继续存在长期上涨的趋势，将股票换来换去必然会涉及资本利得的实现，而资本利得是需要缴纳税款的。税收是理财决策中必须考虑的一个关键因素，因为较早地实现资本利得会使净收益大为缩水。指数基金不经常转换股票，因此往往能够避开资本利得税。

相对而言，指数基金的表现也更好预测。如果购买一只主动管理型基金，你根本无法确定它与同类基金相比会表现如何。而当你购买一只指数基金时，按照常理，你可以确信它将跟踪目标指数，因而可能轻易地就战胜了一般水平的主动管理型基金。此外，指数基金总是充分投资，极少留有现金。你不应当相信主动管理型基金经理的夸夸其谈，说什么自己操作的基金总会在正确的时机转换成现金。我们在前面的内容中已看到，择时操作并不能收到预期效果。最后，指数基金也更容易评估。现在市场上共有5000余只股票型共同基金，我们没有任何可靠的办法预测究竟哪些基金可能在将来胜出一筹。若投资于指数基金，你便能确切知道将来能得到什么，整个投资过程也极为简单。

尽管诸多证据表明卓尔不群的投资管理并不存在，但我们假定投资者仍然相信确实存在这种投资管理。在这种情况下，依然有两个问题：首先，很显然这种管理技能非常稀缺；其次，在这种管理技能得到证实之前，人们似乎找不到有效办法来发现它。我在第7章中已指出，一个时期里表现最风光的基金在接下来一个时期里不一定仍是最抢眼的基金。比如说，20世纪90年代的那些最佳基金，在21世纪头10年里获得的收益率都一塌糊涂。保罗·萨缪尔森用这样一个故事说明连创佳绩该有多么不易。他说，假设已得到证实，每20位酒鬼中有1位能够渐渐学好，变成社会认可的适量饮酒者。经验丰富的临床大夫会回答说："即便真有这回事，看起来其行动也像是假的，因为你永远无法从20个人中识别出那1个人；在尝试改变的过程中，20个人中会有5个人被毁。"萨缪尔森最后得出结论认为，投资者应该放弃在大海里捞针的做法。

在机构投资者之间，股票交易好比一场等长运动⊖：很多能量被消耗掉，但在投资经理相互之间的结果还是盈亏相抵，而且投资经理造

⊖ 等长运动（isometric exercise）是一种以互推动作来增强肌肉的运动。——译者注

成的交易成本还抵减了绩效。正如犬类竞赛中灵缇似乎命中注定要输给机器兔，专业资金管理人似乎也必然会输给指数。怪不得很多机构投资者，包括英特尔、埃克森、福特，都已纷纷把资产中的很大一部分投入指数基金。到2018年，大约已有40%的机构投资资金被"指数化"了。

你的想法如何？当你购买指数基金时，你同时也就放弃了吹嘘的机会，你以后不能在高尔夫俱乐部夸耀说，自己选中了股市"快马"，从而狠狠地大赚了一笔。广泛多样化的投资排除了遭遇异常损失的可能性；同时从其定义看，也排除了获得出众收益率的可能性。因此很多华尔街批评家一提到利用指数基金进行投资，便称之为"保证收益平庸"的投资。但是，历史经验确凿地表明：购买指数基金的投资者所得收益，很可能会超过一般的基金经理，对基金经理而言，大量管理费和投资组合高周转率往往会削减投资收益。很多人会发现，在股市游戏中，若每一轮都保证能打出标准杆，与市场打个平手，其实是一件非常有吸引力的事情。当然，投资于指数基金的策略，也并非排除了存在风险的可能性，如果市场往下走，你的组合保证也会亦步亦趋。

对于小额投资者来说，指数投资法还有另外一些吸引人之处。虽然你只有少量投资，但指数投资法能使你实现非常广泛的投资多样化。它还可以使你减少经纪费用。此外，指数基金还为投资者做好一切有关工作，接收所持组合内股票派发的股利，并按季将你的所有收益用支票寄给你（顺便提一下，如果你愿意，这些收益可以再投资于同一基金）。简而言之，若想省心省力、支付最低费用就得到市场回报率，投资指数基金正是一种明智而有效的方法。

定义更广的"指数化"

自从1973年本书第1版以来，指数化投资策略一直是我推荐使用的策略，我首次建议使用这一策略的时候，甚至是在指数基金问世之前。使用最为普遍的指数是标准普尔 500 股票指数，这一指数能很好地代表美国股市中的大型公司。可是现在，我虽然仍会建议投资者进行指数化投资，或者说进行所谓的"被动投资"，但对指数化定义过窄也存在着一些言之有据的批评。很多人错误地把指数化投资与只是买入标准普尔 500 指数等同起来。利用标准普尔 500 指数进行指数化投资，已不再是"城中唯一的游戏"了。标准普尔 500 指数忽略了数千个经济活动中最富活力的小型公司。因此，我现在认为如果一位投资者只想购买一只美国国内股票指数基金，那么，对美国总体股市指数仿真度最高的，便是一只涵盖范围更广的指数，如罗素 3000 指数、威尔希尔整体市场指数（Wilshire Total Market Index）、CRSP 指数，或 MSCI 美国大型市场指数，而不是标准普尔 500 指数。

80 年来，市场历史已证实，总体而言，规模较小的股票，其表现往往会优于规模较大的股票。例如，1926 ～ 2018 年，由规模较小的股票构成的投资组合每年带来的收益率大约为 12%，而由规模较大的股票构成的投资组合（如标准普尔 500 指数成分股）产生的收益率大约为 10%。尽管规模较小的股票比大型蓝筹股更具风险，但关键在于，由小型公司股票构成的多样化程度很高的投资组合可能会带来更高的收益率。基于这一理由，我现在赞成投资于涵盖范围广泛得多的指数，这种指数应更广泛地代表美国公司，其中应包括为数众多的可能尚处增长周期早期阶段的小型公司。

回想一下，标准普尔 500 指数代表了美国所有股票 75% ～ 80% 的流通市值。这样说来，数千家公司代表了所有美国股票市值余下的 20% ～ 25%。在很多情况下，这些公司都是提供较高投资收益率（风险也更高）的新兴增长型公司。威尔希尔整体市场指数囊括了所有公开交易的美国股票。除了规模最小（流动性也小得多）的股票，罗素

3000 指数和 MSCI 指数包含了所有市场上的股票。现在，有不少共同基金就是以这些涵盖范围更广的指数为基础构建投资组合。这样的指数基金通常都带有"整体股市投资组合"的称谓。整体股市指数基金提供的收益率比一般的股票型共同基金更高。

再者，指数化投资策略与慈善活动不同，不必"始于本国（终于本国）"。我在第 8 章中曾论证过，投资者可以通过国际多样化投资来降低风险，可以通过将房地产之类资产类别纳入投资组合来降低风险，还可以通过将部分资产投资于包括通货膨胀保值债券的债券来降低风险。这是现代投资组合理论的基本观点。所以，投资者不应只是购买美国股市指数基金，而不持有其他证券。不过，这与指数化策略并不冲突，因为在目前的市场上，已有了效仿多种国际指数表现的基金，这些国际指数包括 MSCI 欧澳远东指数和 MSCI 新兴市场指数等。此外，还有一些持有房地产投资信托基金以及公司债券和政府债券的指数基金。

投资者常犯的一个最大错误是在投资上未能进行足够的国际多样化。美国经济在世界经济中所占的比重大约只有 1/3。不能否认一只美国整体股市指数基金的确会提供一些全球性多样化，因为很多美国跨国公司在国外有大量业务。但是，全球新兴市场经济体（如中国和印度），其经济增速一段时间以来一直比发达经济体都要快得多，而且预计将继续如此。因此，在我下面的推荐中，我建议每一个投资组合中都要将很大一部分比例投资于新兴市场。

与发达世界相比，新兴市场国家的人口往往更为年轻。拥有年轻人口的经济体往往经济增长更快。而且，2018 年新兴市场国家的估值水平比美国更有吸引力。我们已经指出，周期调整市盈率对于发达国家在较长时期内的股票收益率，往往具有一定的预测能力。在新兴市场也存在同样的关系。2018 年，新兴市场的周期调整市盈率低于 12

倍，不足美国的一半。当股票能以这样的估值水平买入时，未来长期收益率往往都很丰厚。

在新兴市场上，进行指数化投资也是一个极其高效的投资策略。即使新兴市场不太可能像发达国家市场那样有效，但进入新兴市场并进行交易的代价还是很高的。新兴市场主动管理型基金的费率远高于发达国家市场。而且，在新兴市场，流动性更低，交易成本更高。因此，将所有费用考虑进来之后，指数化投资还是一个极好的投资策略。标准普尔公司 2018 年发布报告说，在所有主动管理型新兴市场股票基金中，95% 的基金在此前 15 年间输给了标准普尔和国际金融公司的新兴市场指数。

一个具体的指数基金投资组合

表 15-1 列出了从指数基金中挑选出来的一些具体基金，投资者可用来构建自己的投资组合。该表中显示的资产配置百分比是建议 55 岁左右的人采用的。其他人同样可以使用这些挑选出来的指数基金，只是需要根据各自的具体年龄调整一下这些基金的权重。你可能想根据你个人的风险承受能力和对风险的态度对各项百分比做些变动。有些人希望获得更高的回报而愿意接受更大的风险，不妨增加股票的投资比例。有些人需要稳定的收入以维持生活开支，可以增持房地产权益类证券和股利增长型股票，因为这些投资品能提供更多一点当期收入。

表 15-1　建议 55 岁左右的人持有的指数基金投资组合

现金（5%）<sup /> ①
富达货币市场基金（交易代码：FXLXX）
或先锋优选货币市场基金（交易代码：VMMXX）

（续）

债券及债券替代品（27.5%）[2]

（7.5%）先锋美国长期公司债券 ETF（交易代码：VCLT）

或 iShares 公司债券 ETF（交易代码：LQD）

（7.5%）先锋新兴市场政府债券基金（交易代码：VGAVX）

（12.5%）智慧树股利增长型基金（交易代码：DGRW）

或先锋股利增长型基金（交易代码：VDIGX）[2]

房地产权益类证券（12.5%）

先锋房地产投资信托指数基金（交易代码：VGSIX）

或富达斯巴达人房地产投资信托指数基金（交易代码：FRXIX）

股票（55%）

（27%）美国国内股票

嘉信整体股市指数基金（交易代码：SWTSX）

或先锋整体股市指数基金（交易代码：VTSMX）

（14%）其他发达国家股票

嘉信国际指数基金（交易代码：SWISX）

或先锋国际指数基金（交易代码：VTMGX）

（14%）新兴市场国际股票

先锋新兴市场指数基金（交易代码：VEIEX）

或富达斯巴达人新兴市场指数基金（交易代码：FFMAX）

① 可以用一只短期债券基金替代列出的任一货币市场基金。

② 尽管美国通货膨胀保值债券不适合所推荐的指数基金投资组合，但投资者不妨考虑将美国债券投资组合的一部分投资于其中。由于并非标准的指数基金，股利增长型基金和公司债券基金也属于例外。

此外，还要记住，我在这里有个假设：你持有的证券，即使不是全部，至少也要大部分是通过享有税收优势的退休金账户来持有的。当然，你购买的所有债券都应当通过此类账户持有。如果债券于退休金账户之外持有，你很有可能更愿意购买免税债券，而不是应税债券。而且，如果你在应税账户中持有股票，你不妨考虑税收损失收缴

（tax-loss harvesting，TLH）抵税技巧，后文会涉及这一内容。最后，要注意，我给了你从众多综合性共同基金公司中挑选指数基金组合的机会。由于我本人与先锋集团的长期关系，我想一定得向你提供一些非先锋集团管理的基金，以便你有所选择。列在表 15-1 中的基金收取的费率都不算高，它们也都不收取手续费。欲了解这些基金的更多信息，可以查看附录 C。交易所交易基金可以用来替代共同基金。

交易所交易基金与税收

前文已提及被动型投资组合管理（也就是买入并持有指数基金），其优势之一在于，这种投资策略可以最大程度地降低交易成本和税收。斯坦福大学的两位经济学家乔尔·迪克森（Joel Dickson）和约翰·肖文（John Shoven）已证明，税收是投资理财时必须考虑的一个关键因素。通过对 62 只拥有长期记录的共同基金样本进行分析，他们发现 1962 年投资的 1 美元，倘若不纳税，至 1992 年就会增值到 21.89 美元。然而，由高收入投资者投入共同基金的同样 1 美元，在对已分配股利和资本利得支付税款之后，只能增值到 9.87 美元。

指数基金可以在相当大的程度上帮助投资者解决税收问题。指数基金很少调仓换股，因而它们往往避开了资本利得税。不过，即便是指数基金，有时也可能会实现一些需由份额持有人纳税的资本利得。这些资本利得之所以要实现通常也是迫不得已，或者是因为构成指数的某只成分股公司被人收购了，或者是因为共同基金被迫卖出证券。后一种情况的出现，是因为共同基金份额持有人权衡利弊之后，决定赎回自己的份额，从而使共同基金必须卖出证券以筹集现金。因此，要解决税收负担最小化的问题，即使是常规的指数基金，也并非最完美的金融产品。

与常规的指数基金相比，交易所交易基金型指数基金（exchange-traded index fund），比如"蜘蛛基金"（一种标准普尔 500 指数基金）和"蜂蛇基金"（一种整体股市指数基金），往往在避税方面更加高效，因为这类交易所交易基金能够利用"实物"（in kind）赎回的优势。在投资者申请赎回基金份额时，实物赎回通过交付低成本的一揽子股票来进行。对交易所交易基金而言，这并非一种应税交易，因此这一过程并不实现必须分配的资本利得。而且，赎回基金份额的投资者，根据自己当初购买基金份额时交付的一揽子股票的成本来支付税款，而不是根据基金为应其赎回而交付的一揽子股票的成本来纳税。交易所交易基金收取的费用也最为低廉。现在已有很多种交易所交易基金既对应于美国股票也对应于外国股票。对于计划投放于指数基金的一次性投资资金，交易所交易基金是一种绝好的投资工具。

不过，投资交易所交易基金会涉及交易成本，包括经纪费用⊖和报买报卖价差。这种无手续费的共同基金更适合那些将在一段时间内以小额资金逐渐积累指数基金份额的投资者。要能抵御诱惑，不要在交易日任何时候买卖交易所交易基金。我很赞同先锋集团创始人约翰·博格尔的观点，他说："投资者交易这类基金的时候，也就是他们自寻死路的时候。"如果你心痒难耐，跃跃欲试，那你最好效仿小姑娘玛菲特的做法，见到蜘蛛及其同胞便魂飞天外，逃得远远的。⊖

在表 15-2 中，我列出了一些交易所交易基金，你可用来构建自己的投资组合。请注意，有些投资者希望购买股票的过程尽可能容易，对于他们来说，全世界指数基金可以通过一站式服务，提供全面的多样化国际投资。

⊖ 有些折扣经纪商提供免收佣金的交易所交易基金的交易服务。
⊖ 这是童谣《小姑娘玛菲特》(Little Miss Muffet) 里的情节。——译者注

表 15-2 交易所交易基金

	交易代码	费率（%）
美国整体股市		
先锋整体股市基金	VTI	0.04
SPDR 整体股市基金	SPTM	0.03
其他发达国家（欧澳远东）		
先锋欧洲太平洋基金	VEA	0.07
iShares Core MSCI 其他发达国家市场基金	IDEV	0.07
SPDR 除美国外发达世界基金	SPDW	0.04
新兴市场		
先锋新兴市场基金	VWO	0.14
SPDR 新兴市场基金	SPEM	0.11
iShares Core MSCI 新兴市场基金	IEMG	0.14
除美国之外的全世界		
先锋 FTSE 全世界基金	VEU	0.11
SPDR MSCI ACWI 基金	CWI	0.30
iShares Core MSCI 整体国际股票基金	IXUS	0.11
包括美国的全世界		
先锋全世界基金	VT	0.10
iShares MSCI ACWI 基金	ACWI	0.32
美国债券市场[1]		
先锋整体公司债券基金	VTC	0.07
iShares 投资级公司债券基金	LQD	0.15
嘉信美国综合债券基金	SCHZ	0.04

[1] 应税投资者应考虑表 C-9 列出的封闭式市政债券基金。

如果你想拥有简单易行又历经时间检验的方法，以期获得更好的投资绩效，你在此就不用读下去了。我列出的指数化共同基金或交易所交易基金会提供广泛的多样化投资，带来有效的税收优势，收取的费用也很低廉。即使你想购买个股，也要去做机构投资者越来越多地在做的事情：根据建议的资产配置比例，将投资组合的核心部分投资于指数基金，然后用额外的资金去积极下注。有了坚强的指数基金核心投资，你这样去赌一把，比起将整个投资组合都交由主动管理型基金管理，风险会少得多。即便你犯了一些错，也不致命。

亲力亲为漫步法：可资使用的选股规则

无论对于个人还是机构，为了管理其如退休储蓄之类的重要资金，指数化都是我推荐的投资策略。不过，我确实意识到，很多人可能以为，将整个投资组合都进行指数化安排是一个非常枯燥乏味的投资策略。而且，如果你的确想拿一些输得起的闲钱去冒险，你可能会使用自己的漫步法（以及才智）去挑选股票。对于坚持要亲自玩游戏的人来说，亲力亲为漫步法可能更有吸引力。

自从孩提时代以来，我便一直有着冒险的欲望，所以我很能理解许多投资者为何不但强烈希望依靠自己去挑选大赢家，而且对有望获得仅与整体市场持平收益率的投资方法毫无兴趣。问题是，亲力亲为需要你付出很多努力，况且能始终胜出的人非常罕见。不过，对于那些把投资视为玩乐的人，这里有一个明智的投资策略，至少能让他们在玩乐时将风险降至最低。

然而，把我的策略付诸实施之前，你还需要知道从哪些渠道获取投资信息。大部分投资信息可以从公共图书馆获得。你应该热切关注几份报纸的财经版面，尤其是《纽约时报》和《华尔街日报》。《巴伦周刊》之类的周刊也应在必读之列。像《彭博商业周刊》《财富》《福布斯》这样的财经杂志，对于接触投资理念和投资观点也颇有价值。

大型投资咨询服务机构也是很好的信息来源。比如说，你应该接触标准普尔公司的《展望》（*Outlook*）、价值线公司的《价值线投资综述》（*Value Line Investment Survey*）以及《晨星》（*Morningstar*）。最后，在互联网上可以获取丰富的信息，其中也包括证券分析师的推荐。

45年前，我在《漫步华尔街》第1版中就提出过成功选股的四条规则。我发现这些规则今天依然适用。在前面一些章节中，我已论述过这些规则，现在以节略的形式一一列示如下。

规则1：所购股票限于盈利增长看起来至少能够连续五年超过平均水平的公司。

虽然选中增长率连续多年高于平均水平的股票非常不易，但这是投资要获得回报最需要做到的事情。公司持续不断的成长不仅会提高其盈利和股利，而且还可能提升市场愿意赋予其股票的市盈率。因此，若能买入盈利开始快速增长的股票，买家将会赢得双重潜在好处——盈利和市盈率都可能增长。

规则2：绝不能为一只股票支付超过其坚实基础价值所能合理解释的价格。

我深信你永远也无法判断一只股票的确切内在价值，但我确实又觉得你大致可以估量一只股票何时已达到了合理定价。整个市场的市盈率便是一个考量的出发点，你应该买入市盈率与整个市场的市盈率持平或高出不多的股票。要寻找尚未被市场发现，因而其价格未被推高的有增长前景的股票。如果增长果真变成了现实，你常常会得到双重回报——盈利和市盈率都可能上升。你要小心提防市盈率已很高、未来多年增长已在价格中折现的股票。如果盈利下降而非增长，你通常会遭遇双重烦恼——市盈率将随着盈利下降而下降。2000年年初，最受追捧的高科技增长型股票的市盈率达到了天文数字，倘若购买这些股票的投资者遵循这条规则挑选股票，他们也不至于遭受重创。

请注意，尽管这一规则与"买入低市盈率股票"的策略有相似之处，但我绝不是表示赞成低市盈率策略。根据我的规则，只要公司的未来盈利增长高出平均水平很多，买入市盈率稍高于市场平均水平的股票也是完全正确的。你不妨称这种策略为"经过调整的低市盈率"策略。有些人称之为"以合理价格买入增长"（GARP）策略。你应买入其市盈率相对于其增长前景比较低的股票。如果你甚至能相当准确地选出增长率确确实实高于平均水平的公司，那你的回报必定能高于平均水平。

规则 3：买入投资者可以在其预期增长故事之上建立空中楼阁的股票会有帮助。

我在第 2 章中强调过，心理因素在股票定价中起着非常重要的作用。无论个人投资者还是机构投资者，他们都不是计算机，可以计算出恰当的市盈率，然后打印出买卖决策。他们都是感情动物，在做股市决策时，都会受贪婪、冒险本能、希望和恐惧的驱使。这正是成功投资需兼备敏锐的智力和心理的原因。当然，市场也并非完全受主观因素影响。如果某公司的增长看来已确立多时，那么其股票几乎必定会吸引一批追随者。但是，股票也像人一样，某些人的个性会比其他一些人更具吸引力。而且，如果盈利增长的故事总是受不到广泛的欢迎，那么市盈率的提高可能就越来越慢。获取成功的关键在于你能提前几个月便立于其他投资者将抵达的地方。所以，我的建议是你得扪心自问，你手里股票的故事是否能引起大众的喜爱。这个故事能生发出富有感染力的梦想吗？投资者是否能在这个故事之上建立真正坐落在某个坚实基础之上的空中楼阁？

规则 4：尽可能少交易。

我赞成华尔街上流行的一句格言："继续持有赚钱的股票，抛掉赔钱的股票。"我赞成这种观点，并非因为我相信技术分析。频繁换股只会让你贴补经纪人，并在实现资本利得时加重自己的税收负担。当然，我并不是说"永远别卖出已赚钱的股票"。当初促使你买入股票的环境可能会发生变化，尤其是当市场发展到出现类似郁金香球茎热的狂热时，你持有的很多已赚钱的增长型股票可能已定价太高，在你的投资组合中权重也变得过大，比如在 1999 ～ 2000 年互联网泡沫期间，股票就出现了定价太高的情况。但要认清恰当的卖出时间的确非常困难，而且卖出股票还会涉及沉重的税收成本。我自己的投资理念使得我尽可能减少交易。不过，我对赔钱的股票毫不留情。除了极少数的例外情况，只要我持有的股票已造成了损失，我总会在每个日历年的年底之前将它们卖掉。之所以把卖出时间安排在这时候，是因为从税收角度考虑，亏损可以抵扣税收（可达到一定数额），或者可以抵消可能已实现的资本利得。这样一来，让损失变成现实，可能会减少纳税额。如果我预期的盈利增长开始实现，而同时我又确信自己手上的股票以后会有好结果，我可能会持有正在赔钱的仓位。但我还是建议你在股票有亏损时不要忍耐太久，尤其是当果断行动能够带来立竿见影的税收优惠时，更应该立即卖出亏损的股票。

有效市场理论告诫我们，即便遵循上面提出的这些合理的规则，你也不太可能获得优异的投资收益。非专业投资者自己辛辛苦苦地选股会碰到诸多障碍。上市公司公布的盈利报告并非总是可信。再说，一旦某个故事在正规媒体中被报道出来，市场可能已经考虑到这一信息，并将之反映在股价里了。挑选个股好比培育纯种赛猪，你反反复复地研究，终于下定了决心，然后还得小心翼翼地继续进行下去。归根结底，尽管我希望投资者根据我的建议选股后能有成功的投资记录，但我心里很清楚，在选股游戏中获得优胜的人可能主要还是得益于幸运女神的眷顾。

尽管挑选个股有种种风险，但这却是一种让人着迷的游戏。我相信我提出的选股规则在保护你远离高倍市盈率股票中蕴含的过度风险的同时，的确可以提高你获取收益的可能性。但是，如果你选择走这条路，要记住，众多其他投资者，包括专业投资者也在努力地玩着同样的游戏。而且，任何人想持续不断地战胜市场，其机会都是微乎其微的。不过，对我们中的多数人来说，试图智胜市场是一个极为有趣的游戏，让人欲罢不能。即使你确信自己的表现绝不会优于平均水平，我敢肯定你们当中具有投机秉性的多数人仍然想至少拿出一部分投资资金继续玩这种挑选个股的游戏。我提供的选股规则可以在很大程度上限制你们所面临的风险。

如果你的确想自己挑选股票，我强烈建议你采用混合策略：将你投资组合的核心部分进行指数化投资，将能承担得起更大的风险的那部分钱用于选股游戏。如果你退休储蓄金的主要部分做了广泛的指数化投资，同时你持有的股票又与债券和房地产放在一起进行了多样化安排，那么你知道自己的基本退休储蓄金已相当安全，便可以安安心心地在某些个股上放手一搏了。

使用替身漫步法：雇请华尔街的专业漫步者

你在进行投资漫步时，有一条更加容易的冒险途径：不去试图挑选单个"有望获胜的快马"（股票），而是挑选最为优秀的"教练"（投资经理）。这些"教练"的出场身份是实施主动管理的共同基金经理，有成千上万的投资经理可供你择优选用。

在本书以前的几版中，我提到过好几位投资经理，他们享有长期成功管理投资组合的业绩记录，同时我还附上了个人传记，解释他们的投资风格。这几位跻身于为数极少的杰出投资经理之列，在较长时期里展现出战胜市场的能力。在本书这一版本中，我放弃了先前的做法，不再提及他们，原因有两点。

首先，除了沃伦·巴菲特之外，这些投资经理都已退休，不再从事主动管理型投资组合的工作，而现在，巴菲特本人也早过了退休年龄。巴菲特的投资业绩在过去五年里也落后于标准普尔 500 指数，现在他强烈赞成指数化投资。其次，我越来越确信，共同基金经理以往的投资记录对于预测其未来能否成功，根本就毫无价值。连续获得优异业绩的少数个例，其出现的频率绝不会比人们所预测的更大。

我研究了共同基金超过 45 年的持续表现，得出的结论是，投资者购买近期表现最优的基金，根本不能保证自己获得高于平均水平的投资收益。我检验过一种策略，按照这种策略，投资者在每年年初根据基金过去 12 个月、5 年或 10 年业绩记录对所有股票型基金进行业绩排名。并且，我假设投资者购买排名前十、前二十的基金。结果显示，购买过去表现最佳的共同基金，投资者并不能因此而持续跑赢市场。

我还检验了另一策略，即购买获得知名财经杂志或顾问公司"最优"排名的那些基金。"在实验室里"对基金表现所做的检验都显示，你根本不能指望出类拔萃的投资业绩在将来可以长期持续下去，本书第二部分所阐述的学术界研究成果也说明了这一点。实际上，一个时期受到热捧的靓丽基金，在下一个时期变得形容枯槁，倒是经常发生的事情。

有没有什么办法选出业绩可能会超出平均水平的主动管理型基金呢？多年来，我对基金的投资业绩做了很多研究，试图找到原因以解释为何有些基金表现优于其他基金。前面说过，过去的业绩无助于预测将来的业绩。有两个变量在预测基金未来表现方面最可靠，就是管理费率和仓位周转率。基金的管理费率和仓位周转率高会抑制基金的收益，如果你买的基金是通过应税账户投资的，税后收益尤其会受到影响。表现最好的主动管理型基金，其管理费率和仓位周转率都很适中。提供投资服务的基金公司收取的费用越低，给投资者留下的收益也就越大。正如先锋集团创始人约翰·伯格所言，在共同基金这个行业，"你所得到的，是你没有付出去的"。

传统投资顾问和自动导航式投资顾问

如果你认真听从本书提供的投资建议，你真的不需要什么投资顾问。除非你有种种复杂的税收情况或法律问题，否则你应该能自己完成所要求的多样化配置，并做到重新调整资产类别权重。你甚至有可能发现，完全能处理好自己的投资计划是非常有趣的事情。

使用投资顾问的问题在于，他们往往收费很高，并经常有利益冲突的情况发生。很多投资顾问每年要按你资产值的 1% 以上的比例收取顾问费才会提供服务，为你建立一个适当多样化的投资组合。PriceMetrix 公司计算出的行业平均费率略高于 1%。但是，多数投资顾问收取的最低年费为 1000～1500 美元。这意味着小额投资者实际上被排除在了投资建议的市场之外，或者意味着小额投资者不得不为其投资组合支付比 1% 高得多的费率。此外，有些投资顾问可能涉及利益冲突，利用投资工具来为自己赚得额外佣金。结果，投资者便经常被引向成本高昂的主动管理型投资组合，而不是低成本指数基金。如果你觉得非要请投资顾问不可，一定要确保对方是"仅收取顾问费"的投资顾问。这些投资顾问不会为获得报酬而分销投资产品，因此更可能做出完全符合你利益而非他们利益的决策。

完全自动导航式投资顾问不仅提供自动导航式投资建议，而且只是依靠互联网获取客户、为客户建立投资账户。不存在面对面会谈，存入资金、提取现金、转账、报告账户情况（当然有对投资管理本身情况的报告），完全通过互联网或移动设备进行电子化处理。首先我必须说清楚，我有潜在的利益冲突问题。我目前担任财富前沿公司（Wealthfront）的首席投资官，这是一家提供完全自动导航式投资服务的顾问公司。我还在 Rebalance 公司投资委员会任职，这家顾问公司允许和投资顾问进行电话联系。

自动导航式服务会量体裁衣，将资金配置于多个资产类别当中，从而定制多样化的投资组合，以满足个体客户的需要。自动导航式服务通过简化其所提供的投资管理渠道，能大幅减少顾问费，比如将资金仅 500 美元小额账户的顾问费降至 2.5‰（25 个基点）。这样的服务尤其吸引千禧一代。他们习惯于通过网络订购所有服务。很多年轻人把不得不与投资顾问交谈，视为顾问服务的一个减分因素。他们往往从便利而不是交流的角度来界定服务。

开通顾问服务以网上面谈为开端。客户会被问及以下问题：薪资水平、税务状况、资产和负债，如果有负债的话。客户会被要求提供有关投资目标的信息，并回答一些问题以评估承受风险的能力和承担市场波动的个性化意愿。如果投资资金用作退休储蓄，或者，如果该笔资金有具体明确的用途，比如为购房积累首付款、为生病时提供资金保障，客户都要告知投资顾问。客户回答与态度相关的问题时，越是不那么连贯一致，其个人的风险承受能力就可能越低。整个风险承受能力的考察会结合客观和主观两方面的得分，并对更厌恶风险的部分给予较多分值。这种测试方法往往会抵消个体客户（尤其是男性客户）过度夸大其真实风险承受能力的倾向。

　　投资顾问会鼓励客户将其他任何储蓄、退休金和投资账户与自动导航式服务相连接。这使自动导航式服务得以提供与个体客户整体财务状况相符合的投资建议。将一位客户的所有理财账户连接在一起，还会使自动导航式顾问得以提供理财规划，以及目标投资管理服务。个体客户的储蓄资金需要满足个体客户退休后的生活目标，自动导航式服务能够告诉客户，随着时间推移，为了达到这样的目标需要储蓄多少钱。接收投入理财计划的资金这一过程全都是通过电子手段完成的。

　　一个人的理财账户以及过去投资行为的数据，更可能反映其实际消费习惯和对风险的态度，因此这些数据与其告知常规理财顾问的情况相比，可能准确得多。根据所有这些信息，自动导航式服务会给出一个风险得分，此分值用于从可能的投资组合有效机会集合中，挑选一个最优投资组合。如第 8 章所述，现代投资组合理论被用于选择最优的投资组合。

　　在投资管理上，与传统面对面接触的顾问相比，自动导航式顾问有几个方面做得更有效率。多数自动导航式投资组合完全由指数基金构成，不包含其他资产类别。只有成本最为低廉的指数基金才能用于投资组合，并且通过交易所交易基金来获得。自动导航式顾问能设置程序，确保客户的投资组合自动重新调整资产权重，让投资组合所持资产的风险水平与客户偏好保持一致。重新调整资产权重常常可以这样做到：要么将股利投入权重已变得过小的资产类别，要么将新存入的现金配置进权重已变得过小的资产类别。自动导航式操作程序能够很容易地确定何时需要重新调整权重，又该如何实施。

　　自动导航式顾问所用指数基金已具有税收优势，因为这些基金是被动管理型基金，不像主动管理型基金那样要实现资本利得。TLH 抵税技巧可以显著提高投资者的税后收益。虽然传统的投资顾问会向富有的投资者提供此项服务，但自动导航式投资顾问通过持续监控投资组合，可以更高效地利用投资损失来抵税，并且能让此抵税技巧为更多的客户所用。

TLH 抵税技巧是税务管理最珍贵的部分。操作时需要卖出正在亏钱的投资，同时代之以高度相关但不完全相同的投资。如此操作，可使你维持投资组合的风险收益特征，同时产生的亏损可用来减少你的当前税收。

虽然 TLH 抵税技巧只是让你延迟缴税，但由此省下的税款可以进行再投资，随着时间的推移可以获得复利价值。因此，晚缴税几乎总是比早缴税要让你的财务境况更好。此外，你在减少的税基上最终要缴纳的长期资本利得税，其税率会低于你利用短期资本损失抵税而从中获益的税率。再者，如果投资组合因作为将来向继承人遗赠的财产而持有，或者，如果投资组合用于慈善捐助，那么，可以永久免税。

这一抵税技巧确实会涉及为将浮亏变为实亏而进行的调仓换股操作。但是，这种抵税策略完全符合传统的指数化投资。在下面例子中，我用标准普尔 500 指数作为市场代表。（以罗素 3000 指数等作为整体股市代表时，也可以使用同样的策略。）我们可以复制标准普尔 500 指数的表现，办法是持有 250 只样本股票。这些股票入选是为了复制该指数的行业和公司规模构成，同时又为了将样本和整个指数之间的跟踪误差降至最低。

现在假设大型制药公司的股票市值已经下跌。你可以卖出默克制药，让浮亏变为实亏，并买入辉瑞制药以便继续跟踪指数。或者假设汽车股下跌，你可以卖出福特而买入通用。通过自动进行的这一过程，你可以持续不断地寻找要实现的亏损。事实已表明，这一抵税技巧可以给投资者每年税后收益增添一笔非常可观的金额。

卖出浮亏仓位而产生的实亏可以抵消投资组合中其他部分实现的资本利得。举个例子，假设一个投资者从一笔房地产交易（如买入一处房产）中，实现了盈利。或者，也许从一只主动管理型共同基金或第 11 章阐述的多因素"聪明的 β"基金中已实现盈利。TLH 抵税技巧可以使投资者避免本应缴纳的税款，而且达到 3000 美元的税收净损失可以从收入中扣减。这一抵税技巧与跟踪大型指数的指数化投资完全兼容，可以给投资者提供可靠的益处。软件格外适合让这一抵税技巧的益处最大化。通过不间断地监控投资组合，自动导航式顾问能够对市场暂时出现的下跌加以利用。⊖

除了完全自动导航式顾问服务之外，还有混合顾问服务，它们使用技术手段协助实现一些功能，但也允许和投资顾问进行有限的个人接触。先锋个人顾问服务公司（Vanguard Personal Advisory Services）会提供投资组合管理服务，既使用低成本的指数化投资产品，也使用先锋发行的基金。先锋能够让客户通过电话或视频聊天与投资顾问直接交流。人工接触是有代价的，这项服务向投资者收取 30 个基点的管理年费，并且规定的最低投资金额（5 万美元）往往高于完全自动导航式顾问服务。

Rebalance 公司专门做有税收优势的退休金投资组合。它在所有提供投资组合顾问服务的公司中，是自动导航程度最低的公司（投资组合由投资委员会选定）。它强调拥有这样的优势：你总能通过电话联系到尽职尽责的顾问。年费为 50 个基点，低于传统面对面接触的

⊖ 即使你不使用自动导航式顾问，你也能自己做一些抵税操作。例如，如果你持有的 MSCI 新兴市场交易所交易基金价格下跌，你不妨卖掉它，同时买进一只先锋集团新兴市场交易所交易基金来保持你的风险暴露。因为这两只交易所交易基金使用不同的基准指数，所以卖出操作并不违反美国国家税务局的有关规定。

顾问所收取的常规费率。

　　嘉信公司（Charles Schwab）这家头部折扣经纪商，已引入它自己的投资组合服务，称作嘉信聪明投资组合。嘉信要求最低投资额为 5000 美元，根据投资者的年龄和投资目标挑选投资组合并重新调整其中的资产权重。虽然这项服务没有显性顾问费，但投资组合包含主要由嘉信公司发行的基金，基金费率一般显著高于简单地根据市值确定权重的指数基金。此外，投资者根据要求需以现金持有很大一部分投资组合。虽然嘉信将其服务描述为"自动导航式服务"，但其挑选的投资组合不太可能与自动导航式最优化方案所产生的投资组合一致。

对我们这次漫步做一些总结陈词

　　现在，我们这次漫步已到达终点。让我们回首片刻，看看我们都到过哪些地方。很显然，能够持续胜过市场平均指数的人极为稀少。无论是对股票坚实基础价值所进行的基本面分析，还是对市场建造空中楼阁倾向所进行的技术分析，都不可能带来可靠的出色结果。即便是专业投资者，当他们将自己的投资结果与向圆靶投掷飞镖选股的结果进行比较时，也一定会羞愧地低下头来。

　　对个人投资者而言，要形成明智的投资策略，必须采取两个步骤。首先，至关重要的是，要了解如何在风险与收益之间进行平衡；其次，要根据你的性格和要求选择股票。本书第四部分为这段漫步提供了详细的指导，包括从税收计划的制订到储备资金的管理等一系列热身练习，也包括根据生命周期对投资组合进行资产配置的指南。本章内容涵盖我们在华尔街漫步的三种步伐——购买股票的三种重要方法。一开始，我建议投资者采取一些明智的策略，这些策略与市场相当有效的观点是一致的。指数化投资策略是我最愿意推荐投资者采用的策略。至少每一个投资组合的核心部分应该做到指数化。不过，我也意识到，告诉投资者根本不存在战胜平均指数的希望，就好比告诉一个 6 岁小孩不存在圣诞老人一样，这会剥夺他们的生活趣味。

你们有些人深深迷恋投机而无法自拔，坚持自己挑选个股以图战胜市场，我为这些人提供了四条选股规则。说实在的，要战胜平均指数，机会非常渺茫，但你也可能会撞大运，赚到很多。另外，我也非常怀疑你能否找到一些有才干的投资经理，他们可以找到散落在市场中的不常有的百元大钞。永远不要忘记，过去的记录远非未来业绩的可靠指南。

投资有点儿像做爱。说到底，这真是一种艺术，你需要某种天赋，也需要某种称为运气的神秘力量出现。实际上，战胜平均指数的为数极少的人之所以获得了成功，可能 99% 的原因还是靠运气。拉罗什富科[⊖]曾写道："尽管人们会吹嘘自己有过哪些了不起的作为，但这些作为之所以常常出现，与其说是个人了不起的设计所产生的结果，还不如说是或然性给予的安排。"

投资游戏还在另一个重要方面与做爱有相似之处，它们都让人觉得乐趣无穷而难以放弃。如果你天赋异禀，能够识别有价值的股票，并拥有技巧，可以识别能引起其他人喜爱的故事，那么看到市场证明你的正确，实在是一种非常美妙的感觉。即使你没这么好的运气拥有这样的能力和技巧，我的选股规则也会帮你限制风险，帮你免受玩游戏的过程中有时会出现的很多痛苦。如果你知道自己要么会胜出，要么至少不会输得太惨，如果你至少将投资组合的核心部分进行了指数

⊖ 弗朗索瓦·德·拉罗什富科（1613—1680），法国著名伦理作家，著有《道德箴言录》。鲁迅曾有评价："无论单就人生哲理，还是单就处世指导，拉罗什富科的影响都要超过培根，这诚为足信。"——译者注

化投资，那么你便能以更加欣慰的心态去玩游戏。最起码，我希望本书能使投资游戏更加令人愉快。

最后一例

我在撰写本书 12 个版本的过程中，有一件事最让我感到快乐和满足，就是很多心怀感激的投资者纷纷给我来信。他们告诉我，因为采纳了我 45 年来始终不变的简单建议而获益匪浅。这些永不过时的经验教训包括：投资时要进行广泛的多样化安排，每年重新调整投资组合内的资产类别权重，使用指数基金，以及将这一切坚持到底。

新千年的头 10 年，对于投资者来说是一段最富挑战的时期。即便是进行广泛多样化投资的整体股市基金，若仅仅专注于美国股票，也还会赔钱。然而，就是在如此糟糕的 10 年里，倘若遵循我所提出的那些不受时间影响的投资教训，也会产生令人满意的投资结果。图 15-1 显示，在这"糟心的、失落的 10 年"中，投资于代码为 VTSMX 的指数基金（先锋集团整体股市基金）产生的收益是负数。但是假设投资者按照表 15-1，根据我建议 55 岁左右的人士采取的偏保守的资产配置比例，将自己的投资组合进行了多样化安排。即使在投资者已经历的最为难挨的这 10 年，这样的多样化投资组合（每年调整一次资产类别权重），也带来了非常令人满意的投资收益。此外，倘若投资者还使用定期等额平均成本投资法持之以恒地向投资组合里添加小额投资，那么投资业绩甚至还要好。如果你愿意遵循本书阐述的那些简单的投资规则，以及永不过时的投资教训，你很可能也会表现不错，即便是在最难挨的时候，亦复如此。

（美元）

- 33%投资于固定收益证券（基金代码：VBMFX）
- 27%投资于美国股票（基金代码：VTSMX）
- 14%投资于海外发达国家市场（基金代码：VDMIX）
- 14%投资于新兴市场（基金代码：VEIEX）
- 12%投资于房地产投资信托基金（基金代码：VGSIX）

100%投资于美国股票（基金代码：VTSMX）

图 15-1　即便是在 21 世纪头 10 年，广泛多样化的共同基金投资组合（每年调整一次资产类别权重）也产生了令人满意的收益

资料来源：Vanguard and Morningstar.

附录 A

五花肉如何上了高端宴席：衍生品基础知识

> 名为生意的赌博，以一本正经的厌弃之情，看待名为赌博的生意。
>
> ——安布鲁斯·比尔斯
> 《魔鬼词典》

很久很久以前——至少距今 150 年，美国农场主和其他商品生产者为了给生活提供一些经济安全，建立了一种市场系统。就本质而言，这是一种保险制度，像所有保险一样，会涉及支付相对较低的价格，作为防范未来损失的保证。这种系统（下文会做更为充分的阐释）便称作期货市场，并以芝加哥为中心。由于芝加哥历史上与牛肉、猪肉的加工销售相关联，"五花肉"（pork belly）这一悦耳易记的商品品种便用作所有商品期货交易的晴雨表。五花肉价格上涨，芝加哥城拉萨勒街的交易商就会面露笑容；五花肉价格下跌，那些交易商便愁眉苦脸。

所有这样的市场情绪连同随之而来的经纪佣金一起牵动着一些人

的兴趣，这些人在生活中唯一的角色就是买卖金融工具。他们思索推论着：为何不创造一种制度，使其与商品期货相似，但仅限于股票和其他金融工具呢？他们的思考很有成效，结果便产生了称作股票期权和金融期货交易的活动（下文也会有更为充分的阐释）。尽管几个世纪以来，期权交易已有这样那样的实践形式，但人们视之为投资的一个微不足道且术业有专攻的方面，以致我在 1973 年本书第 1 版中对之未加多少关注。

时过境迁。那些肥肥的小五花肉，那些晦涩难懂的期权和金融期货，现在已形成数万亿美元你争我夺的金融"越野赛"。而且，它们也已获得一个新的名号。毕竟，什么样有自尊心的工商管理硕士（牺牲了一切个人生活，每天至少学习 12 个小时的人）会愿意公开承认，付出这一切努力都是因为五花肉？一个承认的也没有！这是大红大紫且高端先进的活动，值得拥有一个大红大紫且高端先进的名号：衍生品。

在 21 世纪头 10 年，衍生品交易是证券业务中最为活跃、增长最快的领域。在鸡尾酒会上，即便对方对金融领域所知甚少，要想给他留下深刻印象，说起与衍生品有关的话题绝对可以达到目的。尽管名称听上去很复杂，"衍生品"这一术语实际上明白易懂，顾其名思其义即可。衍生品就是一种金融工具，其价值决定于（或衍生于）某个作为基础的标的资产的价格，譬如股票、债券、货币或商品的价格。我们在下文会看到，衍生品所做的，就是让风险转移得以实现，拓宽可为个人和机构所利用的投资和对冲机会。衍生品还用作承担高杠杆投机性仓位的工具。

本附录力求通过以下几个方面全景式地呈现衍生品的相关知识：①阐释衍生品的功能和历史；②举例说明衍生品如何产生预期作用，如何带来巨大盈利，以及如何产生巨大亏损；③给出使用衍生品的指导性原则。

衍生品的基本类型

金融衍生品有两种最为流行的形式：期货合约和期权合约。两类合约之所以是衍生品，是因为它们从相关标的资产中获得价值。我们将集中阐述较为简单的期权和期货，但应注意到，很多其他衍生类工具都建立于这两种基本形式之上。复杂的衍生品有着花哨时髦的名称，且常常令人望而生畏，比如互换（swap）、反向浮动利率债券（inverse floater）、长期期权（LEAPS）、回顾式期权（lookback）、互换期权（swaption）、汇率联动期权（quanto）、彩虹期权（rainbow）、利率下限期权（floor）、封顶期权（cap）、领子期权（collar），等等。然后，还有看起来仿佛该在视力表上显示的奇异衍生品，比如房地产抵押贷款投资渠道信托（REMICS）、财政部担保零息市政债券（M-CATS）和财政部投资增长收入型债券（TIGRS）。

期货合约或远期合约包含在未来某个特定时间，以固定价格购买（或交割）某一特定商品（或金融工具）的义务。例如，假设现在是 6 月，我想在 12 月收到 42 000 加仑的民用加热油（此类商品合约数量一般为 42 000 加仑）。我可能会买入一份每加仑 2.5 美元的 12 月民用加热油期货合约。这就要求我在 12 月中旬以每加仑 2.5 美元的价格接收 42 000 加仑的民用加热油。期货合约的卖方承诺按时交割合约载明的油品。⊖

期货交易仅用于单一商品，例如汽油、小麦、糖、咖啡、橙汁、玉米、大豆和牛肉。此外，诸如黄金、白银和白金等贵金属还存在活跃的交易市场。金融期货存在一个不断增长的市场，人们可以为期货

⊖　期货合约有标准化条款，并在有组织的期货交易所交易。远期合约是合约双方之间做出的个性化安排。期货合约和远期合约的买方（和卖方）常常通过到期日前卖出（或买回）合约而了结其原定义务。

交割而购买各种债券期货、货币期货以及标准普尔 500 指数之类的指数期货。一般而言，这些金融期货根据金融工具的最初合约价与最终现金市场价之间的差额，以现金结算，没有实物交割。期权市场在新合约设计和规格创新上不甘落后，已开发出以期货合约为标的的期权品种。如果我们能够创造衍生品，那么交易以衍生品为标的的衍生品，便是再自然不过的事情。

　　股票期权，顾名思义，就是给予期权买方在某个确定日期当天或之前，以特定价格买入或卖出某只股票（或一组股票）的权利（但不是义务）。例如，一份 IBM 公司股票的看涨期权，可能需要买方每股花费 15 美元购得（此价格为期权金），于 7 月第三个周五截止（此为到期日），每股执行价格为 150 美元（此为行权价）。因此，这份看涨期权的买方由于付出 15 美元的期权金，在一直到 7 月第三个周五当日的任何一天都拥有以 150 美元买入一股 IBM 股票的权利。这份期权的卖方收到期权金，并承担相应的按期权合约价卖出一股 IBM 股票的潜在义务。看跌期权的情形则相反。一份 IBM 公司股票的看跌期权，给予股票持有人按某个特定价格卖出 IBM 股票的权利。看跌期权的卖方，承担必须买入股票的潜在义务。

　　期权存在于上市交易的单个大公司股票上，也存在于各种股票指数、债券和外汇上。以标准普尔 500 指数、纳斯达克 100 指数和道指为标的的期权在芝加哥交易所交易。此外，期权还在各种市值较小公司股票指数以及特定行业指数上进行交易。基本期权和期货的交易量实际上已超过标的资产的交易量。不过，让期权期货市场变得重要的因素，不仅在于其规模之大，而且在于期权期货市场在提供管理风险新型工具上发挥着重要作用。

期货市场的功能和历史

尽管在财经媒体报道中人们常将期货市场与投机和赌博相联系，但期货市场扮演着可贵的经济角色。期货市场使生产者和消费者双方得以转移风险，如此一来，所有市场参与者均能拥有更好的财务境况。例如，小麦期货市场的合约一般会规定，在某个指定的未来日期，以固定价格购买和销售特定数量小麦。比如说，在播种时，农场主琼斯可能会签订一份合约，以便在生长季结束时按某个固定价格卖出他生产的小麦。琼斯知道自己出售小麦会有怎样的收益，便能为购买农药、灌溉设备等生产用品制定预算，和工人签订劳动合同，并保证无论在生长季小麦的价格发生怎样的变化，自己都能获得利润。农场主琼斯头枕一份小麦期货合约，便可以在夜晚安睡。

面包店老板史密斯的问题则不同。她已同意按某一固定价格向几家高档餐馆出售店内制作的面包。史密斯知道出售面包会得到多少收入，通过签订一份以某一固定价格购买小麦的期货合约，便能保证自己获得利润。因此，史密斯和琼斯都由于在期货市场进行交易而变得财务境况更佳。

期货市场的概念，似乎在《创世记》中已有起源。埃及法老召约瑟来为自己释梦，在梦境中，七头肥美的母牛和七束饱满的麦穗，为七头瘦削的母牛和七束瘦小而染有疫病的麦穗所取代。约瑟说，此梦意味着七年丰收之后将是七年饥荒。他还建议采用一个解决办法，这个办法本质上就是，埃及应当创立期货合约，在粮食供应有余的七年期间购买粮食，以期在随后七年供应不足期间避免饥馑。尽管埃及人并未开办尼罗河交易所，但是显然，签订期货合约的思想已经诞生。

期货市场的真实起源有点儿说不清道不明，但看上去这样的合约有着悠久的历史。有些书籍作者表示，期货交易早在公元前 2000 年便在印度开始。其他作者将期货交易源头追溯至罗马时代，甚至追溯至希腊古典时代。有力的证据显示，罗马帝王订立过期货合约，为的是确保臣民获得充足的埃及谷物供应。无论实际起源如何，有一点看来很清楚，现代期货交易的前身，是 18 世纪欧洲使用的"到达时交货"合约。这是货物未来可以购得时，例如一船货物抵达港口，便购买的合约。这样的合约在美国谷物交易的发展中曾发挥过重要作用。

在美国农业发展早期阶段，谷物价格会出现似乎永远涨跌循环的现象，农场主在收获季蜂拥而入，向市场大量供应谷物，价格下跌，然后，随着供应短缺逐渐形成，价格又上涨。谷物买家和卖家开始签订合约，载明未来按照协商一致的价格和交货日期交割特定数量谷物。这些"到达时交货"合约或称远期合约，本身就是在市场价格预期变动的情况下被人买卖的，成为芝加哥交易所（Chicago Board of Trade）里交易的标准化期货合约的基础，芝加哥交易所是美国第一家有组织的商品期货市场。

芝加哥交易所成立于 1848 年，最初作为交易各种类型商品期货的交易所而发挥作用，包括谷物、牛肉和猪五花肉期货。芝加哥商品交易所（Chicago Mercantile Exchange）是一家竞争对手，成立于 1874 年，前身是一个交易黄油和鸡蛋的组织。虽然其他几家期货交易所也已在美国设立，但这两家位于芝加哥的交易所如今依然是期货交易的两大中心。

尽管期货交易所发挥着有益的经济功能，但期货交易所看起来一直颇为类似于赌场，而且有些交易商试图操纵市场。或许，20 世纪最胆大妄为的期货操纵案，是邦克·亨特（Bunker Hunt）和赫伯特·亨特（Herbert Hunt）企图垄断逼仓白银市场。这兄弟俩与共同合谋者一道，曾一度控制了价值逾 170 亿美元的白银，在此过程中，设计将白银价格由 1979 年年初的每盎司 6 美元，推升至 1980 年 1 月某个交易日的每盎司超过 50 美元的高度。

亨特兄弟所作所为很简单，也很大胆。他们垄断逼仓白银市场，手法是在期货市场积累巨量购买白银的期货合约，然后要求合约到期时交货。与此同时，他们从白银现货市场（就是为立即交货而购买实物白银的市场）囤积大量实货，让手中持有的白银保持在市场之外，使得卖出白银期货的人难以履行交割义务。如此这般，他们就提高了期货市场的需求，同时又在现货市场限制了供给。白银价格暴涨。

作者史蒂芬·费伊（Stephen Fay）在书中披露了一则有趣的故事，描述亨特兄弟从事有关活动时发生的一个意外事件。他们在国外囤积白银，需要用飞机运送 600 万盎司的银条飞越大西洋。这些白银井井有条地安放在飞机货仓四周以保持飞机载重平衡。货仓中间为一个巨大的兽笼所占据，里面是一头马戏团的大象。飞越大西洋中部上空时，飞机开始不受控制地偏航。亨特兄弟中一人和一位堂兄弟急忙跑到飞机后身，结果发现大象已将鼻子伸出笼子一侧，正玩弄着控制机翼封盖的电线。史蒂芬·费伊叙述故事说道："带着只有濒临死亡时才会激发出的灵感，我们的两位主人公迅速打开兽笼，将一只橡胶轮胎扔向大象，这让大象的注意力转移到新玩具上，从而拯救了他们自己的生命，也拯救了家族拥有的白银。"

自期货市场诞生以来，垄断逼仓市场就一直是活生生的事实，试图对之加以监管也是活生生的事实。在美国，商品期货交易委员会（CFTC）通过确保对任何个人或团体所能持有的期货合约数量进行持仓限制，来避免市场中出现垄断逼仓行情。亨特兄弟有一阵子能够避开这种约束，他们能做到这一点，靠的是辩解说兄弟俩是在独立操作，以致任何约束均被解释为适用于他们个人持仓，而不适用于他们联合持仓。他们还指出，他们在一处银矿拥有很多股份，而人们认为这处银矿是商业白银市场的成员，不是投机商。他们明确否认，他们通过各种公司实体、信托组织和合伙企业拥有大量白银，是试图公然垄断逼仓市场的全球联合行动的一部分。

监管机关和法庭最后却不这样看。1980 年年初，商品期货交易委员会决定，不得再在期货市场购入新的白银期货合约。与此同时，芝加哥交易所提高白银期货交易的保证金要求，并降低任何单个投机商能够持有的白银期货合约数量。交易者被要求至 1980 年 2 月中旬必须平掉额外的仓位。白银供给预期将增加，与此同时，高涨的银价正在引导人们从门窗梁柱上拆下白银构件，开始熔化硬币、家庭茶具等一切白银物品从中牟利。白银市场大大失色，白银价格连连暴跌。

时至 1980 年 3 月初，白银价格已跌至每盎司大约 20 美元。当然，随着市场沦陷，持有白银期货合约长仓的人（那些为了未来交割而已买入白银期货合约的人）遭受了经济损失，不得不额外找钱来维持保证金仓位。否则，他们将不得不卖掉部分仓位。亨特兄弟为了弄来被要求补充的保证金，如困兽般竭力挣扎，甚至抵押数百匹获过奖的赛马。但是，随着白银价格持续大跌，他们的努力终告失败。3 月 19 日，亨特兄弟违约，未能补足保证金。他们的经纪商贝奇证券和美林证券开始变卖保证金借款担保物，当然，这些担保物也是白银。为了撑起市场，亨特兄弟最后想出一计，宣布计划在 3 月 26 日发行由所持白银作为担保物的债券。市场正确地将这一公告解读为铤而走险的一招。3 月 27 日，也就是后来称为"白银黑色星期二"的那一天，银价开盘每盎司约 16 美元，到这天交易结束时，暴跌至约 10 美元。传言四起，说贝奇证券和亨特兄弟的其他债权人将破产倒闭。

后来，陪审团发现，亨特兄弟的确操纵了白银市场。亨特兄弟、他们的共同密谋方，以及他们的经纪商，被强制实行金钱判决和惩罚性赔偿。然而，亨特兄弟从未做到全额赔付。这兄弟俩在 20 世纪 80

年代初曾是世界上最富有的人，却于 1990 年寻求破产保护。这便结束了商品市场史上一宗最大的垄断逼仓案。但是，白银市场却继续熔毁，到 20 世纪 90 年代初，白银价格为每盎司 4 美元。

尽管白银失去了光泽，但一类新型期货正闪亮登场。一大批称作金融期货的新产品，在 20 世纪八九十年代，驱动着期货市场出现蔚为壮观的增长。这些期货产品之应运而生，其成因在于很多金融资产价格波动幅度已然上升。而且，期货市场在应对风险而设计产品方面，具有创新精神和敢于涉险以求盈利的能力，因而这些产品得到"抛光润色"，更为精良。

国际固定汇率布雷顿森林体系的终结，以及向浮动或灵活汇率制度的转换，急剧增加了外汇价格的波动。芝加哥商品交易所的利奥·梅拉梅德（Leo Melamed）承认，在新汇率制度下，是市场而非政府在确定货币价格，这为金融期货交易的诞生创造了机会。他引入以多种外国货币为标的的货币期货合约，大获成功。同时，显然通货膨胀的影响将大大增加固定利率证券的价格波动性。因此，1975 年，芝加哥交易所首创以政府国民抵押贷款协会（GNMA）所发行债券为标的的期货交易。这便开启了各种固定利率证券的期货交易。1976 年 1 月，90 天美国国库券期货开始交易。1977 年 8 月，第一个美国长期国债合约品种被引入市场。

对于金融期货，接下来具有重大标志意义的事件发生于 1982 年春天，当时堪萨斯期货交易所以价值线股指（Value Line Stock Index）价格为标的，引入股票指数期货合约。现在，期货交易所的交易品种有标准普尔 500 指数期货合约、纳斯达克 100 指数期货合约、道琼斯工业平均指数期货合约。近来，已开始各种外国股票指数期货交易。这些历史较短的期货合约也采用现金结算。因此，如果你以 2000 美元的价格，买入一份标准普尔 500 指数期货合约，那么卖方不会在到期日交割一揽子 500 只股票。合约会在结算日根据 2000 美元与指数价格之间的差额以现金结算。如今，金融期货交易在所有期货交易总额中占一半以上。多数行业观察家预计，期货市场将以金融期货（包括个股期货）为核心继续增长。

期权市场的功能和历史

多数人都知道期权，是一种投机工具，可以根据对一只股票上涨或下跌的预期，利用少量资金进行投机。例如，假设 IBM 股票正以每股 150 美元的价格交易，而你认为，它会在短期内上涨至每股 200 美元。如果你购买 100 股 IBM 股票，这会让你花去 15 000 美元（另外还要加上佣金）。如果你正确预测了股价上涨，你可以按总价 20 000 美元卖出股票（要从中减去佣金）。你的利润将是 5000 美元，或者说，是你最初投资额的 33.33%（佣金忽略不计）。现在再做另一番假设，你以每股期权金 15 美元，买入一份每股 150 美元的 100 股 IBM 股票看涨期权。你将只需投入 1500 美元（佣金另算）。如果 IBM 股票价格确实上涨至每股 200 美元，你可以执行你的期权，以每股 150 美元购入这 100 股，同时在市场上卖出这 100 股，获得 20 000 美元。你的利润（佣金再次忽略不计）将是 5000 美元减去你为期权支付的 1500 美元，也就是 3500 美元。不过，要注意，以百分比来表示，你的收益率将是 233.33%（一笔 1500 美元的投资，获利 3500 美元），而不是你直接购买股票所获得的 33.33%。由此看来，期权能让一个正确预测股价变动的投资者，大幅提升其收益率。不过，在下文中我们会看到，期权和期货也可以作为减少风险以及增强风险的工具，扮演极其重要的角色。

股票期权，既可用来转移风险，也可用来拓展个人和机构能够利用的投资机会。为了说明这些道理，我们来看看鳏夫怀特和赌徒格林的例子。鳏夫怀特承担不起所持的股票价格大幅下挫的风险。他现在不再工作，依靠投资作为主要生活来源。赌徒格林认为怀特过于紧张焦虑，便愿意拿钱赌自己的看法正确。怀特通过卖出一份看涨期权给格林来减少自己的风险。格林则通过买入这份看涨期权，获得一个权利：一直到某一固定日期之前，均可按某一商定价格买入怀特的股票。为了得到这份特权，格林向怀特支付一笔叫作期权金的款项。

如果到某一特定时候，怀特所持股票上涨至期权合约价之上（此价称为行权价），那么怀特因为卖出了这份看涨期权，便将股票获利的机会让渡给了格林。怀特相应地得到期权金，这给他带来一些收入，同时，若股价下跌，则能给他以部分保护。由此可见，这份看涨期权，向格林转移了一些风险和全部潜在利润。格林实际上可能是个很精明而非不计后果的赌徒，因为这份看涨期权可以作为直接购买那只股票的替代品，因而可用作一个高效的多样化配置策略。

期权有着悠久且曲折的历史。这又涉及《圣经》（创世记第 29 章），其中有文字最早提到了期权。这事发生在雅各希望娶拉班的小女儿拉结为妻的时候。拉班同意，只要雅各先为他劳作七年，便将拉结许配给雅各。七年期满之后，雅各将拥有娶拉结的选择权。你可以看到，期权有了一个不好的开端，因为拉班违背了这份期权，将长女利亚嫁给雅各为妻。

亚里士多德的《政治学》卷一中明显提到了期权。他讲述了哲学家泰勒斯的故事。泰勒斯因为贫穷而受平民百姓嘲笑讥讽，民众认为他贫穷，就证明哲学毫无实际用处。但是，泰勒斯在观测星象上拥有杰出技能，他笑到了最后。有年冬天，泰勒斯预测，翌年秋天橄榄将迎来大丰收，远超平常年份。他拿着仅有的一点钱，悄悄走访了本地区的所有橄榄油压榨作坊，给每个作坊主少许订金，换取一份秋天来临时以正常租金租用压榨机的期权。亚里士多德在故事结尾处说："收获季节来临，突然间有大量的压榨机使用需求，泰勒斯租出压榨机，租金几何悉听其便，因此赚了很多钱。"亚里士多德由此向世人表明，哲学家如果愿意，便能轻易致富。

期权在金融史上留下的第一笔浓墨重彩，是在 17 世纪荷兰郁金香球茎热期间，这在本书第 2 章中已根据球茎热的发展时序做了叙述。那时，期权最初被用来对冲。通过买入一份郁金香球茎看涨期权，一个恪守销售合同的交易商，可以确保自己按某一固定价格获得某一固定数量的球茎。同样，球茎种植者可以通过买入看跌期权，保证自己按某一固定价格卖出球茎。不过，后来，期权日益为投机者所利用，因为他们发现，看涨期权是一种有效工具，可以让每荷兰盾投资获得最大可能收益。只要球茎价格继续飙升，看涨期权买方便会实现超额收益，大大超过自己购买球茎所能获得的收益。看跌期权的卖方也会随着球茎价格日益上涨而大有斩获，因为卖方能够拿到期权金，而且期权永远不会被执行。当然，球茎市场于 1636 年崩溃之时，投机者输掉了一切。遭受打击最为沉重的是看跌期权的卖方，他们无法履行买入球茎的承诺。看跌期权和看涨期权卷入这场经典投机狂潮，其结果之一便是期权落得一个坏名声，直到现在，这种坏名声还或多或少挥之不去。

因为与过度投机相关联，期权在英国由于 1733 年的《巴纳德法案》（Barnard's Act）的颁布而被宣布是非法的，并在 1860 年之前各种不同时期，继续被视为非法。在工党成员中，反对期权的声音尤为强烈，他们将使用期权视为股票交易所就是赌窟的初步证据。但是《巴纳德法案》的实际效果甚至比不上美国禁酒令。尽管性质为非法，但期权交易在伦敦股票交易所依然兴旺火爆，伦敦成为世界上最为重要的期权市场。

在美国，情形与英国一样，对期权历史亦有争议。在美国首次提及期权，可以追溯到 1790 年。到南北战争时期，期权和期货交易已很兴盛。不过，随着进步运动席卷全国，各种投机性活动沦为人们厌弃的对象。20 世纪初，商品期权逐渐被视为赌博合约，并因此视为非法的、不可执行的。然而，股票期权却从未被取缔，尽管取缔期权作为限制投机活动总体计划的一方面，曾出现多次尝试。

在美国 20 世纪 20 年代牛市期间，人们对期权的兴趣急剧上升。对期权最为粗暴的滥用也发生于这一时期。如第 3 章所述，期权在操纵股价的合伙坐庄中起过重大作用。这一时期的交易，主要体现在为期两天和三天的看涨期权上。甚至还有为期一天的看涨期权，称为"七支雪茄看涨期权"，因为这种看涨期权的卖价够抽一天的廉价雪茄。1932 年和 1933 年，一项国会调查发现，20 世纪 20 年代的金融舞弊行为很多与使用期权有关。1934 年，一项议案要求完全禁止股票期权，但 1934 年的《证券法》并未取缔股票期权交易，只是授权证券交易委员会对之加以监管。事实上，金融业自身逐渐形成了一个高度组织化的自我监督组织，如此一来，政府直接监管才得以避免。

芝加哥交易所成立后，股票期权于 1973 年在有组织的期权交易所开始交易。1975 年，美国股票交易所（American Stock Exchange）首次引入期权交易，此后很多区域性交易所也跟风效仿。由于在交易所交易的期权诞生，以前期权交易中存在的很多风险随之得以消除。中心化结算实体期权结算公司（OCC）作为在美国交易所交易的每个期权品种的发行人和保证人挂牌成立。这从根本上消除了交易者只能指望交易对家履行义务时所存在的信用风险。此外，这些美国交易所显著降低了期权交易中的交易费用，而持续存在的期权市场也使投资者既能以竞争确定的价格开仓交易期权，又能以竞争

确定的价格平掉期权仓位。这些发展为一直延续至今的市场迅速扩
大铺平了道路。

衍生品具有让人为之兴奋的危险

关于衍生品，要铭记在心的最重要一点可能是，使用衍生品常常
牵涉相当大的风险。如果有人试图向你贩卖保证获利且无风险的衍生
品投资策略，你要当心。他这是在卖万能的狗皮膏药。如果有什么事
情听上去好得不真实，毫无疑问，这事就是不真实。

从一个角度看，买入一份 500 美元的某只股票看涨期权，所涉
风险有限，因为你可能输掉的钱最多为 500 美元。然而，从另一角度
看，这一策略极其危险，因为那 500 美元可能是你拥有的所有本钱。
一笔期货交易甚至可能更具灾难性。你为未来交割而买入一个 10 万
美元美国国债期货仓位，你可能不得不投入一笔至少 1000 美元的初
始保证金。但是，如果这只国债期货品种的价格突然下跌仅仅 2%，
这样的价格变动可能在单个交易日内发生，那么你就可能亏损 2000
美元，这是你初始资本的两倍金额。这就说明了为何有些交易者会遭
遇巨大的亏损，哪怕他们只投入了相对较少的资金。

即使是衍生品专业人士，也可能"被严重灼伤"。在 20 世纪 90
年代中期，宝洁公司进行了一次定制化衍生品交易，宝洁认为这笔交
易会实现其采购目标。结果，当德国和美国利率均大幅上升时，该公
司损失了逾 1 亿美元。对此笔交易负有责任的一名公司高管入狱，并
且宝洁起诉了银行家信托公司（宝洁不再信赖它），因为它推荐了此次
交易。连古板的公共财政官员也不能免受影响，会在衍生品市场参与
有风险的交易。加州奥兰治县在一些高风险投资中损失 20 亿美元之
后宣布，1994 年迎接圣诞节的活动将是申请破产保护。虽然衍生品在

奥兰治县遭遇的灾祸中仅起一部分作用，但衍生品却因此在媒体上遭到最多批评。1995年2月底，英国最易受打击的一家银行即巴林银行（Barings PLC），英国历史最悠久的投资银行，由于交易日本股指期货合约损失超10亿美元，轰然倒闭。

普通投资者拿出一笔仅1000美元的资金，通过精明的交易，数月之内将之变成10万美元，其成功的可能性大约相当于去拉斯维加斯，向老虎机投入1美元而赢得5000万美元的大奖，然后走开，再不踏进一家赌场。

即使市场参与者进行对冲操作，也可能涉及巨大风险，有些基金管理公司于20世纪90年代晚期就领略过这样的教训。在一家对冲基金，像长期资本管理公司管理层那样的基金经理，可能会卖空某个股票指数或债券指数的衍生工具，同时买入另一衍生工具。例如，假设你相信，市值较小股票的价格相对于市值较大股票的价格会上涨。你可能买入一份标的为罗素2000指数（一种市值规模较小公司指数）的三个月期期货合约，并卖出一份以标准普尔500指数（一种市值规模较大公司指数）为标的的等值期货合约。注意，你只有在这样的情况下才做到了对冲：如果所有股票下跌，你在罗素2000合约上输钱，但在标准普尔合约上赚钱。只要小市值股票的表现相对优于大市值股票，你便能获利，无论总体市场走向是上升还是下跌。然而，如果大市值股票的表现优于小市值股票，那么你可能输掉巨量资金。之所以如此，是因为期货市场可以让你控制价值数十亿美元的股票，同时仅仅需要投入数百万美元保证金。衍生品真正给投资者提供了令人难以置信的杠杆。

乔治·索罗斯是一家著名对冲基金的管理者，据说生来具有点石成金的米达斯之手，有着赚大钱的本领。当他"押"对某些国家的货币将强于其他国家的货币，将"赌注"变为对冲期货合约时，赚了数亿美元。然而，1994 年他单在一笔外汇期货交易上就输掉了超过 5 亿美元，赚大钱的本领却变成了赔大钱的本领。杠杆是一把双刃剑。

　　沃伦·巴菲特在进入 21 世纪前的 40 年间，可以说是世界上最伟大的投资家，他称衍生品为"大规模杀伤性武器"。当我们审视 2007 ～ 2008 年，衍生品合约给市场造成了巨大威胁，简直要把整个金融系统摧毁时，便会相信巴菲特的说法无疑是正确的。我们在第 4 章中已有描述，与抵押贷款支持证券衍生品合约相关的巨大杠杆，导致银行系统几近崩溃，只是因为政府出手捞救那些头部金融公司，如花旗集团、美国银行和高盛等，银行系统才得以避免崩溃。另一个需要铭记在心的问题是，衍生品交易可能涉及大量交易成本。如果一份期权以 5 ～ 5.25 美元报价，那就意味着，你按 5.25 美元的价钱买入期权，而你若是卖出期权，则只得到 5 美元。0.25 美元的价差是买入或卖出特定金融工具（一次所谓的双向交易）要支付的 5% 的交易费用，不包括经纪佣金。20 世纪 90 年代初普林斯顿学生投资俱乐部的经历，说明衍生品交易中有着潜在的陷阱。四名普林斯顿大学学生有兴趣通过亲自参与来了解股票市场，于是每人投入 500 美元组成一个投资俱乐部。既然不能用区区 2000 美元买入一个股票投资组合，他们便决定使用买入期权的策略。在任何一次交易中，他们会买入四五份以他们认为有吸引力的个股为标的的看涨期权，偶尔也会买入一份或多份以他们认为价格过高而预期下跌的股票为标的的看跌期权。在俱乐部投资操作的两年期间，四名学生做出过一些极好的投资选择。

　　在高科技股热的一个时期，他们在英特尔和美光科技（Micron Technology）的看涨期权上赚了很多钱。同样，他们在买入看跌期权的时机上也把握得很好，他们赌斯纳普饮料（Snapple Beverages）在一波投机热情驱动其价格涨到无可维持的高度之后会下跌，因而狠狠赚了一笔。在波士顿炸鸡崩盘变成"波士顿落汤鸡"的一段时间，俱乐部也获益丰厚。

当然，他们的交易并不都是赚钱的。俱乐部错误地预测派拉蒙电信（Paramount Communications）和格鲁曼飞机（Grumman Aircraft）收到首次收购要约之后，会出现股票竞购的行情，而买入了派拉蒙电信和格鲁曼飞机的股票看涨期权。在这两次交易中，他们的看涨期权到期时均一文不值。操作两年后，俱乐部成员毕业，分配他们的"战利品"。最后核算下来，最初的 2000 美元增值到 2125 美元，年均收益率约为 3%。这远低于整体股票市场在同一时期所带来的 10% 的收益率。如此才华横溢的选股者是如何不敌市场的呢？答案是：纯粹是交易成本造成的。交易成本总额达 980 美元，几乎占当初投资本金的50%。这些崭露头角的敢于涉险以求盈利的人，为金融界金库的壮大所做的贡献，要大于为他们自己的学费账单所做的贡献。

举例说明期权和期货交易中潜在的盈利与亏损

用一些简单的数字例证来理解衍生品交易中的潜在盈利和亏损要容易得多。在稍后的内容中，我们将介绍一些基本策略，例子用的是斯伦贝谢公司（Schlumberger），这是一家为石油和天然气行业制造钻井、生产和加工设备的石油技术服务公司。

看涨斯伦贝谢股票：可供替代的收益和风险仓位

假设你相信，斯伦贝谢的股价将随石油和天然气全球需求的增长一道前进，并且假设你希望通过直接购买斯伦贝谢的股票，或通过买入每股 4 美元的三个月期"平价"（at-the-money）看涨期权来取得仓位，因而需要分析这样持仓的优点和缺点。（在稍后的内容中，我解

412　附录 A　五花肉如何上了高端宴席：衍生品基础知识

释了哪些因素会决定不同期权合约期权金的数额大小。）"平价"的意思是，如果这只股票当前市场交易价为 40 美元，那么期权合约价（或称行权价）也是 40 美元，与当前市场价相等。用期权术语来说，如果投资者买入一份行权价为 45 美元的期权，这份期权便是"价外期权"（out-of-the-money），因为期权合约价高于当前的市场价。换言之，一份期权若行权价为 35 美元，而标的股票的市场价为 40 美元，则是差额为 5 美元的"价内期权"（in-the-money）。为了方便起见，下文所用插图以"平价"看涨期权为例。

直接购买股票带来的收益或损失，完全等同于斯伦贝谢股票的价格变动。如果斯伦贝谢股票上涨 50% 至 60 美元，一笔初始价值为 4000 美元的 100 股投资，将增值到 6000 美元，或者说收益率为 50%。（在本例及后面所举例中，为方便起见，我们也对经纪成本忽略不计。）然而，若买入 100 份为期三个月的看涨期权，期权金为每股 4 美元，行权价为 40 美元，则会增值 400%，或者说升值 1600 美元。你可以按 40 美元的价格执行这 100 份期权，同时在公开市场以 60 美元的价格卖出所得股票。你的利润便是在标的股票上的 2000 美元升值减去你为获得期权而支付 400 美元之后的所得金额。显然，如果你挑对了股票，那么收益率将会非常诱人，你甚至还会在市场下跌时受到保护。如果斯伦贝谢股价下跌，你便让期权到期而不予执行，你最多损失 400 美元，就是你买入期权所花费的钱。

如果你将所有资金投在期权上，情况会更加激动人心。倘若你将 4000 美元的本金全部投入斯伦贝谢股票的看涨期权，那么因股票上涨 50% 而获得的利润将是 1.6 万美元（1600 美元乘以 10），而相比之下，直接购买股票所得的利润则是 2000 美元。如图 A-1 所示，当一切都顺风顺水时，期权作为增强收益的杠杆看起来非常出色。

斯伦贝谢股票当前每股市场价：40美元
看涨期权每股期权金：4美元　每股行权价：40美元

以百分比来表示，在一
笔初始资金上，看涨期
权买方的盈亏在相当大
程度上大于直接购买股
票的买家

—— 直接购买股票
…… 买入看涨期权

a）

然而，以美元金额来表示，如果股价下
跌，则看涨期权买方的损失会少得多

—— 直接购买股票
…… 买入看涨期权

b）

图 A-1　使用看涨期权而不是直接购买股票会产生发财的诱惑力

我们都知道，杠杆会在两个方向上产生作用。下面继续看投资者将 4000 美元的全部本金投入看涨期权的例子，并且假设斯伦贝谢股价在三个月期权期内并不发生变动。直接购买股票的投资者，仍然拥有最初的 4000 美元权益，毫发未损。事实上，这位投资者已收到三个月内可能发放的所有现金股利。然而，买入看涨期权的投资者却不会收到现金股利，并且损失了 4000 美元，整个投资都打了水漂。由此可见，任何人若告诉你买入期权没有风险，他就是在撒谎。期权买方要做到投资正确，不但必须正确预测股价的变动方向，而且必须确切掌握股价变动的时机。如果斯伦贝谢股价四个月之后才发生变动，期权买方可能仍会全盘皆输，而直接购买股票的买家会获得充分的回报。在采取买入期权的策略之前，先想想不仅要选对股票，而且要完美地把握股价向上变动的时机，这多么不易。

看跌斯伦贝谢股票：可供替代的收益和风险仓位

假设你相信，斯伦贝谢股票将要下跌。你可以通过买入一份看跌期权从中获利。看跌期权会给予你按某一保证价格卖出股票的权利。如果股价下跌至 30 美元，你可以执行期权，以 40 美元卖出股票。如果你并不拥有股票，如何能卖出？简单。你在公开市场上以每股 30 美元买进，然后以高出 10 美元的价格卖给看跌期权的卖方。[○]由此可见，只有在股票下跌，而且下跌幅度大于期权金的时候，看跌期权买方才能获利。例如，如果看跌期权需花费每股 4 美元买入，那么看跌期权买方在斯伦贝谢股票跌至每股 36 美元以下之前，不会赚到一分钱。不过，如果股价急剧下跌，看跌期权买方会斩获令其欣喜的利润。如果股价保持不动，或

○ 实际上，你可以简单行事，直接卖出看跌期权，而不是把它执行了。看跌期权的价格已上涨，以反映看跌期权具有更高的价值，它允许你以高于市价 10 美元的价格卖出股票。

者上涨，那么看跌期权买方将会输掉所有投入资金。

　　买入看跌期权，也可以和持有股票结合起来使用。假设你拥有斯伦贝谢股票，但是夜晚不能安睡，因为你担忧股价可能会大幅下跌。在这种情况下，你不妨买入一份行权价为 40 美元的斯伦贝谢看跌期权。这叫作"保护性看跌期权"（protective put）。如果股价下行，你就执行期权，以每股 40 美元卖掉股票。如果股价上行，你便让期权到期不予执行，同时还可以从股价上涨中获利。这个策略是万无一失、连傻瓜都会的吗？不完全如此。买入看跌期权需花费每股 4 美元的期权金。如果股价下行，你当初本可以卖掉股票，这样便不用付出 4 美元，财务境况会更好。如果股价上行，你的利润会因为每股 4 美元的期权金而减少。要把这 4 美元当作保险期限为三个月的保险费来看待。你花钱买内心的平静，而这份平静来自你知道不必担忧持有斯伦贝谢股票会在将来亏钱。然而，像汽车保险一样，这种保护并不便宜。图 A-2 既显示了持有期权标的股票的看跌期权买方所得到的结果，也显示了不持有期权标的股票的看跌期权买方所得到的结果。

　　还有一种在斯伦贝谢股票下跌时获得一些保护的方法。持有股票者可以就其所持仓位卖出一份看涨期权。这叫作"备兑看涨期权"（covered call），图 A-3 对此做了说明。

　　相较于为获得保护而买入一份看跌期权，卖出一份看涨期权既有优点，也有缺点，这在图 A-3b 中做了总结。如果在三个月内斯伦贝谢股价保持在初始股价 ±20% 以内的波动幅度，那么你最好卖出一份该股票的看涨期权，并收到期权金，而不是买入一份看跌期权并支付期权金。的确，如果斯伦贝谢股价下跌至 32 美元，跌幅达 20%，那么使用两种策略中任何一种，财务状况完全相同。因此，只要你认为三个月内斯伦贝谢股票交易价将保持在 ±20% 的范围内，那么卖出备兑看涨期权便会提供一些保护，而且绝不会是更差的策略。只有在斯伦贝谢股价上涨或下跌幅度超过 20%，买入看跌期权才是更好的策略。买入看跌期权的策略在股价重挫时会提供更多保护，如果股价大幅上涨，可以让投资者从中获利更多。

当然，对于每一份看涨期权或看跌期权的买方，都有一个相应的卖方。正如很多期权买方并不持有标的股票一样，很多卖出看涨期权或看跌期权的卖方也从不持有股票。不持有股票而卖出看涨期权的操作，称为卖出无担保看涨期权（naked call writing）。记住，看涨期权签发人会收到一次性总付的款项，因为其承担了以固定行权价（在我们所举例子中都是 40 美元）向期权买方交割 100 股股票的潜在义务。因此，如果股价上涨到 60 美元，对于 100 股期权合约签发人而言，1600 美元便化为乌有。无担保看涨期权卖方必须花费 6000 美元购入 100 股斯伦贝谢股票，然后必须以 4000 美元的保证价让渡给期权买方。2000 美元的差额，减去 400 美元的期权金，便构成那 1600 美元损失。股价上涨时，无担保看涨期权卖方会惊吓得呆若木鸡。反过来，如果斯伦贝谢股票下跌到每股 36 美元，期权买方不会愿意支付 4000 美元，来换取价值 3600 美元的股票，因此不会执行期权，允许无担保看涨期权卖方获得 400 美元的利润。显然，和这种利润相关联的风险非常大。

看跌期权卖方会遇到类似的处境。看跌期权卖方在股价上涨时把期权金装进口袋，在股价下跌时遭受重大损失。要算出卖出无担保期权的损益百分比实际上很不容易，因为经纪商会要求卖方交上充足的保证金，给经纪商以安慰，让其认为卖方将有能力履行合约义务。不过，很清楚，卖出无担保期权是一个风险非常高的策略。如果期权保持不被执行，卖方的收益便会很大。但是，潜在损失可能大到令人错愕的程度。无担保看跌期权卖方在 1987 年股市大崩盘期间及 2008 年股市暴跌时期，折戟沉沙输掉一切；无担保看涨期权卖方在 20 世纪 90 年代末期股市飙升之时，丢盔弃甲损失惨重。

图 A-2 如何表现出更好的一面

图 A-3   在股票上涨行情中如何保持衣衫完整（仅是保持衣衫完整而已），同时若遇暴跌行情，如何抑制住痛苦不堪的尖声长叫

注：图 A-3a 表明，当一个人买入（或已持有）100 股每股 40 美元价格的斯伦贝谢股票，并卖出每股期权金为 4 美元的看涨期权时，会出现什么样的结果。这种操作称为签发"备兑看涨期权"。如果三个月结束时股票保持在 40 美元，期权到期将不予执行。这位投资者将持有价值 4000 美元的 100 股股票，同时又有 400 美元的现金期权金，这笔期权金使得三个月期间的收益率达到 10%。对于价格一动不动的股票，这个策略不错。现在假设，股票上涨至 60 美元。备兑看涨期权卖方不能从这波上涨中获利，因为期权买方会按 40 美元价格即行权价要求买走股票。期权卖方最终获得的是出售股票所得 4000 美元，加上 400 美元期权金，收益率为 10%。如果斯伦贝谢股价下跌，股票持有者便会遭受损失，但损失因 400 美元的期权金而有所减少，期权到期时不会被执行。

涉及金融期货的交易策略

如果你想要一个真正华丽的投资组合，那就为它配置金融期货。最为流行的金融期货是标准普尔 500 指数期货和美国长期国债期货。回想一下，一份期货合约代表了一项义务：必须在某一指定日期，按某一特定价格，交割或接收某一商品（此处商品是指作为期货合约标的的债券或一揽子股票）。需要支付的价格是期货合约在公开市场上买卖的价格。与商品期货交易不同，金融期货交易不涉及实物交割。金融期货结算办法是，支付合约当初买入时的价格与标的资产在最后交易日的价格之间的现金差额。例如，假设你以每份合约 2900 美元的价格，买入为期三个月的标准普尔指数期货合约，结算日当天标准普尔指数收盘价为 2880 美元。你将有义务向合约卖方每份合约支付 20 美元，这是你在这笔交易上的损失金额。

期货合约的买方和卖方均受到保证金要求的制约，保证金要求既确定初始保证金水平，也确定维持保证金水平。不仅如此，金融期货还有一个特殊的"每日无负债制度"（pay-as-you-lose system）。每个交易日结束时，期货合约收盘价便确定下来，亏损一方须向盈利一方支付亏损金额。这称为逐日结算（marking to market）。因此，无论你是一个期货合约品种的买方还是卖方，你必须逐日支付亏损金额。交易者除非平掉所持期货仓位，否则在市场不间断交易中，按要求必须在亏损出现时持续支付亏损金额。

显然，如图 A-4 所示，在股票市场中正确预测行情转向的能力可以带来异常巨大的利润。经济学家们不相信这样的能力真的会存在，你也不要相信。力求仅从此类交易中获利的资金管理人，其业绩就像其他任何华尔街上的漫步一样随机而不可捉摸。不过，必须强调，并非所有期货交易者都是投机者。指数基金广泛使用标准普尔指数期

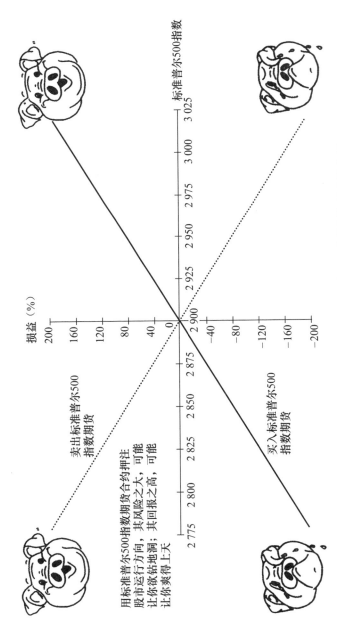

图 A-4 如何检视期货，打扮成着装丢天才还是自掏腰包的流浪乞丐
（三个月期期货买入价：2 900 美元， 规定需交保证金：2%）

注：在本例中，一位投资者拥有 2 000 美元，便能控制价值 10 万美元的标准普尔指数期货合约的仓位。以百分比表示的收益或亏损中，根据初始投资金额计算。一份标准普尔指数期货合约的买方，在该指数价格上涨 1 美元时便能赚得 1 美元，而在该指数价格下跌 1 美元，便会使损失 1 美元。期货合约的卖方，则会遇到相反情形。价格下跌至合约最初买入价以下时，使会保持等额亏损。

货，将其当作临时流入资金的一种投资方法，这些资金总会被充分投资，密切跟踪标准普尔指数。标准普尔指数期货也广泛用于对冲操作。如果一位投资者对所持股票的前景很有信心，但对股票市场总体价格水平感到紧张不安，这位投资者不妨卖出标准普尔指数期货，寄望于即使股票市场大幅下跌，从卖出期货中获得的利润也将超过所持个股仓位遭遇的损失。

衍生品引起的争议

争议总是伴随巨大的利润或亏损而来。在这方面，衍生品获得了超出其应有的关注。有两类批评理由一直非常突出。第一类批评理由认为，在衍生品市场遭受惨败的玩家，其痛苦不堪的尖声嚎叫让一些监管者和议员心怀担忧，惧怕整个金融系统可能脆弱得不堪一击。虽然标准化期权和期货合约交易由资本充足率很高的结算公司进行集中结算，并受其担保，但个性化设计的衍生品却只是买方与卖方之间的双边交易。在 20 世纪 90 年代和 2007 ～ 2008 年金融危机期间，众多市场参与者遭受了重大损失，那些定制化衍生品负有不可推卸的责任。而且，因为有些衍生品交易中的交易对家是很多不同国家的机构，所以有些乐于沉沦于厄运的人甚至想象到，如果不对衍生品交易加以某种方式的监管和抑制，国际金融系统可能会崩溃。

第二类攻击衍生品的理由声称，衍生品使股票市场和债券市场变得波动性更大。批评者把可为期权和期货交易者使用的杠杆视为危害市场稳定的因素，因为交易者可以快速大量建仓或弃仓。2007 ～ 2008 年金融危机之后，试图找到罪魁祸首的行动尤为激烈。据批评者说，现在的金融恶棍乃是大量涌现的指数期货（通过此类期货，可以买卖一揽子股票）、高频交易，以及计算机程序交易（此类交

易自动输入同时买入或卖出一组股票的指令，比如买卖标准普尔 500
指数中的股票）。我对此有不同意见。

期权和期货作为一种跟踪和调整标的股票仓位的机制，费用不
高，已获得蓬勃发展。有些机构希望改变投资组合中股票配置或对冲
市场下跌行情，可以更加迅速地达到目的，而且在期货市场上进行如
此操作的交易成本低于标的股票市场。正因如此，期货市场常常会对
新信息首先做出反应，给人留下造成股票市场价格波动的印象。

对于泼向程序交易的污水，我尤其感到遗憾。程序交易遵循"被
动投资组合管理"这一准则，这是本书每一版都赞成的准则。投资者
为了抓住好的买卖机会，不断从一只股票换到另一只股票，在此过程
中，利润被佣金和税收蚕食殆尽。的确，2/3 的主动型投资组合经理
的表现一直逊于无人管理的标准普尔 500 股票指数，2/3 这一比例充
分表明，简单地买入并持有指数（很多"指数基金"正是如此）才是
智慧之举。程序交易是指数基金借以增加或减少投资组合的交易技
术。它是一种改善了投资组合管理有效性的健康发展的事物。

"指数套利"是另一种形式的程序交易。指数套利的目标在于，
通过将一个股票投资组合与一种指数期货合约结合在一起，创建完全
对冲的仓位并获得异常高的收益。每当一个指数期货品种（或一只指
数化交易所交易基金）的价格与标的股票的价格相背离之时，套利机
会便会出现。例如，假设标准普尔指数中那 500 只股票的价格是 2000
美元，而标准普尔 500 指数期货的价格是 2050 美元。一个指数套利
者便会按 2050 美元卖出指数期货，同时按 2000 美元通过程序交易买
入标的股票，可以确保自己获得 50 美元的利润（要从中扣除佣金和持
有成本）。指数套利具有双重益处。首先，由于交易的增加，股票市
场、期货市场和交易所交易基金市场的流动性会得到提高。其次，套
利交易把不同市场连接在一起，既确保标的股票被适当定价，也确保

期货和交易所交易基金被适当定价。有关股票市场的信息出现时，以股票为标的的期货市场是信息的自然入口点，因为期货交易的成本低廉。这样的信息（或市场情绪）很可能通过程序驱动的指数套利传导至股票市场。但套利只是媒介而已，并非信息本身。技术不会让市场发生变动，而人会。

我在前面曾说过，我认为人们对"闪电交易"（常被称为"高频交易"）的弊端非常愤慨，这很大程度上是被误导的。闪电交易需要设置高速计算机，高速计算机必须尽可能在空间上接近交易市场，才能让交易在几毫秒之内付诸实施。尽管高频交易可以被粗暴地加以利用（比如，一个大单指令的内部信息被闪电交易者注意到，闪电交易者可以通过最先交易，抢在这个合法指令之前完成交易），但高频交易也可以对社会有实际益处。例如，假设一只持有标准普尔500指数期货投资组合的交易所交易基金，其交易价比500只标的股票的价格稍高一点。闪电交易者会卖空这只交易所交易基金，同时通过程序交易买入所有500只标准普尔指数股票。然后，闪电交易者以这些股票交换一只新的交易所交易基金，用这只基金平掉前面的空头仓位。由于能够在几毫秒之内完成这一交易，闪电交易者可以确保自己通过使用套利，从暂时出现的价差中获得利润。对于那只交易所交易基金的买家，闪电交易的存在可确保那只基金按净资产值得到适当定价。这些闪电交易者还会给市场带来流动性，他们的交易活动往往会大大减小报买价与实际价格之间的差距。

期货市场之所以出现，是为了应对标的物市场的波动。指责期货以及与其相关的程序交易造成股票市场波动，就像将不舒适的温度归咎于温度计一样，没有逻辑可言。通过让市场对潜在状况或大型机构的情绪更快做出反应，闪电交易会提升市场的有效性。若摒弃新的工具和技术，则会使我们的市场变得不那么有效。而且，由

于世界金融市场日渐融合，外国交易者一定会利用我们误以为无用
而放弃的机会。

1929 年股市大崩盘之后，立法机关开始引入法律禁止使用电话
传递保证金指令。现在，衍生品和计算机交易常常成了批评对象。但
是，并非技术让市场产生变动，技术只是促进了指令的流动。程序交
易并不是盲目的计算机驱动技术，不会阻止市场反映基本面价值。程
序交易反映的是人类对股票价值所做的决策，这些决策由于计算机的
使用而更加易于实施。如果机构决定卖出，它们便会卖出，通过计算
机、电话，甚至从打开的窗户向外面的经纪人做手势（股票市场早期
便是如此）发出指令。

是的，股票价格突然出现大幅变动，会令个人投资者们感到困
扰，他们觉得自己受到了大型机构交易者的肆意摆布。但是，套用一
个常见的说法："如果在周围的人头脑糊涂时，你能保持头脑清醒，
那么你确实明白问题所在。"长期投资者能够也应该忽略短期市场波
动，不能也不应离开股票市场。由于市场波动而遭遇败绩者总是那些
徒劳地试图把握市场时机而频繁交易的机构，不是买入并长期持有的
稳定投资者。

个人投资者应遵循的一些规则

作为个人投资者，你如何能对衍生品加以利用呢？这可不容易，
因为风险很大，而且机构可以得到的交易成本上的节省，体量较小的
玩家通常是得不到的。毫不奇怪，很多投资顾问会建议，个人对期货
市场"说不就行了"，"不要行使期权"。然而，我相信，下面三种情
形为个人使用衍生品提供了尚可接受的机会。

1. 把买入期权策略作为投资指数基金（或交易所交易基金）的一个附加工具

我反复提到，多数投资者若拥有成本低廉的指数基金或交易所交易基金（后者本身进行多样化投资，包括投资于债券、小市值股票、国际股票，以及包含于大型指数中的美国大型公司股票），他们的投资财务状况会好得多。不过，我承认，很多投资者，尤其是那些有赌博天性的投资者，除非自己进行一些挑选个股的投资，否则不会感到满意。如果你是这样的投资者，你不妨把 95% 的资金投入指数基金和交易所交易基金，将剩下的 5% 用来投机。期权市场可以让你拿不算多的一笔钱买入一些仓位，这种获利可能性当然要高于赛马或者你所在州的彩票。要准备好整个儿输掉那 5% 的本金，因为这的确有可能发生，同时心里要想到普林斯顿学生投资俱乐部的经验和教训。此外，你赚的钱（如果能赚到的话）还要按一般所得税率纳税。永远不要忘记，你是在赌博，不是在投资。

2. 把卖出期权策略当作投资组合管理的一个附加手段

更有可能获得盈利甚至还可能省税的策略是卖出期权策略，这要结合管理一个多样化股票投资组合来一起使用。我作为一个基本相信有效市场理论的人，赞成买入并持有的策略。这一策略在执行过程中很少进行交易，可以将交易费用和税收降至最低。卖出一只股票要有意义，只能发生在这样的时候：这只股票不再满足你的投资需要，并且价格已经下跌。卖出一只已下跌的股票，通常会减少交易成本和税收。

不过，思考一下布朗博士面临的处境。布朗博士对其所持投资组合颇为自豪，组合中包含大量因工作原因了解到的制药公司股票。1999 年年初，默克制药是她持有的获利最多的股票。这只股票当时的交易价约为每股 70 美元，而她的成本价在每股 5 美元以下。尽管对自己的整个投资组合颇为得意，布朗博士却对默克制药的股票感到担忧，因为这只股票的升值已使其在她所持股票中占有太大的权重。她还觉得，制药公司相互竞争的市场压力和政府对制药业咬牙切齿的痛恨结合在一起会抑制制药公司股价在未来的上涨。最后，她觉得，受到吹捧的默克制药研发部门，其已设置的未来新药产品管线并没那么引起轰动，而且默克制药很多最佳药品的专利权不久将要到期。这意味着，默克制药未来的盈利增长将会放缓。布朗博士更愿意不让投资组合中近乎一半仓位都放在一只股票上。

布朗博士面临的两难处境似乎无解。她已过度投资于一只她深信未来将远不如过去乐观的股票。而且，行业变化和政治压力可能让默克制药面临股价大幅下跌的前景。但是，卖出全部所持股票或其中一部分，会产生大量资本利得税。计算联邦和所在州的资本利得税之后，她的投资可能因为纳税而损失 25% 以上。

卖出期权给布朗博士提供了一个走出两难处境的办法。她开始实施一个计划，卖出一份为期约三个月的"平价"看涨期权，所谓平价，就是说这份期权的行权价等于或约等于当前市场价 70 美元。为此，她收到一笔每股约 6 美元的期权金，或者说一笔约为每股 8.5% 市场价的期权金。因为默克制药是一只相对稳定的股票，它的期权金占其股价的百分比往往小于斯伦贝谢那样波动性大的股票。平价期权的期权金，其主要决定因素是：①该股票特有的波动性；②期权持续期长短。后文会更充分地讨论哪些因素决定期货价格和期权金。

在三个月的期权期结束时，默克制药的股价仍然约为 70 美元。期权到期，未被执行。然后，布朗博士又卖出一份为期三个月的看涨期权，期权金总额为 600 美元。下一个期权期结束时，她的担忧开始变为现实。默克制药的股价下跌至每股 60 美元，期权依然未被执行。

布朗博士实际上在这只股票市价上每股损失了 10 美元，但是口袋里装进了 600 美元的期权金，还有默克制药按季支付的丰厚股利。因此，她在很大程度上避免了若不在期权市场采取抵消操作本会遭受的损失。

布朗博士继续每隔三个月便卖出一份默克制药的股票看涨期权。有时默克制药的股价会在这些为期三个月的期权期上涨。她不得不平掉期权（即在公开市场将其买回）。只有当默克制药股价的上涨幅度超过每股期权金的时候，她才会在期权交易上遭遇损失。当然，既然她仍然拥有这只股票，任何损失都会被股票上的盈利所抵消。

一年之后，布朗博士计算采用卖出期权策略得到的结果。事实表明，她对默克制药当时的前景感到担忧，是正确的。默克制药的股价从每股 70 美元跌至 63 美元，她所持的股票每 100 股就有 700 美元损失。倘若布朗博士不采取行动，她会看到投资组合在默克制药股票上的价值缩水 10%。然而，通过不断卖出期权，她实际上最终实现了盈利（见表 A-1）。

表　A-1

收到的期权金	24 美元
（签发 4 份看涨期权——扣除交易费用之后，平均每股期权金净得 6 美元）	
减去买回未到期看涨期权所费成本	（–4 美元）
股票红利	1.16 美元
每股总收益	21.16 美元

她从持有股票并签发期权的策略中每股收获 21.16 美元，这个金额即使在她为到期期权金支付所得税之后，也能在抵消股票上的资本损失之后还有盈余。

3. 使用指数基金和期货作为对冲工具

马库斯·平卡斯先生，被指定为一笔千万美元遗产的执行人。这笔遗产投资在一个多样化的股票投资组合上，包括一些市值规模很小公司的股票。他的任务虽然有利可图，却是一团乱麻。这笔遗产有很多受益人，有些人想以股票形式按比例继承应得份额，有些人希望接收现金。而且，还有很多错综复杂的法律难题必须解决，这样一来，对这笔遗产中的股票不做任何变动才是慎重的做法。问题是，平卡斯对股票价格处于高位感到颇为紧张，2007 年年初，股价高企是普遍存在的现象。他担忧的是，既然这笔遗产需要很长时间才能最终执行完毕，如果股价急剧下跌，他将受到批评指责。他需要进行一次对冲操作，若市场暴跌，对冲操作要能保护遗产中所有股票免遭损失。

衍生品市场刚好可以提供这样的对冲操作。有些可选方案立即被排除在外。例如，不可能针对整个投资组合卖出看涨期权，因为很多市值规模较小的股票没有活跃的期权市场。平卡斯可以针对投资组合卖出期货合约，但他知道，如果市场上涨，那样操作可能会抹掉获得大量收益的机会。虽然投资组合可能升值，但在期货市场上会遭受损失。平卡斯想要的只是一份"保单"，可以在遗产执行期间，使投资组合免受灾难性损失。能让平卡斯达成这一目标的工具，便是一份深度价外看跌期权。

在他做出决定的时候，标准普尔指数交易价接近 1200 美元的水平。平卡斯本可买入三个月期的标准普尔看跌期权，行权价为 1200 美元（此为平价或稍在价内的期权），但这样的期权成本很高。每份看跌期权需要花费的期权金大约为标准普尔指数当前价格的 10%，那么，对整个投资组合进行为期一年的保护，便会让整个投资组合损失约为 40% 的价值。然而，平卡斯想要的仅仅是针对市场大幅下跌的保护。他发现，深度价外看跌期权（行权价为 1020 美元，比当前市场水平低 15%）能以一年大约相当于 3% 的标准普尔指数当前市场水平的价格买入。平卡斯知道，这给他带来的保护，只是免遭一次灾难，也就是说，若市场暴跌 15%，可给他以保护。这种保护的成本很低，而且即使他在遗产处理完毕之前从不执行期权，他也会因为有此保护而感到高兴。就像他很高兴继续对家里房屋保单支付保费，哪怕房屋从不会烧毁一样，他也很高兴能够使用期权市场为那笔遗产购买巨灾保险。既然平卡斯在 2007 ～ 2008 年使用了这样的策略，市场在此期间的确跌幅超过 15%，那么他便限制了遗产上遭受的损失。

期货和期权市场的价格决定因素

专业人士为买入期货和期权合约而确定其价格时，会使用定价公式来确定任一特定合约的适当价格，一般人很可能确实需要成为证券分析专家才能找出定价公式中最新出现的细微漏洞。然而，任何个人都有可能理解期货和期权价格的基本决定因素，因此至少能大概了解，为何有些期权卖价为标的股票市场价的 15%，而有些期权卖价却仅为 5%。

我们先来看看期货市场，看看为一个白银期货品种定价时会涉及什么因素。假设白银即期交付的现货价格为每盎司 30 美元。再假设三个月后交割的白银期货价格是 30.35 美元。期货市场是某种骗局吗？其中买方实际上受到了欺骗，而要额外损失 35 美分吗？完全不是这样。思考一下某个人面临的情况，他三个月后需要某一确定数量的白银。他可以现在按每盎司 30 美元的价格买入，并持有到需要的时候。不过，这会涉及两种成本。首先，他得将白银储存 90 天，或许需要花费每盎司 0.05 美元的储存成本。其次，在现货市场买入白银，需要立即支付每盎司 30 美元的价钱，由此带来经济学家称之为机会成本的代价。现在为白银付钱，你就放弃了将这笔钱在极为安全的投资品上投资 90 天的机会，比如投在国库券上。如果国库券年收益率为 4%（或者季度收益率为 1%），在现货市场买入白银的人，便会放弃挣得 0.30 美元的机会（30 美元乘以 1%）。因此，有白银需求的买方会看到，在现货市场以 30 美元买入白银与在期货市场按 30.35 美元买入白银没有差别。同样，卖方也会很高兴现在收到 30 美元，这让卖方能够省下储存成本，并用收到的钱挣得利息，或者说让卖方在季度末收到 30.35 美元。

从这一简单举例中，我们可以清楚地看到现货价格与期货价格之间差异的基本决定因素。期货价格取决于利率和储存成本。还有一个因素可能影响期货价格，即手上直接持有存货的所谓便利收益（convenience yield）。一般而言，由于利率和储存成本的原因，期货价格会高于现货价格，但在某些情况下，当便利收益很高时，期货价格可能低于现货价格，比如当商品供给短缺时，就可能如此。

同样，我们也可以列出决定期权价格的因素。这些因素与期权合约的特征，以及与标的股票和期权市场的特征都有关。主要有以下五个重要因素。

1. 行权价

假设斯伦贝谢股票现在交易价是每股 40 美元。一份行权价为 40 美元的看涨期权，其价值显然高于一份行权价为 50 美元而大大处于

"价外"的看涨期权。行权价越高，期权价值便越低。当然，期权价值永远不可能低于零。只要存在股票市场价未来超过行权价的一些可能性，期权便会有一定价值。

2. 股票价格

在其他条件相同的情况下，股票价格越高，看涨期权的价格便越高。显然，如果一只股票当前交易价为每股 1 美元，那么期权价值便不可能超过 1 美元，因为直接买入股票会使投资者获得任何出现的股票升值，而投资者的风险仅限于股票的买入价。这样一只股票的期权金可能每股 5 美分或 10 美分。另外，一份 100 股股票的平价看涨期权，其价值可能为每股 5 美元或 10 美元。

3. 到期日

期权存续期越久，期权价值便越高。思考一下两份斯伦贝谢股票期权，行权价均为每股 40 美元。显然，六个月期的期权较之三个月期的期权价值更高，因为六个月期的期权存续期多出三个月，在此期间内，股票看涨期权可能会被执行。因此，如果上市公司有好事临门，存续期更长期权的买方将拥有一段更长的时期来利用公司出现的任何利好获利。

4. 股票波动性

这是决定股票期权价值的关键因素。期权标的股票的波动性越高，看涨期权的成本便越高。一只波动性极高的股票，譬如斯伦贝谢股票，其平价看涨期权的价格可能远高于存续期相似而更加稳定的股票的平价看涨期权，比如美国电话电报公司的股票。看涨期权买方不太可能在稳定性高的股票上大赚一笔，因为这只股票的价格一般不会出现大幅波动。同样，从下跌的角度来看，直接买入股票不会涉及很大的风险。另外，买入斯伦贝谢股票，因波动性很大，的确会包含相当大的风险，而当投资者买入看涨期权时，风险则会受到限制。同时，斯伦贝谢公司有利好消息，可能会导致斯伦贝谢股票出现大幅上涨，使得期权潜在价值远高于美国电话电报公司出现类似情形时其股票期权的价值。

5. 利率

看涨期权的价格还要视利率水平而定。一份看涨期权的买方，直到且除非他执行期权，否则不会支付行权价。当利率很高时，能够推迟支付便更有价值，因而用现金赚钱的机会会更有吸引力。

费希尔·布莱克（Fischer Black）、迈伦·斯科尔斯（Myron Scholes）和罗伯特·默顿（Robert Merton）开发了一个模型，根据上面概述的数个因素，对期权价值进行量化估计。默顿和斯科尔斯因此研究发现而获得了诺贝尔经济学奖。（布莱克倘若没有英年早逝，当然会和他们一道获得此奖。）虽然那些模型公式所用的数学知识令人生畏，但那些公式在个人电脑上可轻而易举地编程，并被期权买方和交易者广泛用来确定期权金的适当价格。结果表明，期权金紧密地围绕布莱克－斯科尔斯模型所示的价值波动。

二项式期权定价

尽管布莱克－斯科尔斯模型所用的数学知识不易为多数读者所理解，但任何熟悉中学代数的人都可以轻易看懂一个相关模型——二项式模型。而且，影响布莱克－斯科尔斯模型的总体思想，全都可以在二项式模型中找到。的确，一个多期二项式模型会产生与布莱克－斯科尔斯模型等值的结果。在描述二项式模型的过程中，我们假设未来仅有两个可能性相同的结果。标的股票要么上涨，要么下跌。波动性很大的股票，其涨幅或跌幅可能很大。稳定性更好的股票，其潜在变动结果的范围会更窄。我们用一只最初交易价格为每股 100 美元的高波动性股票来举例说明二项式模型。假设在年末，这只股票的股价要么上涨至 150 美元，要么下跌至 75 美元。我们来展示一下如何给一年期看涨期权进行定价。一年期无风险利率（美国国库券利率）设为 10%。我们用图 B-1 呈现这只股票当前和未来价格及其看涨期权的当前和未来价值。

图 B-1　举例说明股票未来可能的价格和期权未来可能的价值

注意，如果一年结束时股价上涨至 150 美元，这份看涨期权将价值 50 美元，这是其内在价值。不过，如果股价下跌，期权到期时将分文不值。显然，当某物可以按市场价 75 美元购得时，按 100 美元购买某物的一份期权没有任何价值。现在假设一位投资者要构建一个完全对冲的投资组合，无论市场涨跌，这个投资组合都具有完全相同的期终价值。如果这位投资者买入 2/3 股股票，并卖出一份看涨期权，行权价为 100 美元（也是最初股价），那么完全对冲的投资组合便可以构建出来。2/3 被称为对冲比率，很快我们会看到如何发现正确的对冲比率。我们先确认一下，这位投资者做了完全对冲。

表 B-1 显示，买入 2/3 股股票，并卖出一份看涨期权的投资者，的确获得了完全对冲的操作效果。他一年后获得了 50 美元的回报，无论股价上涨还是下跌。

表 B-1　举例说明投资者进行完全对冲操作时所获回报

股价上涨至 150 美元	
	回报
期权被执行，投资者收到	100 美元
投资者买入 1/3 股股票	−50 美元
净回报	50 美元
股价跌至 75 美元	
	回报
期权未被执行，投资者持有 2/3 股股票	50 美元

如果股价上涨，看涨期权买方便执行其期权，拿出 100 美元买入一股股票。卖方有义务交割一股股票，但他仅拥有 2/3 股股票。因此，卖方必须按期权执行时的市场价 150 美元购入 1/3 股股票。这会让他花费 50 美元，净回报为 50 美元。如果股价下跌至 75 美元，看涨期权不被执行，投资者仍持有价格为 75 美元的 2/3 股股票，这也值 50 美元。投资者最终回报为 50 美元，无论股价上涨还是下跌，因此投资者做到了完全对冲。

如何确定对冲比率呢？容易。对冲比率就是显示在下式中的比率。

$$\frac{\text{股价上涨时看涨期权的价值}-\text{股价下跌时看涨期权的价值}}{\text{股价上涨时的股价}-\text{股价下跌时的股价}}=\frac{50-0}{150-75}=\frac{50}{75}=\frac{2}{3}$$

如果股价上涨，看涨期权的内在价值为 50 美元。仅以 100 美元买入一股市场价为 150 美元股票的权利，价值 50 美元。如果股票下跌，看涨期权一文不值（以 100 美元买入一股市场价仅为 75 美元的股票的权利一文不值）。

　　要确定看涨期权的价值，还需要一个思想。这一思想包含在布莱克 – 斯科尔斯模型和二项式模型之中。如果一位投资者做一次无风险投资（也就是说，这次投资获得完全对冲，无论市场涨跌，都具有相同的回报），那么这次投资应该可以获得无风险利率。无风险利率被视为完全安全的国库券所支付的利率。有了这一思想，我们能轻而易举地确定一份看涨期权的卖价，我们用字母 C 来表示。

　　我们在前面看到，如果那位投资者买入 2/3 股股票，并卖出一份看涨期权，那么他会做到完全对冲。这样一次买入操作需花费 66.67 美元（2/3 股的市价为 100 美元股票所需的成本）减去 C（看涨期权价值）之后的金额。（记住，看涨期权买方向卖方支付这笔期权金。）这样一次投资，因为得到完全对冲，应会赚得一年期的利息，我们假定利率为 10%。因此，我们可以通过解以下方程，来确定看涨期权价格。

　　　　投资金额×(1+无风险利率)=确定性回报
　　　　[对冲比率×(最初股价)–C]×(1+无风险利率)=确定性回报
　　　　$[\frac{2}{3}\times(100)–C]\times(1+0.10)=50$
　　　　(66.67–C)×(1.1)=50
　　　　C=21.22

这份看涨期权将定价为 21.22 美元。

　　布莱克 – 斯科尔斯期权定价模型运用的思想，与上面的方程中运用的思想完全相同。布莱克 – 斯科尔斯模型可视为一个多期二项式模型。我们前面假设，一年之后，只有两种可能结果。但是，假设现在思考一个两阶段（每阶段六个月）二项式模型。在第一阶段的六个月之后，股价可能上涨，也可能下跌。在第二阶段的六个月之后，又可能出现两种结果。这便导致一年后出现三种可能结果。股价在一年内的两个阶段中可能都上涨，也可能都下跌。或者说，股价在第一阶段可能上涨（下跌），在第二阶段可能下跌（上涨）。因此，有三种可能的结果。我们也可以做一个四阶段二项式模型，在此模型中，每个季度的股价都可能上涨或下跌，因此将可能出现多种不同的结果。或者，我们还可以做一个每日二项式模型，甚至是每小时或每分钟二项式模型。随着我们将二项式模型拆解成越来越细的子期，二项式模型将会收敛于布莱克－斯科尔斯模型。基本思想仍然相同。我们可以构造完全对冲的既持有股票又卖出看涨期权的投资组合。这样的无风险投资组合，在有效运行的市场中，应当仅仅赚得无风险利率。现实结果表明，实际期权金紧密地围绕布莱克－斯科尔斯模型所示的价值波动。这一模型还被广泛用来确定经理人获得股票期权时所得收益的适当会计费用。

附录 C

随机漫步者的共同基金、
交易所交易基金参考指南

表 C-1 ～ C-9 精选了一些共同基金、交易所交易基金，供随机漫步者参考。

表 C-1 应税货币市场基金精选（2018 年 4 月）

基金名称	基金代码	设立时间（年）	2018 年资产净值（10 亿美元）	平均期限（天）	近期费率（%）
Blackrock Money Market Fund	PINXX	1989	0.42	23	0.29
Fidelity Money Market Fund	FZDXX	2015	18.92	22	0.30
TIAA–CREF Money Market Fund	TIRXX	2006	0.97	48	0.22
Vanguard Prime Money Market Fund	VMMXX	1975	98.60	40	0.16

表 C-2 全国免税货币市场基金精选（2018 年 4 月）

基金名称	基金代码	设立时间（年）	2018 年资产净值（10 亿美元）	平均期限（天）	近期费率（%）
Fidelity Municipal Money Market Fund	FTEXX	1980	9.24	39	0.40
T. Rowe Price Tax–Exempt Money Market Fund	PTEXX	1981	0.35	39	0.18
Vanguard Tax–Exempt Money Market Fund	VMSXX	1980	18.02	27	0.12

表 C-3 一般股票指数基金及交易所交易基金精选（2018 年 4 月）

基金名称	基金代码	基准指数	设立时间（年）	近期费率（%）	2018 年资产净值（10 亿美元）
Fidelity Total Market Index Fund	FSTVX	道琼斯美国整体市场指数	1997	0.05	49.60
Schwab Total Stock Market Index	SWTSX	道琼斯美国整体市场指数	1999	0.03	7.74
iShares Total U.S Stock Market Index Fund	BKTSX	罗素 3 000 指数	2015	0.03	0.86
Vanguard 500 Index Admiral	VFIAX	标准普尔 500 指数	2000	0.04	314.20
Vanguard Total Stock Market Index Admiral	VTSAX	CRSP 美国整体市场指数	2000	0.04	579.90
交易所交易基金					
iShares Core S&P Total Stock Market	ITOT	标准普尔整体股市指数	2004	0.03	61.35

（续）

基金名称	基金代码	基准指数	设立时间（年）	近期费率（%）	2018 年资产净值（10 亿美元）
Schwab U.S. Large-Cap	SCHX	道琼斯美国大市值整体股市指数	2009	0.03	12.02
SPDR S&P 500 ETF Trust	SPY	标准普尔 500 指数	1993	0.09	266.96
SPDR Total Stock Market	SPTM	SSGA 整体股市指数	2000	0.03	1.88
Vanguard Total Stock Market Index	VTI	CRSP 美国整体股市指数	2001	0.04	97.36

表 C-4　房地产共同基金及交易所交易基金（2018 年 4 月）

基金名称	基金代码	设立时间（年）	近期费率（%）	2018 年资产净值（10 亿美元）
Cohen & Steers Realty Shares Fund	CSRSX	1991	0.96	3.98
Fidelity Real Estate Index Fund	FRXIX	2011	0.23	1.12
TIAA-CREF Real Estate Securities Fund	TIREX	2002	0.47	1.96
Vanguard Real Estate Index Fund	VGSLX	2001	0.12	26.64
交易所交易基金				
Fidelity MSCI Real Estate	FREL	2015	0.08	0.35
Schwab U.S REIT	SCHH	2011	0.07	4.04
iShares Cores U.S REIT	USRT	2007	0.08	0.52
Vanguard Real Estate	VNQ	2004	0.12	29.73

表 C-5 国际指数基金及交易所交易基金精选（2018 年 4 月）

基金名称	基金代码	基准指数	设立时间（年）	近期费率（%）	2018 年资产净值（10 亿美元）
DFA International Core Equity Fund	DFIEX	MSCI（不含美国）世界指数	2005	0.30	29
Fidelity International Index Fund	FSHX	MSCI EAFE	2011	0.06	22.15
Schwab International Index Fund	SWISX	MSCI EAFE	1997	0.19	4.52
Vanguard Developed Markets Index Fund	VTMGX	FTSE（不含北美）发达国家指数	1999	0.07	38.13
Vanguard Total International Stock Index Admiral	VTIAX	FTSE（不含美国）全球全市值指数	2010	0.11	330.48
交易所交易基金					
iShares Core MSCI Intl Developed Markets	IDEV	MSCI（不含美国）世界指数	2017	0.07	0.92
Schwab International Equity	SCHF	FTSE（不含美国）发达国家指数	2009	0.06	15.31
SPDR Developed World ex-US	SPDW	标准普尔（不含美国）BMI 指数	2007	0.04	2.73
Vanguard Total International Stock ETF	VXUS	FTSE（不含美国）全球全市值指数	2011	0.11	11.49

（续）

基金名称	基金代码	基准指数	设立时间（年）	近期费率（%）	2018 年资产净值（10 亿美元）
Vanguard FTSE All-World ex-US Index Fund	VEU	FTSE（不含美国）全世界指数	2007	0.11	23.63
Vanguard Emerging Markets	VWO	FTSE 新兴市场指数	2005	0.14	66.95

表 C-6   公司债券及外国债券基金和交易所交易基金（2018 年 4 月）

基金名称	基金代码	近期费率（%）	2018 年资产净值（10 亿美元）
Fidelity Corporate Bond Fund	FCBFX	0.45	1.35
Vanguard Emerging Markets Government Bond Index Fund Admiral	VGAVX	0.32	0.30
Vanguard High-Yield Corporate Fund Admiral	VWEAX	0.13	23.86
Vanguard Intermediate Term Corporate Bond Index Fund	VICSX	0.07	1.73
交易所交易基金			
PowerShares Emerging Markets Sovereign Debt Portfolio	PCY	0.50	4.72
SPDR Long Term Corporate Bond	SPLB	0.07	0.33
Vanguard Emerging Markets Government Bond	VWOB	0.32	1.00
Vanguard Total Corporate Bond	VTC	0.07	50.64

表 C-7　股利增长型股票基金及交易所交易基金（2018 年 4 月）

基金名称	基金代码	近期费率（%）	2018 年资产净值（10 亿美元）
WisdomTree U.S. Quality Dividend Growth Fund	DRGW	0.28	2.06
Vanguard Dividend Appreciation Index Fund	VDAIX	0.19	6.84
Vanguard Dividend Growth Fund	VDIGX	0.33	32.30
Vanguard Equity Income Fund	VEIRX	0.17	30.78
交易所交易基金			
iShares Core High Dividend	HDV	0.08	5.88
ProShares S&P 500 Dividend Aristocrats	NOBL	0.35	3.41
Schwab US Dividend Equity	SCHD	0.07	7.27
Vanguard High Dividend Yield	VYM	0.08	20.48
WisdomTree U.S. LargeCap Dividend Fund	DLN	0.28	1.90

表 C-8　"聪明的 β" 共同基金及交易所交易基金精选（2018 年 4 月）

基金名称	基金代码	设立时间	近期费率（%）	2018 年资产净值（10 亿美元）
DFA US Large Cap Value Portfolio	DFLVX	1993	0.27	24.65
DFA US Small Cap Value Portfolio	DFSVX	1993	0.52	15.27
Vanguard Value Index Fund	VVIAX	2000	0.08	28.09
Vanguard Small–Cap Index Fund	VMAX	2000	0.06	62.95

（续）

基金名称	基金代码	设立时间	近期费率（%）	2018 年资产净值（10 亿美元）
交易所交易基金				
PowerShares FTSE RAFI US 1000 Portfolio	PRF	2005	0.39	5.12
PowerShares S&P 500 Equal Weight Portfolio	RSP	2003	0.20	14.62
Goldman ActiveBeta US Large Cap Equity	GSLC	2015	0.09	3.02
iShares Core S&P US Value	IUSV	2000	0.05	3.56
AQR Momentum Fund	AMOMX	2009	0.40	1.04
PowerShares S&P 500 Low Volatility Fund	SPLV	2011	0.25	6.85
iShares S&P SmallCap 600 Value	IJS	2000	0.25	5.10
PowerShares S&P 500 Pure Value Portfolio	RPV	2006	0.35	0.87
Principal US Mega-Cap Multi-Factor Index	USMC	2017	0.12	1.65
Vanguard US Multifactor	VFMF	2018	0.18	0.03

表 C-9　以净资产折扣价交易的封闭式市政债券基金精选（2018 年 5 月）

基金名称（交易代码）	资产净值（美元）	价格（美元）	折价率（%）	债券发行地
Blackrock Municipal Income Investment（BBF）	13.89	12.92	−7.0	全美
Invesco Municipal Trust（VKQ）	13.10	11.88	−9.3	全美
Nuveen Enhanced Municipal Value Fund（NEV）	14.60	13.35	−8.6	全美

（续）

基金名称（交易代码）	资产净值 （美元）	价格 （美元）	折价率 （%）	债券发行地
Blackrock CA Municipal（BFZ）	14.82	12.96	-12.6	加利福尼亚州
Nuveen AMT–Free Municipal Credit Income Fund（NVG）	16.07	14.99	-6.7	全美
Eaton Vance Massachusetts Municipal Fund（MAB）	14.61	12.79	-12.5	马萨诸塞州
Blackrock PA Municipal Yield（MPA）	15.27	13.75	-10.0	宾夕法尼亚州
Nuveen NY Quality Municipal Income Fund（NAN）	14.61	12.60	-13.8	纽约州
Nuveen NJ Quality Municipal Income Fund（NXJ）	15.33	13.02	-15.03	新泽西州

后 记

2016 年，投资者从主动管理型基金中撤出 3400 亿美元，将 5000 多亿美元投入指数基金。2017 年和 2018 年，趋势延续。目前，在投入共同基金和交易所交易基金的资金总额中，指数基金占比超过 40%。对此，主动管理型基金做出回应，发起新一轮批评。据称，指数基金对股票市场和总体经济都造成了严重危害。

华尔街一家最受尊敬的投资研究公司 Sanford C. Bernstein 在 2016 年发布了一份 47 页的研究报告，标题颇有煽动性：默默走向奴役之路——为何被动投资极其糟糕。报告认为，若投资者被动地投资于指数基金，则可恶至极。指数化投资会造成资金涌入一系列不考虑公司盈利能力和增长机会等因素的投资。正是主动管理型基金确保了公司的新信息在股票价格中得到适当反映。指数化投资还被指责造成了股权集中的状况，自洛克菲勒信托诞生以来，这种所有权集中状况达到了前所未有的程度。

倘若每个人都投资指数基金，指数化投资在未来有可能增长到出现大批股票被错误定价的局面吗？倘若每个人都投资指数基金，那么谁又能保证股票价格反映出与不同公司前景相关的所有公开信息？谁会调仓换股交易不同的股票，从而确保市场有效？指数化投资的悖论在于，股票市场需要一些主动型交易者来分析新信息，并据以采取交易行动，这样股票才会被有效定价，且具有足够的流动性，让投资者得以买进卖出。在确定股票价格以及如何配置资本上，主动型交易者起着积极正面的作用。

这是有效市场理论赖以成立的主要逻辑。如果信息传播畅通无碍，那么价格会迅速做出反应，因此价格会反映所有已知信息。矛盾之处在于，主动型投资者的活跃交易，使得未被利用而可获得异常利润的机会不大可能继续存在下去。

我讲过金融学教授及其学生在大街上发现一张百元钞票的故事。"要真是一张百元钞票，"教授大声推断说，"早已有人把它捡走了。"幸好，学生持怀疑态度，不但怀疑华尔街的专业人士，而且怀疑学识渊博的教授，于是，他们捡起了那张钞票。

显然，金融学教授的看法有一定的道理。在聪明人都在寻找价值的市场上，人们不太可能会把百元钞票长久地留在周围，让人随时捡走。但是，历史告诉我们，确实会时不时地存在未被利用的机会，比如投机性的过度估值时期就会出现这样的机会。我们知道荷兰人为郁金香球茎支付过天文数字的价钱，英国人在荒唐的南海泡沫上乱花钱，现代机构基金经理让自己深信某些网络股迥异于其他股票，以至于任何价格都合情合理。当投资者深感悲观之时，真正的重大投资机会，譬如封闭式基金，会失之交臂。然而最终，过度估值均得到了矫正，投资者也的确一把抓走了便宜至极的封闭式基金。或许，金融学教授的建议本该是这样的："你最好快点捡起那张百元钞票，因为，如果真在那儿，别人肯定会捡走的。"

主动管理型基金经理受金钱激励的驱动，通过收取大量管理费来履行上述职能。他们会继续对其服务展开营销，声称他们有着高于平均水平的洞察力，使他们能够战胜市场，但他们不像加里森·凯勒所说的神话般的沃比根湖的孩子们那样人人都有中上之资，所以不可能都获得高于平均水平的市场收益。即使主动管理型基金所占的比例减少至占共同基金和交易所交易基金总数的 10% 或 5%，依然会有充足的主动管理型基金使价格反映出已知信息。我们今天的主动管理型投资太多了，而不是太少。

但是，作为一次思维实验，假设每个人都进行指数化投资，而且个股没有反映出新信息，看看会有什么样的结果。假设一家制药公司开发了一种抗癌新药，有望让公司的销售额和盈利翻一番，但公司股价没有上涨，即未反映出这一信息。在我们的资本市场里，无法想象不会冒出一些交易者或对冲基金来推升股价，从这一误定价中获取利润。在自由市场体制中，我们可以预期，无论有多少投资者进行指数化投资，有利的套利机会将被寻求利润的市场参与者加以利用。事实表明，输给指数的主动管理型基金，随着时间的推移，其比例已经上升。如果说有什么不同，那就是股票市场正变得更加有效，尽管指数化投资的规模在增长。

毋庸置疑，指数化投资者是搭便车者。他们的确会因为存在主动管理型交易，而不用承担成本便从中获益。但是，根据他人提供的价格信号搭便车，几乎算不上是市场经济的一个缺陷，这是市场经济的一个基本特征。在市场经济中，依赖一系列由他人确定的市场价格，都会让我们从中获益。

诚然，随着指数化投资继续增长，在提供指数化投资的群体中，很可能出现所有权日益集中的现象，这类群体将在行使代理投票权上拥有更大的影响力。他们必须使用其投票权来确保上市公司的行动最符合股东利益。我长期担任先锋集团董事（先锋集团是指数基金革命的开创者和领导者，名下管理资产逾 5 万亿美元），以我自己这样的经历而论，我从未见过一例鼓励反竞争行为的投票。据我所知，还没有哪家指数基金利用过投票来串通勾结，以图对任何行业实行卡特尔式垄断控制。

　　没有任何证据表明，投资界巨头，如黑石集团、先锋集团、道富银行等，由于其共同持有某个行业内所有大型公司的股权，而鼓励反竞争的做法。这种鼓励也不符合它们的利益。这些投资公司控制着市场上每家大型公司比例相当可观的股票。或许，拉帮结伙一起鼓动航空公司提高运价，会使其持有的航空公司股票从中受益。但是，这意味着，其投资组合中依靠航空公司提供商务旅行便利的其他所有公司，都将面临成本上升的局面。指数基金没有动力去偏爱一个行业而不爱另一行业。的确，指数基金鼓励公司管理层基于相对而非绝对绩效来采用薪酬体系，这是在明确促进每个行业内的公司进行富有活力的竞争。

　　对于个人投资者，指数基金一直有着巨大的益处。竞争已驱使以大型指数为跟踪对象的指数基金实质上把成本降到了零。个人投资者现在可以比以前更为高效地为退休后生活储蓄资金。指数化投资已然大为改变了数百万投资者的投资经历。指数化投资通过提供可以用来建立多样化投资组合的有效工具，来帮助投资者为退休而积攒资金，并帮助投资者实现其他投资目标。我希望，本书将鼓励人们进一步增加对指数基金的使用。指数基金明确无疑是对社会有益的。

推荐阅读

序号	中文书号	中文书名	定价
1	69645	敢于梦想：Tiger21创始人写给创业者的40堂必修课	79
2	69262	通向成功的交易心理学	79
3	68534	价值投资的五大关键	80
4	68207	比尔·米勒投资之道	80
5	67245	趋势跟踪（原书第5版）	159
6	67124	巴菲特的嘉年华：伯克希尔股东大会的故事	79
7	66880	巴菲特之道（原书第3版）（典藏版）	79
8	66784	短线交易秘诀（典藏版）	80
9	66522	21条颠扑不破的交易真理	59
10	66445	巴菲特的投资组合（典藏版）	59
11	66382	短线狙击手：高胜率短线交易秘诀	79
12	66200	格雷厄姆成长股投资策略	69
13	66178	行为投资原则	69
14	66022	炒掉你的股票分析师：证券分析从入门到实战（原书第2版）	79
15	65509	格雷厄姆精选集：演说、文章及纽约金融学院讲义实录	69
16	65413	与天为敌：一部人类风险探索史（典藏版）	89
17	65175	驾驭交易（原书第3版）	129
18	65140	大钱细思：优秀投资者如何思考和决断	89
19	64140	投资策略实战分析（原书第4版·典藏版）	159
20	64043	巴菲特的第一桶金	79
21	63530	股市奇才：华尔街50年市场智慧	69
22	63388	交易心理分析2.0：从交易训练到流程设计	99
23	63200	金融交易圣经II：交易心智修炼	49
24	63137	经典技术分析（原书第3版）（下）	89
25	63136	经典技术分析（原书第3版）（上）	89
26	62844	大熊市启示录：百年金融史中的超级恐慌与机会（原书第4版）	80
27	62684	市场永远是对的：顺势投资的十大准则	69
28	62120	行为金融与投资心理学（原书第6版）	59
29	61637	蜡烛图方法：从入门到精通（原书第2版）	60
30	61156	期货狙击手：交易赢家的21周操盘手记	69
31	61155	投资交易心理分析（典藏版）	69
32	61152	有效资产管理（典藏版）	59
33	61148	客户的游艇在哪里：华尔街奇谈（典藏版）	39
34	61075	跨市场交易策略（典藏版）	69
35	61044	对冲基金怪杰（典藏版）	80
36	61008	专业投机原理（典藏版）	99
37	60980	价值投资的秘密：小投资者战胜基金经理的长线方法	49
38	60649	投资思想史（典藏版）	99
39	60644	金融交易圣经：发现你的赚钱天才	69
40	60546	证券混沌操作法：股票、期货及外汇交易的低风险获利指南（典藏版）	59
41	60457	外汇交易的10堂必修课（典藏版）	49
42	60415	击败庄家：21点的有利策略	59
43	60383	超级强势股：如何投资小盘价值成长股（典藏版）	59
44	60332	金融怪杰：华尔街的顶级交易员（典藏版）	80
45	60298	彼得·林奇教你理财（典藏版）	59
46	60234	日本蜡烛图技术新解（典藏版）	60
47	60233	股市长线法宝（典藏版）	80
48	60232	股票投资的24堂必修课（典藏版）	45
49	60213	蜡烛图精解：股票和期货交易的永恒技术（典藏版）	88
50	60070	在股市大崩溃前抛出的人：巴鲁克自传（典藏版）	69
51	60024	约翰·聂夫的成功投资（典藏版）	69
52	59948	投资者的未来（典藏版）	80
53	59832	沃伦·巴菲特如是说	59
54	59766	笑傲股市（原书第4版,典藏版）	99

推荐阅读

投资名家 · 极致经典

巴菲特唯一授权亲笔著作
杨天南精译

最早买入亚马逊，持股超过20年
连续15年跑赢标准普尔指数

每一份投资书目必有这本大作
美国MBA投资学课程指定参考书

金融世界独一无二的好书
风险与其说是一种命运
不如说是一种选择

美国富豪投资群Tiger21创始人
有关投资与创业的忠告

通往投资成功的心理学与秘密
打败90%的资产管理专家

富达基金掌舵人长期战胜市场之道
彼得·林奇、赛斯·卡拉曼推荐

巴菲特力荐的经典著作
化繁为简学习《证券分析》精华

金融周期领域实战专家
30年经验之作

资本的游戏

书号	书名	定价	作者
978-7-111-62403-5	货币变局：洞悉国际强势货币交替	69.00	（美）巴里.艾肯格林
978-7-111-39155-5	这次不一样：八百年金融危机史（珍藏版）	59.90	（美）卡门M.莱茵哈特 肯尼斯S.罗格夫
978-7-111-62630-5	布雷顿森林货币战：美元如何统治世界（典藏版）	69.00	（美）本·斯泰尔
978-7-111-51779-5	金融危机简史：2000年来的投机、狂热与崩溃	49.00	（英）鲍勃·斯瓦卢普
978-7-111-53472-3	货币政治：汇率政策的政治经济学	49.00	（美）杰弗里 A. 弗里登
978-7-111-52984-2	货币放水的尽头：还有什么能拯救停滞的经济	39.00	（英）简世勋
978-7-111-57923-6	欧元危机:共同货币阴影下的欧洲	59.00	（美）约瑟夫 E.斯蒂格利茨
978-7-111-47393-0	巴塞尔之塔:揭秘国际清算银行主导的世界	69.00	（美）亚当·拉伯
978-7-111-53101-2	货币围城	59.00	（美）约翰·莫尔丁 乔纳森·泰珀
978-7-111-49837-7	日美金融战的真相	45.00	（日）久保田勇夫